Kölner
Wissen
schafts
verlag

Ingo Reinhardt

Eine neutrale Theorie der Wettbewerbsdominanz

Mit einem Geleitwort von
Prof. Dr. Dr. h.c. Werner Delfmann

KÖLNER WISSENSCHAFTSVERLAG
Köln 2007

Bibliografische Information Der Deutschen Bibliothek

Die Deutsche Bibliothek verzeichnet diese Publikation in der Deutschen Nationalbibliografie; detaillierte bibliografische Daten sind im Internet über http://dnb.ddb.de abrufbar.

Dissertation Universität zu Köln, 2007.

Umschlaggestaltung: Susanne Klee

Printed in Germany

ISBN-13: 978-3-937404-44-8

Geleitwort

Zentraler Gegenstand der strategischen Managementforschung ist die Erklärung der Erfolgsunterschiede zwischen Unternehmen. Als Ursache für den Erfolg bestimmter Unternehmen werden üblicher Weise Wettbewerbsvorteile identifiziert, die sich entweder in einer geschützten Marktposition oder einer einzigartigen Ressourcenausstattung begründen. Diese Kernlogik der Strategieforschung sieht sich jedoch in letzter Zeit einer zunehmenden und grundlegenden Kritik gegenüber. So identifizieren etwa Priem und Butler (2001) am Beispiel von Barneys (1991) Bezugsrahmen im gegenwärtig dominierenden ressourcenorientierten Ansatz eine rein tautologische Argumentation. Darüber hinaus argumentiert Powell (2001), dass sich die Kernthese, dass Wettbewerbsvorteile zu einem überlegenen wirtschaftlichen Erfolg führen, in ihrer aktuellen Form aussagekräftigen empirischen Überprüfungen entzieht. Diese und weitere Arbeiten stützen den Eindruck fundamentaler Probleme im gegenwärtigen Paradigma der strategischen Managementforschung.

Vor diesem Hintergrund ist es zunächst der Gegenstand der vorliegenden Arbeit, eine formale Begründung zu entwickeln, weshalb eine Erklärung von Erfolgsunterschieden in der aktuellen Argumentationslogik prinzipiell nicht möglich ist. Dazu zeigt der Verf. auf, dass eine „idealisierte Strategietheorie" entweder widersprüchlich oder unvollständig ist. Genau hierauf zielen aber aktuelle Strategietheorien ab. Als Antwort auf diese grundsätzliche Kritik wird daher in Form einer neutralen Theorie der Wettbewerbsdominanz ein Gegenentwurf zum aktuellen Paradigma im strategischen Management eingeführt, in welchem Erfolgsunterschiede zwischen Unternehmen nicht auf unternehmensspezifische Merkmale zurückgeführt, sondern als das Resultat eines Prozesses begründet werden, durch den im Wettbewerb Erfolg auf Unternehmen verteilt wird. Charakteristisch für diesen „neutralen Ansatz" ist dabei, dass dieser unternehmensspezifische Merkmale vollständig ignoriert und stattdessen alle Unternehmen derselben (Prozess-) Dynamik unterliegen. Die Verfolgung dieses neutralen Ansatzes im strategischen Management bedeutet somit eine grundsätzliche Abkehr von der aktuellen Fokussierung auf unternehmensspezifische Merkmale hin zu der Aufdeckung zugrunde liegender Prozesse, durch die die Erfolgsverteilung zwischen Unternehmen gesteuert wird.

Die ambitionierte und höchst bemerkenswerte Zielsetzung der vorliegenden Arbeit ist es somit, einen richtungweisenden Paradigmenwechsel in der strategischen Managementforschung zu begründen. Hiermit sprengt die Arbeit bei weitem den Rahmen einer üblichen Dissertation. Herr Reinhardt verfolgt bei diesem Vorhaben eine Linie konsequent logischer Argumentation und bewegt sich damit auf einer hohen Abstraktionsebene, was seine Beweisführung bestechend macht und gleichzeitig die Frage aufwirft, ob und inwieweit die kritisierten Strategiekonzepte tatsächlich als Theorien im strengen Sinne verstanden werden wollen oder eher als Technologien mit weniger präzisem theoretischen Anspruch, aber mit unmittelbarem Anwendungsbezug. In ähnlicher Weise stellt sich die Beurteilung der als Gegenentwurf präsentierten neutralen Theorie der Wettbewerbsdominanz dar. Die kategorische Gegenposition zum derzeitigen Stand der Forschung überzeugt durch ihre Originalität, die erstmalige Rezeption eines neuen paradigmatischen Ansatzes aus den Naturwissenschaften und durch die logisch konsequente, mathematisch stringente Übertragung auf den Bereich der Strategieforschung. Angesichts des radikalen Neuentwurfes ist dabei nicht überraschend, dass der Theorieentwurf noch wesentlich mehr Fragen aufwirft als er schon abschließend lösen kann.

Die vorliegende Arbeit ist durch ihre ambitionierte Zielsetzung, die konsequente und stringente, mutige Argumentation gegen das vorherrschende Paradigma in der strategischen Managementforschung und die höchst innovative Entwicklung eines paradigmatischen Gegenentwurfes für eine Dissertation höchst bemerkenswert. Die Arbeit ist wissenschaftlich äußerst anspruchsvoll und bietet ohne Zweifel eine konzeptionelle Referenz für die weitere Grundlagendiskussion in der strategischen Managementforschung. Ich wünsche ihr eine breite Rezeption und eine große Resonanz.

Werner Delfmann

Vorwort

Wettbewerb ist ein allgegenwärtiges Phänomen. Sportler kämpfen um Titel, Politiker streiten um die Gunst der Wähler und Unternehmen konkurrieren um knappe Ressourcen, um die Nachfrage der Kunden und nicht zuletzt um den insgesamt höchsten wirtschaftlichen Erfolg. Hieraus ergibt sich ein ganz natürliches Interesse an der Frage, weshalb sich einige Akteure im Wettbewerb durchsetzen, während anderen dies nicht gelingt. Der gegenwärtig dominierende Ansatz in der strategischen Managementforschung zur Erklärung des überlegenen wirtschaftlichen Erfolgs einiger Unternehmen basiert im Wesentlichen auf der Identifikation der Ursachen für die Wettbewerbsvorteile erfolgreicher Unternehmen. Beispiele umfassen die Fähigkeit zur schnellen Anpassung an sich ändernde Rahmenbedingungen oder den Besitz besonders wertvoller Ressourcen. Das auf dieser Kernlogik basierende aktuell führende Paradigma in der Strategieforschung schuldet seine Popularität in Wissenschaft und Praxis maßgeblich seiner Einfachheit und intuitiven Richtigkeit. Es entspricht dem gesunden Menschenverstand, dass die dominierenden Unternehmen auch über ausgeprägte Wettbewerbsvorteile verfügen, durch deren Aufdeckung sich ihr Erfolg erklären lässt.

Die vorliegende Arbeit ist entstanden aus einem grundsätzlichen Zweifel an der Eignung dieses Erklärungsansatzes. So verliert die aktuelle Begründungslogik zum einen schnell ihre ursprüngliche Attraktivität und Klarheit, wenn diese an allgemein akzeptierten Theoriekriterien gemessen wird. Zum anderen zeigt die nachfolgende Analyse, dass tatsächliche Erfolgsverteilungen zwischen konkurrierenden Unternehmen nicht mit der Existenz ausgeprägter nachhaltiger Wettbewerbsvorteile verträglich sind. Vor diesem Hintergrund wird hier mit dem neutralen Bezugsrahmen ein Analyseansatz zur Untersuchung der Erfolgsunterschiede zwischen Unternehmen vorgeschlagen, der konzeptionell wie methodisch ein potenziell reichhaltiges neues Feld eröffnet. Die Kernidee des neutralen Ansatzes besteht darin, aus der Gestalt der Erfolgsverteilung zwischen konkurrierenden Unternehmen Rückschlüsse auf die Struktur des zugrunde liegenden Wettbewerbs, wie etwa die Nachhaltigkeit von Wettbewerbsvorteilen oder die Stärke von Wettbewerbsbeschränkungen, zu gewinnen. Diese Arbeit ist dabei ein erster Schritt zur Entwicklung eines neutralen Paradigmas in der Strategieforschung. Für die weitere Etablierung dieses Ansatzes bedarf es jedoch breiterer Unterstützung. Daher möchte ich jeden ermutigen, sich an diesem spannenden Forschungsprogramm zu beteiligen.

Die Entstehung dieser Arbeit wäre ohne die breite Unterstützung einer Vielzahl von Personen nicht möglich gewesen. An erster Stelle gilt daher mein besonderer Dank meinem Doktorvater, Herrn Prof. Dr. Dr. h.c. Werner Delfmann, für die Möglichkeit zur Anfertigung dieser Arbeit sowie die vielen kontroversen Diskussionen auf dem Weg zu deren Fertigstellung. Weiterhin danke ich Herrn Prof. Dr. Mark Ebers für die Übernahme des Korreferats.

Furthermore, I would like to thank Prof. Thomas Powell for two exciting month at Oxford and most of all for the numerous discussions on strategy in general and the neutral perspective in particular.

Einen ganz wesentlichen Anteil am Gelingen der Arbeit hatten die Mitarbeiter am Seminar für Unternehmensführung und Logistik, die für eine ganz einzigartige Atmosphäre am Lehrstuhl sorgten. Dies gilt in besonderem Maße für meine Kollegen Dr. Sascha Albers, Björn Götsch, Dr. Caroline Heuermann, Vera Kimmeskamp, Anne Paul und Dr. Jens Rühle. Einen speziellen Dank richte ich an meinen Kollegen Dr. Kai Krause für den sportlichen Ausgleich in Form der vielen morgendlichen und ganztägigen Trainingseinheiten, ohne die ich in Frankfurt weder an den Start gegangen, geschweige denn ins Ziel gekommen wäre. Die vielen Diskussionen mit Priv.-Doz. Dr. Markus Reihlen — meist zwischen Tür und Angel — haben mein wissenschaftliches Weltbild in besonderer Weise geprägt. Heike Kirch und Hilde Reuter danke ich für die administrative Unterstützung sowie die Durchsicht dieser Arbeit. Bei den studentischen Hilfskräften am Lehrstuhl bedanke ich mich für die Abwicklung der Literaturlogistik. Hervorheben möchte ich hier Christian Ehmke für seine Hilfe bei der Programmierung der Datenbank für die empirische Untersuchung.

Schließlich gilt mein ganz besonderer Dank meiner Freundin Sabine, die mich in jeder Phase der Arbeit maßgeblich unterstützt hat. Meiner Schwester Kristina danke ich insbesondere für die Durchsicht dieser Arbeit. Meinen Eltern gilt der größte Dank, da sie insgesamt den größten Einfluss auf mich und damit auch diese Arbeit hatten. Ihnen widme ich daher diese Arbeit.

Ingo Reinhardt

Inhaltsverzeichnis

Abbildungsverzeichnis

Tabellenverzeichnis

Abkürzungsverzeichnis

ANOVA	Analysis of variance
BCG	Boston Consulting Group
bzw.	beziehungsweise
COV	Components of variance
DGK	Durchschnittliche Gesamtkosten
e.g.	exempli gratia
et al.	et alii
f.	folgende
ff.	fortfolgende
FTC	U.S. Federal Trade Commission
GK	Grenzkosten
Hrsg.	Herausgeber
IST	idealisierte Strategietheorie
Mio.	Millionen
Mrd.	Milliarden
NV	nicht vorhanden
PIMS	Profit Impact of Market Strategy
RBV	Resource-based view
ROA	Return on Asset
ROE	Return on Equity
ROI	Return on Investment
ROS	Return on Sales

S.	Seite
SCA	Sustainable competitive advantage
SCP	Structure-Conduct-Performance
SSE	Sum of squares due to errors
SWOT	Strengths, Weaknesses, Opportunities, Threats
U.S.	United States
usw.	und so weiter
vgl.	vergleiche
VRIO	Value, Rareness, Imitation, Organization
z.B.	zum Beispiel

1. Einleitung

> *What is missing in business strategy,*
> *but is desperately needed, is a core*
> *theory.*
>
> OLIVER E. WILLIAMSON (1991)

1.1. Problemstellung und Zielsetzung der Arbeit

Die Kernaufgabe der strategischen Managementforschung, wie sie in der gegenwärtigen Diskussion verstanden wird, liegt in der Beantwortung folgender Frage:[1]

> Warum sind bestimmte Unternehmen (nachhaltig) erfolgreicher als andere Unternehmen?

In der Strategieforschung gelten dabei allgemein Wettbewerbsvorteile, deren Ursprung zumeist entweder in einer geschützten Marktposition oder in besonderen idiosynkratischen Unternehmensressourcen vermutet wird, als Ursache für den überlegenen wirtschaftlichen Erfolg einzelner Unternehmen.[2] Als Maß für den wirtschaftlichen Erfolg als zu erklärende Variable wird dann in empirischen Untersuchungen regelmäßig auf Finanzkennzahlen wie den *Return on*

---

[1] Vgl. etwa Barney und Arikan (2001), S. 124.
[2] Vgl. Rumelt et al. (1994), Barney (1997) und Grant (1998). Zur Marktsicht siehe Caves und Porter (1977) und Porter (1980) sowie zur Ressourcensicht Wernerfelt (1984), Barney (1991) und Peteraf (1993).

Sales (ROS), den *Return on Asset* (ROA) oder den *Return on Equity* (ROE) zurückgegriffen.[3] Dabei wird die strategische Managementforschung vor allem durch ihre praktische Relevanz für Entscheidungsträger in Unternehmen motiviert und findet so ihre Wurzeln in praxisnahen Arbeiten wie denen von CHANDLER, ANSOFF oder ANDREWS.[4] Erst durch spätere Einflüsse aus anderen Disziplinen, allen voran der Industrieökonomik, hat sich ein stärkerer Rückgriff auf wissenschaftliche Erklärungsansätze und damit zwangsläufig auch eine stärkere Orientierung an wissenschaftlichen Kriterien zur Bewertung dieser Ansätze durchgesetzt.[5]

Obwohl das Ziel der strategischen Managementforschung klar umschrieben ist, erweist sich die eingangs gestellte Frage — also die systematische Benennung der Erfolgsquellen der erfolgreichen Unternehmen — doch als außerordentlich widerstandsfähig gegenüber einer wissenschaftlichen Kriterien genügenden Beantwortung. So beobachten MARCH und SUTTON, dass Wissenschaftler zwar regelmäßig betonen, man könne aus ihren Untersuchungen keine Quellen für einen überlegenen wirtschaftlichen Erfolg ableiten, sie implizit aber ihrer weiteren Argumentation genau diese Schlussfolgerung zugrunde legen.[6] Als ursächlich dafür sehen MARCH und SUTTON das ambivalente Verhältnis zwischen dem praktischen Wunsch nach der Identifikation von Erfolgsfaktoren einerseits und dem Verlangen nach wissenschaftlicher Rigorosität andererseits.[7] Vor diesem Hintergrund hat das Anlegen strenger wissenschaftlicher Kriterien an Strategietheorien[8] in jüngster Zeit eine kontrovers geführte Debatte ausgelöst, die sich direkt gegen den *harten Kern*[9] der Disziplin richtet. So argumentieren PRIEM und BUTLER am Beispiel von BARNEYs zentralem Bezugsrahmen, dass ein rein tautologisches Argument den Kern des ressourcenorientierten Ansatzes bildet, welcher derzeit allgemein als die führende Perspektive im strategischen

---

3   Vgl. etwa Schoeffler et al. (1974), McGahan und Porter (2002), Hatten und Schendel (1977). Siehe auch Abschnitt 2.1.4.
4   RUMELT *et al.* stellen dazu fest: „Strategic management as a field of inquiry is firmly grounded in practice and exists because of the importance of its subject." Rumelt et al. (1994), S. 9. Als Beispiele siehe Chandler (1962), Ansoff (1965) sowie Andrews (1971).
5   Vgl. McKelvey (1997).
6   Siehe March und Sutton (1997), S. 698.
7   Siehe March und Sutton (1997), S. 702 f.
8   Eine Strategietheorie zeichnet sich hier dadurch aus, dass durch diese Quellen für den überlegenen wirtschaftlichen Erfolg von Unternehmen identifiziert werden sollen.
9   Siehe Lakatos (1970), S. 133 ff.

Management gehandelt wird.[10] Eine weitere Diskussion ist von POWELL ent-
fesselt worden, indem dieser die Logik der zentralen These in der gegenwärtigen strategischen Managementforschung, dass Wettbewerbsvorteile zu einem
überlegenen wirtschaftlichen Erfolg führen, kritisch hinterfragt.[11] Insbesondere
stellt er dabei fest, dass sich diese Kernthese in ihrer jetzigen Form einer echten
empirischen Überprüfung entzieht.

Typisch für gegenwärtige kritische Beiträge in der Literatur wie die von PRIEM
und BUTLER bzw. POWELL ist, dass sich diese gegen spezielle Argumentationsweisen aktueller Ansätze im strategischen Management richten. Die inhärente
Problematik des aktuellen auf der Benennung von Erfolgsquellen basierenden
Erklärungsansatzes in der strategischen Managementforschung kann jedoch wesentlich verallgemeinert werden. So lässt sich für eine in Kapitel 3 näher zu
spezifizierende *idealisierte Strategietheorie* zeigen, dass diese zwangsläufig widersprüchlich ist oder unvollständig in dem Sinne, dass durch diese nicht erklärt
wird, welche Unternehmen einen überlegenen wirtschaftlichen Erfolg erzielen.
Wie die weiteren Ausführungen andeuten, muss eine auf die Benennung von
Erfolgsquellen ausgerichtete Theorie dies aber leisten.

Die idealistierte Strategietheorie bezeichnet dabei ein Aussagensystem, durch
das der überlegene wirtschaftliche Erfolg bestimmter Unternehmen erklärt werden soll und das drei Bedingungen erfüllt. Die Aussagen sind (1) allgemein formuliert, weisen (2) einen empirischen Bezug auf und (3) durch die abhängige
Variable, den wirtschaftlichen Erfolg von Unternehmen, wird auf der Menge der
betrachteten Unternehmen eine Ordnung induziert. Betroffen von der Kritik an
der idealisierten Strategietheorie sind also prinzipiell Aussagen der Art „X ist
die Ursache für den überlegenen wirtschaftlichen Erfolg von Unternehmen."
Dabei lässt sich für die aktuell in der strategischen Managementforschung diskutierten Ansätze zeigen, dass diese genau auf eine idealisierte Strategietheorie
abzielen. Dies stützt die Behauptung, dass sich die strategische Managementforschung als wissenschaftliche Disziplin trotz der Kürze ihres Bestehens bereits
in einer fundamentalen Krise befindet, wenn sich der überlegene wirtschaftliche
Erfolg von Unternehmen einer direkten Erklärung entzieht.

---

[10] Vgl. Priem und Butler (2001a), Barney (2001b), Priem und Butler (2001b), Makadok
(2001b) sowie Priem (2001).
[11] Vgl. Powell (2001) und für die weitere Diskussion Durand (2002), Powell (2002), Arend
(2003) und Powell (2003a).

Trotz dieser Problematik im aktuellen Erklärungsansatz deutet die empirische
Evidenz stark darauf hin, dass wirtschaftlicher Erfolg sehr ungleich auf Unternehmen verteilt ist. So untersuchte POWELL in einer aktuellen Studie auf Basis
von Daten aus den *Fortune 500* für den Zeitraum von 1980 bis 1999 die Erfolgsverteilungen in 21 Branchen.[12] Der Erfolg der einzelnen Unternehmen wird
dabei durch das Erfolgsmaß *Anzahl der Siege* bestimmt. Zur Bestimmung der
Siegverteilung in einer Branchen wird dabei gezählt, wie oft es den einzelnen
Unternehmen in der Branche während des Betrachtungszeitraums gelungen ist,
ihre Branche in Bezug auf eine Finanzkennzahl wie etwa ROS oder ROA anzuführen.[13] Dabei zeigt sich in fast allen betrachteten Branchen eine deutlich
ausgeprägte Wettbewerbsdominanz, also eine starke Konzentration der Siege
auf wenige Unternehmen.[14] Auf Basis dieses Befundes grenzen POWELL und
LLOYD zwei prinzipielle Erklärungsansätze für die strategische Managementforschung voneinander ab:[15]

- Die Untersuchung konzentriert sich auf die Identifikation der Wettbewerbsvorteile, die zu dem überlegenen wirtschaftlichen Erfolg einzelner
  Unternehmen führen.

- Die Analyse richtet sich auf die Identifikation zugrunde liegender Wettbewerbsprozesse, welche die beobachteten Erfolgsverteilungen erzeugen.

Der erste Grundansatz liegt der gegenwärtig dominierenden Vorgehensweise in
der strategischen Managementforschung zugrunde, die jedoch zunehmend in
der Kritik steht und gegen die in dieser Arbeit tief greifende logische Bedenken
geäußert werden. Aus diesem Grund bietet sich eine genauere Betrachtung der
zweiten Alternative an, die auch von POWELL und LLOYD angeregt wird.[16] Im
Mittelpunkt des Interesses steht dabei ein neutraler Theorieansatz. Als neutral
wird hier eine Theorie grundsätzlich dann bezeichnet, wenn durch sie Erfolgsverteilungen zwischen Unternehmen erklärt werden, ohne diese auf bestimmte
unternehmensspezifische Merkmale zurückzuführen.[17]

---

[12] Vgl. Powell (2003b) und Powell und Lloyd (2005) sowie Kapitel 4, in dem POWELLs
      Ansatz als Grundlage für die weiteren Überlegungen dient.
[13] Zum Erfolgsmaß *Anzahl der Siege* siehe ausführlich Abschnitt 4.2.2.
[14] Siehe Powell (2003b), S. 71. Zum Konzept der Wettbewerbsdominanz siehe Abschnitt
      4.2.2.
[15] Vgl. Powell und Lloyd (2005), S. 388.
[16] Vgl. Powell und Lloyd (2005), S. 388f.
[17] Zur Präzisierung des Neutralitätsbegriffs siehe Abschnitt 4.2.1.

Neutrale Theorien finden ihren Ursprung in den Naturwissenschaften.[18] Ein wichtiges Beispiel für einen neutralen Erklärungsansatz findet sich im Bereich der Populationsökologie. Hier entwickelte HUBBELL in einem aktuellen Beitrag eine neutrale Theorie zur Erklärung der relativen Artenvielfalt in Ökosystemen.[19] Im Rahmen dieses Erklärungsansatzes werden die spezifischen Merkmale einzelner Arten nicht berücksichtigt und statt dessen wird für alle Arten dieselbe Dynamik unterstellt, durch die jeweils die Vergrößerung bzw. die Verkleinerung der Population gesteuert wird. Dieser Erklärungsansatz unterscheidet sich somit fundamental von dem in der Populationsökologie vorherrschenden Ansatz, die relative Verbreitung einzelner Arten auf deren spezifische Merkmale wie etwa die Geburtenrate zurückzuführen.[20]

Ein einfaches Beispiel für ein neutrales Modell in diesem Kontext ist das Folgende:[21] Auf einer Insel sei Platz für 25 Bäume, der von Exemplaren unterschiedlicher Baumarten eingenommen werden kann. Beginnend mit einer beliebigen Anfangsaufteilung der 25 Plätze auf unterschiedliche Baumarten (etwa auf fünf Baumarten mit jeweils fünf Exemplaren), liegt der Entwicklung der Baumpopulationen die folgende Dynamik zugrunde: In jeder Periode stirbt zufällig ein Baum, wobei die Wahrscheinlichkeit unabhängig von Alter und Zugehörigkeit zu einer Art für alle 25 Bäume auf der Insel gleich ist. Anschließend wird der freigewordene Platz durch einen neuen Baum besetzt. Dieser Baum kann entweder — beispielsweise durch Mutation — der erste Vertreter einer neuen Baumart auf der Insel sein oder eine der bereits vertretenen Baumarten nimmt den neuen Platz ein. Dabei wird hier der freie Platz unter den bereits vorhandenen Arten so verteilt, dass jeder der 24 Bäume auf der Insel dieselbe Wahrscheinlichkeit hat, einen Ableger auf das freie Feld zu setzen. In Bezug auf die Zu- oder Abnahme ihrer relativen Häufigkeit unterliegen also alle Baumarten auf der Ebene des einzelnen Baums den gleichen Gesetzmäßigkeiten. Jeder Baum weist also dieselbe Sterbewahrscheinlichkeit und dieselbe Wahrscheinlichkeit, einen Ableger auf das freie Feld zu setzen, auf. Aufgrund der hier skizzierten Dynamik bildet sich nach einer gewissen Zeit eine typische Verteilung der relativen Häufigkeiten heraus, die unabhängig von der Anfangsverteilung ist und

---

[18] Vgl. Abschnitt 4.2.
[19] Siehe Hubbell (2001).
[20] Vgl. McGill (2003).
[21] Vgl. Hubbell (2001), S. 76 ff.

nur von der Wahrscheinlichkeit der Entstehung neuer Arten abhängt.[22]

Die nachfolgende Analyse in dieser Arbeit zeigt, dass die Häufigkeitsverteilungen der Baumarten in diesem Beispiel sehr genau den Siegverteilungen in Branchen entsprechen. Dies legt hier die Vermutung nahe, dass der Wettbewerb zwischen Unternehmen vergleichbaren Gesetzmäßigkeiten folgt wie der Wettbewerb zwischen Arten in Ökosystemen und dass somit auch die Modellierungsansätze zur Beschreibung des Wettbewerbs zwischen Arten auf den Wettbewerb zwischen Unternehmen übertragbar sind. Die Analogie zwischen beiden Wettbewerbskontexten liegt dabei auf der Hand. Aufgrund stets beschränkter Ressourcen ist eine Art dann erfolgreich, wenn diese einen hohen Anteil an der weitgehend fixen Gesamtpopulation aufweist, während ein Unternehmen erfolgreich ist, wenn es im Vergleich zu seinen Wettbewerbern einen überlegenen wirtschaftlichen Erfolg erzielt.

Darüber hinaus zeigt POWELL, dass sich Siegverteilungen in Branchen nicht grundsätzlich von Siegverteilungen in weiterer Wettbewerbssituation wie etwa in Politik oder Sport unterscheiden lassen.[23] Dies stärkt die Vermutung, dass Wettbewerb und die daraus resultierenden Erfolgsverteilungen als allgemeinere Konzepte zu verstehen sind, deren Untersuchung sinnvollerweise nicht auf den Unternehmenskontext zu beschränken ist. Der Fokus dieser Analyse liegt dabei nicht in der Erklärung des Erfolgs einzelner Akteure, sondern in der Identifizierung gesamter Erfolgsverteilungen zwischen Konkurrenten und der Wettbewerbsdynamik, durch die diese erzeugt wird.

Vor diesem Hintergrund werden in der vorliegenden Arbeit im Wesentlichen drei Ziele verfolgt:

- Aufbauend auf einer allgemeinen Darstellung der zentralen Argumentationsweise in der gegenwärtigen strategischen Managementforschung soll diese einer fundamentalen Kritik unterzogen werden. Dazu wird hier gezeigt, dass eine Erklärung überlegenen wirtschaftlichen Erfolgs auf Basis unternehmensspezifischer Merkmale, die allgemein akzeptierten Anforderungen an empirische Theorien genügt, nicht möglich ist.

---

[22]   Die hier resultierende Verteilung steht in enger Beziehung zu Fishers logarithmischer
        Verteilung, die in Abschnitt 4.3 genauer dargestellt wird.
[23]   Siehe Powell (2003b), S. 80 ff.

- Aufgrund dieser Kritik gilt es weiter, den konzeptionellen Ausgangspunkt für ein neues Paradigma in der strategischen Managementforschung zu entwickeln. Dieses Paradigma basiert auf der Grundidee einer neutralen Theorie der Wettbewerbsdominanz. Dadurch kommt es hier zu einer Neuorientierung der strategischen Analyse, die nicht mehr in der Identifizierung unternehmensspezifischer Merkmale als Grundlage für Wettbewerbsvorteile besteht, sondern auf die Beschreibung gesamter Erfolgsverteilungen zwischen konkurrierenden Unternehmen abzielt. Das Potential dieses Ansatzes soll hier am Beispiel von Siegverteilungen in Branchen explizit verdeutlicht werden.

- Schließlich soll hier basierend auf der Logik des neutralen Erklärungsansatzes ein Bezugsrahmen für die strategische Analyse entwickelt werden. Dieser soll vergleichbar zum VRIO-Schema[24] im ressourcenorientierten Ansatz als Orientierung für die generelle Vorgehensweise bei der Analyse von Erfolgsverteilungen dienen.

1.2. Gang der Untersuchung

Kapitel 2 gibt einen generellen Überblick über die gegenwärtige Diskussion in der strategischen Managementforschung. Dazu erfolgt zunächst eine begriffliche und thematische Einordnung (2.1), in der der zentrale Strategiebegriff eingeführt und anschließend der Gegenstandsbereich des strategischen Managements abgegrenzt und anhand seiner unterschiedlichen Fragestellungen untergliedert wird. Ebenfalls erfolgt hier eine Darstellung der gängigen Alternativen zur Messung des wirtschaftlichen Erfolgs in empirischen Untersuchungen. Dem schließt sich die Vorstellung der zentralen Perspektiven in der strategischen Managementforschung an (2.2). Dabei werden zunächst zur Einführung die Anfänge des strategischen Managements in Form der Konzepte, die unter dem Begriff *Business Policy* zusammengefasst werden, vorangestellt. Darauf aufbauend liegt hier der Fokus auf der Erläuterung der beiden aktuell dominierenden Perspektiven des industrieökonomischen und des ressourcenorientierten Ansatzes. Darüber hinaus erfolgt hier eine Darstellung der Ergebnisse empirischer Untersuchungen (2.3). Weiterhin wird ein Überblick über die dabei er-

---

[24] Siehe Abschnitt 2.2.3.4.

zielten Ergebnisse gegeben. Das Kapitel schließt mit einer Zusammenfassung der zentralen Argumentationsketten in der strategischen Managementforschung (2.4).

In **Kapitel 3** gilt es, die strategische Managementforschung, wie sie in Kapitel 2 vorgestellt wird, einer fundamentalen Kritik zu unterziehen. Zur Vorbereitung wird zunächst in Abschnitt 3.1 das allgemeine Theorieverständnis in der strategischen Managementforschung erläutert. Darauf aufbauend erfolgt in Abschnitt 3.2 ein Überblick über die in der Literatur geäußerten Kritikpunkte an unterschiedlichen konzeptionellen Ausführungen des aktuellen Paradigmas. Besonders wichtig sind hierbei die Arbeiten von PRIEM / BUTLER bzw. von POWELL, die sich direkt gegen den harten Kern der aktuellen Strategieforschung richten. Darauf aufbauend erfolgt in Abschnitt 3.3 eine Verallgemeinerung der Kritik in dem Sinne, dass zunächst für eine hier definierte idealisierte Strategietheorie bewiesen wird, dass diese zwangsläufig widersprüchlich oder unvollständig ist. Anschließend wird gezeigt, dass aktuelle Theorien in der strategischen Managementforschung genau auf eine solche idealisierte Strategietheorie abzielen. Abschließend erfolgt in Abschnitt 3.4 eine grundsätzliche Diskussion, inwiefern die strategische Managementforschung ihrem ursprünglichen Anspruch gerecht werden kann. Dieser Abschnitt dient als Vorbereitung für das nachfolgende Kapitel und thematisiert die Frage, welchen Beitrag eine Theorie strategischen Managements leisten kann.

Aufbauend auf der Kritik des letzten Kapitels wird in **Kapitel 4** ein Gegenentwurf zur aktuellen Strategieforschung entwickelt. Dieser basiert auf der Grundidee eines neutralen Ansatzes zur Erklärung von Erfolgsverteilungen zwischen Unternehmen. Zunächst werden in Abschnitt 4.1 zur Motivation der weiteren Ausführungen einige stilisierte Fakten vorangestellt. Diese sollen zeigen, dass Erfolgsverteilungen tatsächlich spezielle Formen annehmen, die eine anschließende systematische Untersuchung rechtfertigen. Anschließend gilt es in Abschnitt 4.2, die begrifflichen und konzeptionellen Grundlagen für die Entwicklung einer neutralen Theorie der Wettbewerbsdominanz bereitzustellen. Weiterhin wird in Abschnitt 4.3 kurz auf die Mathematik der Beziehung zwischen den hier diskutierten Verteilungen und den diesen zugrunde liegenden Prozessen eingegangen. Dies dient vor allem als Orientierung bei der Bildung von Erwartungen über die Ergebnisse der nachfolgenden simulationsbasierten Analysen. Betrachtet werden an dieser Stelle vor allem die Pareto-Verteilung und

Fishers logarithmische Verteilung. Der generelle empirische Analyseansatz einer neutralen Theorie der Wettbewerbsdominanz wird in dieser Arbeit am Beispiel der Siegverteilungen, bestimmt durch das jährliche Anführen der Branche in Bezug auf eine zugrunde liegende Erfolgskennzahl, in Branchen demonstriert (4.4). Dabei zeigt sich, welche Resultate von der hier vorgeschlagenen Analyseform zu erwarten sind. Aufbauend auf den hier erzielten Ergebnissen gilt es in Abschnitt 4.5, den allgemeinen Bezugsrahmen für eine neutrale Theorie der Wettbewerbsdominanz zu entwickeln. Das Kapitel schließt mit einem Plädoyer für einen neutralen Analyseansatz in der strategischen Managementforschung (4.6). Hier gilt es, den Bezug zu der eingangs genannten Motivation für eine wissenschaftliche Auseinandersetzung mit dem Gegenstandsbereich des strategischen Managements zu ziehen und den Beitrag einer neutralen Theorie zu unterstreichen.

Nach einem kurzen Fazit wird in **Kapitel 5** ein Ausblick auf die nächsten Schritte zur Entwicklung des neutralen Erklärungsansatzes in der strategischen Managementforschung gegeben.

2. Strategisches Management in der gegenwärtigen Diskussion

Strategy is when you are out of ammunition, but keep right on firing so the enemy won't know.

UNBEKANNT

Der Auseinandersetzung mit dem Problemfeld des strategischen Managements liegt eine ganz praktische Motivation zugrunde. Wertschöpfung, der Ursprung für den Wohlstand einer Gesellschaft, findet heutzutage weltweit fast ausschließlich in (privatwirtschaftlichen) Unternehmen statt. Diese stehen in vielfältigen Wechselbeziehungen zu ihrer sozialen und ökonomischen Umwelt und in Konkurrenz zueinander. So beziehen Unternehmen auf Faktormärkten die notwendigen Ressourcen zur Erstellung ihrer Produkte und Dienstleistungen, welche sie dann auf Produktmärkten ihren Kunden anbieten. Der wirtschaftliche Erfolg eines Unternehmens hängt dabei zentral davon ab, wie gut es diesem gelingt, seine Wechselbeziehungen insbesondere im Vergleich zu seinen Konkurrenten zu steuern. Genau an dieser Stelle setzt das strategische Management an, das vor allem die zentralen Managementfragen umfasst, die generell im Umfeld der Geschäftsführung angesiedelt sind.[1] Hierzu zählen RUMELT *et al.*:[2]

„the selection of goals; the choice of products and services to offer; the design and configuration of policies determining how the firm

---

[1]   Vgl. etwa Schendel und Hatten (1972), S. 5.
[2]   Rumelt et al. (1994), S. 9.

positions itself to compete in product markets (e.g., competitive strategy); the choice of an appropriate level of scope and diversity; and the design of organization structure, administrative systems, and policies used to define and coordinate work."

Das wissenschaftliche Interesse am Gegenstandsbereich des strategischen Managements folgt dann aus dem natürlichen Wunsch nach einem systematischen Verständnis der Ursachen für den wirtschaftlichen Erfolg von Unternehmen. So stellen RUMELT *et al.* weiter fest:[3]

„The field has not, like political science, grown from ancient roots in philosophy, nor does it, like parts of economics, attract scholars because of the elegance of its theoretical underpinnings. Rather, like medicine or engineering, it exists because it is worthwhile to codify, teach, and expand what is known about the skilled performance of roles and tasks that are a necessary part of our civilization."

Vor dem Hintergrund der praktischen Notwendigkeit zur Auseinandersetzung mit strategischen Managementfragen ist es ganz natürlich, dass erste Initiativen zur Formulierung strategischer Überlegungen ihren Ursprung in der Unternehmenspraxis haben, während theoriebasierte Annäherungen an den Gegenstandsbereich erst später folgen.[4] Diese ersten theoriebasierten Ansätze im strategischen Management haben ihren Ursprung im Wesentlichen in volkswirtschaftlichen Konzepten, vor allem in der Industrieökonomik.[5]

Gegenstand dieses Kapitels ist die Darstellung der Kernkonzepte des strategischen Managements sowie das Nachzeichnen der zentralen Entwicklungen in der gegenwärtigen Forschung. Das zentrale Anliegen in diesem Kapitel ist die Herausstellung der grundlegenden Argumentationsweise in der gegenwärtigen Strategieforschung, da diese grundsätzliche Argumentationsweise im nächsten

---

[3]   Rumelt et al. (1994), S. 9 f.

[4]   GHEMAWAT verweist in diesem Zusammenhang auf SLOAN und BARNARD, die bereits in der Zeit vor dem 2. Weltkrieg strategische Managementkonzepte entwarfen. Vgl. Ghemawat et al. (1999), S. 3 sowie Sloan (1963) und Barnard (1938). Demgegenüber sehen RUMELT et al. sowie BOWMAN et al. die ersten Anfänge akademischer Auseinandersetzung mit strategischen Managementfragen erst in den 1960ern. Vgl. hierzu Rumelt et al. (1994), S. 10 sowie Bowman et al. (2002), S. 31.

[5]   Bekannte Beispiele hierfür finden sich in Porter (1980) und Porter (1985).

Kapitel einer elementaren Kritik unterzogen wird. Dazu erfolgt hier zunächst die begriffliche und thematische Einordnung des strategischen Managements (2.1). Anschließend werden die zentralen Perspektiven und Ansätze in der strategischen Managementforschung vorgestellt (2.2). Dem schließt sich ein kurzer Überblick über die Methodik und die Ergebnisse empirischer Untersuchungen der Ursachen für den wirtschaftlichen Erfolg von Unternehmen an (2.3). Das Kapitel schließt mit der Identifikation der Kernargumentationen in den dominierenden Perspektiven der aktuellen Strategieforschung (2.4).

2.1. Begriffliche und thematische Einordnung

Im Einzelnen wird hier zunächst der Strategiebegriff charakterisiert. Anschließend erfolgt die thematische Einordnung dieser Arbeit innerhalb der strategischen Managementforschung. Weiterhin wird hier einführend auf die Messung des wirtschaftlichen Erfolgs von Unternehmen eingegangen.

2.1.1. Der Strategiebegriff

Einer Vielzahl zentraler Begriffe in den Wirtschaftswissenschaften liegt zwar bedingt durch ihren häufigen alltäglichen Gebrauch ein naives Grundverständnis zugrunde. Der Versuch einer für die wissenschaftliche Thematisierung geeigneten und im Feld akzeptierten Definition und Abgrenzung dieser Begriffe erweist sich jedoch oft als schwierig. Beispiele hierfür sind etwa der Dienstleistungs- oder der Wissensbegriff, aber eben auch der Strategiebegriff. So ist es in der strategischen Managementliteratur durchaus üblich, der Begriffsdefinition zunächst den Hinweis auf die damit verbundenen Schwierigkeiten voranzustellen.[6] Die folgenden Ausführungen sollen die Schwierigkeiten einer Definition verdeutlichen, indem unterschiedliche Definitionsansätze aufgeführt werden. Vor allem aber werden hier verbindende Elemente identifiziert, die die Grundlage für die weitere Diskussion bilden.

Ein Ausgangspunkt zur Annäherung an den Strategiebegriff ist ein Blick auf

---

[6]   Vgl. Barney (1997), S. 8 sowie Mintzberg (1999), S. 22.

dessen etymologische Wurzeln.[7] Diese lassen sich auf die griechischen Wörter *Stratos* (das Heer) und *Agein* (der Führer) zurückführen. Der *Strategos* war also der General oder Heerführer der griechischen Armee. Das zugehörige griechische Verb *stratego* übersetzt BRACKER mit[8]

„[to] plan the destruction of one's enemies through effective use of resources."

Etymologisch lassen sich dem Strategiebegriff somit zwei Bedeutungsmerkmale zuordnen:

1. Strategien werden geplant.

2. Das Ziel von Strategien ist die Überlegenheit gegenüber Konkurrenten.

Damit erfährt, wie die folgende Analyse zeigen wird, das heutige Strategieverständnis im strategischen Management bereits eine erste gute Annäherung. Kritik in der Literatur richtet sich dabei in erster Linie gegen den ersten Aspekt.[9] In Kapitel 3 wird hingegen vor allem der zweite Aspekt problematisiert.

Erste Abhandlungen zu strategischen Themen finden sich im militärischen Zusammenhang. So wird argumentiert, dass eine zentrale Aufgabe antiker Dichter darin lag, die Strategien erfolgreicher bzw. erfolgloser Feldherren für die nachfolgenden Generationen aufzuzeichnen.[10] Dies entspricht im Wesen dem Erstellen von Fallstudien, wie es auch heute in der Managementlehre vielfach üblich ist. Darüber hinaus hat die Auseinandersetzung mit militärischen Fragestellungen auch eine Reihe konzeptioneller Arbeiten hervorgebracht. Als prominente Beispiele sind etwa CARL VON CLAUSEWITZs „Vom Kriege" sowie „Die Kunst des Krieges" des chinesischen Philosophen und Generals SUNZI zu nennen.[11]

---

[7] Zu den etymologischen Wurzeln des Strategiebegriffs vgl. Bracker (1980) und Evered (1983).
[8] Bracker (1980), S. 219.
[9] Siehe etwa Mintzberg (1978, 1987) sowie Abbildung 2.1.
[10] Vgl. Mintzberg und Quinn (1996), S. 5.
[11] Clausewitz (2003) (Erstausgabe 1832), Sunzi (1996) (Erstveröffentlichung um 500 v. Chr.). Eine umfangreiche Liste findet sich etwa bei Bracker (1980), S. 219 f. oder Mintzberg und Quinn (1996), S. 5.

Der Einzug des Strategiebegriffs in die moderne Wirtschaftswissenschaft lässt sich an der spieltheoretischen Arbeit von VON NEUMANN und MORGENSTERN aus dem Jahre 1944 festmachen.[12] Diese definieren eine Strategie formal als[13]

> „[einen] Plan, der angibt, welche Wahl er [der Spieler] zu treffen hat in allen nur möglichen Situationen, für jede nur mögliche wirkliche Information, die er in diesem Augenblick im Einklang mit dem Informationsschema, das die Spielregeln für diesen Fall vorsehen, besitzen kann."

Eine solche abstrakte Strategiedefinition als allgemeines Grundverständnis im strategischen Management erscheint vor dem Hintergrund realer Strategieentscheidungen von Unternehmen als wenig hilfreich. Dies gilt insbesondere für die Vorstellung, eine Strategie als einen vollständigen Plan aufzufassen. Auf spieltheoretische Ansätze als Grundlage für vorrangig konzeptionelle Überlegungen wird jedoch — vor allem aufgrund ihrer analytischen Eleganz — in der strategischen Managementforschung regelmäßig zurückgegriffen.[14] Durchgesetzt hat sich im strategischen Management hingegen ein weniger formales und explizites Strategieverständnis.

Die beiden Tabellen 2.1 und 2.2 geben hierzu einen Überblick typischer Definitionen in der Strategieliteratur. Die Unterschiedlichkeit der Strategiedefinitionen begründet BARNEY mit dem Hinweis auf das noch kurze Bestehen des Forschungsfeldes.[15] Dennoch finden sich hier eine Reihe gemeinsamer Elemente. Neben den beiden bereits angesprochenen Aspekten der bewussten Planung und der Ausrichtung auf Konkurrenten lassen sich in den hier aufgeführten Definitionen weitere Merkmale einer Strategie wie Langfristigkeit, Wichtigkeit sowie der Bezug auf die Unternehmensressourcen und -umwelt identifizieren.

Neben dem dominierenden Vorgehen, den Strategiebegriff in Form einer geschlossenen Definition einzuführen, die zumeist auf der Vorstellung eines ex-

---

[12]   von Neumann und Morgenstern (1947). Vgl. auch Bracker (1980), S. 219, Grant (1998), S. 14 und Ghemawat et al. (1999), S. 3.
[13]   von Neumann und Morgenstern (1967), S. 79. In einer früheren Veröffentlichung benutzte Von Neumann in diesem Zusammenhang noch den Ausdruck *Spielmethode*. Vgl. von Neumann (1928), S. 299.
[14]   Siehe Fisher (1989) und Camerer (1991) für einen Überblick sowie Lippman und Rumelt (2003a, b) für ein aktuelles Beispiel.
[15]   Siehe Barney (1997), S. 8.

Tabelle 2.1: Ausgewählte Strategiedefinitionen (Teil 1)

Beitrag	Definition des Strategiebegriffs
Drucker (1954), S. 17	Strategy is analyzing the present situation and changing it if necessary. Incorporated in this is finding out what one's resources are or what they should be.
Chandler (1962), S. 13	Strategy is the determination of the basic long term goals of an enterprise, and the adoption of courses of action and the allocation of resources necessary for carrying out these goals.
Ansoff (1965), S. 118 f.	Strategy is a rule for making decisions determined by product/market scope, growth vector, competitive advantage, and synergy.
Learned et al. (1969), S. 15	Strategy is the pattern of objectives, purposes, or goals and major policies and plans for achieving these goals, stated in such a way as to define what business the company is in or is to be in and the kind of company it is or is to be.
Andrews (1971), S. 28	Corporate strategy is the pattern of major objectives, purposes, or goals and essential policies and plans for achieving those goals, stated in such a way as to define what business the company is in or is to be in and the kind of company it is or is to be.
Schendel und Hatten (1972), S. 4	Strategy is defined as the basic goals and objectives of the organization, the major programs of action chosen to reach these goals and objectives, and the major pattern of resource allocation used to relate the organization to its environment.

pliziten Plans basiert, gibt es im strategischen Management auch eklektische Ansätze zur Entwicklung des Strategiebegriffs. Dabei wird versucht, durch den Verzicht auf eine einheitliche Definition die unterschiedlichen Facetten des Strategiekonzepts einzufangen. Das bekannteste Beispiel hierfür liefert MINTZBERG, indem er fünf alternative Strategieverständnisse nebeneinander stellt.[16] So versteht er eine Strategie wahlweise als

Plan: ein konsistentes und intendiertes Handlungsmuster.

---

[16]   Siehe Mintzberg (1987).

Tabelle 2.2: Ausgewählte Strategiedefinitionen (Teil 2)

Beitrag	Definition des Strategiebegriffs
Mintzberg (1979b), S. 25	Strategy is a mediating force between the organization and its environment: consistent patterns in stream of organizational decisions to deal with the environment.
Schendel und Hofer (1979), S. 516	Strategy provides directional cues to the organization that permit it to achieve its objectives, while responding to the opportunities and threats in the environment.
Ohmae (1982), S. 36	What business strategy is all about [...] is, in a word, *competitive* advantage. Without competitors there would be no need for strategy.
Rumelt (1984), S. 568	[A] firm's strategy may be explained in terms of the unexpected events that created (or will create) potential rents together with the isolating mechanisms that (will) act to preserve them.
Barney (1997), S. 27	Strategy is *a pattern of resource allocation that enables firms to maintain or improve their performance.*
Grant (1998), S. 3	Strategy is about winning.
Barney und Arikan (2001), S. 140	*Strategy* is a firm's theory of how it can gain superior performance in the markets within it operates.

Trick: ein Täuschungsmanöver, um einen Wettbewerber zu überlisten.

Emergentes Handlungsmuster: ein nicht intendiertes Handlungsmuster, das sich im Zeitablauf ergibt.

Position: die Art, wie sich ein Unternehmen relativ zu seinen Wettbewerbern im Markt aufstellt.

Perspektive: die Art und Weise, wie das Management seine Umwelt wahrnimmt.

Eklektische Strategiedefinitionen spielen in der strategischen Managementforschung nur eine Nebenrolle und dienen somit — wie auch hier — vor allem als

Alternativentwurf.[17]

Im Rahmen dieser Arbeit soll nun vor dem Hintergrund der eigentlichen Wortbedeutung sowie der dargestellten Strategieverständnisse und insbesondere in Anlehnung an BARNEY und ARIKAN die folgende Definition zugrunde gelegt werden:[18]

> Eine Strategie ist der Ansatz eines Unternehmens, einen überlegenen wirtschaftlichen Erfolg zu erzielen.

Damit wird hier als Grundlage für die weiteren Ausführungen ein möglichst allgemeiner Strategiebegriff bereitgestellt. So wird nicht von einem Plan, sondern in abgeschwächter Form von einem Ansatz gesprochen, um anzudeuten, dass Unternehmensstrategien nicht intendiert sein müssen. Zentral ist hingegen die Vorstellung der Ausrichtung von Strategien auf das Durchsetzen gegenüber Konkurrenten. Im Zusammenhang mit Unternehmen bedeutet dies das Erzielen eines überlegenen wirtschaftlichen Erfolgs. Die Bestimmung des wirtschaftlichen Erfolgs von Unternehmen wird in Abschnitt 2.1.4 vorgestellt und das Konzept der Überlegenheit erfährt später in Abschnitt 3.3 eine genauere Charakterisierung.

2.1.2. Ausrichtungen in der strategischen Managementforschung

In der strategischen Managementforschung lassen sich zwei prinzipielle Forschungsrichtungen in Bezug auf ihren grundlegenden Erklärungsanspruch unterscheiden: Strategieinhalts- und Strategieprozessforschung.[19]

2.1.2.1. Strategieinhalt

Gegenstand der Strategieinhaltsforschung ist die Frage, welche Strategien zu einem (anhaltenden) wirtschaftlichen Erfolg von Unternehmen führen.[20] Es geht

---

[17] Siehe etwa Barney (1997), S. 17.
[18] Vgl. Tabelle 2.2.
[19] Im Englischen: *strategy content* und *strategy process*. Zur Unterscheidung dieser beiden Richtungen vgl. auch Chakravarthy und Doz (1992), S. 5 f.
[20] Vgl. Montgomery et al. (1989), S. 189 ff.

hier also um den Inhalt von Strategien. Die Grundlage für das Erkennen erfolg-
versprechender Strategien ist dabei zunächst das Identifizieren der Ursachen für
den (anhaltenden) wirtschaftlichen Erfolg von Unternehmen. An dieser Stelle
setzt die wissenschaftliche Auseinandersetzung in der Strategieforschung an.
Hier lassen sich dann zwei thematische Schwerpunkte identifizieren.[21]

Zum einen wird hier der Ursprung des überlegenen wirtschaftlichen Erfolgs
von Unternehmen untersucht. Dies läuft auf die Beantwortung der Frage hinaus, weshalb einige Unternehmen erfolgreich sind und andere nicht. Im nachfolgend dargestellten ressourcenorientierten Ansatz wird so beispielsweise der
wirtschaftliche Erfolg von Unternehmen auf deren Ressourcenausstattung zurückgeführt.[22] Den zweiten Schwerpunkt bildet die Untersuchung der Bedingungen, unter denen ein überlegener wirtschaftlicher Erfolg nachhaltig erhalten bleibt. Nachhaltigkeit wird in der Literatur meist einfach mit der Stabilität
von Erfolgsunterschieden über eine längere Zeitspanne identifiziert.[23] Demgegenüber bringt BARNEY das Konzept mit dem Fortbestehen von Wettbewerbsvorteilen trotz der Imitationsversuche von Wettbewerbern in Verbindung.[24]
Die Nachhaltigkeit von Erfolgsunterschieden zwischen Unternehmen wird im
Strategiefeld dann meist auf das Bestehen von Eintritts- bzw. Mobilitätsbarrieren oder so genannte Isolationsmechanismen zurückgeführt.[25] Die weiteren
Ausführungen werden zeigen, dass sich vor allem der erste Schwerpunkt — die
Erklärung, welche Unternehmen erfolgreich sind — als problematisch erweist.

Die weiteren Ausführungen im Rahmen dieser Arbeit lassen sich allesamt der
Strategieinhaltsforschung zuordnen.

2.1.2.2. Strategieprozess

Daneben hat sich eine weitere Richtung in der strategischen Managementforschung etabliert, deren Fokus auf der Untersuchung des Prozesses der Strategieentwicklung und -implementierung liegt. Diese geht im Wesentlichen zurück
auf Arbeiten von MINTZBERG, der auf Basis empirischer Studien argumentiert,

---

[21]   Vgl. Barney (1997). Zum Thema der Wertschaffung siehe auch den aktuellen Beitrag
       von Lepak et al. (2007) sowie die darin angesprochenen Arbeiten.
[22]   Siehe hierzu Abschnitt 2.2.3.
[23]   Vgl. McGahan und Porter (2003), S. 92 oder auch Jacobsen (1988) und Porter (1985).
[24]   Siehe Barney (1991), S. 102 sowie auch Lippman und Rumelt (1982).
[25]   Siehe Rumelt (1984).

dass tatsächliche Strategien in der Unternehmenspraxis zumeist nicht vorformulierten Plänen folgen, wie dies häufig in der Strategieforschung angenommen wird.[26]

Abbildung 2.1: Bewusste und emergente Strategien

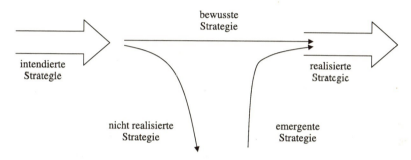

Quelle: in Anlehnung an Mintzberg (1978), S. 945.

Abbildung 2.1 gibt das grundlegende Ergebnis von MINTZBERGs Untersuchungen wieder. Demnach wird lediglich ein Teil der geplanten Strategie auch tatsächlich realisiert, während sich der wesentliche Anteil — etwa 70 – 90 % — der realisierten Strategie emergent herausbildet.[27] So ergibt sich im Zeitablauf aus einer Vielzahl von Einzelmaßnahmen ein konsistentes Handlungsmuster, das als Strategie identifiziert wird.[28] Wenn aber die Strategieprozessforschung über die reine Beschreibung hinaus den Anspruch erhebt, einen Zusammenhang zwischen dem Prozess der Strategieentwicklung und -implementierung einerseits und dem wirtschaftlichen Erfolg eines Unternehmen andererseits herzustellen, dann lässt sie sich als Teilgebiet der Strategieinhaltsforschung verstehen.[29]

---

[26] Siehe etwa Mintzberg (1978), Mintzberg und Waters (1985) sowie Mintzberg und Quinn (1996).

[27] Vgl. Grant (2002), S. 26.

[28] Vgl. Mintzberg (1999), S. 24 f.

[29] Vgl. hierzu Chakravarthy und Doz (1992), S. 5. Dort wird der Strategieinhalt lediglich mit der Positionierung von Unternehmen in Verbindung gebracht. Die Einbettung der Strategieprozessforschung in die Strategieinhaltsforschung ergibt sich hingegen nur für eine allgemeine Definition der Strategieinhaltsforschung in Bezug auf alle Quellen für den überlegenen wirtschaftlichen Erfolg von Unternehmen.

2.1.3. Untersuchungsebenen im strategischen Management

Weiterhin werden im Rahmen der Strategieinhaltsforschung zwei grundlegende Untersuchungsebenen unterschieden: die Ebene des Gesamtunternehmens und die Ebene der Geschäftsbereichseinheit.[30]

2.1.3.1. Gesamtunternehmensebene

Auf Ebene des Gesamtunternehmens stellt sich die Frage, in welchen Branchen ein Unternehmen tätig werden soll.[31] Dazu gehören Einzelfragestellungen in Bezug auf die Diversifikation, vertikale Integration, Akquisitionen, Neugründungen, die Allokation von Ressourcen sowie die Aufgabe einzelner Geschäftsbereiche.[32] Eine zentrale Rolle auf der Ebene des Gesamtunternehmens spielt die Koordination der einzelnen Geschäftsbereiche. Zur Unterstützung dieser Aufgabe sind vor allem in der strategischen Managementpraxis unterschiedliche Portfolioansätze entwickelt worden.[33] Die BCG-Matrix ist hierfür ein bekanntes Beispiel.[34]

2.1.3.2. Geschäftsbereichsebene

Auf Ebene des einzelnen Geschäftsbereichs steht die Frage im Vordergrund, wodurch in einer Branche der Erfolg von Unternehmen bestimmt wird.[35] Hierbei liegt der Fokus auf der Identifikation der Wettbewerbsvorteile der Unternehmen in einer Branche im Vergleich zu ihren Wettbewerbern. Diese werden je nach zugrunde liegender Perspektive etwa in einer geschützten Marktposition oder einer einzigartigen Ressourcenausstattung vermutet.[36] PRIEM und BUTLER argumentieren, dass im Vergleich beider Untersuchungsebenen der Geschäftsbereichsebene die primäre Bedeutung zukommt, da ein Unternehmen zunächst

---

[30]   Siehe etwa Barney (1997) oder Grant (2002), S. 23 ff. Daneben findet sich in der Literatur auch gelegentlich eine weitere Verfeinerung der Betrachtungsebene, etwa bis auf Funktionalebene. Siehe hierzu etwa Grant (2002), S. 24 f.

[31]   Im Englischen: *corporate-level.*

[32]   Grant (2002), S. 24.

[33]   Grant (2002), S. 479 ff.

[34]   Diese geht zurück auf die *Boston Consulting Group.* Vgl. etwa Grant (2002), S. 482 ff.

[35]   Im Englischen: *business-level.*

[36]   Der erste Fall führt zu einer industrieökonomischen (siehe etwa Porter (1980)) und der zweite Fall zu einer ressourcenorientierten Analyse (siehe etwa Barney (1991)).

über eine Grundlage für Wettbewerbsvorteile verfügen muss, bevor es diese auf andere Branchen ausweiten kann.[37]

2.1.4. Der wirtschaftliche Erfolg von Unternehmen

Gegenstand der strategischen Managementforschung ist die Erklärung des unterschiedlichen wirtschaftlichen Erfolgs von Unternehmen.[38] In den bisherigen Ausführungen ist dabei nicht weiter darauf eingegangen worden, was unter dem wirtschaftlichen Erfolg von Unternehmen zu verstehen ist. Daher soll nun eine Begriffsklärung erfolgen.

Im Englischen wird die abhängige Variable in der Strategieforschung allgemein als *Performance* bezeichnet. Im Rahmen dieser Arbeit soll die entsprechende Variable einheitlich als *wirtschaftlicher Erfolg* bezeichnet werden. Weiter wird hier im Folgenden von einem überlegenen wirtschaftlichen Erfolg gesprochen, wenn ein Unternehmen in besonderem Maße erfolgreich ist.[39] Meist wird in der Literatur der überlegene wirtschaftliche Erfolg von Unternehmen mit dem Erzielen ökonomischer Renten oder einem überdurchschnittlichen wirtschaftlichen Erfolg in Verbindung gebracht.[40] Was in dieser Arbeit unter Überlegenheit zu verstehen ist, wird im weiteren Verlauf konkretisiert.[41] Die Einführung der abhängigen Variable erfolgt in der strategischen Managementliteratur allgemein nicht per Definition, sondern durch die konkrete Angabe des zugrunde gelegten Erfolgsmaßes. Daher gilt es hier, das Konzept des wirtschaftlichen Erfolgs auf Basis der in der Literatur verwendeten Erfolgsmaße zu charakterisieren.

Die Grundlage zur Bestimmung des wirtschaftlichen Erfolgs von Unternehmen bilden demnach überwiegend Bilanzkennzahlen, die im Allgemeinen öffentlich verfügbar sind und auf die Zugriffsmöglichkeiten über umfangreiche Datenbanken — vor allem aus dem anglo-amerikanischen Bereich — bestehen.[42] Der wirtschaftliche Erfolg von Unternehmen wird dabei in der Regel anhand von

---

[37] Vgl. Priem und Butler (2001a), S. 23.
[38] Vgl. etwa Barney und Arikan (2001), S. 124.
[39] Im Englischen: *superior performance*.
[40] Siehe etwa Barney (1997), S. 33 oder Porter (1985), S. 11 zur Überlegenheit im Sinne eines überdurchschnittlichen wirtschaftlichen Erfolgs und Peteraf (1993), S. 180 ff. oder Powell (2001), S. 875 im Zusammenhang mit ökonomischen Renten.
[41] Siehe Abschnitt 3.3.
[42] Vgl. etwa Scherer (1980) oder Fisher und McGowan (1983).

Renditemaßen erfasst. Diese werden gebildet durch den Quotienten aus einem Maß für den Profit des Unternehmens — meist den Gewinn nach Steuern — im Zähler und einem Maß für die Größe des Unternehmens — etwa Umsatz oder Gesamtkapital — im Nenner.[43] Besonders verbreitet in empirischen Arbeiten sind die folgenden Erfolgsmaße:[44]

die Umsatzrendite

$$ROS = \frac{\text{Gewinn nach Steuern}}{\text{Umsatz}},$$

die Gesamtkapitalrendite

$$ROA = \frac{\text{Gewinn nach Steuern}}{\text{Gesamtkapital}},$$

die Eigenkapitalrendite

$$ROE = \frac{\text{Gewinn nach Steuern}}{\text{Eigenkapital}}$$

sowie die Rendite auf das investierte Kapitals

$$ROI = \frac{\text{Gewinn nach Steuern}}{\text{investiertes Kapital}}.$$

Statt des Gewinns nach Steuern finden auch andere Profitmaße im Zähler der jeweiligen Quotienten Verwendung.[45] Tabelle 2.3 zeigt eine Auswahl wichtiger empirischer Arbeiten, in denen Einflüsse auf den wirtschaftlichen Erfolg von Unternehmen untersucht werden. Hier fällt vor allem die zunehmende Verbreitung des ROA als Maß für den wirtschaftlichen Erfolg von Unternehmen in

---

[43]   Vgl. etwa Barney (1997), S. 36.

[44]   Im weiteren Verlauf werden die allgemein gebräuchlichen Abkürzungen für die verschiedenen Rendítemaße verwendet. Dabei steht ROA für *return on asset*, ROE für *return on equity*, ROI für *return on investment* und ROS für *return on sales*.

[45]   Ein Beispiel ist hierfür der EBIT (*earnings before interest and taxes*). Für einen allgemeineren Überblick siehe etwa Brealey und Myers (1996), S. 765 ff.

empirischen Studien ins Auge. Neben den oben genannten Renditemaßen finden weitere Erfolgsmaße, wie etwa *Tobin's q* oder das Überleben oder Siegen von Unternehmen, ebenfalls sporadisch Verwendung in empirischen Arbeiten.[46]

Die verbreitete Verwendung von auf Bilanzkennzahlen basierenden Erfolgsmaßen rechtfertigt sich durch deren Verfügbarkeit, Einfachheit und Transparenz.[47] Dem stehen aber auch eine Reihe von Einschränkungen entgegen.[48] Etwa unterliegt das Aufstellen einer Bilanz gewissen Gestaltungsfreiheiten, so dass die in der Bilanz ausgewiesenen Ergebnisse nicht den tatsächlichen entsprechen müssen. Beispielsweise lassen sich durch Abschreibungsmaßnahmen Gewinne zwischen Perioden verschieben. Dies kann sich für empirische Untersuchungen und die daraus gezogenen Schlussfolgerungen als problematisch erweisen. So kommen FISHER und MCGOWAN zu dem Schluss:[49]

> „[These] effects can be large enough to account for the entire inter-firm variation in the accounting rates of return among the largest firms in the United States. A ranking of firms by accounting rates of return can easily [be] invert[ed]."

Ein weiteres Problem betrifft die Frage, inwiefern es gerechtfertigt ist, den wirtschaftlichen Erfolg von Unternehmen anhand einer einzelnen Kennzahl zu bestimmen. Dies gilt insbesondere vor dem Hintergrund der Tatsache, dass die unterschiedlichen Erfolgsmaße sich in empirischen Untersuchungen im Allgemeinen als weitgehend unkorreliert erweisen.[50] Das bedeutet, dass ein Unternehmen, das in Bezug auf eine Kennzahl als besonders erfolgreich identifiziert wird, nicht zwangsläufig auch in Bezug auf andere Kennzahlen als erfolgreich gelten muss. Das Ergebnis einer empirischen Untersuchung ist also einerseits stark von der Auswahl des zugrunde gelegten Erfolgsmaßes geprägt. Andererseits kann aber für keines der hier genannten Erfolgsmaße der Anspruch eines

---

[46]   *Tobin's q* ist definiert als der Quotient aus dem Kapitalmarktwert (Aktienkapitalisierung und Verbindlichkeiten) und dem Wiederbeschaffungswert aller Vermögensgegenstände eines Unternehmens. Vgl. Wernerfelt und Montgomery (1988), S. 427. Siege, definiert als jährliche Branchenführerschaft in Bezug auf ein zugrunde liegendes Renditemaß, als Erfolgsmaß werden ausführlich in Abschnitt 4.2.2.2 thematisiert.

[47]   Siehe Barney (1997), S. 36 sowie etwa Hofer und Schendel (1978).

[48]   Vgl. Barney (1997), S. 39 ff.

[49]   Fisher und McGowan (1983), S. 83.

[50]   Vgl. Meyer und Gupta (1994), S. 309 oder Chakravarthy (1986).

Tabelle 2.3: Erfolgsmaße in empirischen Studien

Beitrag	ROA	ROE	ROI	ROS	andere
Bain (1951)		X			
Schoeffler et al. (1974)			X		
Buzzell et al. (1975)			X		
Hannan und Freeman (1977)					Überleben des Unternehmens
Hatten und Schendel (1977)		X			
Hatten et al. (1978)		X			
Schmalensee (1985)	X				
Wernerfelt und Montgomery (1988)					Tobin's q
Lawless et al. (1989)	X	X		X	
Hansen und Wernerfelt (1989)	X				
Rumelt (1991)	X				
Powell (1995)	X			X	
Roquebert et al. (1996)	X				
McGahan und Porter (1997)	X				
Mauri und Michaels (1998)	X				
Spanos und Lioukas (2001)		X			Gewinnmarge, relativer Nettogewinn
McGahan und Porter (2002)	X				
McGahan und Porter (2003)	X				
Powell (2003b)		(X)		(X)	Siege

alleinigen und wahren Repräsentanten des wirtschaftlichen Erfolgs von Unternehmen begründet werden.

Verschiedene Lösungsvorschläge aus diesem Dilemma sind in der Literatur diskutiert worden. So lassen sich einerseits die unterschiedlichen Erfolgsmaße zu einer aggregierten Kenngröße für den Erfolg eines Unternehmens zusammenfassen. Ein bekanntes Beispiel hierfür liefert ALTMAN, der ein Maß für den wirtschaftlichen Erfolg von Unternehmen einführte. Dieser so genannte Z-Faktor berechnet sich als Linearkombination unterschiedlicher Erfolgskennzahlen.[51]

Andererseits wird auch versucht, den Erfolg von Unternehmen gleichzeitig auf Basis mehrerer Erfolgsdimensionen zu bewerten, ohne diese zu einer gemeinsamen Kennzahl zu aggregieren. Diese Möglichkeit wird vor allem vor dem Hintergrund der Stakeholder-Perspektive diskutiert.[52] Diese basiert auf der Vorstellung, dass über den Erfolg von Unternehmen nicht einzig auf Basis von Finanzkennzahlen zu entscheiden ist, also nur die Perspektive der Shareholder eingenommen wird, sondern vielmehr auch die Bewertungsmaßstäbe der anderen Stakeholder eines Unternehmens zu berücksichtigen sind. Diese anderen Stakeholder sind etwa die Angestellten des Unternehmens oder dessen Kunden. Diese bewerten den Erfolg eines Unternehmens nicht anhand von Finanzkennzahlen, sondern etwa in Bezug auf die Arbeitsplatzsicherheit oder die Lieferzuverlässigkeit. Eine eindeutige Vergleichbarkeit des Erfolgs von Unternehmen ist bei diesem Ansatz jedoch im Allgemeinen nicht gegeben, da ein Unternehmen aus Sicht eines Stakeholders erfolgreich und aus Sicht eines anderen erfolglos sein kann. Die Grundidee dieses mehrdimensionalen Bewertungsansatzes findet sich etwa auch im Konzept der Balanced-Scorecard.[53]

Der Blick auf die empirischen Arbeiten im Feld (siehe Tabelle 2.3) zeigt jedoch, dass diese Vorschläge ohne nennenswerten Einfluss bleiben. Im Rahmen dieser Arbeit wird daher auch auf die etablierten Bilanzkennzahlen als Grundlage für die Überprüfung der Modelle in Kapitel 4 zurückgegriffen. Dabei erfolgt dort die Analyse auf Basis unterschiedlicher Renditemaße, so dass eine Unabhängigkeit der Ergebnisse von der möglicherweise besonderen Dynamik eines einzelnen Maßes unterstellt werden kann.

---

[51] Altman (1968) und Altman (1971). Vgl. auch Chakravarthy (1986), S. 446.
[52] Vgl. Chakravarthy (1986), S. 447 ff. oder Barney (1997), S. 43 ff.
[53] Zur Balanced-Scorecard siehe Kaplan und Norton (1992), Kaplan und Norton (1993), Kaplan und Norton (1996) sowie Kaplan und Norton (2000).

2.2. Perspektiven in der strategischen Managementforschung

Gegenwärtig zeichnen sich in der strategischen Managementforschung zwei dominierende Perspektiven zur Erklärung (anhaltender) Erfolgsunterschiede zwischen Unternehmen ab. So wird beim industrieökonomischen Ansatz die Erzielung von Monopolrenten, ermöglicht durch eine vor Wettbewerb geschützte Positionierung im Markt, als Ursprung für einen überlegenen Unternehmenserfolg identifiziert.[54] Untersuchungsgegenstand ist damit die Unternehmensumwelt und speziell die Branchenstruktur.[55] Demgegenüber richtet sich beim ressourcenorientierten Ansatz der Fokus auf unternehmensspezifische Ressourcen als Ursprung für die Überlegenheit bestimmter Unternehmen.[56] Historisch ist dabei der ressourcenorientierte Ansatz die aktuellere Entwicklung, die vor allem durch eine Vielzahl von Arbeiten in den 1990ern vorangetrieben wurde, während der industrieökonomische Ansatz vor allem in den 1980ern vorherrschte.

Abbildung 2.2: Schwingen des Pendels zwischen interner und externer Perspektive

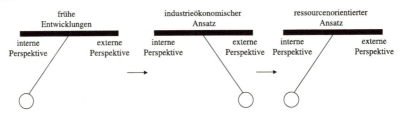

Quelle: in Anlehnung an Hoskisson et al. (1999), S. 421.

Gleichzeitig bedeutet aber die Fokussierung im ressourcenorientierten Ansatz auf das Unternehmen eine Rückkehr zu den Anfängen der strategischer Managementforschung, die sich ursprünglich überwiegend auf das Auffinden so

---

[54]   Grundlegend basiert dieser Ansatz auf den Arbeiten von Porter (1980, 1985).
[55]   Siehe hierzu Abschnitt 2.2.2.
[56]   Vgl. etwa Wernerfelt (1984), Barney (1991), Peteraf (1993) sowie die weiteren Ausführungen in Abschnitt 2.2.3.

genannter *best practices* konzentrierte.[57] Diese Entwicklung vergleichen HOS-
KISSON et al. mit dem Schwingen eines Pendels (siehe Abbildung 2.2). Weiter
argumentieren sie dann, dass sich die strategische Managementforschung durch
das Aufkommen des ressourcenorientierten Ansatzes nicht nur theoretisch, sondern auch methodisch wieder ihrem Ausgangspunkt nähert.[58] Die Vorstellung
der Grundpositionen der strategischen Managementforschung erfolgt hier vor
dem Hintergrund der historischen Entwicklung im Feld, da das Aufkommen
einer neuen Position meist nur als Antwort auf die identifizierten Probleme eines vorherigen Ansatzes zu verstehen ist. Dies gilt sowohl für das Verhältnis
zwischen den Business-Policy-Überlegungen und dem industrieökonomischen
Ansatz als auch zwischen jenem und dem ressourcenorientierten Ansatz.

In den weiteren Ausführungen dieses Abschnitts gilt es somit, aufbauend auf
den Anfängen im strategischen Management (2.2.1) die beiden zentralen Perspektiven, den industrieökonomischen (2.2.2) sowie den ressourcenorientierten
(2.2.3) Ansatz, darzustellen. Dem schließt sich die Skizzierung des Beitrags der
Österreichischen Schule (2.2.4) sowie transaktionskostentheoretischer (2.2.5.1)
und neoinstitutionalistischer (2.2.5.2) Einflüsse an. Beide Einflüsse bilden in
der strategischen Managementforschung zwar keine eigenständige Perspektive.
Jedoch erweitern sie — vor allem die österreichische Schule — die laufende
Diskussion durch ihre typischen Argumente.

2.2.1. Die Anfänge: Business Policy

Strategisches Management als Forschungsfeld hat seinen Ursprung als Unter-
richtsfach, das unter der Bezeichnung *Business Policy* seit Anfang des 20. Jahr-
hunderts an U.S. amerikanischen Business Schools gelehrt wird.[59] Dabei stand
der Inhalt dieses Unterrichtsfachs bis in die 1960er unter dem Leitgedanken
der funktionalen Integration einzelner Teilbereiche und thematisierte im Wesentlichen die typischen Aufgaben eines Geschäftsführers.[60] Wissenschaftliche

---

[57] Zu nennen sind hier beispielsweise Learned et al. (1969) oder Ansoff (1965).
[58] Vgl. Hoskisson et al. (1999). Die methodische Rückkehr zu den Business-Policy-Ansätzen
      zeigt sich vor allem in einer Zunahme von Einzelfalluntersuchungen im ressourcenorien-
      tierten Ansatz.
[59] Vgl. Rumelt et al. (1994), S. 10.
[60] Vgl. Rumelt et al. (1991), S. 7.

Vorläufer des Forschungsfeldes sind vor allem Arbeiten zur betrieblichen Organisation sowie frühe volkswirtschaftliche Wettbewerbstheorien.[61]

Die tatsächliche Geburtsstunde des strategischen Managements als eigenständiges Forschungsfeld sehen RUMELT *et al.* aber erst in den 1960ern in Form von drei Werken: CHANDLERs *Strategy and Structure*, ANSOFFs *Corporate Strategy* und dem auf ANDREWS zurückgehenden Harvard-Lehrbuch *Business Policy: Text and Cases*.[62]

Gegenstand von CHANDLERs Arbeit ist das Wachstum von Großunternehmen und die dadurch erforderlichen Anpassungen der Organisationsstruktur.[63] Zentral ist dabei der Gedanke, dass in einem Unternehmen zunächst eine Strategie als Reaktion auf Änderungen in der Unternehmensumwelt entwickelt wird und anschließend die Organisationsstruktur auf die Umsetzung der Strategie auszurichten ist. Bekannt wurde diese Argumentation unter der Formel „structure follows strategy".[64] Außerdem betonte CHANDLER in seinem Buch ausdrücklich die aktive Rolle von Managern bei der Entwicklung neuer Strategien und neuer Organisationsstrukturen.

Aus Kritik an der strategischen Planung auf Basis einer reinen Extrapolation vergangener Trends in die Zukunft sowie seiner Meinung nach unnötig riskanter Überlegungen in der Literatur, die Entwicklung neuer Produkte stärker an den erwarteten Kundenwünschen zu orientieren,[65] trat ANSOFF für eine stärkere Orientierung bei der Entwicklung neuer Produkte an bereits existierenden Produkten ein.[66] ANSOFF versteht dabei unter einer Strategie das Aus-

---

[61]   Zur betrieblichen Organisation sind hier vor allem die Arbeit von Weber (1922) zum Bürokratieansatz, die Untersuchungen von Taylor (1947) zur Arbeitsorganisation sowie die Erweiterungen dieses Ansatzes auf die Führungsetage bei Barnard (1938), Simon (1947) und Selznick (1957) zu nennen. Wichtige volkswirtschaftlich orientierte Arbeiten sind hier vor allem die Beiträge von Robinson (1933) und Chamberlin (1933) über unvollständigen Wettbewerb sowie der Beitrag von Schumpeter (1934) zur kreativen Zerstörung und zur Rolle des Unternehmers. Weiterhin ist in diesem Zusammenhang auch die einflussreiche Arbeit von Penrose (1959) bedeutsam, die einen wesentlichen Beitrag zur Entwicklung des ressourcenorientierten Ansatzes leistete.

[62]   Vgl. Rumelt et al. (1994), S. 16 sowie Chandler (1962), Ansoff (1965) und Learned et al. (1969).

[63]   Vgl. Rumelt et al. (1994), S. 16, Hoskisson et al. (1999), S. 442 sowie Chandler (1962).

[64]   Siehe etwa Hall und Saias (1980).

[65]   LEVITT argumentierte etwa, dass Unternehmen oft deshalb scheitern, weil sie nicht in der Lage sind, ihre Produkte den ständig wechselnden Kundenwünschen und Marktbedingungen anzupassen. Vgl. Levitt (1960).

[66]   Vgl. Rumelt et al. (1994), S. 17, Ghemawat et al. (1999), S. 7 sowie Ansoff (1965).

richten der Aktivitäten eines Unternehmens an einem gemeinsamen Nenner[67]. Dieser äußert sich in fünf Aspekten einer Strategie: (1) die Produkt/Markt-Kombination, (2) der Wachstumspfad in neue Produkte oder neue Märkte, (3) Wettbewerbsvorteile, (4) das Erzielen von Synergien durch die Kombination von Ressourcen und Fähigkeiten und (5) die Entscheidung zwischen Eigenfertigung oder Fremdbezug.[68]

Die Idee eines gemeinsamen Nenners in der strategischen Ausrichtung findet sich auch in der bekannten Ansoff-Matrix (siehe Abbildung 2.3). Demnach haben Unternehmen die Möglichkeit zu wachsen, indem sie ihr Angebot in Bezug auf die beiden Dimensionen Produkt und Mission erweitern. Das heißt, sie können neue Märkte erschließen (Mission) oder neue Produkte entwickeln. Dabei präferierte ANSOFF einen Wachstumspfad, der sich entweder ausschließlich durch eine Erneuerung des Produktes oder eine Ausweitung auf einen neuen Markt auszeichnet. Die Diversifikation, also die gleichzeitige Verfolgung beider Schritte, lehnte er hingegen als zu riskant ab.

Abbildung 2.3: Ansoff-Matrix

Mission \ Produkt	Gegenwärtig	Neu
Gegenwärtig	Marktpenetration	Produktentwicklung
Neu	Marktentwicklung	Diversifikation

Quelle: in Anlehnung an Ansoff (1965), S. 109.

ANDREWS und seine Mitstreiter an der Harvard Business School gingen in ihren Überlegungen zunächst von CHANDLERs Strategieverständnis aus, erweiterten dieses jedoch um den auf SELZNICK zurückgehenden Aspekt unternehmensspezifischer Kompetenzen[69] und die Berücksichtigung einer unsicheren Unterneh-

---

[67] Im Englischen: *common thread.*
[68] Vgl. Rumelt et al. (1994), S. 17 f. sowie Ansoff (1965).
[69] Im Englischen: *distinctive competence.*

mensumwelt.[70] ANDREWS argumentierte, dass sich durch den ständigen Wandel in der Umwelt regelmäßig neue Chancen und Gefahren für das Unternehmen ergeben. Unter Beachtung der spezifischen Stärken und Schwächen eines Unternehmens gilt es dann, Chancen auszunutzen und Gefahren abzuwehren.[71] Diese Argumentationslogik bildet die Grundlage für die heute allgemein bekannte SWOT-Analyse (siehe Abbildung 2.4).[72]

Abbildung 2.4: Die SWOT-Analyse

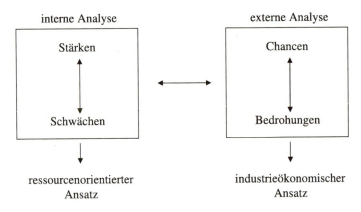

Quelle: in Anlehnung an Barney (1991), S. 100.

Ebenfalls wurde in diesem Zusammenhang zwischen zwei Elementen des Strategieprozesses unterschieden, die zwar eng miteinander verbunden sind, *in praxi* aber meist nacheinander vollzogen werden: Formulierung und Implementierung.[73] Bei der Formulierung einer Strategie liegt der Fokus im Wesentlichen auf vier Aspekten, die es gilt aufeinander abzustimmen: (1) die Chancen im Markt, (2) die Kompetenzen und Ressourcen des Unternehmens, (3) die Ziele des Managements sowie (4) die Erwartungen der unterschiedlichen Anspruchsgruppen an das Unternehmen. Im Zuge der Implementierung gilt es dann, Ressourcen, Organisationsstrukturen und Anreizsysteme auf die Umsetzung der formulierten Strategie auszurichten.

---

[70]   Vgl. Rumelt et al. (1994), S. 17 sowie Hoskisson et al. (1999), S. 422.
[71]   Vgl. hierzu auch Andrews (1971).
[72]   Dabei steht SWOT für Strengths, Weaknesses, Opportunities, Threats.
[73]   Vgl. Hoskisson et al. (1999), S. 422.

HOSKISSON *et al.* begründen die grundlegende Bedeutung dieser drei Arbeiten abschließend mit dem Hinweis auf die Vielzahl der hier angesprochenen Ansätze und Fragestellungen, welche die heutige strategische Managementforschung wesentlich prägen.[74] Im Einzelnen umfasst dies die folgenden Themen:

- die Ergründung des Zusammenhangs zwischen der Strategie und dem Erfolg eines Unternehmens,

- das Erkennen der Bedeutung sowohl der Unternehmensumwelt als auch der Fähigkeiten und Ressourcen eines Unternehmens,

- die Vermutung, dass die Organisationsstruktur eines Unternehmens dessen Strategie anzupassen ist,

- die Unterscheidung zwischen der Formulierung und der Implementierung einer Strategie sowie

- die Betonung der aktiven Rolle von Managern für das strategische Management.

Methodisch steht in den diskutierten Beträgen vor allem das Instrument der Fallstudie im Vordergrund. Diese Herangehensweise ist die Folge einer skeptischen Haltung gegenüber der Verallgemeinerbarkeit von Erkenntnissen aus Einzelfällen, bei denen stets eine starke Prägung durch unternehmens- und situationsspezifische Merkmale vermutet wird.[75] Ebenfalls ist eine grundsätzlich ablehnende Haltung gegenüber Erkenntnissen aus anderen wissenschaftlichen Disziplinen wie etwa der Volkswirtschaftslehre, den Ingenieurwissenschaften, der Soziologie, der Psychologie oder den Naturwissenschaften typisch für diese frühen Arbeiten.[76]

Erklärtes Ziel war somit in erster Linie die Ausbildung von Praktikern, die durch die Analyse einer Vielzahl von Fallstudien eine gewisse Vertrautheit mit strategischen Entscheidungssituationen erlangen sollten.[77] Dazu stellen aber

---

[74] Vgl. Hoskisson et al. (1999), S. 422 f. Dazu merken sie aber auch an, dass in den drei Beiträgen das Motiv der Kooperation zwischen Unternehmen und die daraus folgende Entwicklung von strategischen Allianzen keine zentrale Rolle spielen, obwohl diese beiden Themen heute durchaus von Bedeutung sind.

[75] Vgl. hierzu etwa Learned et al. (1969), S. 5.

[76] Vgl. Hoskisson et al. (1999), S. 423 sowie Learned et al. (1969), S. 6.

[77] Vgl. Hoskisson et al. (1999), S. 423 und beispielsweise Learned et al. (1969), S. 5.

RUMELT et al. fest, dass die drei Arbeiten ohne nennenswerten Einfluss auf die Managementpraxis blieben.[78] Die Unzufriedenheit über den Mangel an verallgemeinerbaren und überprüfbaren Ergebnissen als Folge der Fokussierung auf Fallstudien führte in der Folgezeit zu einem stärkeren Rückgriff auf ökonomische, speziell industrieökonomische, Konzepte.[79]

Die Relevanz der frühen Beiträge für diese Arbeit begründet sich somit vor allem in der Formulierung der hier identifizierten Kernfragen der strategischen Managementforschung. Programmatischen Charakter für die nachfolgende Diskussion haben dabei insbesondere die Ergründung des Zusammenhangs zwischen Strategie und Unternehmenserfolg sowie die Differenzierung zwischen der Um- und Innenwelt von Unternehmen.

2.2.2. Der industrieökonomische Ansatz

In der Folgezeit stand die strategische Managementforschung unter dem Zeichen einer zunehmenden Verwissenschaftlichung, die vor allem das Resultat der inhaltlichen und methodischen Annäherung an die Industrieökonomik war.[80] Mit Blick auf Abbildung 2.2 bedeutet dies eine Verschiebung des Untersuchungsfokusses auf die Unternehmensumwelt. Umfangreiche statistische Untersuchungen zur Überprüfung von Hypothesen über den Zusammenhang zwischen der Branchenstruktur und dem wirtschaftlichen Erfolg von Unternehmen, die konzeptionell auf der Logik des Structure-Conduct-Performance-Modells aufbauen, lösten die Fallstudie als dominierenden Analyseansatz im strategischen Management ab.[81]

So ist das aus dem Structure-Conduct-Performance-Modell hervorgehende Five-Forces-Modell von PORTER heute einer der in Theorie und Praxis am weitesten verbreiteten Bezugsrahmen im strategischen Management.[82] Weiterhin haben sich vor dem Hintergrund der industrieökonomischen Grundlogik Untersuchungsschwerpunkte um die beiden Konzepte der strategischen Gruppe und der

---

[78]   Vgl. Rumelt et al. (1994), S. 18.
[79]   Vgl. Hoskisson et al. (1999), S. 424 f.
[80]   Vgl. Hoskisson et al. (1999), S. 425. Verwissenschaftlichung bedeutet hier die Fokussierung auf allgemein gültige und empirisch überprüfbare Aussagen (siehe Abbildung 3.1).
[81]   Siehe hierzu auch Abschnitt 2.3.
[82]   Porter (1980), S. 3 ff.

Wettbewerbsdynamik herausgebildet. Diese Kernelemente industrieökonomisch orientierter Überlegungen im strategischen Management werden nachfolgend in ihren Grundzügen dargestellt.

2.2.2.1. Das Structure-Conduct-Performance-Modell

Ausgangspunkt des industrieökonomischen Paradigmas ist der Ansatz, den wirtschaftlichen Erfolg eines Unternehmens durch die Struktur der Branche, in der dieses tätig ist, zu erklären.[83] Dieser Ansatz geht im Wesentlichen auf Arbeiten von BAIN und MASON zurück, die seit den 1930ern Bedingungen untersuchten, welche die Entfaltung eines vollständigen Wettbewerbs verhindern und so Unternehmen besondere Gewinnmöglichkeiten eröffnen.[84] Die Motivation dafür waren Überlegungen, Wettbewerbsbeschränkungen gegebenenfalls durch regulative Eingriffe aufzulösen.[85]

Das Structure-Conduct-Performance-Modell begründet den allgemeinen theoretischen Bezugsrahmen des industrieökonomischen Ansatzes (siehe Abbildung 2.5). Dabei dominierte zunächst ein wohlfahrtstheoretisches Verständnis des *Performance*-Begriffs, das Allokationseffizienz und Kostenminierung in den Vordergrund stellte, wodurch sich regulative Eingriffe auf beschränkten Märkten rechtfertigen ließen. Mikroökonomisch wird dies begründet durch die unter vollständigem Wettbewerb — wenn Unternehmen als Preisnehmer agieren müssen — höhere Summe aus Produzenten- und Konsumentenrente gegenüber dem Fall eines beschränkten Wettbewerbs.[86] Denn sind Unternehmen vor Wettbewerb geschützt, können diese durch die Einschränkung ihrer Angebotsmenge auf Kosten der Gesamtwohlfahrt — der Summe aus Produzenten- und Konsumentenrente — eine Monopolrente erzielen.

Der direkte Zusammenhang zwischen Branchenstruktur und wirtschaftlichem Erfolg wird nun wie folgt begründet: Zunächst hängt der wirtschaftliche Erfolg in einer Branche von dem Verhalten[87] der Unternehmen in dieser Branche ab. Diese wählen beispielsweise ihre Verkaufspreise, ihre Kapazitäten, Werbebudgets oder ihre Produktqualität. Die Gesamtheit dieser Entscheidungen bildet

---

[83] Vgl. Porter (1981), S. 610 sowie etwa Scherer (1980), S. 1 ff.
[84] Siehe Bain (1951, 1954, 1956b, 1968) sowie Mason (1939).
[85] Vgl. Barney (1997), S. 66.
[86] Vgl. etwa Mas-Colell et al. (1995), S. 307 ff.
[87] Im Englischen: *conduct*.

Abbildung 2.5: Structure-Conduct-Performance-Modell

Basic Conditions	Industry Structure	Conduct	Performance
Supply Raw materials Technology Public policies ... **Demand** Price elasticity Substitutes Rate of growth ...	Number of sellers and buyers Barriers to entry Product differentiation Cost structures Vertical integration Conglomerateness	Quantity and Pricing behavior Product strategy and advertisement Research and innovation Plant investment Legal tactics	**Firm Level** Financial performance **Society Level** Production and allocative efficiency Progress Full employment Equity

Quelle: in Anlehnung an Scherer (1980), S. 4 und Barney (1997), S. 67.

dann die Strategien der Unternehmen. Zentral ist nun das Argument, dass Unternehmen nicht frei in der Wahl ihrer Strategien sind, sondern vielmehr ihre Auswahl durch die Branchenstruktur[88] determiniert wird.[89] Die Begründung für diesen Zwang liefert der zugrunde liegende mikroökonomische Kalkül. Demnach werden Unternehmen als rationale Akteure verstanden, die gewinnmaximierende Strategien auswählen. Diese Strategien hängen von den gegebenen Rahmenbedingungen ab, also der Branchenstruktur sowie den Strategien der Konkurrenten, die wiederum von der Branchenstruktur sowie den Strategien der Konkurrenten abhängen, *et cetera*. Durch die Rationalität aller Akteure bestimmt somit die Branchenstruktur das Verhalten der Unternehmen und damit auch deren wirtschaftlichen Erfolg.

Aufgrund dieses Determinismus wird argumentiert, dass wirtschaftlicher Erfolg direkt von der Branchenstruktur abhängt und somit auch die Begründung für den Erfolg von Unternehmen auf Basis einer Untersuchung der Branchenstruktur zu erfolgen hat.[90] Implizit wird bei dieser Schlussfolgerung in der Regel die Annahme homogener Unternehmen innerhalb von Branchen unterstellt, um so unternehmensspezifische Merkmale in der obigen Argumentation vernachlässigen zu können.[91] Die Branchenstruktur zeichnet sich nun durch Merkmale wie

---

[88]   Im Englischen: *industry structure*.
[89]   Vgl. Porter (1981), S. 611.
[90]   Vgl. Porter (1981), S. 611.
[91]   Erste Ansätze, diese vereinfachende Annahme aufzulösen, finden sich beispielsweise im PIMS-Programm (PIMS steht für *Profit Impact of Market Strategy*), in dem Unter-

die Höhe der Eintrittsbarrieren, die Anzahl der Anbieter und Abnehmer sowie die zugrunde liegenden Kostenstrukturen aus.[92] Dabei dient das Konzept der Eintrittsbarrieren dazu, die Stabilität von Erfolgsunterschieden zwischen den Unternehmen innerhalb und außerhalb einer Branche zu erklären. Dadurch wird hier eine Begründung dafür bereitgestellt, weshalb hohe Gewinne in einer Branche nicht durch den Eintritt neuer Wettbewerber reduziert werden.[93] PORTER identifiziert sechs bedeutende Eintrittsbarrieren:[94]

Größenvorteile basieren auf abnehmenden Stückkosten bei steigender Produktionsmenge pro Zeiteinheit. Neue Marktteilnehmer müssen dann, um konkurrenzfähig zu sein, mit großen Stückzahlen in den Markt eintreten.

Produktdifferenzierung liegt vor, wenn etablierte Anbieter über eine starke Markenidentifikation und loyale Kunden verfügen.

Hohe Investitionsintensität in einer Branche bedeutet, dass ein Markteintritt nur durch hohe Anfangsinvestitionen möglich ist.

Wechselkosten der Kunden bestehen, wenn für Kunden der Wechsel zu einem neuen Anbieter mit hohen Einmalkosten verbunden ist.

Beschränkter Zugang zu Distributionskanälen verhindert den Eintritt neuer Wettbewerber, wenn etablierte Anbieter bereits die bestehenden Distributionskanäle besetzen.

Sonstige größenunabhängige Kostenvorteile umfassen etwa geschützte Technologien, staatliche Regulierungen oder einen leichteren Zugang zu Faktormärkten für bereits aktive Unternehmen.

Das Grundschema des Structure-Conduct-Performance-Modells lässt sich noch um einen vierten Schritt erweitern, indem argumentiert wird, dass die Branchenstruktur wiederum von einer Reihe von Grundbedingungen, wie etwa regulatorischen Aspekten, der Branchenumwelt abhängt.[95] Dieser letzte Schritt ist aber nicht essentiell für die hier zugrunde gelegte Kernargumentation.

---

nehmen innerhalb einer Branche etwa anhand ihres Marktanteils unterschieden wurden. Siehe Schoeffler et al. (1974) sowie Buzzell et al. (1975). Ein weiteres Beispiel ist die Einführung strategischer Gruppen (Abschnitt 2.2.2.2).

[92]   Vgl. Scherer (1980), S. 4.
[93]   Vgl. etwa Bain (1956b), S. 1 ff.
[94]   Porter (1980), S. 7 ff. Vgl. auch Bain (1956b).
[95]   Vgl. etwa Scherer (1980), S. 4 f. sowie Abbildung 2.5.

Vor diesem Hintergrund konstatiert PORTER weiter, dass der Beitrag des Structure-Conduct-Performance-Modells zum strategischen Management darin liegt, ein systematisches Verständnis von der Unternehmensumwelt sowie dem Verhalten von Unternehmen bereitzustellen.[96] Vor allem aber liefert das Modell auch eine Aussage über den wirtschaftlichen Erfolg von Unternehmen in einer Branche. An dieser Stelle wird der Perspektivenwechsel offensichtlich, der mit einer Einbeziehung der industrieökonomischen Argumentation im strategischen Management einhergeht. Standen bei BAIN und MASON wohlfahrtstheoretische Argumente im Vordergrund, so zielt das strategische Management stärker auf eine Steigerung des wirtschaftlichen Erfolgs von einzelnen Unternehmen ab. Folglich fällt aus Sicht des strategischen Managements auch ein anderes Licht auf Wettbewerbsbeschränkungen. Diese gilt es nun nicht mehr etwa durch regulative Eingriffe aufzuheben, sondern vielmehr zu identifizieren und gegebenenfalls zum Schutz vor direktem Wettbewerb auf- bzw. auszubauen.

2.2.2.2. Strategische Gruppen

Die Voraussetzung prinzipiell homogener Unternehmen innerhalb von Branchen, die sich höchstens in ihrem Marktanteil unterscheiden, ist essentiell für die Argumentationsweise im Structure-Conduct-Performance-Modell.[97] Denn wenn die Unternehmen einer Branche unterschiedlichen Chancen und Risiken gegenüberstehen, dann schmälert dies den Erklärungsgehalt der Branchenstruktur für den wirtschaftlichen Erfolg dieser Unternehmen. Gegen die alleinige Fokussierung auf die Branchenstruktur und die damit einhergehende Annahme homogener Unternehmen innerhalb von Branchen lassen sich nun zwei zentrale Kritikpunkte anführen.[98] Zum einen zeigen empirische Untersuchungen, dass sich die Unternehmen in einer Branche in ihren Chancen und Risiken und somit auch ihren Strategien unterscheiden.[99] Zum anderen ist die tatsächlich Abgrenzung einer Branche schwierig. Meist erfolgt diese anhand der Kreuzpreiselastizität zwischen den Produkten der betrachteten Unternehmen oder durch die Orientierung an verfügbaren Branchenklassifikationen.[100] Dabei liegt

---

[96]   Vgl. Porter (1981), S. 611.
[97]   Vgl. etwa Newman (1978), S. 417 sowie Hoskisson et al. (1999), S. 426.
[98]   Vgl. hierzu Barney (1997), S. 125 f.
[99]   Siehe etwa Newman (1978).
[100] Die Kreuzpreiselastizität zwischen zwei Produkten gibt an, wie stark sich die Nachfrage nach dem einen Produkt bei einer Preisänderung des anderen ändert. Eine betragsmäßig

es in der Natur der Sache, dass in der Festlegung von Grenzwerten für die Zuordnung von Unternehmen zu Branchen immer eine gewisse Willkür liegt, auf der dann aber eine restriktive Homogenitätsannahme aufsetzt. Dazu stellt BARNEY weiter fest, dass bei empirischen Untersuchungen meist keine systematische Brancheneinteilung stattfindet.[101]

Als Antwort auf diese Kritik fand das erstmals von HUNT[102] eingeführte Konstrukt der *strategischen Gruppe* als Analyseebene Verbreitung in industrieökonomischen Arbeiten. PORTER definiert eine strategische Gruppe als[103]

> „the group of firms in an industry following the same or a similar strategy."

Anders als zuvor im Structure-Conduct-Performance-Modell bedeutet dies nun nicht mehr, dass sich alle Unternehmen in einer Branche in ihren Chancen und Risiken gleichen, sondern dass sich innerhalb von Branchen Gruppen so unterscheiden lassen, dass sich die Unternehmen innerhalb der Gruppen in Bezug auf ihre Merkmale und Strategien gleichen, während diese zwischen den Gruppen verschieden sind. Als Pendent zum Konzept der Eintrittsbarrieren, die den Markteintritt von neuen Wettbewerbern in eine Branche verhindern, führen CAVES und PORTER das Konstrukt der Mobilitätsbarrieren ein.[104] Diese verhindern, dass Unternehmen zwischen strategischen Gruppen wechseln können. Dabei folgt die Logik der Mobilitätsbarriere soweit der der Eintrittsbarriere, dass CAVES und PORTER im Wesentlichen auch die gleichen Typen von Barrieren wie etwa Größenvorteile oder Produktunterschiede diskutieren.[105] Vor diesem Hintergrund wird dann weiter argumentiert, dass über die Branchenzugehörigkeit hinaus die Zugehörigkeit eines Unternehmens zu einer strategischen Gruppe entscheidend ist für dessen wirtschaftlichen Erfolg.[106]

---

hohe Kreuzpreiselastizität gilt dabei als Indiz für eine enge Beziehung zwischen Produkten. Weiterhin stellt beispielsweise das U.S. Department of Labor mit der Standard Industrial Classification (SIC) eine oft verwendete Brancheneinteilung zur Verfügung.

[101] Siehe Barney (1997), S. 125.
[102] Hunt (1972).
[103] Porter (1980), S. 129. Für ähnliche Definitionen vgl. etwa McGee und Thomas (1986), Barney und Hoskisson (1990) sowie Barney (1997), S. 126.
[104] Siehe Caves und Porter (1977).
[105] Vgl. Caves und Porter (1977).
[106] Beispiele für empirische Untersuchungen, die den wirtschaftlichen Erfolg von Unternehmen durch ihre Zugehörigkeit zu bestimmten strategischen Gruppe erklären, sind etwa

Die Kritik am Konstrukt der strategischen Gruppe verdichtet sich vor allem in der Frage nach deren tatsächlicher Existenz. So bezeichnen etwa BARNEY und HOSKISSON die Gruppierungen in empirischen Studien als reine statistische Artefakte, die überwiegend das Produkt der zugrunde gelegten statistischen Verfahren sind, und argumentieren, dass sich die Existenz von strategischen Gruppen nur dann nachweisen lässt, wenn diese zuvor bereits vorausgesetzt wird.[107] Daneben bleibt auch ungeklärt, ob die Zugehörigkeit zu einer strategischen Gruppe tatsächlich den wirtschaftlichen Erfolg von Unternehmen erklärt und ob sich das Konstrukt der Mobilitätsbarriere zur Abgrenzung zwischen strategischen Gruppen eignet.[108]

2.2.2.3. Porters Strategieansatz

Die Einführung industrieökonomischer Konzepte im strategischen Management geht im Wesentlichen auf PORTER zurück, der in seinen beiden Hauptwerken *Competitive Strategy* (1980) und *Competitive Advantage* (1985) die Grundlage seines Strategieansatzes entwickelte.[109] Sprachlich hat er dabei den Perspektivenwechsel von der volkswirtschaftlichen zur Unternehmenssicht dadurch überwunden, dass er sich fortan nicht mehr auf *wettbewerbsbeschränkte*, sondern auf *attraktive* Branchen bezieht.[110] PORTERs Ziel ist die Erarbeitung eines Instrumentariums zur Entwicklung von Wettbewerbsstrategien. Darunter versteht er das Folgende:[111]

> „Competitive strategy is the search for a favorable competitive position in an industry, the fundamental arena in which competition occurs. Competitive strategy aims to establish a profitable and sustainable position against the forces that determine industry competition."

Newman (1973) mit einer Studie über Investitionsgüterbranchen, Porter (1973) mit einer Arbeit zu Konsumgüterbranchen sowie die bekannten Brauereistudien in Hatten (1974), Hatten und Schendel (1977) und Hatten et al. (1978). Weiterhin wiesen Mascarenhas (1989), Oster (1982) sowie Fiegenbaum und Thomas (1995) empirisch eine geringe Mobilität zwischen strategischen Gruppen nach.

[107] Vgl. Barney und Hoskisson (1990).
[108] Vgl. hierzu etwa Wiggins und Ruefli (1995) sowie Hoskisson et al. (1999).
[109] Porter (1980, 1985).
[110] Siehe etwa Porter (1985), S. 1.
[111] Porter (1985), S. 1.

Dabei liegen einer Wettbewerbsstrategie zwei zentrale Aspekte zugrunde. Zunächst gilt es, eine attraktive Branche zu identifizieren, die einen anhaltenden wirtschaftlichen Erfolg verspricht. Als Analyseinstrument dazu dient PORTERS Five-Forces-Modell. Anschließend ist innerhalb einer attraktiven Branche eine vor Wettbewerb geschützte Positionierung zu identifizieren. Dies läuft auf die Diskussion generischer Wettbewerbsstrategien hinaus.[112] PORTER basiert somit seinen Bezugsrahmen zum einen zur Auswahl geeigneter Branchen auf dem Structure-Conduct-Performance-Modell. Zum anderen legt er seiner Analyse aber auch das Konzept der strategischen Gruppe zugrunde, da sich die nachfolgend skizzierten generischen Strategien genau auf die von PORTER angenommenen besonders erfolgversprechenden strategischen Gruppen innerhalb einer Branche beziehen. So bildet etwa die Gruppe der Unternehmen, die eine Differenzierungsstrategie verfolgen, eine erfolgreiche strategische Gruppe.

Das Five-Forces-Modell

Vor dem Hintergrund der industrieökonomischen Argumentationslogik liegt PORTERS Beitrag im Wesentlichen darin, mit dem Five-Forces-Modell Managern einen Bezugsrahmen zur Analyse der besonders relevanten Bedrohungen in einem Markt bereitzustellen.[113] Gemeinsam bestimmen die fünf in Abbildung 2.6 aufgeführten Wettbewerbskräfte die Attraktivität einer Branche. Der Fokus liegt hier vor allem auf der Analyse von Markteintrittsbarrieren sowie der Rivalität innerhalb der Branche.[114]

Generische Wettbewerbsstrategien

Zur Erzielung einer nachhaltigen Profitabilität bedarf es laut PORTER einer vor Wettbewerb geschützten Positionierung innerhalb einer Branche. Diese erreicht ein Unternehmen durch die Verfolgung einer der drei generischen Wettbewerbsstrategien Kostenführerschaft, Differenzierung oder Fokussierung, die sich in

---

[112] Vgl. Porter (1985), S. 1.
[113] Vgl. etwa Barney (1997), S. 68.
[114] Für eine ausführliche Diskussion siehe etwa Porter (1980), S. 7 ff., Barney (1997), S. 68 ff. oder auch Bain (1956b). Zentrale Einflussfaktoren auf die Stärke der Rivalität innerhalb einer Branche sind die Anzahl und relative Größe der Wettbewerber, das Marktwachstum, die Heterogenität der angebotenen Produkte sowie die insgesamt verfügbare Kapazität. Vgl. Porter (1980), S. 17 ff. sowie Barney (1997), S. 83 ff.

Abbildung 2.6: Das Five-Forces-Modell

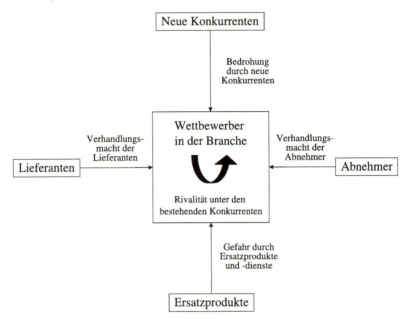

Quelle: in Anlehnung an Porter (1980), S. 5.

der Art des zugrunde liegenden Wettbewerbsvorteils sowie im anvisierten Wettbewerbsfeld unterscheiden (siehe Abbildung 2.7).[115]

Die Strategie *Kostenführerschaft* bedeutet das Bestreben eines Unternehmens, seine Produkte bei vergleichbarer Qualität zu den günstigsten Preisen im Vergleich zu seinen Wettbewerbern anzubieten, so dass es eine große Nachfrage auf sich vereinen kann. Die Voraussetzung dafür ist eine hocheffiziente Produktion, die sich vor allem durch Größenvorteile verwirklichen lässt.

Umgekehrt zielt eine *Differenzierungsstrategie* darauf ab, einzigartige und qualitativ besonders hochwertige Produkte anzubieten. Eine Differenzierung lässt sich dabei durch die Berücksichtigung einzigartiger Produktmerkmale errei-

---

[115] Für eine detaillierte Diskussion siehe Porter (1980), S. 34 ff. sowie Porter (1985), S. 11 ff.

Abbildung 2.7: Generische Wettbewerbsstrategien

Wettbewerbsvorteil

		Kostenvorteil	Differenzierungsvorteil
Wettbewerbsfeld	Branchen-weit	1. Kostenführerschaft	2. Differenzierung
	Fokus auf Segment	3A. Kostenschwerpunkt	3B. Differenzierungs-schwerpunkt

Quelle: in Anlehnung an Porter (1985), S. 12.

chen, für die die Kunden bereit sind, einen höheren Preis zu bezahlen. Wichtig ist anzumerken, dass auch bei dieser Strategie die Produktkosten trotz der zusätzlichen Attribute das Marktniveau nicht deutlich übersteigen dürfen.

Als dritte generische Strategie bleibt die *Fokussierung* auf ein spezielles Marktsegment. Dabei kann dies in Form einer Kostenführerschaft oder Differenzierung geschehen. Ziel ist hierbei die Ausrichtung der Produkte auf die speziellen Bedürfnisse einer ausgewählten Kundengruppe, um dadurch in Bezug auf diese einen Vorteil gegenüber solchen Anbietern zu erzielen, die den gesamten Markt bedienen.

Zentral ist bei PORTER die Idee der strategischen Wahl,[116] also der Entscheidung zwischen Kostenführerschaft und Differenzierung. Das gleichzeitige Verfolgen beider Strategien bezeichnet er dagegen als „stuck in the middle".[117] Dieses Vorgehen lehnt er als unterlegen ab und gibt dafür zwei Gründe an, von denen sich der eine auf die Nachfrager und der andere auf den Produktionsprozess bezieht:[118]

„The firm stuck in the middle is almost guaranteed low profitability.
It either loses the high-volume customers who demand low prices

---

[116] Vgl. hierzu auch Porter (1996).
[117] Siehe Porter (1980), S. 41 ff.
[118] Porter (1980), S. 41 f.

or must bid away its profits to get this business away from low-cost firms. Yet it also loses high-margin businesses — the cream — to the firms who are focused on high-margin targets or have achieved differentiation overall. The firm stuck in the middle also probably suffers from a blurred corporate culture and a conflicting set of organizational arrangements and motivation systems."

Insgesamt besteht also PORTERs Beitrag wesentlich in der Bereitstellung eines Bezugsrahmens zur Analyse der Struktur von Branchen sowie dem Hinweis auf die Notwendigkeit zur klaren Positionierung innerhalb der Branche.

2.2.2.4. Wettbewerbsdynamik

Neben der Analyse strategischer Gruppen bildet die Untersuchung der Wettbewerbsdynamik in Branchen die zweite wichtige Weiterentwicklung innerhalb der industrieökonomischen Argumentationslogik. Der Fokus liegt hierbei vor allem auf den wechselseitigen Interdependenzen zwischen Wettbewerbern. Dabei identifizieren HOSKISSON et al. zwei zentrale Schwerpunktthemen in der Literatur zur Wettbewerbsdynamik: Multi-Markt-Wettbewerb und die Dynamik von Aktion und Reaktion.[119]

Abbildung 2.8: Grundlegendes Akteur-Reakteur-Paradigma

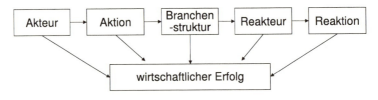

Quelle: in Anlehnung an Smith et al. (2001), S. 317.

---

[119] Vgl. Hoskisson et al. (1999), S. 428 ff. Als weitere Themengebiete im Bereich der Wettbewerbsdynamik nennen KETCHEN et al. First-Mover-Vorteile, Co-opetition mit einem Fokus auf das Wechselspiel zwischen Konkurrenz und Kooperation, strategische Gruppen sowie regionale Ballungsräume von Unternehmen. Vgl. Ketchen et al. (2004), S. 781 ff.

Historisch bildet die Analyse von Aktions-Reaktions-Beziehungen zwischen Unternehmen den Ausgangspunkt der Untersuchung der Wettbewerbsdynamik innerhalb von Branchen. Prominente Beispiele umfassen etwa Studien zum Wettbewerbsverhalten im amerikanischen Luftverkehrsmarkt oder in der Softwareentwicklung.[120] Im Gegensatz zum Ansatz des klassischen Structure-Conduct-Performance-Modells wird hier das Verhalten von Unternehmen in den Mittelpunkt der Betrachtung gerückt.[121] Den allgemeinen Bezugsrahmen bildet hierbei das in Abbildung 2.8 gezeigte Schema. Dabei wird argumentiert, dass die Form der Interaktion zwischen Unternehmen und damit ihr wirtschaftlicher Erfolg neben der Branchenstruktur auch von ihren jeweiligen Merkmalen wie etwa der Zusammensetzung der Geschäftsführung abhängt.[122]

Das zweite große Themenfeld im Rahmen der Untersuchung der Wettbewerbsdynamik bildet die Analyse des Multi-Markt-Wettbewerbs. Hierbei gilt das Interesse der Interaktion von Unternehmen, die auf verschiedenen Märkten in Wettbewerb zueinander stehen. Im Vordergrund steht dabei die Vorstellung, dass sich die Wettbewerbsintensität zwischen Unternehmen, die sich auf mehreren Märkten begegnen, tendenziell abschwächt. Denn diese Unternehmen hängen in stärkerem Maße voneinander ab und haben somit ein größeres Interesse und bessere Möglichkeiten, ihre Aktionen (stillschweigend) aufeinander abzustimmen. Diese Grundüberlegung lässt sich im Wesentlichen auf die Oligopoltheorie und insbesondere spieltheoretische Argumente zurückführen.[123] Demgegenüber liegt in frühen Arbeiten zum Multi-Markt-Wettbewerb der Fokus stärker auf der Analyse aktiver Maßnahmen zur Abwehr von Wettbewerbern.[124]

---

[120] Zu Untersuchungen der Wettbewerbsdynamik im Luftverkehr siehe etwa Chen und Mac-Millan (1992) oder Chen und Miller (1994). Einen umfassenden Überblick über weitere empirische Arbeiten liefern Smith et al. (2001).

[121] Das Verhalten von Unternehmen wird im Structure-Conduct-Performance-Modell deshalb nicht weiter thematisiert, weil es aufgrund der Rationalitätsannahme durch die Branchenstruktur determiniert wird. Vgl. Abschnitt 2.2.2.1.

[122] Siehe etwa Smith et al. (2001), S. 320 ff.

[123] Vgl. Hoskisson et al. (1999), S. 429.

[124] So beschreibt PORTER anhand von Fallstudien die Strategie, neue Wettbewerber auf dem eigenen Kernmarkt im Gegenzug auf ihren jeweiligen Heimatmärkten zu attackieren. Vgl. Porter (1980), Kapitel 4. Im Zusammenhang damit steht KARNANI und WERNERFELTs Untersuchung der Bedeutung von Gegenangriffen sowie die Entwicklung des so genannten *mutual foothold equilibrium*. Dieses zeichnet sich dadurch aus, dass potentielle Konkurrenten zur Abschreckung jeweils einen geringen Marktanteil auf dem Kernmarkt des anderen halten, um dann im Fall eines Angriffs schnell reagieren zu können. Vgl. Karnani und Wernerfelt (1985).

Der Ansatz der Wettbewerbsdynamik stellt also insofern eine Erweiterung des Structure-Conduct-Performance-Modells dar, als dass hier ebenso wie bei der Betrachtung strategischer Gruppen stärker unternehmensspezifische Merkmale in die Analyse einbezogen werden. Dabei ist der Ansatz der Wettbewerbsdynamik aber klar in der industrieökonomischen Tradition zu verorten, da hier weiterhin die Branchenstruktur die Grundlage der Analyse bildet.[125]

2.2.2.5. Zwischenfazit zum industrieökonomischen Ansatz

Vor dem Hintergrund der Tendenzen im industrieökonomischen Ansatz hin zu einer stärkeren Berücksichtigung unternehmensspezifischer Merkmale wird der Ansatz in der Literatur überwiegend mit der Fokussierung auf eine vor Wettbewerb geschützte Marktposition in Verbindung gebracht.[126] Dies beinhaltet sowohl den Aspekt der Auswahl geeigneter Branchen als auch die geschützte Positionierung innerhalb der Branche.

Die zunehmende Fokussierung auf unternehmensspezifische Merkmale findet mit dem Aufkommen des ressourcenorientierten Ansatzes ihre folgerichtige Fortführung. Hier stehen nun schließlich die individuellen Merkmale einzelner Unternehmen im Vordergrund.

2.2.3. Der ressourcenorientierte Ansatz

Die Geburtsstunde des ressourcenorientierten Ansatzes im strategischen Management wird zumeist in WERNERFELTs folgendem Ausspruch identifiziert:[127]

> „For the firm, resources and products are two sides of the same coin."

Darin kommt bereits die Positionierung des ressourcenorientierten Ansatzes als Gegenentwurf zum industrieökonomischen Ansatz zum Ausdruck. Die Fokussierung auf unternehmensinterne Merkmale zur Erklärung von Erfolgsunterschieden zwischen Unternehmen bedeutet dabei eine Rückkehr zu der in frühen

---

[125]   Vgl. Smith et al. (2001).
[126]   Vgl. etwa Powell (2003b), S. 875.
[127]   Wernerfelt (1984), S. 171. Vgl. etwa Hoskisson et al. (1999), S. 437 oder Priem und Butler (2001a), S. 23.

Ansätzen vorherrschenden Vorgehensweise im strategischen Management. Diese wurden hier unter dem Sammelbegriff *Business Policy* zusammengefasst und sind auf die Herausstellung der Bedeutung unternehmensspezifischer Merkmale für den wirtschaftlichen Erfolg von Unternehmen fokussiert.[128]

Zur Klärung der Argumentationsweise im ressourcenorientierten Ansatz sollen zunächst dessen theoretische Wurzeln und frühen Entwicklungen skizziert werden. Darauf aufbauend gilt es, die Kernkonzepte des Ansatzes vorzustellen sowie mit BARNEYs VRIO-Schema den zentralen Bezugsrahmen zur Identifikation von Ressourcen, die als Grundlage für Wettbewerbsvorteile dienen können, einzuführen. Als zweite zentrale Argumentationslogik wird hier weiterhin der von PETERAF entwickelte Bezugsrahmen vorgestellt. Schließlich gilt es hier, aktuelle Theorieströmungen darzustellen, die sich aus der Grundlogik des ressourcenorientierten Ansatzes entwickelt haben.

2.2.3.1. Theoretische Wurzeln

Der ressourcenorientierte Ansatz geht aus unterschiedlichen theoretischen Strömungen hervor, von denen mit den Business-Policy-Ansätzen sowie der industrieökonomischen Perspektive bereits zwei angesprochen wurden und mit den auf PENROSE und RICARDO zurückgehenden Ideen zwei weitere hier einzubringen sind.[129] Der Einfluss dieser vier Vorläufer wird hier kurz skizziert.

Business Policy

Ein Fokus auf besondere Fähigkeiten[130] bei der Untersuchung der Stärken und Schwächen von Unternehmen ist seit mindestens 1911 in Form von Fallstudienuntersuchungen an der Harvard Business School auszumachen.[131] Unter besonderen Fähigkeiten werden hierbei solche Merkmale eines Unternehmens verstanden, die diesem im Vergleich zu seinen Wettbewerbern eine effektivere oder effizientere Ausführung seiner Strategien erlauben.[132] Im Vordergrund steht da-

---

[128] Vgl. hierzu Abschnitt 2.2.1 sowie Abbildung 2.2.
[129] Vgl. Barney und Arikan (2001), S. 124 ff.
[130] Im Englischen: *distinctive competencies*.
[131] Vgl. Learned et al. (1969).
[132] Vgl. Barney und Arikan (2001), S. 125 sowie etwa Hrebiniak und Snow (1982).

bei vor allem die Rolle der Geschäftsführung[133], da dieser ein herausragender Einfluss auf den Erfolg eines Unternehmen unterstellt wird.[134] Als problematisch bei einer solchen Untersuchung erweist sich jedoch etwa die tatsächliche Bestimmung der Qualitäten einer erfolgreichen Geschäftsführung,[135] was sich im Hinblick auf das spätere ressourcenorientierte Forschungsprogramm als durchaus typische Schwierigkeit herausstellt. SELZNICK thematisierte in einer Reihe soziologisch geprägter Studien die über die Rolle des Geschäftsführers hinausgehenden besonderen Merkmale von Unternehmen. Besonderes Augenmerk galt dabei der Untersuchung des Zusammenhangs zwischen der institutionellen Führung[136] eines Unternehmens, etwa durch die Entwicklung einer geeigneten Vision und Mission, an der sich die Mitarbeiter orientieren können, und der Entwicklung besonderer Fähigkeiten durch das Unternehmen.[137] Viele der hier bereits angesprochenen Beispiele für Unternehmensmerkmale bilden auch aktuell einen wesentlichen Schwerpunkt der empirischen Arbeit im ressourcenorientierten Ansatz.[138]

Industrieökonomik

Die in Abschnitt 2.2.2 diskutierten Entwicklungen in Form einer Differenzierung in strategische Gruppen sowie der Analyse der Wettbewerbsdynamik deuten bereits eine Tendenz zur stärkeren Beachtung unternehmensspezifischer Merkmale im industrieökonomischen Ansatz an. So argumentierte DEMSETZ bereits 1973, dass überdurchschnittliche finanzielle Erfolge von Unternehmen nicht zwingend die Folge der Erzielung von Monopolrenten durch eine künstliche Angebotsverknappung sein müssen, sondern vielmehr auch das Ergebnis besonderer Fähigkeiten sind, etwa bei der Erfüllung von Kundenwünschen.[139] Damit ist — wie bereits angedeutet — auch vor dem Hintergrund industrieökonomischer Überlegungen bereits die Tendenz zu einer stärkeren Einbeziehung unternehmensspezifischer Aspekte und damit auch eine Vorwegnahme der späteren ressourcenorientierten Debatte zu erkennen.

---

[133] Im Englischen *general manager*.
[134] Vgl. Barney (1997), S. 136 sowie Learned et al. (1969).
[135] Vgl. Yukl (1989).
[136] Im Englischen: *institutional leadership*.
[137] Vgl. Barney und Arikan (2001), S. 126 ff. sowie Selznick (1957).
[138] Siehe etwa Newbert (2007), Tabelle 4.
[139] Vgl. Demsetz (1973), S. 3 sowie Barney und Arikan (2001), S. 130 f.

Penrose

Als weitere theoretische Wurzel des ressourcenorientierten Ansatzes gilt in der Literatur allgemein PENROSES Beitrag zum Wachstum von Unternehmen.[140] Der Ausgangspunkt ihrer Untersuchung war eine Kritik an der traditionellen mikroökonomischen Modellierung von Unternehmen in Form einfacher Produktionsfunktionen.[141] Demgegenüber versteht PENROSE ein Unternehmen einerseits als einen administrativen Rahmen zur Koordination von Aktivitäten und andererseits als ein Bündel produktiver Ressourcen zur Durchführung dieser Aktivitäten.[142] Die Aufgabe des Managements ist dann die geeignete Ausnutzung der produktiven Ressourcen zur Erfüllung der Ziele des Unternehmens. Vor diesem Hintergrund kommt PENROSE zu dem Ergebnis, dass das Wachstum von Unternehmen im Wesentlichen zwei beschränkenden Faktoren unterliegt: (1) der Möglichkeit zum produktiven Einsatz der Unternehmensressourcen und (2) der Fähigkeiten des Managements zur Koordination des Ressourceneinsatzes sowie zur Aufdeckung neuer Ressourceneinsatzfelder.[143] PETERAFs Arbeit liefert somit vor allem einen ressourcenorientierten Beitrag zur Theorie der Unternehmung.[144]

Ricardo

Liegt bei den drei zuvor angesprochenen Wurzeln des ressourcenorientierten Ansatzes der Beitrag vor allem im Erkennen der Bedeutung der Ressourcen bzw. Fähigkeiten eines Unternehmens für dessen Erfolg, so liefert die auf RICARDO zurückgehende Argumentation ein ökonomisches Argument für die ressourcenorientierte Erklärung des wirtschaftlichen Erfolgs von Unternehmen. Dabei galt RICARDOs ursprüngliches Interesse der Untersuchung des Produktionsfaktors Boden.[145] Dieser zeichnet sich von anderen Produktionsfaktoren wie Arbeit und Kapital durch seine im Wesentlichen unelastische Angebotsmenge aus. Dadurch

---

[140] Penrose (1959). Vgl. auch Wernerfelt (1984), S. 171, oder Barney und Arikan (2001), S. 129.
[141] Vgl. Penrose (1959), S. 1 ff.
[142] Vgl. Barney und Arikan (2001), S. 129.
[143] Vgl. etwa Barney und Arikan (2001), S. 129.
[144] Eine Theorie der Unternehmung erklärt, warum Unternehmen existieren und wodurch ihre Größe bestimmt wird. Vgl. Holmstrom und Tirole (1989), S. 65.
[145] Vgl. Ricardo (1817), vor allem Kapitel 2 („On Rent").

ist es speziell den Besitzern besonders fruchtbarer Böden möglich, bei steigender Nachfrage nach ihren Erzeugnissen eine ökonomische Rente zu erzielen. Diese auf den Besitz knapper und überlegener Produktionsfaktoren zurückgehende ökonomische Rente bezeichnet man allgemein als Ricardo-Rente.[146]

Abbildung 2.9: Ricardo-Renten

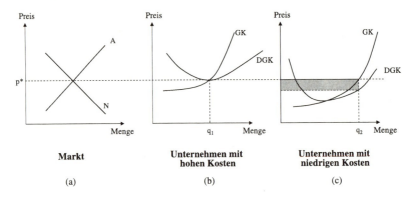

Markt	Unternehmen mit hohen Kosten	Unternehmen mit niedrigen Kosten
(a)	(b)	(c)

Quelle: Peteraf (1993), S. 181.

Zur Verdeutlichung von RICARDOs Argumentation sei in einem einfachen Beispiel unterstellt, dass sich der Besitz überlegener Produktionsfaktoren ···· in der ursprünglichen Argumentation also besonders fruchtbarer Boden ···· in Form niedriger Produktionskosten für ein bestimmtes homogenes Gut äußert (siehe Abbildung 2.9).[147] Der Marktpreis für dieses Gut sowie dessen insgesamt abgesetzte Menge werden durch Angebot und Nachfrage bestimmt (Feld (a)). Bei geringer Nachfrage bieten zunächst nur Unternehmen mit niedrigen Produktionskosten an. Erst bei steigender Nachfrage treten auch Anbieter mit hohen Produktionskosten in den Markt ein.

Die beschränkte Verfügbarkeit überlegener Produktionsfaktoren spiegelt sich in einer unelastischen Angebotskurve der zu niedrigen Kosten anbietenden Unternehmen wider (Feld (c)). Dadurch ist es diesen Unternehmen auch bei stark steigender Nachfrage nicht möglich, ihr Angebot bei weiterhin niedrigen Pro-

---

[146] Vgl. etwa Peteraf (1993), S. 180.
[147] Vgl. Peteraf (1993), S. 180 f. für die nachfolgende Argumentation.

duktionskosten auszuweiten. Mit steigender Nachfrage treten somit auch Unternehmen in den Markt ein, die nicht über die überlegenen Produktionsfaktoren verfügen und daher zu höheren Kosten produzieren. Bestehen keine Eintrittsbarrieren, erfolgen diese Markteintritte, bis die Grenzkosten (GK) der neu eintretenden Unternehmen — mit den hohen Produktionskosten — den Marktpreis p^* erreichen (Feld (b)). Im Marktgleichgewicht erzielen dann die Unternehmen mit niedrigen Produktionskosten eine ökonomische Rente in Höhe der grau markierten Fläche (Feld (c)), da ihre durchschnittlichen Gesamtkosten (DGK) unter dem Marktpreis p^* liegen.[148] Anzumerken ist hier, dass das Erzielen einer Ricardo-Rente nicht auf eine gewollte Angebotsverknappung wie im Fall der Monopolrente zurückzuführen ist. Somit sind diese beiden ökonomischen Renten konzeptionell voneinander zu unterscheiden.

Die Bedeutung dieser vier Einflüsse lässt sich etwa dahingehend interpretieren, dass die drei erstgenannten vor allem motivatorischen Charakter haben, während RICARDO ein ökonomisches Argument zur ressourcenorientierten Erklärung des überlegenen wirtschaftlichen Erfolgs von Unternehmen liefert.

2.2.3.2. Frühe Entwicklungen

Neben WERNERFELTs[149] Artikel, dessen Beitrag vor allem in der Erinnerung an die Bedeutung einer Betrachtung der Ressourcenausstattung von Unternehmen gesehen wird,[150] lassen sich drei weitere Arbeiten aufführen, die einen wesentlichen Einfluss auf die Entwicklung des ressourcenorientierten Ansatzes genommen haben: RUMELTs (1984) ressourcenorientierte Theorie der Unternehmung, BARNEYs (1986) Analyse strategischer Faktormärkte sowie DIERICKX und COOLs (1989) Untersuchung der Ressourcenausstattung von Unternehmen zur Erzielung nachhaltiger Wettbewerbsvorteile.[151]

RUMELTs zentrales Interesse galt der Entwicklung einer strategischen Theorie der Unternehmung.[152] Eine Theorie der Unternehmung dient zur Begründung

---

[148] Zur Analyse von Gleichgewichten bei freiem Markteintritt siehe etwa Mas-Colell et al. (1995), S. 334 ff.
[149] Wernerfelt (1984).
[150] Vgl. etwa Priem und Butler (2001a).
[151] Rumelt (1984), Barney (1986b) und Dierickx und Cool (1989).
[152] Vgl. etwa Barney und Arikan (2001), S. 132.

der Existenz von Unternehmen und liefert ein Argumentationsgerüst zur Bestimmung der Größe von Unternehmen.[153] In seiner Untersuchung modelliert RUMELT Unternehmen als Bündel von Ressourcen und argumentiert, dass die Ressourcenausstattung eines Unternehmens wesentlich über dessen Möglichkeit zur Generierung ökonomischer Renten entscheidet.[154] Eine zentrale Rolle spielt dabei das hier von RUMELT eingeführte Konzept der *Isolationsmechanismen.* Diese schützen *ex post* erfolgreiche Unternehmen vor neuen Wettbewerbern und folgen damit der gleichen Logik wie Eintritts- oder Mobilitätsbarrieren im industrieökonomischen Ansatz.[155] Im Gegensatz zu diesen — und dies ist der zentrale ressourcenorientierte Anknüpfungspunkt — schützen Isolationsmechanismen einzelne Unternehmen und nicht ganze Branchen oder strategische Gruppen vor Wettbewerbern.[156]

Eine weitere zentrale Grundlage des ressourcenorientierten Ansatzes bildet das auf BARNEY zurückgehende Konzept des *strategischen Fakormarktes.*[157] Dieser bildet auf der Inputseite des Unternehmens das Analogon zum Absatzmarkt, der in der Industrieökonomik das zentrale Untersuchungsobjekt darstellt. So müssen Unternehmen Ressourcen, die sie zur Umsetzung ihrer Strategien auf dem Absatzmarkt benötigen, zuvor auf Faktormärkten beziehen. BARNEY argumentiert nun, dass sich dann auf wettbewerbsbeschränkten Absatzmärkten keine ökonomischen Renten erzielen lassen, wenn Unternehmen die zur Durchführung ihrer Strategien benötigten Ressourcen zunächst auf vollkommenen[158] Faktormärkten beziehen müssen.[159] Denn dann sind die zu erwartenden Erträge aus der Durchführung der Strategien bereits in den Preisen für die benötigten Ressourcen enthalten. Dieses Argument richtet sich gegen die industrieökonomische Perspektive, in der Faktormärkte ausgeblendet werden.

So folgert BARNEY, dass Unternehmen nur dann ökonomische Renten erzie-

---

[153] Vgl. etwa Holmstrom und Tirole (1989), S. 65.
[154] Rumelt (1984), S. 557 f. zur weiteren Entwicklung einer ressourcenorientierten Theorie der Unternehmung siehe auch Conner (1991), Conner und Prahalad (1996), Grant (1996), Liebeskind (1996) und Spender (1996).
[155] Vgl. Abschnitt 2.2.2.
[156] Hier bleibt anzumerken, dass RUMELTs Artikel zwar allgemein als einer der zentralen Grundpfeiler für die Entwicklung des ressourcenorientierten Ansatzes dargestellt wird, RUMELT selber seinen Beitrag eher vor einem Schumpeterschen Hintergrund sieht. Siehe Rumelt (1984), S. 561.
[157] Barney (1986b).
[158] im Englischen: *perfectly competitive.*
[159] Siehe Barney (1986b), S. 1233 ff.

len können, wenn sie ihre strategischen Ressourcen auf unvollkommenen Faktormärkten zu Preisen beziehen, die unter ihrem Wert liegen.[160] Dies gelingt Unternehmen entweder durch Glück oder eine bessere Kenntnis des zukünftigen Wertes von Ressourcen. Im Anschluss an seine Analyse strategischer Faktormärkte äußert BARNEY die Vermutung, dass solche Ressourcen, die bereits von einem Unternehmen kontrolliert werden, eher die Basis zur Erzielung ökonomischer Renten bilden können als Ressourcen, die erst auf Faktormärkten erworben werden müssen.[161] Dies begründet er mit dem Hinweis darauf, dass der ursprüngliche Preis der jetzt von einem Unternehmen kontrollierten Ressourcen von den früheren Erwartungen über deren Wert abhing. Gelingt es nun einem Unternehmen, neue Potentiale für seine Ressourcen zu identifizieren, dann sind diese nicht in den ursprünglichen Preisen antizipiert worden.[162]

Aufbauend auf diesen Überlegungen BARNEYs argumentieren DIERICKX und COOL, dass eine Vielzahl strategischer Ressourcen nicht auf Faktormärkten zu beziehen ist. Als Beispiel dafür nennen sie etwa die Ressource *Unternehmensreputation*.[163] Daher richten sie ihren Fokus auf solche Ressourcen, die bereits von einem Unternehmen kontrolliert werden, und thematisieren hier insbesondere den Prozess der Akkumulation strategischer Ressourcen[164]. In ihre Argumentation integrieren sie weiter das auf RUMELT zurückgehende Konzept der Isolationsmechanismen zur Erklärung der Nachhaltigkeit der aus einer Ressourcenausstattung hervorgehenden Potentiale.[165] Zentrale Begriffe des später von BARNEY (1991) entwickelten zentralen ressourcenorientierten Bezugsrahmens wie die Nichtimitierbarkeit oder die Nichtsubstituierbarkeit von Ressourcen lassen sich dabei auf DIERICKX und COOL zurückführen.[166]

Neben diesen drei zentralen Arbeiten findet sich in der Literatur eine Fülle weiterer Beiträge zur frühen Entwicklung des ressourcenorientierten Ansatzes. BARNEY und ARIKAN liefern hierzu einen Überblick.[167]

---

[160] Siehe Barney (1986b), S. 1233 ff.
[161] Siehe Barney (1986b), S. 1239 f.
[162] Vgl. Barney und Arikan (2001), S. 133 f.
[163] Siehe Dierickx und Cool (1989), S. 1505. BARNEY führt hingegen den Markt für Unternehmensreputation als Beispiel für einen unvollkommenen Faktormarkt an. Siehe Barney (1986b), S. 1232. Vgl. auch Klein et al. (1978).
[164] Im Englischen: *asset stock accumulation*.
[165] Siehe Dierickx und Cool (1989), S. 1507 ff. sowie Rumelt (1984).
[166] Vgl. Barney und Arikan (2001), S. 134.
[167] Siehe Barney und Arikan (2001), S. 135 f.

2.2.3.3. Terminologie und zentrale Annahmen

Im Gegensatz zum industrieökonomischen Ansatz erfährt der ressourcenorientierte Ansatz eine wesentlich explizitere Auseinandersetzung mit seinen Grundannahmen und konzeptionellen Rahmenbedingungen. Ursächlich hierfür ist vor allem die Tatsache, dass dieser aus der Kritik an den vereinfachenden — und zumeist nur impliziten — Annahmen in der industrieökonomischen Argumentation hervorging. So weist BARNEY mit Bezug auf PORTERs Arbeiten auf zwei vereinfachende, aber lediglich stillschweigend vereinbarte Annahmen im industrieökonomischen Ansatz hin.[168] Dabei wird zum einen eine homogene Ressourcenausstattung aller Unternehmen innerhalb einer Branche (oder innerhalb einer strategische Gruppe) unterstellt.[169] Zum anderen wird argumentiert, dass im Falle einer durch äußere Einflüsse verursachten Ungleichheit der Unternehmen, etwa durch neue Markteintritte, die Homogenität der Unternehmen schnell wiederhergestellt wird. Ursächlich dafür ist die Annahme einer hohen Mobilität strategischer Ressourcen, die sich etwa mit Bezug auf vollständige Faktormärkte begründen lassen.[170]

Durch die rasche Verbreitung des ressourcenorientierten Ansatzes in der Literatur findet sich heute eine Fülle alternativer Definitionsvorschläge zentraler Begriffe. Da die Analyse im nächsten Kapitel aber einer klaren begrifflichen Grundlage bedarf, gilt es hier, diese zu entwickeln. Dabei soll nach dem üblichen Vorgehen eine Orientierung an den Kerntexten erfolgen.[171] Als Orientierungspunkt dazu dient BARNEYs zentraler ressourcenorientierter Beitrag, dem auch der nachfolgend dargestellte VRIO-Bezugsrahmen entnommen ist.[172] Nachfolgend werden hier zunächst der Ressourcenbegriff sowie das Konzept der (nachhaltigen) Wettbewerbsvorteile definiert und anschließend die beiden zentralen Grundannahmen des ressourcenorientierten Ansatzes vorgestellt.

---

[168] Vgl. Barney (1991), S. 100.
[169] Siehe etwa Scherer (1980), S. 1 ff.
[170] Vgl. etwa Porter (1980), S. 350 ff. PORTER argumentiert hier, dass der Zugriff auf wichtige strategische Ressourcen etwa durch die Übernahme von Unternehmen möglich ist. Dabei betont er die Vollkommenheit des Marktes für Unternehmen.
[171] Vgl. Priem und Butler (2001a), 23 ff.
[172] Barney (1991).

Abbildung 2.10: Definitionen des Ressourcenbegriffs in der Literatur

Beitrag	Definition des Ressourcenbegriffs
Wernerfelt (1984), S. 172	By a resource is meant anything which could be thought of as a strength or weakness of a firm.
Barney (1991), S. 101	... firm resources include all assets, capabilities, organizational processes, firm attributes, information, knowledge, etc. controlled by a firm that enable the firm to conceive of and implement strategies that improve its efficiency and effectiveness.
Amit und Schoemaker (1993), S. 35	The firm's *resources* will be defined as stocks of available factors that are owned or controlled by the firm. *Resources* are converted into final products or services by using a wide range of other firm assets ... *Capabilities*, in contrast, refer to a firm's capacity to deploy resources ...
Grant (1996), S. 118 f.	Resources are inputs into the production process — they are the basic units of analysis. The individual resources of the firm include items of capital equipment, skills of individual employees, patents, brand names, finance, and so on.
Barney und Arikan (2001), S. 138	*Resources* are the tangible and intangible assets firms use to conceive of and implement their strategies.

Der Ressourcenbegriff

Ausgangspunkt für einen ressourcenorientierten Ansatz im strategischen Management ist der Begriff der Ressource. Tabelle 2.10 gibt einen Überblick über Definitionsansätze in der Literatur. Dabei zeigen sich Unterschiede in der Schwerpunktsetzung. So kann bei den Definitionsansätzen von WERNERFELT, BARNEY sowie BARNEY und ARIKAN zunächst einmal alles eine Ressource darstellen, was einem Unternehmen die Durchführung seiner Strategie ermöglicht bzw. eine Stärke oder Schwäche darstellt. Demgegenüber betont eine Reihe anderer Autoren eine stärkere Differenzierung, die sich vor allem in der Unterscheidung zwischen Ressourcen und Fähigkeiten [173] oder Kernkompetenzen[174] äußert. Diese Ausdifferenzierung lässt sich zusätzlich noch um die Kategorien dynamische Fähigkeiten[175] oder Wissen[176] erweitern.[177]

Ein wesentlicher Anteil an dieser Unterscheidung lässt sich zurückführen auf einen vielbeachteten Beitrag von PRAHALAD und HAMEL, die auf die Bedeutung der Kernkompetenzen für den wirtschaftlichen Erfolg von Unternehmen hinweisen.[178] Die Unterscheidung zwischen Ressourcen und Fähigkeiten erfolgt dann in dem Sinne, dass die Ressourcenausstattung eines Unternehmens die gesamten physischen, finanziellen oder sonstigen Vermögensgegenstände eines Unternehmens umfasst, während die Fähigkeiten eines Unternehmens mit dessen Potential zur Ausnutzung seiner Ressourcen in Verbindung gebracht werden.[179] Durch die Thematisierung von Kernkompetenzen richtet sich der Blick auf die Fähigkeiten eines Unternehmens, seine Ressourcen erfolgreich in unterschiedlichen Märkten einzusetzen.[180] Weiterhin fokussiert die Betrachtung von dynamischen Fähigkeiten auf die Möglichkeit eines Unternehmens zu lernen, wie es seine Fähigkeiten sich verändernden Rahmenbedingungen dynamisch anpasst.[181] Demgegenüber ist Wissen vielmehr als ein spezieller Ressourcentyp zu verstehen, der scheinbar eine besondere Faszination auf Wissenschaftler ausübt, die zur Entstehung einer eigenständigen Variante im ressourcenorientierten Ansatz geführt hat, welche sich unter dem Namen des wissensbasierten Ansatzes in der Strategieliteratur etablieren konnte.[182]

Neben dieser konzeptionellen Ausdifferenzierung findet sich in der Literatur eine weitere Tendenz zur Ausgestaltung des Ressourcenbegriffs. Diese schlägt sich in der Untersuchung der strategischen Bedeutung spezieller Ressourcentypen nieder. Beispiele umfassen etwa Informationstechnologie[183], strategische

---

[173]   Im Englischen: *capabilities*.
[174]   Im Englischen: *core competencies*.
[175]   Im Englischen: *dynamic capabilities*.
[176]   Im Englischen: *knowledge*.
[177]   Vgl. Barney und Arikan (2001), S. 139.
[178]   Prahalad und Hamel (1990).
[179]   Vgl. Amit und Schoemaker (1993), S. 35 oder auch Hitt et al. (1999).
[180]   Vgl. Prahalad und Hamel (1990): „Core competencies are the collective learning in the organization, especially how to coordinate diverse production skills and integrate multiple streams of technologies." (S. 82).
[181]   Siehe Teece et al. (1997).
[182]   Vgl. etwa Hoskisson et al. (1999), S. 441 f. sowie Abschnitt 2.2.3.6 dieser Arbeit.
[183]   Mata et al. (1995), Powell (1997).

Planung[184], Unternehmenskultur[185], Routinen[186] oder Humanressourcen[187].[188] Als Ausgangspunkt für eine systematische Analyse der ressourcenorientierten Argumentationslogik erscheint jedoch eine apriorische Ausdifferenzierung des Ressourcenbegriffs wenig hilfreich, da vor dem Hintergrund des nachfolgend dargestellten Bezugsrahmens eine aus der differenzierten Betrachtung resultierende Betonung einzelner Ressourcenarten nicht erwünscht sein kann. Vielmehr muss eine Differenzierung das Ergebnis und nicht die Grundlage einer ressourcenorientierten Betrachtung sein. Daher sollen hier in Anlehnung an BARNEY und ARIKAN Ressourcen als alle tangiblen oder intangiblen Aktivposten[189] verstanden werden, auf die ein Unternehmen zur Durchführung seiner Strategien zurückgreifen kann.[190] BARNEY und ARIKAN begründen ihre Definition mit dem Hinweis auf den Gebrauch des Begriffs in der Wissenschaftspraxis. In der Terminologie des ressourcenorientierten Ansatzes beziehen Unternehmen Ressourcen auf strategischen Faktormärkten.[191]

(Nachhaltige) Wettbewerbsvorteile

Neben dem Ressourcenbegriff bildet das Konzept des (nachhaltigen) Wettbewerbsvorteils[192] einen weiteren wichtigen konzeptionellen Ankerpunkt des ressourcenorientierten Ansatzes. BARNEY legt seiner Untersuchung folgende Definition zugrunde:[193]

> „[A] firm is said to have a *competitive advantage* when it is implementing a value creating strategy not simultaneously being implemented by any current or potential competitors. A firm is said to

---

[184]   Michalisin et al. (1997), Powell (1992).
[185]   Fiol (1991), Oliver (1997).
[186]   Nelson und Winter (1982).
[187]   Amit und Schoemaker (1993).
[188]   Siehe Hoskisson et al. (1999), S. 439 sowie Priem und Butler (2001a), S. 25.
[189]   Im Englischen: *assets.*
[190]   Vgl. Barney und Arikan (2001), S. 138. Die Bedeutung des deutschen Begriffs *Aktivposten* scheint enger gefasst zu sein als die Bedeutung des englischen Wortes *asset*, da hier vornehmlich bilanzierbare Vermögensgegenstände umfasst werden. In Bezug auf den Ressourcenbegriff ist dieses enge Verständnis ungeeignet und es erscheint angemessener, die Bedeutung des englischen Wortes *asset* zugrunde zu legen. Zur deutschen Sprachregelung vgl. etwa Bresser (1998), S. 308.
[191]   Vgl. Barney (1986b) sowie Abschnitt 2.2.3.2.
[192]   Im Englischen: *(sustainable) competitive advantage.*
[193]   Barney (1991), S. 102.

have a *sustainable competitive advantage* when it is implementing
a value creating strategy not simultaneously being implemented by
any current or potential competitors *and* when these other firms
are unable to duplicate the benefits of this strategy. "

Damit betont BARNEY zum einen die Notwendigkeit der Einzigartigkeit von
Strategien zur Erzielung eines Wettbewerbsvorteils und zum anderen führt er
das Bestehen von Wettbewerbsvorteilen auf den möglichen Beitrag zur Wertschöpfung zurück. Alternativ werden Wettbewerbsvorteile in der Literatur auf
Basis des Beitrags zur Erzielung eines überlegenen wirtschaftlichen Erfolgs definiert.[194] Eine Diskussion beider Definitionsansätze findet sich in Abschnitt
3.2.3.5.

BARNEY betont weiter, dass nach seinem Verständnis ein Wettbewerbsvorteil
nicht dann nachhaltig ist, wenn er über eine bestimmt Zeitspanne besteht,
sondern wenn dieser trotz der Versuche anderer Unternehmen, ihn zu kopieren, weiterhin bestehen bleibt.[195] In der wissenschaftlichen Praxis findet sich
oft der Ansatz, die Existenz eines (nachhaltigen) Wettbewerbsvorteils eines
Unternehmens mit dessen Fähigkeit gleichzusetzen, (wiederholt) einen überdurchschnittlichen wirtschaftlichen Erfolg zu erzielen.[196] Auf die daraus resultierenden Probleme weist jedoch POWELL hin.[197] Die dort geführte Diskussion
wird in Abschnitt 3.2.4 aufgegriffen. Mit Blick auf die zentrale Bedeutung des
nachfolgend dargestellten VRIO-Bezugsrahmens von BARNEY soll hier für den
ressourcenorientierten Ansatz BARNEYs Definition eines (nachhaltigen) Wett-
bewerbvorteils zugrunde gelegt werden.

Grundannahmen

In Bezug auf die Ressourcenausstattung von Unternehmen werden im ressourcenorientierten Ansatz die folgenden zwei zentralen Annahmen zugrunde gelegt:[198]

---

[194]   Siehe hierzu etwa Peteraf (1993).
[195]   Siehe Barney (1991), S. 102. Als Beispiele für Arbeiten, in denen Nachhaltigkeit anhand
        eines Zeitrahmens festgemacht wird, nennt BARNEY Jacobsen (1988) sowie Porter (1985).
[196]   Siehe beispielsweise Foss und Knudsen (2003), S. 295 f.
[197]   Siehe Powell (2001).
[198]   Vgl. etwa Barney (1991), S. 103 ff. oder Barney und Arikan (2001), S. 141.

- Unternehmen verfügen im Allgemeinen über unterschiedliche Ressourcenausstattungen.

- Ressourcen sind im Allgemeinen immobil, so dass Unternehmen ihre Ressourcenausstattung nicht kurzfristig anpassen können.

Mit diesen beiden Annahmen positioniert sich der ressourcenorientierte Ansatz als Gegenpart zur bis dahin vorherrschenden industrieökonomischen Perspektive. Die Annahme homogener und mobiler Ressourcen ist die notwendige Grundlage für eine konzeptionelle Fokussierung auf die Branchenstruktur als Erklärung für den Erfolg von Unternehmen. Verfügen aber die Unternehmen in einer Branche über nachhaltig unterschiedliche Ressourcenausstattungen, dann liegt es nahe, dass die Branchenstruktur den wirtschaftlichen Erfolg der Unternehmen in einer Branche nicht gleichermaßen determiniert,[199] sondern vielmehr der wirtschaftliche Erfolg eines Unternehmens von dessen einzigartiger Ressourcenausstattung abhängt. Damit rechtfertigt sich durch diese beiden Annahmen die Fokussierung auf Unternehmensressourcen im strategischen Management. Anzumerken bleibt, dass durch die beiden Grundannahmen nicht unterstellt wird, dass Unternehmen immer über unterschiedliche Ressourcen verfügen, oder alle Ressourcen immobil sind. Vielmehr wird hier das Phänomen dauerhaft heterogener Unternehmen akzeptiert und als Erklärung für den unterschiedlichen Erfolg zugrunde gelegt.

Nachfolgend werden die beiden zentralen Bezugsrahmen im ressourcenorientierten Ansatz von BARNEY und PETERAF dargestellt.[200] Der Fokus hier und in der Strategieliteratur liegt dabei klar auf BARNEYs Beitrag. Der Beitrag von PETERAF wird hier vor allem deshalb aufgeführt, weil in diesem eine ökonomische Fundierung des ressourcenorientierten Ansatzes bereitgestellt wird.

2.2.3.4. Der VRIO-Bezugsrahmen von Barney

Aufbauend auf dem ressourcenorientierten Instrumentarium wird in der Literatur nun zwei zentralen Fragestellungen nachgegangen. Einerseits wird das

---

[199] Vgl. hierzu Abschnitt 2.2.2.
[200] Vgl. Foss und Knudsen (2003).

Diversifikationsverhalten von Unternehmen untersucht.[201] Anders als in Port-
folioansätzen liegt die Motivation zur Diversifikation weniger in der Reduzie-
rung von Risiken, als vielmehr in der Frage, auf welchen anderen Märkten sich
die Ressourcen — insbesondere die Kernkompetenzen — eines Unternehmens
Gewinn bringend einbringen lassen.[202] Diese Forschungsrichtung hat ihren Ursprung im Wesentlichen in der Arbeit von PENROSE.[203]

Andererseits gilt die Aufmerksamkeit der grundlegenden Identifikation solcher
Ressourcen, die als Grundlage für (nachhaltige) Wettbewerbsvorteile und dar-
aus resultierend einen (anhaltenden) wirtschaftlichen Erfolg dienen können.
BARNEYs VRIO-Bezugsrahmen[204] aus dem Jahr 1991 liefert hierzu den in der
strategischen Managementforschung verbreitetsten Ansatz.[205] MEYER fasst die
Kernlogik dieses Bezugsrahmen folgendermaßen zusammen:[206]

> „This framework [...] maintains that certain organizational resources
> that are valuable, rare, difficult to imitate, and non-substitutable
> can yield sustained competitive advantage if deployed in particular
> combinations.“

Ausgehend von der Voraussetzung einer heterogenen Ausstattung von Unternehmen mit im Wesentlichen immobilen Ressourcen argumentiert BARNEY
zunächst, dass wertvolle und knappe Ressourcen die Grundlage für Wettbewerbsvorteile bilden. Sind diese Ressourcen darüber hinaus nur unvollkommen

---

[201] Vgl. Priem und Butler (2001a), S. 23 ff.
[202] Beispiele sind etwa Peteraf (1993), Prahalad und Hamel (1990) sowie Wernerfelt (1984).
[203] Penrose (1959). Siehe auch Abschnitt 2.2.3.1.
[204] VRIO steht dabei abkürzend für *value, rareness, imitation* und *organization*. Vgl. etwa
       Barney (1997), S. 45 oder Newbert (2007), S. 124. In der Literatur lassen sich auch an-
       dere Akronyme finden, die auf denselben Bezugsrahmen hinweisen. Beispiele sind VRIS
       für *value, rareness*, costly to *imitate*, absence of *substitutes* (siehe etwa Hansen et al.
       (2004), S. 1280) oder VRIN für *valuable, rare, inimitable, non-substitutable* (siehe etwa
       Eisenhardt und Martin (2000), S. 1105).
[205] Barney (1991). Ramos-Rodriguez und Ruiz-Navaro (2004) identifizieren diesen Bei-
       trag BARNEYs als meistzitierten ressourcenorientierten Artikel im Strategic Management
       Journal im Zeitraum 1994 bis 2000. Vgl. dort Tabelle 2, S. 989. In ihrer Untersuchung
       der Entwicklungstendenzen des ressourcenorientierten Ansatzes bestätigen Acedo et al.
       (2006) dieses Ergebnis (siehe dort Tabelle 3, S. 627). Als weitere Bestätigung für die
       Verbreitung dieses Bezugsrahmens im ressourcenorientierten Ansatz siehe Priem und
       Butler (2001a), Tabelle 1, S. 24.
[206] Meyer (1991), S. 823.

imitier- oder substituierbar, dann versprechen sie sogar nachhaltige Wettbewerbsvorteile.[207] In späteren Ausführungen hat BARNEY diese Bedingungen noch um einen weiteren Aspekt ergänzt. Dabei fordert er, dass in Unternehmen darüber hinaus die organisatorischen Voraussetzungen zur Ausnutzung ihrer wettbewerbsrelevanten Ressourcen gegeben sein müssen, damit sich auf deren Basis nachhaltige Wettbewerbsvorteile erreichen lassen.[208] Diese Grundstruktur des VRIO-Bezugsrahmens wird in Abbildung 2.11 dargestellt.

Abbildung 2.11: BARNEYs Bezugsrahmen

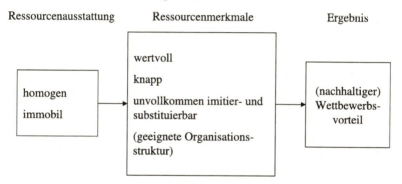

Quelle: in Anlehnung an Barney (1991), S. 112.

Die Grundlage für Wettbewerbsvorteile

Im Einzelnen liegen den Merkmalen[209] von Ressourcen folgende Begründungszusammenhänge zugrunde.[210] Den Ausgangspunkt bildet die Vorstellung, dass eine Ressource dann *wertvoll* ist, wenn sie es einem Unternehmen ermöglicht,

---

[207] Barney (1991), S. 107.

[208] Vgl. etwa Barney (1997), S. 145 ff.

[209] In diesem Zusammenhang ist anzumerken, dass BARNEY selbst von empirischen Indikatoren spricht: „These attributes of firm resources can be thought of as empirical indicators of how heterogeneous and immobile a firm's resources are and thus how useful these resources are for generating sustained competitive advantages." Barney (1991), S. 106. Bemerkenswert ist dies insbesondere vor dem Hintergrund, dass in der späteren Diskussion ein wesentlicher Kritikpunkt am VRIO-Bezugsrahmen die mangelnde empirische Überprüfbarkeit dieser Merkmale ist. Siehe hierzu etwa Priem und Butler (2001a).

[210] Für die folgende Darstellung des VRIO-Bezugsrahmens siehe Barney (1991), S. 105 ff.

seine Effizienz oder Effektivität zu steigern. Mit Bezug auf die SWOT-Analyse deutet BARNEY weiterhin an, dass eine wertvolle Ressource es einem Unternehmen ermöglichen kann, Chancen zu ergreifen oder Gefahren abzuwehren.[211] Damit stellt BARNEY den Zusammenhang zwischen seiner internen Analyse und der externen Umwelt in dem Sinne her, dass der Wert einer Ressource wesentlich durch die Unternehmensumwelt bestimmt wird,[212] welche jedoch nicht Gegenstand der ressourcenorientierten Analyse ist. Dieses Merkmal in der Konzeption des ressourcenorientierten Ansatzes wird in Kapitel 3 einen zentralen Anknüpfungspunkt für die Kritik von PRIEM und BUTLER (Abschnitt 3.2.3.3) bilden.

Da BARNEY Wettbewerbsvorteile als die Fähigkeit eines Unternehmens versteht, einzigartige Strategien durchführen zu können, fordert er neben dem Wert einer Ressource auch deren eingeschränkte Verfügbarkeit, damit diese Grundlage eines Wettbewerbsvorteils werden kann. Bei einer uneingeschränkten Verfügbarkeit hätten andere Unternehmen leicht Zugang zu den wertvollen Ressourcen und Wettbewerbsvorteile im Sinne BARNEYs wären nicht mehr realisierbar. Allgemein wird dabei eine Ressource dann als eingeschränkt verfügbar angesehen, wenn ihre Gesamtmenge die für einen vollkommenen Wettbewerb nötige nicht erreicht.[213]

Die Nachhaltigkeit von Wettbewerbsvorteilen

Während wertvolle und eingeschränkt verfügbare Ressourcen einen Wettbewerbsvorteil begründen können, sichern diese jedoch nicht dessen dauerhaftes Bestehen, da andere Unternehmen diese Ressourcen imitieren könnten. Deshalb argumentiert BARNEY weiter, dass sich ein Wettbewerbsvorteil nur dann dauerhaft halten lässt, wenn der spätere Zugriff auf diese Ressourcen durch andere Unternehmen ausgeschlossen werden kann, die Ressourcen also nach

---

[211] Vgl. hierzu Abschnitt 2.2.1, dort insbesondere Abbildung 2.4.

[212] „These environmental models help isolate those firm attributes that exploit opportunities and/or neutralize threats, and thus specify which firm attributes can be considered as resources." Barney (1991), S. 106.

[213] BARNEY bleibt in seinen Ausführungen an dieser Stelle etwas unpräzise. Eine theoretisch fundiertere Darstellung der Bedeutung knapper und wertvoller Ressourcen lässt sich auf Basis des Konzeptes der Ricardo-Rente gewinnen. Siehe hierzu Abschnitt 2.2.3.1 sowie Peteraf (1993), S. 180 ff.

LIPPMAN und RUMELT allenfalls unvollkommen imitierbar sind.[214] BARNEY nennt drei Ursachen für eine eingeschränkte Imitierbarkeit, die jeweils alleine oder in Kombination auftreten können.

So kann die besondere Ressourcenausstattung eines Unternehmens durch einzigartige historische Bedingungen geprägt sein.[215] Sind nun diese Bedingungen heute nicht mehr erfüllt, können andere Unternehmen die erfolgskritischen Ressourcen nicht mehr imitieren. Dadurch wird es denjenigen Unternehmen, die bereits über eine entsprechende Ressourcenausstattung verfügen, ermöglicht, einen anhaltenden wirtschaftlichen Erfolg zu erzielen, der vor potentiellen Konkurrenten geschützt ist.[216]

Ein weiterer Schutz vor der Imitation erfolgskritischer Ressourcen kann in einem mangelnden Verständnis der Ursachen für den Erfolg von Unternehmen liegen. Dies ist der Fall, wenn nicht bekannt ist, welche Ressourcen für den Erfolg verantwortlich sind und vor allem, auf welche Weise Ressourcen zum Erfolg beitragen. Dieses Phänomen wird in der Literatur allgemein unter dem Begriff der *kausalen Ambiguität*[217] diskutiert, der auf LIPPMAN und RUMELT zurückgeht.[218] Dabei ist es wichtig festzuhalten, dass kausale Ambiguität dadurch gekennzeichnet ist, dass die Ursachen für den wirtschaftlichen Erfolg eines Unternehmens weder dessen Mitarbeitern noch den Mitarbeitern der Konkurrenten bekannt sind.[219] Kennen die Mitarbeiter die Ursachen für den Erfolg ihres Unternehmens, dann besteht für Konkurrenten die Möglichkeit, durch das Abwerben von Mitarbeitern in Schlüsselpositionen erfolgreiche Strategien zu imitieren.[220]

Als letzten Schutzmechanismus gegen die Imitation von Ressourcen nennt BARNEY das Phänomen der sozialen Komplexität.[221] Dieses unterscheidet sich dahingehend vom zuvor beschriebenen Phänomen einer kausalen Ambiguität, dass

---

[214] Vgl. Lippman und Rumelt (1982).

[215] Die Bedeutung spezieller historischer Bedingungen, die den Erfolg von Unternehmen begründen, findet sich bereits in frühen Beiträgen zum strategischen Management. Für Beispiele siehe etwa Ansoff (1965), Learned et al. (1969) oder Stinchcombe (1965).

[216] Ökonomische Erklärungsansätze zu der Bedeutung von Pfadabhängigkeiten siehe etwa Arthur et al. (1984, 1987) oder David (1985).

[217] Im Englischen: *causal ambiguity*.

[218] Siehe Lippman und Rumelt (1982).

[219] Powell et al. (2006), S. 175: „Causal ambiguity is the condition under which neither the firm nor its rivals can determine the causes of firm performance."

[220] Vgl. Barney (1991), S. 109.

[221] Vgl. Barney (1991), S. 110 f.

Abbildung 2.12: Isolationsmechanismen

Isolationsmechanismus	Ausgewählte Beiträge
Kausale Ambiguität	Reed und DeFillippi (1990), King und Zeithaml (2001), Powell et al. (2006)
Spezialisiertes Kapital	Teece (1986)
Wechsel- und Suchkosten	Baumol et al. (1988)
Implizites Wissen der Mitarbeiter	Nelson und Winter (1982)
Einzigartige Ressourcen	Williamson (1979)
Besondere Informationen	Lieberman und Montgomery (1988), Ghemawat (1991)
Patente und Markenrechte	Alchian (1984)
Reputation	Klein und Leffler (1981), Kreps und Wilson (1982)
Rechtliche Beschränkungen	Stigler (1968)

Quelle: in Anlehnung an Rumelt (1984), S. 568.

nun die Ursachen für den Erfolg von Unternehmen durchaus bekannt sein können, diese jedoch (insbesondere kurzfristig) nur schwer zu kopieren sind. BARNEY nennt als Beispiele für solche sozial komplexen Ressourcen persönliche Beziehungen zwischen Entscheidungsträgern,[222] die Unternehmenskultur[223] sowie die Reputation eines Unternehmens bei Lieferanten[224] und Kunden[225].[226]

RUMELT spricht im Zusammenhang mit der Nachhaltigkeit von Wettbewerbsvorteilen allgemein von Isolationsmechanismen.[227] Diese schützen Unternehmen mit einer überlegenen Ressourcenausstattung und erfüllen so auf Ebene

---

[222] Siehe etwa Hambrick (1987).
[223] Siehe etwa Barney (1986a).
[224] Vgl. Porter (1980), insbesondere Kapitel 6.
[225] Vgl. etwa Klein et al. (1978) oder Klein und Leffler (1981).
[226] Barney (1991), S. 110 f.
[227] Siehe Rumelt (1984), S. 567 f.

des einzelnen Unternehmens die gleiche Funktion wie Eintritts- oder Mobilitätsbarrieren in Bezug auf die gesamte Branche oder eine strategische Gruppe im industrieökonomischen Ansatz. Tabelle 2.12 gibt einen Überblick über die von RUMELT genannten Isolationsmechanismen sowie eine Auswahl von Beiträgen, in denen die jeweiligen Isolationsmechanismen genauer thematisiert worden sind.

Weiter argumentiert BARNEY dass eine wertvolle, knappe und nicht imitierbare Ressource nicht bereits zwangsläufig einen nachhaltigen Wettbewerbsvorteil begründet. Denn es besteht neben der Imitation auch die Möglichkeit, geschützte erfolgskritische Ressourcen durch andere strategisch äquivalente Ressourcen zu substituieren, die selbst entweder frei verfügbar oder leicht imitierbar sind.[228] Daher fordert er weiterhin für die tatsächliche Nachhaltigkeit von Wettbewerbsvorteilen, dass die zugrunde liegende Ressource nicht substituierbar sein darf. Die Substitution von Ressourcen kann dabei entweder in Form einer möglichst exakten Nachbildung erfolgskritischer Ressourcen oder durch den Einsatz gänzlich anderer Ressourcen erfolgen, wobei in beiden Fällen ein Unternehmen das Ziel verfolgt, die Strategie seines erfolgreichen Konkurrenten zu kopieren.[229]

Später erweiterte BARNEY seinen Bezugsrahmen um eine weitere Bedingung.[230] Dabei forderte er, dass ein Unternehmen, welches über wertvolle, knappe sowie nicht-imitierbare und nicht-substituierbare Ressourcen verfügt, auch so organisiert sein muss, dass es in der Lage ist, seine erfolgskritischen Ressourcen auszubeuten. Im Zusammenhang mit der Frage nach geeigneten Organisationsstrukturen zur Ausbeutung erfolgskritischer Ressourcen stößt man auch auf das Konzept der komplementären Ressourcen wie etwa formale Planungssysteme, die für sich genommen sicher keinen wirtschaftlichen Erfolg garantieren, jedoch bei Vorliegen einer geeigneten Ressourcenausstattung diesen ermöglichen.[231]

Der zentrale Beitrag BARNEYs liegt in der Bereitstellung eines umfassenden und

---

[228] Vgl. Barney (1991), S. 111.

[229] Der erste Fall liegt beispielsweise vor, wenn der Erfolg eines Unternehmens auf die besonderen Fähigkeiten seines Topmanagementteams zurückzuführen ist und nun ein Konkurrent ein vergleichbares Topmanagementteam mit anderen Mitgliedern zusammenstellt. Vgl. Barney und Tyler (1990). Im zweiten Fall verfügt ein Unternehmen etwa über einen besonders charismatischen Vorstandsvorsitzenden. Da kein vergleichbarer Manager verfügbar ist, versucht ein Konkurrent, diesen Mangel durch einen formalisierten Planungsprozess zu kompensieren. Vgl. Zucker (1977) sowie Pearce et al. (1987).

[230] Vgl. etwa Barney (1997), S. 160 ff.

[231] Siehe etwa Amit und Schoemaker (1993).

allgemeinen Bezugsrahmens zur Identifikation von Ressourcen, die als Grundlage für (nachhaltige) Wettbewerbsvorteile dienen können. Dieser Bezugsrahmen
dient als fokales Element der ressourcenorientierten Perspektive und hat so
insbesondere eine Reihe von Weiterentwicklungen angeregt, die wesentlich aus
einer Kritik an speziellen Aspekten des VRIO-Bezugsrahmens hervorgegangen
sind. Ein Beispiel dafür ist etwa die Thematisierung der Beziehung zwischen
einzelnen Ressourcen. Dieses Vorgehen hat seinen Ursprung in dem Vorwurf,
dass sich BARNEYs Bezugsrahmen vornehmlich auf einzelne Ressourcen bezieht und somit die Besonderheiten von Ressourcenbündeln nicht angemessen
erfasst.[232]

2.2.3.5. Der Bezugsrahmen von Peteraf

Der von PETERAF entwickelte Bezugsrahmen unterscheidet sich zunächst dahingehend grundsätzlich von BARNEYs, dass in diesem nicht auf der Annahme einer heterogenen und immobilen Ressourcenausstattung Anforderungen
an Ressourcen als Grundlage für (nachhaltige) Wettbewerbsvorteile abgeleitet
werden, sondern der Fokus auf vier notwendigen Bedingungen für die Entstehung von Wettbewerbsvorteilen liegt (siehe Abbildung 2.13). So stellt PETERAF
fest:[233]

> [...] a resource-based model of the theoretical conditions which un-
> derlie competitive advantage is presented. There are four such con-
> ditions, all of which must be met. The first of these is resource
> heterogeneity, from which come Ricardian or monopoly rents. Ex
> post limits to competition are necessary to sustain the rents. Im-
> perfect resource mobility ensures that the rents are bound to the
> firm and shared by it. Ex ante limits to competition prevent costs
> from offsetting the rents."

Neben der Heterogenität und der Immobilität von Ressourcen werden demnach
auch die *ex-ante-* und die *ex-post*-Beschränktheit des Wettbewerbs als notwendige Bedingungen in das Modell aufgenommen. Die Grundlage für PETERAFs

---

[232]   Vgl. Black und Boal (1994) oder Robins (1992).
[233]   Peteraf (1993), S. 180.

Analyse ist dann ein preistheoretischer Ansatz zur Erklärung der Erfolgsunterschiede zwischen Unternehmen. Im Mittelpunkt steht dabei die Frage, inwiefern sich auf Basis einzelner Ressourcen ökonomische Renten erzielen lassen.[234] Obwohl die Erklärung von Wettbewerbsvorteilen ausdrücklicher Gegenstand ihres Beitrags ist, gibt PETERAF keine explizite Definition des Begriffs an. FOSS und KNUDSEN interpretieren sie aber dahingehend, Wettbewerbsvorteile mit dem Erzielen eines überlegenen finanziellen Erfolgs bzw. einer ökonomischen Rente im Gleichgewicht in Verbindung zu bringen.[235]

Abbildung 2.13: PETERAFs Bezugsrahmen

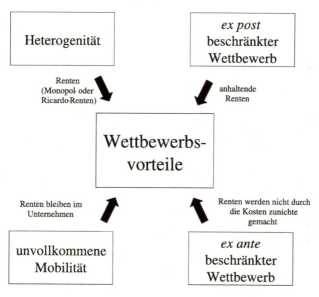

Quelle: in Anlehnung an Peteraf (1993), S. 186.

Ausgangspunkt von PETERAFs Analyse ist die Voraussetzung einer heterogenen Ressourcenverteilung zwischen Unternehmen, etwa in einer Branche. Unternehmen mit einer überlegenen Ressourcenausstattung, die sich beispielsweise in einer gesteigerten Produktionseffizienz äußert, sind dann in der Lage, Ricardo-

---

[234] Peteraf (1993), S. 180 ff.
[235] Siehe Foss und Knudsen (2003), S. 295 sowie Abschnitt 3.2.3.5.

oder Monopolrenten zu erzielen. Ricardo-Renten beruhen dabei auf einer *a priori* gegebenen beschränkten Verfügbarkeit einer überlegenen Ressource, so dass im Gleichgewicht auch ineffiziente Ressourcen in den Produktionsprozess einfließen.[236] Demgegenüber beruhen Monopolrenten bekanntermaßen auf einer gewollten Verknappung des Angebots.[237] Darauf aufbauend widmet sich PETERAF der Beschreibung der Bedingungen für die Nachhaltigkeit von Wettbewerbsvorteilen in Form ökonomischer Renten. Ressourcenheterogenität ist daher die notwendige Voraussetzung für die Existenz von Wettbewerbsvorteilen, die aber nur durch die Erfüllung von drei weiteren Bedingungen aufrechterhalten werden können.

Die erste Bedingung ist ein *ex post* beschränkter Wettbewerb um die überlegenen Ressourcen, so dass für andere Unternehmen diese nicht mehr zugänglich sind. Dies gilt sowohl für den Fall einer Ricardo-Rente als auch für die Monopolrente. PETERAF nennt mit dem Phänomen der unvollkommenen Imitierbarkeit und dem Phänomen der unvollkommenen Substituierbarkeit zwei Ursachen für eine solche *ex-post*-Beschränkung des Wettbewerbs, auf die sich im ressourcenorientierten Ansatz allgemein bezogen wird.[238]

Als zweite Bedingung thematisiert PETERAF den Aspekt der Ressourcenimmobilität. Dabei unterscheidet sie prinzipiell zwischen den drei Abstufungen vollkommen mobiler, unvollkommen mobiler und vollkommen immobiler Ressourcen. Grundlage eines anhaltenden Wettbewerbsvorteils können dabei nur die beiden letztgenannten Kategorien sein.[239] Das Kriterium für die Einordnung von Ressourcen in die einzelnen Kategorien ist ihre Handelbarkeit. Eine Ressource ist demnach vollkommen immobil, wenn sie nicht handelbar ist. Gründe hierfür können ungeklärte Eigentumsrechte oder die Bindung einer Ressource an ein Unternehmen in dem Sinne sein, dass diese außerhalb des Unternehmens keinen Wert besitzt.[240] Unvollkommen mobil ist hingegen eine Ressource dann, wenn sie zwar handelbar ist, jedoch einen höheren Wert für das Unternehmen hat, welches sie momentan besitzt, als für ein anderes. Als Ursache für eine solche Unternehmensspezifität von Ressourcen diskutieren MONTGO-

---

[236]   Vgl. Abschnitt 2.2.3.1.
[237]   Vgl. etwa Mas-Colell et al. (1995), S. 384 ff.
[238]   Peteraf (1993), S. 182.
[239]   Peteraf (1993), S. 183 f.
[240]   Zu ungeklärten Eigentumsrechten siehe auch Dierickx und Cool (1989) und zur Bindung von Ressourcen an das Unternehmen vgl. Williamson (1979).

MERY und WERNERFELT etwa Wechselkosten.[241] Ganz allgemein lassen sich in diesem Zusammenhang Transaktionskosten als Grund für eine unvollkommene Mobilität von Ressourcen anführen.[242] TEECE argumentiert weiter, dass auch durch Interdependenzen zwischen den Ressourcen eines Unternehmens eine einzelne Ressource in diesem Verbund wertvoller sein kann als in einem anderen Unternehmen.[243]

Als letzte notwendige Bedingung fordert PETERAF die *ex-ante*-Beschränkung des Wettbewerbs. Grundlage hierfür ist die Idee, dass eine Ressource, die einen Wettbewerbsvorteil begründet, nicht auf einem vollkommenen Markt zu beschaffen sein darf. Denn ein Unternehmen kann nur dann einen Wettbewerbsvorteil erzielen, wenn der Preis, den es für seine strategischen Ressourcen bezahlt hat, unter deren Wert liegt. Ist nun aber der Beschaffungsmarkt für alle Wettbewerber uneingeschränkt zugänglich, dann wird der Preis für eine Ressource nicht systematisch unter ihrem Wert liegen können.[244]

Insgesamt folgt PETERAF in ihrem Bezugsrahmen einer vergleichbaren zweistufigen Argumentationslogik wie zuvor BARNEY, wenn sie argumentiert, dass eine anfängliche Ressourcenheterogenität zwischen Unternehmen das Erzielen von Ricardo- oder Monopolrenten begründet und diese Heterogenität unter bestimmten Bedingungen nachhaltig bestehen bleibt. Damit basiert PETERAFs Bezugsrahmen — wie zuvor auch der von BARNEY — grundsätzlich auf der Annahme einer heterogenen Ausstattung von Unternehmen mit im Wesentlichen immobilen Ressourcen. Der Beitrag PETERAFs liegt hierbei vor allem in der im Vergleich zu BARNEY ausgeprägteren ökonomischen Fundierung der ressourcenorientierten Argumentationslogik.

Die hier in den beiden Bezugsrahmen dargestellten Elemente bilden den bis heute im Wesentlichen unveränderten grundlegenden Argumentationsrahmen im ressourcenorientierten Ansatz. Vor diesem Hintergrund gilt es nun, die aktuellen Entwicklungen im Feld nachzuvollziehen.

---

[241] Wernerfelt und Montgomery (1986).
[242] Vgl. etwa Williamson (1975).
[243] Teece (1986).
[244] Peteraf (1993), S. 185.

2.2.3.6. Aktuelle Entwicklungsrichtungen

In einer aktuellen Studie identifizieren ACEDO *et al.* vier Hauptströmungen, die sich gegenwärtig innerhalb der ressourcenorientierten Perspektive herausgebildet haben: den ressourcenorientierten Kern, den Capabilities-Ansatz, den wissensbasierten Ansatz sowie den relationalen Ansatz.[245] Dabei stellen die Autoren in der Literatur vor allem eine starke Überschneidung zwischen dem ressourcenorientierten Kern und dem Capabilities-Ansatz fest, so dass sie beide zu einer Strömung zusammenfassen.[246] Dennoch sollen hier beide Richtungen getrennt voneinander vorgestellt werden, da sie sich in ihrer jeweiligen konzeptionellen Ausrichtung unterscheiden.

Der ressourcenorientierte Kern

Hierunter lassen sich solche Beiträge zusammenfassen, deren Fokus auf der konzeptionellen Weiterentwicklung des ressourcenorientierten Kernbereichs liegt. Im Vordergrund stehen dabei in der Literatur zwei thematische Schwerpunkte, die in direktem Zusammenhang zum VRIO-Bezugsrahmen stehen.[247] Dies ist zum einen die Frage nach einer geeigneten theoretischen Beschreibung von Wettbewerbsvorteilen und zum anderen die Untersuchung von Bedingungen, die zu einem langfristigen Erhalt von Wettbewerbsvorteilen führen. Die nachfolgenden Ausführungen können keinen umfassenden Überblick über die Entwicklungen im Feld liefern, sondern sollen vielmehr anhand wichtiger Beiträge einen Einblick in die aktuelle Diskussion geben.

Die Frage nach einer Erklärung von Wettbewerbsvorteilen steht in engem Zusammenhang zur Bestimmung des Wertes von Ressourcen, da in der Logik des ressourcenorientierten Ansatzes eine Ressource genau dann als Grundlage für einen Wettbewerbsvorteil gilt, wenn sie wertvoll ist.[248] So stellen LIPPMAN und RUMELT fest, dass das gegenwärtige Verständnis des Wertes von Ressourcen wesentlich durch preistheoretische Ansätze der neoklassischen Ökonomik geprägt ist.[249] Bei diesen wird der Wert von Ressourcen auf Basis ökonomischer Renten

---

[245] Vgl. Acedo et al. (2006).
[246] Siehe Acedo et al. (2006), insbesondere S. 629 ff.
[247] Vgl. Priem und Butler (2001a), S. 23.
[248] Vgl. Abschnitt 2.2.3.4.
[249] Vgl. Lippman und Rumelt (2003b), S. 903.

oder möglicher Opportunitätskosten ermittelt. LIPPMAN und RUMELT argumentieren dann, dass im ressourcenorientierten Ansatz generell keine Einigkeit besteht, welches Rentenkonzept oder welche Höhe von Opportunitätskosten im gegebenen Fall zugrunde zu legen ist. Daher schlagen sie einen alternativen Bewertungsansatz vor, den sie die *Payment Perspective* nennen.[250] Im Vordergrund steht dabei die Überlegung, dass zunächst Ressourcen gesamtwertsteigernd kombiniert werden und anschließend der Wert der einzelnen Ressourcen durch Aufteilen des Gesamtwertes bestimmt wird. Dies geschieht durch Verhandlungen zwischen den Eigentümern auf der Grundlage des relativen Beitrags zur Wertschöpfung der einzelnen Ressourcen. Die kooperative Spieltheorie hält zur Aufteilung der Erträge aus der Kombination von Ressourcen eine Reihe von Lösungskonzepten bereit.[251] Dies führt zu der Auffassung, strategisches Management als das Identifizieren neuer wertschaffender Ressourcenkombinationen zu verstehen.[252] Die Aktualität dieses Themenfeldes zeigt sich auch darin, dass die Zeitschrift *Academy of Management Review* dem Thema der Wertschaffung und -vereinnahmung — also der Frage nach der Schaffung und Aufteilungen von Werten — in einer aktuellen Ausgabe eine umfangreiche Sonderrubrik widmet.[253]

Einen anderen Ansatz verfolgen HANSEN *et al.* in einem aktuellen Artikel.[254] Darin schlagen sie vor, den Fokus im ressourcenorientierten Ansatz nicht auf die Identifikation des Wertes von Ressourcen zu legen, sondern stattdessen das Management der Umwandlung von Ressourcen in Produkte und Dienstleistungen zu untersuchen.[255] Motiviert ist diese Neuausrichtung durch die zunehmende Kritik an der Sinnhaftigkeit des auf wertvollen Ressourcen basierenden Erklärungsansatzes und der damit verbundenen Beschreibung der Merkmale wertvoller Ressourcen.[256] Genauer schlagen HANSEN *et al.* eine Unterscheidung zwischen produktiven und administrativen Ressourcen vor, wobei letztere im Vordergrund der Untersuchung stehen sollen. Konzeptionell verschiebt sich dadurch der Analysefokus auf Bündel produktiver Ressourcen sowie die Rolle der

---

[250] Siehe hierzu Lippman und Rumelt (2003a, b).
[251] Siehe Lippman und Rumelt (2003a).
[252] Vgl. Lippman und Rumelt (2003a), S. 1069.
[253] Siehe Lepak et al. (2007) sowie die dort angeführten Beiträge.
[254] Hansen et al. (2004).
[255] Siehe Hansen et al. (2004), S. 1279 ff.
[256] Vgl. Abschnitt 3.2.3.

administrativen Ressourcen in deren Zusammenstellung.[257] Weiterhin weisen sie in diesem Zusammenhang darauf hin, dass der ressourcenorientierte Ansatz in seinem Wesen auf die Erklärung außergewöhnlicher Erfolge abzielt, jedoch die standardmäßig verwendeten statistischen Methoden lediglich Mittelwerte betrachten. Daher schlagen sie eine bayesianische Operationalisierung des ressourcenorientierten Ansatzes vor. Die Kernidee ist dabei, dass nun nicht wie bisher der (durchschnittliche) Zusammenhang zwischen bestimmten Ressourcen und dem wirtschaftlichen Erfolg von Unternehmen gemessen wird. Vielmehr lässt sich mit dem bayesianischen Ansatz für einzelne Unternehmen bestimmen, wie sich deren Erfolgswahrscheinlichkeit bei Durchführung bestimmter Maßnahmen ändert.[258]

Diese beiden Beispiele verdeutlichen die aktuellen Bemühungen im Feld in Richtung eines konzeptionellen Auswegs aus der problembehafteten Konstruktion des Begriffs der wertvollen Ressource. Den thematischen Schwerpunkt im Kernbereich des ressourcenorientierten Ansatzes bildet jedoch die Untersuchung von Bedingungen, welche die Nachhaltigkeit bestehender Wettbewerbsvorteile sichern. Die weitaus größte Aufmerksamkeit erfährt dabei das Konzept der kausalen Ambiguität. Daher soll hier an diesem Beispiel die aktuelle Diskussion zur Nachhaltigkeit von Wettbewerbsvorteilen verdeutlicht werden.[259]

Aufbauend auf einer Begriffseinführung von LIPPMAN und RUMELT, die kausale Ambiguität als Bedingung charakterisieren, unter der weder das Unternehmen, das über einen Wettbewerbsvorteil verfügt, noch dessen Wettbewerber die Ursachen für den Vorteil kennen,[260] hat eine Reihe von Autoren das Konzept um zusätzliche Aspekte erweitert. So argumentieren REED und DEFILLIPPI, dass sowohl Verschwiegenheit[261] als auch die Komplexität und Spezifität von Fähigkeiten und Ressourcen zu kausaler Ambiguität führen kann, wodurch eine Imitation durch Rivalen erschwert wird.[262] Dadurch kann das Bestehen kausaler Ambiguität langfristig den wirtschaftlichen Erfolg von Unternehmen sichern.

Dieser Argumentationszusammenhang ist in der Vergangenheit mehrfach kri-

---

[257] Vgl. Hansen et al. (2004), S. 1280 f.
[258] Vgl. auch Hahn und Doh (2006), S. 784 ff.
[259] Tabelle 2.12 gibt einen Überblick über weitere mögliche Isolationsmechanismen.
[260] Siehe Lippman und Rumelt (1982) sowie Powell et al. (2006), S. 175.
[261] Im Englischen: *tacitness*.
[262] Siehe Reed und DeFillippi (1990). Zur Verschwiegenheit siehe weiter Nelson und Winter (1982) oder Polanyi (1966), zur Komplexität Barney (1985) und zur Spezifität Williamson (1985).

tisiert worden. So prägen KING und ZEITHAML den Begriff des Kausalambiguitätsparadoxons.[263] Dieses beschreibt das Phänomen, dass zum einen kausale Ambiguität ein Unternehmen vor dem Verlust seiner Wettbewerbsvorteile schützt, jedoch auf der anderen Seite die Steigerung und Ausnutzung der Vorteile verhindert, da die zugrunde liegenden Wirkungszusammenhänge nicht verstanden werden.[264] Ein zweites Problem ist der empirische Befund, dass das Bestehen ausgeprägter kausaler Ambiguität Konkurrenten dazu ermutigt, ihre Anstrengungen statt auf Imitationsversuche auf neue Innovationen zu konzentrieren. Dadurch verlieren die aktuellen Quellen von Wettbewerbsvorteilen schneller an Bedeutung.[265] Dies deutet auf ein optimales Maß an kausaler Ambiguität hin, so dass Imitationsversuche von Konkurrenten zwar hinausgezögert, aber gleichzeitig ihre Innovationsbestrebungen unterdrückt werden.[266]

Darüber hinaus identifizieren POWELL et al. ein weiteres Problem in Verbindung mit der Unterscheidung zwischen Kompetenz- und Bedeutungsambiguität.[267] Bedeutungsambiguität liegt vor, wenn ein Konstrukt wie etwa *Technologie* unterschiedliche Bedeutungen hat. So lässt sich beobachten, dass Manager mit unterschiedlichem Erfahrungshintergrund auch ein unterschiedliches Verständnis von bestimmten Begriffen haben. Beispielsweise kann eine Technologie mit einer Produktionstechnologie oder einer Innovationstechnologie in Verbindung gebracht werden.[268] Kompetenzambiguität zielt hingegen in diesem Beispiel auf die Frage ab, ob die im Unternehmen Beteiligten verstehen, wie eine bestimmte Technologie zum Erfolg des Unternehmens beiträgt. Empirische Arbeiten leiden daher oft an einer fehlenden Abgrenzbarkeit beider Ambiguitätsformen, worunter die Ergebnisse der Untersuchung leiden.[269] Die Überprüfung von Hypothesen über Bedeutung und Wirkungsweise von kausaler Ambiguität für die Nachhaltigkeit von Wettbewerbsvorteilen wird dadurch natürlich erschwert.

Trotz dieser Probleme in der Auseinandersetzung mit dem Konstrukt lässt sich weder bestreiten, dass das Phänomen der kausalen Ambiguität Teil des rea-

---

[263] Siehe King und Zeithaml (2001).
[264] Siehe King und Zeithaml (2001), S. 76.
[265] Siehe McEvily et al. (2000).
[266] Siehe hierzu Pacheco-de Almeida und Zemsky (2006).
[267] Siehe Powell et al. (2006), S. 178 f.
[268] Vgl. Powell et al. (2006), S. 178 f.
[269] Vgl. Powell et al. (2006), S. 179 f. Ebenfalls anfällig für das Problem der Bedeutungsambiguität ist etwa der Begriff der Kultur.

len strategischen Gegenstandsbereichs ist, noch dass das Phänomen Relevanz für die Nachhaltigkeit von Erfolgsunterschieden hat.[270] Diese Einschätzung bestätigt auch die weiterhin fortgeführte konzeptionelle Auseinandersetzung mit dem Phänomen in der Strategieforschung.[271]

Tabelle 2.4: Übertragung der ressourcenorientierten Argumentationslogik

Beitrag	Untersuchungsgegenstand
Lado und Wilson (1994)	Das Potential von Systemen zur Steuerung der Humankapitalentwicklung zum Aufbau organisationaler Kompetenzen.
Hart (1995)	Wettbewerbsvorteile auf Basis der Beziehungen eines Unternehmens zu seiner biophysikalischen Umwelt.
Hunt und Morgan (1995)	Das Potential der Marktorientierung eines Unternehmens als Quelle von Wettbewerbsvorteilen.
Lockett und Thompson (2001)	Möglichkeiten für die Berücksichtigung ressourcenorientierter Konzepte im Bereich der Finanzierungs- oder Volkswirtschaftslehre.
Alvarez und Busenitz (2001)	Der Beitrag des ressourcenorientierten Ansatzes zur Entrepreneurship-Forschung.
Peng (2001)	Der ressourcenorientierte Beitrag zur Untersuchung der Internationalisierungsstrategien multinationaler Konzerne.

Neben der weiteren Ergründung der Entstehung und Erhaltung wertvoller Ressourcen sowie der darauf basierenden Wettbewerbsvorteile lässt sich dem ressourcenorientierten Kernbereich ein weiterer Schwerpunkt zuordnen.[272] Darunter werden Arbeiten zusammengefasst, welche den ressourcenorientierten Bezugsrahmen auf andere betriebswirtschaftliche Forschungsbereiche übertragen. Tabelle 2.4 fasst einige Beispiele zusammen. Dabei zeigen sich hier der umfassende Geltungsanspruch und die allgemeine Anwendbarkeit der ressourcenori-

---

[270] Vgl. Powell et al. (2006), S. 192 f.
[271] King (2007) gibt einen umfassenden Überblick.
[272] Vgl. Barney et al. (2001).

entierten Argumentationslogik.

Der Capabilities-Ansatz

Im Gegensatz zum ressourcenorientierten Kernbereich, dem im Wesentlichen ein allgemeines Ressourcenverständnis im Sinne der Definition WERNERFELTs[273] zugrunde liegt, basiert die Entwicklung des Capabilities-Ansatzes auf einer konzeptionellen Differenzierung zwischen Ressourcen und Fähigkeiten. Aufbauend auf den Definitionen beider Begriffe von AMIT und SCHOEMAKER (siehe Tabelle 2.10) identifiziert MAKADOK hier zwei unterschiedliche Mechanismen, durch die Unternehmen einen überlegenen wirtschaftlichen Erfolg erzielen können:[274]

> „The former mechanism [resource-picking] asserts that firms create economic rent by being more effective than their rivals at *selecting* resources. The latter mechanism [capability-building] asserts that firms create economic rent by being more effective than their rivals at *deploying* resources.“

Demnach wird im Capabilities-Ansatz argumentiert, dass in der ressourcenorientierten Logik das Hauptaugenmerk auf der Bestimmung des Wertes von Ressourcen und damit verbunden auf dem Erwerb unterbewerteter Ressourcen liegt.[275] Die Grundlage für den Erfolg eines Unternehmens wird dann also vor dem Erwerb einer unterbewerteten Ressource gelegt, wenn das Unternehmen etwa durch bessere Kenntnis des tatsächlichen Wertes einer Ressource diese besonders günstig erwerben kann. Im Gegensatz dazu liegt der Fokus im Capabilities-Ansatz auf den Fähigkeiten zur Entwicklung von Ressourcen, die sich bereits im Besitz eines Unternehmens befinden. Vor diesem Hintergrund wird dann weiter argumentiert, dass Fähigkeiten in besonderem Maße die Bedingungen erfüllen, die allgemein im ressourcenorientierten Ansatz an die Quellen von nachhaltigen Wettbewerbsvorteilen gestellt werden.[276] Demnach zeichnen sich Fähigkeiten durch eine besonders ausgeprägte Spezifität aus, da diese

---

[273] Wernerfelt (1984), S. 172: „By a resource is meant anything which could be thought of as a strength or weakness of a firm." Damit zählt WERNERFELT implizit auch das zu den Ressourcen, was im Capabilities-Ansatz als Fähigkeit bezeichnet wird.

[274] Makadok (2001b), S. 387.

[275] Dieses Argument lässt sich mit dem Verweis auf Barney (1986b) begründen. Vgl. hierzu auch Abschnitt 2.2.3.2.

[276] Vgl. Makadok (2001b), S. 388 f.

eingebettet in die Prozesse und Routinen eines Unternehmens sind. Dadurch
wird die Übertragung von Fähigkeiten auf andere Unternehmen erschwert, da
sie insbesondere kaum über Faktormärkte zu beziehen sind.

Eine Erweiterung des Capabilities-Ansatzes stellt der maßgeblich von TEECE
et al. entwickelte Dynamic-Capabilities-Ansatz dar. Dabei werden dynamische
Fähigkeiten folgendermaßen definiert:[277]

„We define dynamic capabilities as the firm's ability to integrate,
build, and reconfigure internal and external competencies to address
rapidly changing environments."

Damit wird die Betrachtung von Fähigkeiten noch um eine dynamische Kompo-
nente bereichert. Es ist demnach nicht mehr nur wichtig für ein Unternehmen,
über Fähigkeiten zur richtigen Ausnutzung seiner Ressourcen zu verfügen, sondern es muss auch in der Lage sein, seine Fähigkeiten ständig anzupassen und zu
verbessern. EISENHARDT und MARTIN argumentieren vor diesem Hintergrund,
dass die Art der erfolgsnotwendigen dynamischen Fähigkeiten von der Dynamik des Marktes abhängt, in dem ein Unternehmen aktiv ist.[278] Im Fall eines
mäßig dynamischen Marktes sehen sie eine enge inhaltliche Übereinstimmung
zwischen dem Konzept der dynamischen Fähigkeiten und der traditionellen Vorstellung von Routinen, welche sich durch stabile Prozesse mit vorhersehbaren
Ergebnissen auszeichnen.[279] Im Fall eines sehr dynamischen Marktes zeichnen
sich dynamische Fähigkeiten hingegen eher durch experimentelle Merkmale mit
unvorhersehbaren Ergebnissen aus.

Der wissensbasierte Ansatz

Der wissensbasierte Ansatz[280] lässt sich verstehen als eine Weiterentwicklung
im ressourcenorientierten Ansatz, bei der der Fokus auf die besondere Bedeu-

---

[277]   Teece et al. (1997), S. 516.
[278]   Eisenhardt und Martin (2000).
[279]   Vgl. Eisenhardt und Martin (2000), S. 1106. Zum Konzept der Routine siehe etwa Cyert
        und March (1963) oder Nelson und Winter (1982).
[280]   Im Englischen: *Knowledge-based view.*

tung der Ressource Wissen gelegt wird.[281] So stellt GRANT fest:[282]

> „To the extend that it focuses upon knowledge as the most strategically important of the firm's resources, it is an outgrowth of the resource-based view."

Ausgangspunkt für die Entwicklung des wissensbasierten Ansatzes ist die Aussage POLANYIs, dass Menschen im Allgemeinen mehr wissen als sie mitteilen können.[283] Wie zuvor im Fall der Fähigkeiten basiert die besondere Bedeutung der Ressource Wissen auf der Annahme, dass Wissen kaum auf Faktormärkten handelbar ist und somit in besonderem Maße als Grundlage nachhaltiger Wettbewerbsvorteile dienen kann.

POLANYI unterscheidet weiter zwischen explizitem bzw. kodifizierbarem Wissen auf der einen Seite und implizitem bzw. stillschweigendem Wissen auf der anderen Seite.[284] Im Vordergrund der Untersuchung steht vor allem das implizite Wissen[285], welches nur durch persönliche Erfahrung erlernt werden kann.[286] So argumentieren KOGUT und ZANDER, dass im Vergleich zum Markt der Austausch von Wissen innerhalb von Unternehmen wesentlich erleichtert wird, und liefern somit zunächst eine wissensbasierte Theorie der Unternehmung.[287] Dabei basiert ihr Ansatz auf der Vorstellung, dass Wissen in Unternehmen zwar an

---

[281] Vgl. etwa Hoskisson et al. (1999), S. 441. In der Literatur findet sich eine weitere Strömung unter dem Deckmantel der wissensbasierten Theorie der Unternehmung, die jedoch konzeptionell nicht auf der ressourcenorientierten Logik aufbaut und stattdessen einen sozialkonstruktivistischen Ansatz verfolgt, der wesentlich auf den Arbeiten von SPENDER und TZOUKAS aufbaut. Siehe Spender (1996) und Tsoukas (1996). Während dieser Ansatz zwar eine gewisse Aufmerksamkeit in der Literatur erfährt, bleibt die Frage nach dessen tatsächlichem Beitrag weiter unbeantwortet. Dies führen REIHLEN und RINGBERG auf die inkonsistente epistemologische Grundlage des Ansatzes zurück. Siehe Reihlen und Ringberg (2006), S. 2.

[282] Grant (1996), S. 110.

[283] Polanyi (1966), S. 4: „We know more than we can tell." Vgl. auch Kogut und Zander (1992), S. 383.

[284] Vgl. Hoskisson et al. (1999), S. 441. Eine differenziertere Unterscheidung von Wissenskategorien findet sich später etwa bei Zander und Kogut (1995), die zwischen Kodifizierbarkeit, Lehrbarkeit, Komplexität, Systemabhängigkeit und der Ableitbarkeit aus dem fertigen Produkt unterscheiden.

[285] Im Englischen auch: *tacit knowledge*.

[286] Vgl. Conner und Prahalad (1996), S. 477 sowie Polanyi (1962), Nelson und Winter (1982) und Nonaka (1994).

[287] Eine Theorie der Unternehmung gibt erstens eine Antwort auf die Frage, warum es überhaupt Unternehmen gibt und zweitens, wodurch die Größe von Unternehmen bestimmt wird. Vgl. Holmstrom und Tirole (1989).

Personen gebunden ist, sich dieses jedoch auch in den Routinen der alltäglichen Zusammenarbeit widerspiegelt und somit nicht durch den einfachen Austausch von Personen zwischen Unternehmen transferierbar ist.[288] So stellen sie insgesamt fest:[289]

> „[F]irms exist because they provide a social community of voluntaristic action structured by organizing principles that are not reducible to individuals."

CONNER und PRAHALAD führen die wissensbasierte Logik weiter, indem sie argumentieren, dass die Fokussierung auf die Ressource Wissen auch einen wesentlichen Beitrag zur Erklärung von Wettbewerbsvorteilen liefert, da sich Erfolgsunterschiede zwischen Unternehmen häufig auf deren unterschiedliches Wissen zurückführen lassen.[290] Tatsächliche Arbeiten aus dem Feld des wissensbasierten Ansatzes sind zumeist prozessorientiert. So untersuchten etwa COHEN und LEVINTHAL Lern- und Innovationsprozesse in Unternehmen und prägten in diesem Zusammenhang den Begriff der *absorptiven Kapazität*[291], womit die Fähigkeit von Unternehmen beschrieben wird, neues Wissen aufzunehmen und zu verarbeiten.[292] Insgesamt schlägt sich das verbreitete Interesse an der Ressource Wissen in einer umfangreichen Ansammlung empirischer Arbeiten nieder.[293]

Der relationale Ansatz

Anders als der wissensbasierte Ansatz, der eine Konkretisierung auf die Ressource Wissen bedeutet, begründet sich der relationale Ansatz aus einer Kritik am klassischen ressourcenorientierten Ansatz, der sich auf Ressourcen bezieht, die jeweils von einem Unternehmen kontrolliert werden. Im relationalen Ansatz stehen hingegen Ressourcen im Vordergrund, die aus interorganisationalen Kooperationen hervorgehen. So stellen DYER und SINGH fest:[294]

---

[288] Siehe Kogut und Zander (1992), S. 383.
[289] Kogut und Zander (1992), S. 384.
[290] Siehe Conner und Prahalad (1996), S. 477.
[291] Im Englischen: *absorptive capacity*.
[292] Siehe Cohen und Levinthal (1990). Weitere zentrale Arbeiten im wissensbasierten Ansatz sind etwa Pisano (1994) oder Nonaka (1994).
[293] Siehe Newbert (2007), Tabelle 4.
[294] Dyer und Singh (1998), S. 660.

„Proponents of the RBV [resource-based view] have emphasized
that competitive advantage results from those resources and capabilities that are owned and controlled by a single firm. Consequently,
the search for competitive advantage has focused on those resources
that are *within the firm*. [...] However, a firm's critical resources may
extend beyond firm boundaries."

Das Aufkommen des relationalen Ansatzes trägt der Entwicklung einer zunehmenden Beschäftigung mit Unternehmensnetzwerken Rechnung, für deren Entstehung und Berechtigung es eines Erklärungsansatzes bedarf. Der allgemeine
ressourcenorientierte Ansatz gibt eine Reihe naheliegender Begründungen für
die Berechtigung von Unternehmensnetzwerken.[295] Die Fokussierung auf relationale Renten im relationalen Ansatz ist vor diesem Hintergrund wohl die
konsequenteste Anwendung der ressourcenorientierten Logik auf Kooperationen.

So werden im relationalen Ansatz Quellen von Wettbewerbsvorteilen in interorganisationalen Beziehungen identifiziert, die in einer netzwerkspezifischen
Investition, dem gegenseitigen Wissensaustausch, der Kombination komplementärer Ressourcen oder der effizienten Koordination liegen können.[296] In
einem aktuellen Beitrag erweitert LAVIE das ursprüngliche Konzept von DYER
und SINGH, indem er zwischen unternehmens-, partner- und relationspezifi-
schen Ressourcen unterscheidet. Auf dieser Basis entwickelt er ein Modell zur
Bestimmung der Aufteilung des in einer Kooperation entstehenden Mehrwertes
zwischen den Partnern.[297]

2.2.3.7. Zwischenfazit zum ressourcenorientierten Ansatz

Trotz der durch seine Popularität im Forschungsfeld begründeten Vielfältigkeit lässt sich im ressourcenorientierten Ansatz in strategischer Hinsicht ein
dominierender gemeinsamer Nenner identifizieren. Dieser begründet sich in der
Fokussierung auf besondere Unternehmensmerkmale als Quelle für einen (anhaltenden) überlegenen wirtschaftlichen Erfolg. Dabei liegt der Fokus — und

---

[295] Siehe etwa Das und Teng (2000).
[296] Vgl. Dyer und Singh (1998), S. 661 ff.
[297] Lavie (2006).

dies zieht sich durch alle hier dargestellten Bezugsrahmen und Entwicklungsrichtungen — auf solchen Ressourcen, die einerseits als wertvoll und andererseits als besonders geschützt vor Wettbewerbern gelten.

Nachfolgend werden hier mit der Österreichischen Schule, der Transaktionskostentheorie sowie der neuen Institutionenökonomik drei Theorieströmungen
kurz skizziert, die einen gewissen Einfluss auf die Diskussion im strategischen
Managementfeld genommen haben. Dies gilt vor allem im Zusammenhang mit
dem ressourcenorientierten Ansatz.

2.2.4. Der Einfluss der Österreichischen Schule

Den beiden bisher angesprochenen Erklärungsansätzen für den überlegenen
wirtschaftlichen Erfolg von Unternehmen stellt die so genannte Österreichische Schule ein weiteres grundlegendes Konzept zur Seite.[298] Dieses zeichnet
sich wesentlich durch eine Fokussierung auf die Dynamik von Märkten aus.[299]
Damit grenzt sich die Österreichische Schule hier vor allem gegenüber dem industrieökonomischen Ansatz ab, dem sie vorwirft, durch die Betrachtung von
Gleichgewichten eine statische Perspektive einzunehmen.[300] So argumentieren
NELSON und WINTER, dass dadurch technologischer Fortschritt ignoriert wird,
obwohl die Innovationsfähigkeit eines Unternehmens in erheblichem Maße für
dessen wirtschaftlichen Erfolg verantwortlich ist.[301] Unternehmen können nach
geglückten Innovationsbemühungen etwa über eine effizientere Produktionstechnologie oder bessere Produkte als Wettbewerber verfügen. Dadurch kommt
es zu Ungleichgewichten im Wettbewerb, die bestehen, bis Wettbewerber erfolgreiche Strategien imitiert haben. Daher wird im Rahmen der Österreichischen
Schule stets nur von temporären Wettbewerbsvorteilen ausgegangen.[302]

---

[298]   In der Literatur lassen sich unterschiedliche Abgrenzungen zwischen der Österreichischen
        Schule, der evolutorischen Ökonomik oder dem Schumpeterschen Ansatz finden. Siehe
        etwa Witt (1987), S. 71 ff. Hier soll nicht weiter zwischen diesen Varianten unterschieden
        und im Folgenden einfach von der Österreichischen Schule gesprochen werden.
[299]   Vgl. Jacobson (1992), S. 783 f. Die Österreichische Schule geht zurück auf Arbeiten von
        MENGER und seiner Schüler MISES, HAYEK und KIRZNER. Vgl. Witt (1987), S. 33.
[300]   Allgemeiner richtet sich die Österreichische Schule gegen die Fokussierung auf Gleich-
        gewichtsanalysen in der Mikroökonomik, die der industrieökonomischen Argumentation
        zugrunde liegt. Vgl. Jacobson (1992), S. 789 f. sowie allgemeiner Hayek (1948).
[301]   Siehe Nelson und Winter (1982), 23 ff.
[302]   Vgl. Jacobson (1992), S. 785.

Auf Basis dieser Argumentation ergibt sich hier neben dem Konzept der Monopolrente aufgrund einer gewollten Angebotsverknappung im Fall des industrieökonomischen Ansatzes und der Ricardo-Rente auf Basis knapper und wertvoller Ressourcen im ressourcenorientierten Ansatz eine neue ökonomische Erklärung für den wirtschaftlichen Erfolg von Unternehmen. Dieser basiert auf temporären Wettbewerbsvorteilen, die durch unternehmerisches Handeln ermöglicht werden. Mit Bezug auf SCHUMPETER,[303] der wesentlich auf die Bedeutung unternehmerischen Handels hingewiesen hat und in diesem Zusammenhang den Begriff der *schöpferischen Zerstörung*[304] prägte, spricht man heute allgemein von Schumpeter-Renten.[305] Damit sind kurzfristig erzielbare Monopolrenten gemeint, die ein Unternehmen aufgrund temporärer Wettbewerbsvorteile erzielt, die es vorübergehend aufgrund seines erfolgreichen unternehmerischen Handelns besitzt.[306] Die zeitliche Begrenztheit von Vorteilen im Rahmen der Österreichischen Schule wird begründet durch die Imitationsanstrengungen der Wettbewerber.[307] Diese werden etwa dadurch begünstigt, dass ein Unternehmen zur wirtschaftlichen Ausnutzung seiner Innovationen diese teilweise offenbaren muss. Mit der Betonung unternehmerischen Handelns fokussiert sich die tatsächliche Analyse hier vor allem auf den Prozess der Entwicklung von Märkten.[308] Da weiter argumentiert wird, dass Wettbewerbsvorteile jeweils nur kurzfristig bestehen, liegt der Fokus nicht auf der Analyse von empirischen Regelmäßigkeiten, durch die Bedingungen für den überlegenen wirtschaftlichen Erfolg von Unternehmen aufgedeckt werden. Vielmehr basiert die Analyse auf der Vermutung, dass sich der wirtschaftliche Erfolg von Unternehmen in nicht-beobachtbaren strategischen Faktoren begründet. Tabelle 2.5 fasst die wesentlichen Merkmale der Österreichischen Schule im Vergleich zum industrieökonomischen Ansatz zusammen.

Die Ideen und Konzepte der Österreichischen Schule haben in vielfacher Weise Einzug in die dominierenden Perspektiven der strategischen Managementfor-

---

[303] SCHUMPETER wird selbst teilweise nicht der Österreichischen Schule zugeordnet. So hält es SCHUMPETER im Gegensatz zum Kern der Österreichischen Schule etwa für möglich, dass Märkte zwischenzeitlich durchaus im Gleichgewicht sein können. Vgl. Jacobson (1992), S. 787.

[304] Vgl. Becker und Knudsen (2002), S. 8 sowie im Original Schumpeter (1934).

[305] Vgl. Vgl. Mahoney und Pandian (1992), Winter (1987), Teece et al. (1997), Powell (2001) oder Rumelt (1987).

[306] Siehe etwa Mahoney und Pandian (1992).

[307] Vgl. Jacobson (1992), 790.

[308] Vgl. etwa Jacobson (1992), S. 789 f.

Tabelle 2.5: Vergleich des industrieökonomischen Ansatzes mit der Österreichischen Schule

	Industrieökonomischer Ansatz	Österreichische Schule
Strategisches Ziel	Begrenzung der Wettbewerbskräfte	Unternehmerische Entdeckungen
Marktbedingungen	Gleichgewicht	Ungleichgewicht
Erklärungsansatz für Erfolgsfaktoren	Empirische Regelmäßigkeiten	Heterogenität
Grundlage für Erfolgsfaktoren	Beobachtbare strategische Faktoren	Nicht-beobachtbare strategische Faktoren

Quelle: Jacobson (1992), S. 785.

schung gehalten und so einen enormen Einfluss auf deren Entwicklung genommen. Der Begriff der Dynamik scheint dabei eine besondere Anziehungskraft auf Wissenschaftler im Strategiefeld auszuüben. Ein Beispiel für den Einfluss der Österreichischen Schule im strategischen Management findet sich etwa im Fall der Wettbewerbsdynamik.[309] Vor allem aber liefert das Konzept der dynamischen Fähigkeiten im Capabilities-Ansatz ein Beispiel für den direkten Einfluss der Österreichischen Schule.[310]

2.2.5. Weitere Einflüsse

Neben der Österreichischen Schule lässt sich in der Thematisierung der Bedeutung institutioneller Rahmenbedingungen für den Wettbewerb ein weiterer Einfluss auf die Diskussion im strategischen Management identifizieren. Zu nennen ist hier vor allem die Rolle der Transaktionskostentheorie, die als institutionenökonomische Theorie im Wesentlichen einer mikroökonomischen Argumentationslogik folgt.[311] Daneben soll hier auch die mögliche Bedeutung des

---

[309] Siehe Abschnitt 2.2.2.4.
[310] Siehe Abschnitt 2.2.3.6.
[311] Vgl. Ebers und Gotsch (1999), S. 199. Die institutionenökonomischen Teilgebiete der Theorie der Verfügungsrechte (siehe Foss und Foss (2005) für ein Beispiel) sowie der

soziologisch geprägten Neoinstitutionalismus angesprochen werden.[312]

2.2.5.1. Die Transaktionskostentheorie

Die Transaktionskostentheorie geht zurück auf eine Arbeit von COASE aus dem Jahre 1937 und thematisiert die Frage nach der effizienten Koordination ökonomischer Aktivitäten.[313] Darin wird die grundsätzliche Frage nach den Existenzgründen für Unternehmen gestellt. Speziell wird dabei argumentiert, dass in der Welt der neoklassischen Ökonomik der Markt den natürlichen Ort zur Koordination von Transaktionen darstellt, da hier alle Ressourcen in einer Gesellschaft effizient ihrem produktivsten Zweck zugeführt werden. Die neoklassische Ökonomik hält also zunächst keine Erklärung für das Entstehen von Unternehmen bereit, obwohl sich deren Existenz in der Realität nicht bestreiten lässt.[314] COASE argumentiert nun, dass die Benutzung des Marktes bestimmte Kosten verursacht.[315] Diese Transaktionskosten entscheiden dann zusammen mit den anfallenden Produktionskosten im Falle einer Koordination über den Markt bzw. über hierarchische Strukturen, also in Unternehmen, welche Koordinationsform für eine bestimmte Transaktion vorteilhafter ist. Hohe Transaktionskosten für die Benutzung des Marktes begünstigen demnach die Entstehung von Unternehmen.[316]

Das Konzept der Transaktionskosten ist in der Folge weiter ausgebaut worden und hat vor allem durch WILLIAMSON eine differenzierte Strukturierung erfah-

---

Agenturtheorie spielen gegenwärtig in der strategischen Managementforschung eine untergeordnete Rolle und werden hier nicht weiter thematisiert.

[312] Vgl. Oliver (1997), S. 699 f.

[313] Coase (1937).

[314] Unternehmen als tatsächliche Entitäten treten in der neoklassischen Ökonomik nicht auf. Vielmehr werden sie dort meist auf Produktionsfunktionen reduziert. Siehe etwa Mas-Colell et al. (1995), S. 127 ff.

[315] Dies wird durch zwei Verhaltensannahmen begründet: begrenzte Rationalität und opportunistisches Verhalten. Darauf aufbauend wird dann argumentiert, dass auf der einen Seite komplexe Verträge, die mit Marktteilnehmern geschlossen werden, stets unvollständig bleiben. Auf der anderen Seite können aber Akteure aufgrund ihrer begrenzten Rationalität nicht alle möglichen Konsequenzen vorhersehen, die sich aus dem unvollständigen Vertrag ergeben. Jedoch müssen sie damit rechnen, dass der Vertragspartner diese aufgrund seines opportunistischen Verhaltens ausnutzt. Kosten der Marktbenutzung umfassen so etwa Überwachungskosten. Vgl. hierzu Williamson (1991), S. 79.

[316] Damit zielt die Transaktionskostentheorie auf eine Theorie der Unternehmung ab. Diese erklärt die Existenz von Unternehmen und liefert ein Argumentationsgerüst zur Bestimmung der Größe von Unternehmen. Vgl. etwa Holmstrom und Tirole (1989), S. 65.

ren.[317] So entwickelte dieser einen Bezugsrahmen, durch den sich in Abhängigkeit von bestimmten Merkmalen einer Transaktion die Höhe der verursachten Transaktionskosten bestimmen lässt. Dabei argumentiert Williamson, dass die Transaktionskosten vor allem durch die Spezifität der beteiligten Ressourcen sowie die Unsicherheit und die Häufigkeit einer Transaktion beeinflusst werden.[318]

Obwohl die Transaktionskostentheorie als Theorie der Unternehmung zunächst nicht auf die Erklärung von Wettbewerbsvorteilen oder des wirtschaftlichen Erfolgs von Unternehmen abzielt, finden sich in der Strategieliteratur vielfach Belege für ein Aufgreifen transaktionskostentheoretischer Argumente. Ein prominentes Beispiel hierfür liefert WILLIAMSON selbst, indem er die Bedeutung von ökonomischen, also auf Effizienz abzielenden, und strategischen, also auf den Wettbewerb abzielenden, Aspekten gegenüberstellt. Dabei argumentiert er, dass die Effizienz langfristig wichtiger für den Erfolg von Unternehmen ist.[319] Weiter schlägt er die Transaktionskostentheorie als theoretischen Ausgangspunkt für das strategische Management vor, wenn er schreibt:[320]

„What is missing in business strategy, but is desperately needed, is a core theory. To be sure, game theory provides the requisite needs for the strategizing branch of strategy. But strategizing is pertinent for only a small subset of transactions, whereas economizing is relevant for all. [...]

My argument is that the microanalytic, comparative institutional, economizing orientation of transaction cost economics deals with many of the key issues with which business strategy is or should be concerned."

Einen weiteren transaktionskostentheoretischen Ansatzpunkt greift FOSS auf, indem er auf das Coase-Theorem verweist.[321] Dieses besagt, dass sich in einer

---

[317] Hier sind in erster Linie die Beiträge in Williamson (1975, 1985, 1996) zu nennen.
[318] Siehe Williamson (1985), S. 52.
[319] Williamson (1991), S. 76: „The beguiling language of strategizing — warfare, credible threats, and the like — notwithstanding, students of economic organization are better advised to focus on more mundane issues of an economizing kind — of which harmonizing, credible commitments, adaptation, and discriminating alignments are examples."
[320] Williamson (1991), S. 90.
[321] Siehe Foss (2003) sowie die Originalarbeit Coase (1960).

Welt ohne Transaktionskosten durch Verhandlungen stets effiziente Ressourcen-allokationen erzielen lassen, also alle Ressourcen dem Zweck zugeführt werden, bei dem sie ihren maximalen Wert stiften.[322] Vor dem Hintergrund der strategischen Managementforschung argumentiert FOSS mit Bezug auf eine Arbeit von COLLIS und MONTGOMERY[323] weiter, dass somit ohne die Existenz von Transaktionskosten Wertschaffung kein eigentliches Problem mehr darstellt. Vielmehr lässt sich durch Ressourcenkombination stets der maximal mögliche Wert von Ressourcen unmittelbar identifizieren und erzielen.[324] Weiterhin ist unter den Bedingungen des Coase-Theorems der Schutz von Eigentumsrechten ebenfalls vollständig gewährleistet. Im ressourcenorientierten Ansatz sind aber die beiden Themen der Wertschaffung und der Werterhaltung von zentraler Bedeutung.[325] Daher folgert FOSS, dass das strategische Management — zumindest in Form des ressourcenorientierten Ansatzes — auf die Existenz von Transaktionskosten angewiesen ist, wodurch sich auch die Einbeziehung transaktionskostentheoretischer Argumente in der strategischen Management-forschung aufdrängt.[326]

So argumentieren FOSS und FOSS später, dass der Wert einer Ressource nicht nur von ihren Einsatzmöglichkeiten und ihrer Knappheit abhängt, sondern auch von der Höhe der Transaktionskosten bei einem Transfer sowie dem Schutz der Eigentumsrechte.[327] Ein weiteres Beispiel für die mögliche Bedeutung der Transaktionskostentheorie im strategischen Management liefern JACOBIDES und WINTER durch ihre Untersuchung der wechselseitigen Beziehung zwischen Transaktionskosten und Unternehmensfähigkeiten.[328] Speziell identifizieren sie dabei Unterschiede in den Fähigkeiten von Unternehmen als notwendige Voraussetzung für eine vertikale Spezialisierung und argumentieren weiter, dass eine Reduktion von Transaktionskosten nur dann zu einer stärkeren Spezialisierung führt, wenn Unternehmen über heterogene Fähigkeiten verfügen.

Insgesamt nimmt die Transaktionskostentheorie somit aktuell vor allem eine

---

[322] Vgl. Foss (2003), S.150 f. Allgemein lautet das Coase-Theorem: „If trade of the externality [without transaction costs] can occur, then bargaining will lead to an efficient outcome no matter how property rights are allocated." Mas-Colell et al. (1995), S. 357.
[323] Collis und Montgomery (1997).
[324] Siehe Foss (2003), S. 150 ff.
[325] Vgl. Abschnitt 2.2.3.4.
[326] Foss (2003), S. 153 ff.
[327] Siehe Foss und Foss (2005).
[328] Siehe Jacobides und Winter (2005).

unterstützende Rolle ein, indem sie als Fundierung insbesondere ressourcenorientierter Argumente dient.

2.2.5.2. Der Neoinstitutionalismus

Allgemein lassen sich Institutionen hier als Verhaltensregeln definieren, deren Missachtung gegebenenfalls sanktioniert wird, so dass sich Akteure gewisse Erwartungen über das Verhalten anderer Akteure bilden können.[329] Beispiele für Institutionen sind etwa Normen, Werte, Gesetze, Verträge oder Organisationsformen. Der Neoinstitutionalismus basiert auf der Annahme, dass das Verhalten von Unternehmen wesentlich durch diese Institutionen beeinflusst wird.[330] Die jeweiligen Institutionen sind dabei abhängig vom gegebenen Kontext, in den eine Organisation eingebunden ist.[331] So stellt etwa die Gesellschaft im Allgemeinen gewisse Ansprüche an das Verhalten einer Organisation, oder die Profession, der die Organisation angehört, setzt bestimmte Verhaltensgrundsätze voraus.

Vor diesem Hintergrund wird nun beispielsweise argumentiert, dass Organisationen aus demselben Umfeld zu einem konformen Verhalten neigen, um sich so gegenüber unterschiedlichen Anspruchsgruppen zu legitimieren.[332] Innerhalb des Neoinstitutionalismus haben sich zwei Perspektiven entwickelt, durch die sich diese Vermutung begründen lässt. Die Makro-Perspektive zielt vor allem auf externe Einflüsse wie gesellschaftliche Legitimität ab, während die Mikro-Perspektive stärker die Bedeutung interner Zwänge in den Vordergrund stellt.[333]

Der Neoinstitutionalismus spielt im strategischen Management gegenwärtig eine untergeordnete Rolle. BRESSER und MILLONIG begründen dies mit dem Hinweis auf eine Reihe ungelöster Probleme in der neoinstitutionalistischen Forschungsströmung sowie durch paradigmatische Differenzen zwischen beiden Feldern.[334] Trotzdem gibt es Versuche, institutionelle Aspekte in der strategi-

---

[329] Vgl. Bresser und Millonig (2003), S. 221 sowie Dietl (1993), S. 35 ff.
[330] Vgl. Bresser und Millonig (2003), S. 223.
[331] Vgl. Lawrence (1999) und Scott und Meyer (1994).
[332] Vgl. Bresser und Millonig (2003), S. 223.
[333] Siehe etwa Scott (1987).
[334] DiMaggio und Powell (1991) sprechen Unterschiede bei der Definition des zentralen Begriffs der Institution an. Weiterhin hat der Neoinstitutionalismus Schwierigkeiten,

schen Managementforschung aufzugreifen. Ein Beispiel hierfür liefert OLIVER in ihrer Untersuchung der Bedeutung von Institutionen im Kontext des ressourcenorientierten Ansatzes.[335] Dabei argumentiert sie, dass die Entstehung der nachhaltigen Wettbewerbsvorteile eines Unternehmens wesentlich von dem institutionellen Kontext geprägt wird, in dem die Entscheidungen zur Auswahl und Entwicklung strategischer Ressourcen getroffen werden. Weiter führt sie an, dass die heterogene Ressourcenausstattung von Unternehmen nicht allein das Ergebnis unvollständiger Faktormärkte ist, sondern auch von den jeweiligen institutionellen Rahmenbedingungen der Unternehmen abhängt. In diesem Zusammenhang prägt OLIVER auch den Begriff des institutionellen Kapitals von Unternehmen.[336] Hierunter sind die institutionellen Rahmenbedingungen zu verstehen, die einem Unternehmen die geeignete Ausnutzung seiner Ressourcen ermöglichen. BRESSER und MILLONIG erweitern den Ansatz von OLIVER, indem sie in Bezug auf das institutionelle Kapital systematisch zwischen der individuellen, der intraorganisationalen und der externen Ebene differenzieren.[337]

Damit wird hier die Darstellung der zentralen Entwicklungsrichtungen und Ansätze im strategischen Managementfeld abgeschlossen. Im nächsten Abschnitt soll zunächst ein kurzer Überblick über empirische Arbeiten im Feld erfolgen. Dies liefert einen Eindruck für den empirischen Stellenwert der bisher vorgestellten konzeptionellen Beiträge. Zusammenfassung und Fazit zu der gegenwärtigen Argumentationsweise in der strategischen Managementforschung erfolgen in Abschnitt 2.4 nach der Zurkenntnisnahme der empirischen Ergebnisse.

2.3. Empirische Forschung im strategischen Management

Indem sich die strategische Managementforschung als empirische Wissenschaft versteht und somit auf überprüfbare Theorien abzielt,[338] bedarf sie empiri-

---

[335] organisationalen Wandel zu erklären. Siehe Dacin et al. (2002). Zu den paradigmatischen Differenzen siehe weiter Gioia und Pitre (1990).
[335] Oliver (1997).
[336] Siehe Oliver (1997), S. 708 ff.
[337] Siehe Bresser und Millonig (2003).
[338] Vgl. Seite 10 dieser Arbeit zum Selbstverständnis der strategischen Managementforschung. Siehe auch Abschnitt 3.1.

scher Bestätigung für ihre konzeptionellen Überlegungen. So stellt BACHARACH fest:[339]

„If it is not testable, no matter how profound or aesthetically pleasing it may be, it is not a theory."

Die ausgeprägte empirische Tradition im strategischen Managementfeld zeigt sich etwa in Zeitschriften wie dem *Academy of Management Journal*, das sich ausschließlich auf empirische Beiträge konzentriert, oder auch dem *Strategic Management Journal*, das einen starken empirischen Fokus aufweist. Der Status empirischer Überprüfungen theoretischer Konzepte spiegelt sich aber auch in aktuellen umfangreichen Aufarbeitungen der empirischen Validierung gesamter Theoriefelder wie etwa der Transaktionskostentheorie[340] oder des ressourcenorientierten Ansatzes[341] wieder.

Im Folgenden sollen daher zunächst die verbreiteten empirischen Methodiken kurz skizziert werden und darauf aufbauend ein Überblick über den Status der empirischen Überprüfung der hier vorgestellten konzeptionellen Grundlagen folgen.

2.3.1. Methodik

Zwei methodische Schwerpunkte lassen sich im strategischen Management identifizieren: Einzelfallstudien und umfangreiche statistische Analysen auf Basis aggregierter Unternehmensdaten. Die Anfänge des strategischen Managements sind dabei vor allem geprägt durch umfangreiche Fallstudienuntersuchungen, deren Ziel im Wesentlichen in der Identifikation von *Best Practices* bestand. Diese bildeten dann die Grundlage für die praxisnahe Ausbildung zukünftiger Manager.[342] Begründen lässt sich dieses Vorgehen mit dem Hinweis auf die Komplexität realer Zusammenhänge, die zum jeweiligen wirtschaftlichen Erfolg eines Unternehmens führen. Daher sprachen sich etwa LEARNED *et al.*

---

[339] Bacharach (1989), S. 512.
[340] Siehe David und Han (2004).
[341] Siehe Newbert (2007) sowie auch die Ausführungen in diesem Abschnitt.
[342] Vgl. Hoskisson et al. (1999), S. 423. ein Beispiel für diesen Ansatz liefert Learned et al. (1969).

gegen die Möglichkeit einer sinnvollen Verallgemeinerbarkeit von Erkenntnissen über das strategische Management aus. Vielmehr sahen sie das Ziel der akademischen Auseinandersetzung mit dem Gegenstandsbereich des strategischen Managements darin, zukünftige Entscheidungsträger durch die Konfrontation mit einer Vielzahl von Einzelbeispielen mit typischen Managementsituationen vertraut zu machen.[343] Für diesen Zweck galten Fallstudien als besonders geeignetes Instrument.

Einen ersten Schritt in Richtung umfassender empirischer Analysen unternahm CHANDLER, indem er versuchte, die Ergebnisse aus seinen Fallstudienuntersuchungen zu verallgemeinern, um so im Vergleich unterschiedlicher Unternehmen die Ursachen für das Entstehen multidivisionaler Unternehmensstrukturen zu ergründen.[344] Insgesamt verbirgt sich jedoch hinter dem Fallstudienansatz meist ein normativer Anspruch; es soll aufgezeigt werden, wie gutes Management funktioniert. Verallgemeinerungen haben dabei meist einen rein induktiven Charakter,[345] so dass eine empirische Überprüfung der im letzten Abschnitt dargestellten konzeptionellen Überlegungen im eigentlichen Sinne hier nicht vorgesehen ist.[346]

Erst mit der zunehmenden Orientierung an ökonomischen Theorien, vor allem mit dem Aufkommen des industrieökonomischen Ansatzes, erfolgte auch eine stärkere Fokussierung auf die systematische statistische Analyse von Wirkungszusammenhängen auf Basis großer Stichproben. Das Ziel war dabei vor allem das Aufdecken von Ursachen für den wirtschaftlichen Erfolg von Unternehmen. Den Startpunkt für den methodischen Wandel bildet die 1979 von SCHENDEL und HOFER organisierte Konferenz in Pittsburgh, bei der unter anderem die Möglichkeiten für eine stärkere quantitative Ausrichtung der Strategieforschung diskutiert wurden.[347] Dadurch etablierte sich in der Folgezeit ein zunehmend positiv, also auf das reine Aufdecken von Wirkungszusammenhängen,[348] und deduktiv geprägtes Forschungsprogramm im strategischen Management.

Als Grundlage für empirische Untersuchungen dienen seither vor allem umfang-

---

[343] Siehe Learned et al. (1969), insbesondere die Einleitung.
[344] Siehe Chandler (1962).
[345] Vgl. Rumelt et al. (1994), S. 14 ff. oder auch Mintzberg (1979a), S. 584 f.
[346] Zur methodischen Auseinandersetzung mit Fallstudien siehe etwa Mintzberg (1978) sowie Eisenhardt (1989).
[347] Vgl. Hoskisson et al. (1999), S. 431.
[348] Zum Selbstverständnis des positiven Wissenschaftsverständnisses in der Ökonomie siehe Friedman (1953).

reiche Datenbanken wie FTC, PIMS, COMPUSTAT oder Fortune.[349] Die Analyse der Daten erfolgt dann auf Basis unterschiedlicher statistischer Verfahren. So identifizieren CAPON et al. in einer Meta-Analyse von 320 empirischen Studien aus der strategischen Managementliteratur im Wesentlichen fünf Klassen statistischer Verfahren zur Bestimmung der Determinanten für den wirtschaftlichen Erfolg von Unternehmen. Diese umfassen Regressionsanalysen, deskriptive Statistiken, Korrelations- und Variationsanalysen sowie weitere multivariate Methoden.[350] Dabei fällt die Mehrzahl der Arbeiten mit 189 bzw. 78 Studien in die beiden ersten Klassen.

Verbreitet gilt das Interesse in aktuellen Studien naturgemäß vor allem der Identifikation der Quellen für den wirtschaftlichen Erfolg von Unternehmen. Das nachfolgend dargestellte Modell 2.1 dient hier als Beispiel für einen Ansatz zur Untersuchung des Einflusses von Effekten wie der Branchenzugehörigkeit oder der Zugehörigkeit zu einem Gesamtkonzern auf den wirtschaftlichen Erfolg einer Geschäftseinheit. Dabei gilt es, die Stärke und Signifikanz der unterschiedlichen Effekte auf die Varianz der zu erklärenden Größe — im Beispiel ist dies der wirtschaftliche Erfolg einer bestimmten Geschäftseinheit eines Gesamtkonzerns in einer bestimmten Branche und in einem bestimmten Jahr — zu untersuchen. Typische Analyseverfahren hierzu umfassen etwa die Schätzung der Varianzkomponenten (COV) sowie die Varianzanalyse (ANOVA).[351]

Die zentralen Ergebnisse empirischer Arbeiten werden nachfolgend dargestellt.

2.3.2. Empirische Befunde

Aktuellere empirische Arbeiten in der strategischen Managementforschung lassen sich im Wesentlichen drei thematischen Schwerpunkten zuordnen. Zum einen liegt der Fokus auf der Identifizierung der Determinanten für das Entstehen von Erfolgsunterschieden zwischen Unternehmen. Dabei wird einerseits

---

[349] Hierbei handelt es sich im Einzelnen um die Datenbanken der U.S. Federal Trade Commission (FTC), des Profit Impact of Market Strategy (PIMS) Programms, von Standard & Poor's (COMPUSTAT) sowie der Zeitschrift Fortune.

[350] Siehe Capon et al. (1990), S. 1144.

[351] Hierbei steht COV für *components of variance* und ANOVA für *analysis of variance*. Für eine Diskussion beider Methodiken siehe etwa Rumelt (1991), S. 171 ff. sowie McGahan und Porter (1997), S. 19 ff. und zur Vertiefung Searle (1971, 1987).

allgemeiner untersucht, ob sich wirtschaftlicher Erfolg etwa auf die Branchen-zugehörigkeit oder auf unternehmensspezifische Merkmale wie eine einzigartige Ressourcenausstattung oder besondere Fähigkeiten zurückführen lässt. Daneben bildet die Untersuchung der Nachhaltigkeit von Erfolgsunterschieden einen zweiten Schwerpunkt in der empirischen Strategieforschung. Schließlich hat die aktuelle Dominanz des ressourcenorientierten Ansatzes zu einer umfassenden Ansammlung von Arbeiten geführt, in denen die Bedeutung spezieller Ressourcen als Grundlage für den wirtschaftlichen Erfolg von Unternehmen untersucht wird.[352] Die Ergebnisse dieser drei thematischen Schwerpunkte werden nachfolgend dargestellt.

2.3.2.1. Determinanten von Erfolgsunterschieden

Das Bestreben zur empirischen Verortung der Determinanten für die Unterschiede im wirtschaftlichen Erfolg von Unternehmen begründet sich durch das Vorliegen entgegengesetzter Erklärungsansätze in der strategischen Managementforschung. So vermuten Vertreter des industrieökonomischen Ansatzes vor allem einen starken Einfluss der Branchenzugehörigkeit auf den Erfolg von Unternehmen, während der ressourcenorientierte Ansatz beispielsweise dem Management einzelner Geschäftseinheiten sowie der Zugehörigkeit zu einem diversifizierten Konzern eine größere Bedeutung beimisst. Das Ziel empirischer Arbeiten ist somit die Bestimmung des Erklärungsbeitrags der unterschiedlichen Einflüsse auf den wirtschaftlichen Erfolg von Unternehmen. Den Ursprung der heute dominierenden Varianzanalyse[353] zur Untersuchung von Profitabilitätsunterschieden zwischen Unternehmen sehen McGAHAN und PORTER bei SCHMALENSEE, der in einer Studie zunächst nur den Einfluss der Branchenzugehörigkeit auf die Profitabilität von Unternehmen untersuchte.[354] Methodisch geht der hier eingeschlagene Analyseansatz zurück auf frühere industrieökonomisch geprägte Arbeiten, in denen anhand von Querschnittsanalysen die Bedeu-

---

[352] BARNEY und ARIKAN diskutieren weitere empirische Betätigungsfelder im Zusammenhang mit dem ressourcenorientierten Ansatz. Siehe Barney und Arikan (2001), S. 146ff. Diese umfassen die Bereiche Diversifikation (z. B. Robins und Wiersema (1995) oder Farjoun (1998)), Internationalisierung (z. B. Karnoe (1995) oder Zou und Özsomer (1999)), strategische Allianzen (z. B. Shenkar und Li (1999) oder Dussauge et al. (2000)) sowie so genannte *Rules for Riches* (z. B. Mansfield (1985) oder Schankerman (1998)).

[353] Zur Varianzanalyse siehe Abschnitt 2.3.1.

[354] Siehe McGahan und Porter (2002), S. 834.

tung der Branchenstruktur auf die Profitabilität von Unternehmen untersucht wurde.[355]

Die Tabellen 2.6 und 2.7 liefern einen Überblick über die Ergebnisse zentraler empirischer Studien, in denen auf Basis umfangreicher Stichproben der Einfluss ausgewählter Determinanten auf die Profitabilität von Unternehmen untersucht wurde. Die Grundlage der Untersuchungen bildet dabei stets ein einfaches Modell, anhand dessen die Determinanten der Profitabilität einzelner Geschäftseinheiten beschrieben werden. Dies soll hier am Beispiel des Vorgehens von MCGAHAN und PORTER (2002) veranschaulicht werden, deren Arbeit das folgende Modell zugrunde liegt:[356]

$$r_{i,k,t} = \mu + \gamma_t + \alpha_i + \beta_k + \phi_{i,k} + \varepsilon_{i,k,t} \qquad (2.1)$$

Dabei bezeichnet $r_{i,k,t}$ die Profitabilität der Geschäftseinheit von Mutterkonzern k in Branche i im Jahr t. Weiter steht μ für die durchschnittliche Profitabilität einer Geschäftseinheit im gesamten Zeitraum. Durch γ_t werden die jährlichen Schwankungen in der Profitabilität berücksichtigt, während α_i für den Profitabilitätseffekt aufgrund der Zugehörigkeit zu Branche i steht und β_k die Auswirkungen auf die Profitabilität einer Geschäftseinheit wiedergibt, die auf deren Zugehörigkeit zu Mutterkonzern k zurückzuführen ist. Schließlich bezeichnet $\phi_{i,k}$ den zusätzlichen Bonus / Malus der Geschäftseinheit i, k und $\varepsilon_{i,k,t}$ sind die Residuen. Die nachfolgend diskutierten Arbeiten basieren dabei auf vergleichbaren Modellierungsansätzen. Ziel der Darstellung ist hier das Aufzeigen der zentralen Ergebnisse empirischer Studien. Insbesondere gilt hier das Interesse der Frage, für welche der untersuchten möglichen Determinanten Konsens bzw. Dissens in Bezug auf die Bedeutung für den wirtschaftlichen Erfolg von Unternehmen besteht.

---

[355] Siehe Schmalensee (1989) für einen Literaturüberblick. Vgl. auch McGahan und Porter (2002), S. 835 zu den problematischen konzeptionellen Implikationen dieses Vorgehens.
[356] Siehe McGahan und Porter (2002), S. 839.

Tabelle 2.6: Ergebnisse empirischer Untersuchungen der Determinanten von Erfolgsunterschieden (Teil 1)

	Schmalensee (1985)	Rumelt (1991)	Rumelt (1991)	Roquebert et al. (1996)	McGahan & Porter (1997)	McGahan & Porter (1997)
Methode	COV	COV	Nested ANOVA	COV	COV	Nested ANOVA
Datenquelle	FTC	FTC	FTC	COMPU-STAT	COMPU-STAT	COMPU-STAT
Zeitraum	1975	1974–1977	1974–1977	1985–1991	1981–1994	1981–1994
Industriesektoren	Fertigung	Fertigung	Fertigung	Fertigung	alle	alle
Anzahl Beobachtungen	1.775	6.931	6.931	16.596	58.132	58.132
Jahreseffekt	NV	NV	0,03	NV	2,39	0,3
Brancheneffekt	19,59	8,32	17,9	10,2	18,68	9,4
Gesamtunternehmenseffekt	NV	0,80	14,8	17,9	4,33	9,1
Segmenteffekt	NV	NV	NV	37,1	31,71	35,1
Geschäftseinheitseffekt	NV	46,37	33,9	NV	NV	NV
Kovarianz zwischen Branche und Marktanteil	−0,62	NV	NV	NV	NV	NV
Kovarianz zwischen Gesamtunternehmen und Branche	NV	NV	NV	NV	−5,51	NV
Marktanteil	0,62	NV	NV	NV	NV	NV
Branche-Jahr	NV	7,84	9,8	2,3	NV	NV
Modell	19,59	63,33	76,5	68,0	51,60	66,8
Fehler	80,41	36,67	23,5	32,0	48,40	33,2
Gesamt	100,00	100,00	100,00	100,00	100,00	100,00

Quelle: in Anlehnung an McGahan und Porter (2002), S. 836.
NV: nicht vorhanden.

Tabelle 2.7: Ergebnisse empirischer Untersuchungen der Determinanten von Erfolgsunterschieden (Teil 2)

	Brush et al. (1999)	Brush et al. (1999)	McGahan & Porter (2002)	McGahan & Porter (2002)	McGahan & Porter (2002)
Methode	simultaneous equation modeling	COV	simultaneous ANOVA	simultaneous ANOVA	simultaneous ANOVA
Datenquelle	COMPUSTAT	COMPUSTAT	COMPUSTAT	COMPUSTAT	COMPUSTAT
Zeitraum	1986–1995	1986–1995	1981–1994	1981–1994	1981–1994
Industriesektoren	Unternehmen mit 3 Geschäftseinheiten	Unternehmen mit 3 Geschäftseinheiten	alle	alle	Fertigung
Anzahl Beobachtungen	1857	1857	58.132	58.132	58.132
Jahreseffekt	NV	1,14	0,8	0,4	1,1
Brancheneffekt	7,25	9,67	9,6	10,3	7,1
Gesamtunternehmenseffekt	12,96	5,07	12,0	11,6	12,0
Geschäftsspezifischer Effekt	NV	48,04	37,7	36,0	35,2
Modell	NV	63,92	60,1	58,3	55,4
Fehler	NV	36,08	39,9	41,7	44,6
Gesamt	NV	100,0	100,0	100,0	100,0

Quelle: Vgl. Brush et al. (1999), Tabellen 6 und 10 sowie McGahan und Porter (2002), Tabelle 5.
NV: nicht vorhanden.

Der Ausgangspunkt der aktuellen Diskussion ist der bereits angesprochene Beitrag von SCHMALENSEE, in dem im Rahmen einer Varianzanalyse der Einfluss der Branchenzugehörigkeit auf den wirtschaftlichen Erfolg von Unternehmen, gemessen durch den ROA, untersucht wurde.[357] Als Datengrundlage diente dabei die Erhebung der Geschäftszahlen von Unternehmen im Fertigungssektor im Rahmen des *Line of Business Program* der *U.S. Federal Trade Commission* (FTC) aus dem Jahre 1975. Im Ergebnis fand SCHMALENSEE heraus, dass etwa 20% der Streuung des ROA von Unternehmen durch deren Branchenzugehörigkeit erklärt wird, während andere Variablen wie der Marktanteil oder Gesamtunternehmenseffekte keinen signifikanten Einfluss aufweisen. Daraus folgerte er, dass das tatsächliche Management von Unternehmen einen wesentlich geringeren Einfluss auf den Unternehmenserfolg hat als die Branchenzugehörigkeit.[358]

Seiner als Antwort auf SCHMALENSEEs Ergebnisse positionierten Studie stellte RUMELT die Frage „How much does industry matter?" als Titel voraus und untersuchte im Folgenden die Determinanten für die Profitabilität von Geschäftseinheiten im Fertigungssektor.[359] Dabei legte er seiner Analyse im Wesentlichen dasselbe Datenmaterial wie zuvor SCHMALENSEE zugrunde, jedoch für den erweiterten Zeitraum 1974–1977. Er kam dabei aber zu einem widersprüchlichen Ergebnis, indem er zeigte, dass der Geschäftseinheitseffekt und damit das Management einen deutlich größeren Einfluss auf den wirtschaftlichen Erfolg von Unternehmen hat als die Branchenzugehörigkeit. Seine Schlussfolgerungen zieht RUMELT vornehmlich auf Basis seiner Varianzkomponentenanalyse (Tabelle 2.6, Spalte 2), um so die Vergleichbarkeit mit den Ergebnissen von SCHMALENSEE sicherzustellen. Seine ANOVA-Analyse (Spalte 3) stützt seine Interpretation weniger deutlich.

Die gegensätzlichen Ergebnisse dieser beiden Studien warfen in der Folgezeit eine Reihe zentraler Fragen auf.[360] Diese umfassen die Verallgemeinerbarkeit der Ergebnisse auf Basis von Daten aus spezifischen Zeitintervallen und Industriesektoren, die möglicherweise durch besondere makroökonomische Ereignisse geprägt sind. Weiterhin bestärkte die ungeklärte Bedeutung der Branchenzugehörigkeit für den Erfolg von Unternehmen die aufkommenden Zweifel an der

---

[357] Schmalensee (1985).
[358] Siehe Schmalensee (1985), S 349 f.
[359] Rumelt (1991).
[360] Vgl. McGahan und Porter (2002), S. 836 f.

industrieökonomischen Perspektive. Auch ließ das Fehlen eines signifikanten Gesamtunternehmenseffektes den Schluss auf einen geringen Einfluss der Konzernzentralen auf den Erfolg ihrer Geschäftseinheiten zu.

Die beiden nachfolgend durchgeführten Studien von ROQUEBERT *et al.*[361] sowie von MCGAHAN und PORTER[362] auf Basis längerer Zeitspannen und größerer Grundgesamtheiten von Unternehmen bestätigten das Bestehen signifikanter Brancheneffekte. Dabei konnten MCGAHAN und PORTER die bisherigen Befunde aus dem Fertigungssektor auch für die Gesamtwirtschaft bestätigen. Darüber hinaus identifizierten sie auch eine signifikante Bedeutung des Gesamtunternehmenseffektes.[363] Ebenfalls zeigten MCGAHAN und PORTER, dass sich die Bedeutung der untersuchten Effekte in unterschiedlichen Wirtschaftssektoren mitunter stark voneinander unterscheidet. So fallen Branchen- und Gesamtunternehmenseffekte im Fertigungssektor geringer aus als in anderen Wirtschaftssektoren. Jedoch weisen die beiden Untersuchungen auch einen zentralen Unterschied auf. So dominiert bei MCGAHAN und PORTER der Brancheneffekt den Gesamtunternehmenseffekt, während die Studie von ROQUEBERT *et al.*, deren Resultate später von BRUSH *et al.* bestätigt werden konnten,[364] das umgekehrte Ergebnis liefert.

In ihrer aktuellsten Untersuchung auf Basis einer wesentlich erweiterten Datenbasis und unter Rückgriff auf unterschiedliche Analysemethoden bestätigten MCGAHAN und PORTER den dominierenden Erklärungsbeitrag des Geschäftseinheitseffektes, gefolgt erst vom Gesamtunternehmens- und schließlich vom Brancheneffekt. Dabei sind alle Effekte signifikant.[365] Differenzierter argumentierten HAWAWINI *et al.* später, dass unternehmensspezifische Merkmale stärker den wirtschaftlichen Erfolg der besonders erfolgreichen bzw. erfolglosen Unternehmen in einer Branche bestimmen, während für durchschnittlich erfolgreiche Unternehmen die Bedeutung der Brancheneffekte überwiegt.[366]

Schließlich bestätigten auch die Ergebnisse von RUEFLI und WIGGINS den dominierende Erklärungsbeitrag von Gesamtunternehmenseffekten gegenüber

---

[361] Roquebert et al. (1996).
[362] McGahan und Porter (1997).
[363] Vgl. McGahan und Porter (2002), S. 837.
[364] Brush et al. beziehen sich dabei auf ihre Ergebnisse auf Basis eines simultanen Gleichungsmodells (Tabelle 2.7, Spalte 1). Dabei argumentieren sie, dass dieses zu besseren Ergebnissen führt als ANOVA- oder COV-Analysen. Siehe Brush et al. (1999).
[365] McGahan und Porter (2002).
[366] Siehe Hawawini et al. (2003), S. 12 ff.

Brancheneffekten.[367] Darüber hinaus deutet ihre Untersuchung darauf hin, dass sich die Bedeutung der Erfolgsdeterminanten im Zeitverlauf verändert. Dies deuten RUEFLI und WIGGINS als Beleg für den Einfluss des Managements auf den wirtschaftlichen Erfolg von Unternehmen.[368] Eine weitere Dimension der Determinanten für den wirtschaftlichen Erfolg von Unternehmen thematisierten MAKINO et al. durch die Einbeziehung des Landes, in dem sich eine Geschäftseinheit befindet. Dabei deuten ihre Ergebnisse darauf hin, dass Landeseffekte einen vergleichbaren Einfluss auf die Profitabilität haben wie Brancheneffekte.[369]

Die empirische Verortung der Determinanten von Erfolgsunterschieden zwischen Unternehmen nimmt in der strategischen Managementliteratur einen zentralen Platz ein. Dies ist verständlich, ist doch über die Eignung einer Strategietheorie vor allem anhand empirischer Befunde zu entscheiden.[370] Insbesondere gilt dies im strategischen Managementfeld in Bezug auf den zentralen Gegensatz zwischen dem industrieökonomischen Ansatz, der Brancheneffekte betont, und der ressourcenorientierten Argumentationslogik, die die Bedeutung von Gesamtunternehmens- und Geschäftseinheitseffekten nahelegt. Vor dem Hintergrund der dargestellten Arbeiten ist zu konstatieren, dass zum einen die Dominanz von Geschäftseinheitseffekten allgemeine Bestätigung findet, während Branchen- und Gesamtunternehmenseffekte zwar ebenfalls einen signifikanten, aber deutlich geringeren Einfluss auf den wirtschaftlichen Erfolg von Unternehmen ausüben. Zum anderen bestehen aber in der Literatur erhebliche Differenzen in Bezug auf die relative Stärke von Branchen- und Gesamtunternehmenseffekten sowie die Eignung alternativer statistischer Methoden zur Aufdeckung dieser Effekte. Diesen Eindruck stützt eine aktuell im *Strategic Management Journal* geführte Kontroverse.[371]

---

[367] Ruefli und Wiggins (2003). Methodisch legen RUEFLI und WIGGINS ihrer Analyse einen nicht-parametrischen Ansatz zur Bestimmung der Einflussfaktoren auf die Profitabilität von Geschäftseinheiten zugrunde.
[368] Siehe Ruefli und Wiggins (2003), S. 875 ff.
[369] Makino et al. (2004).
[370] Vgl. etwa Bacharach (1989) sowie Abschnitt 3.1.3.
[371] Siehe hierzu vor allem McGahan und Porter (2005), Ruefli und Wiggins (2005), McNamara et al. (2005), Hawawini et al. (2005) sowie Misangyi et al. (2006).

2.3.2.2. Nachhaltigkeit von Erfolgsunterschieden

Neben der Verortung der Determinanten des wirtschaftlichen Erfolgs von Unternehmen ist die Frage nach der Nachhaltigkeit von Erfolgsunterschieden von zentralem Interesse im strategischen Management. Gegenstand empirischer Untersuchungen ist daher zunächst der Nachweis nachhaltiger Erfolgsunterschiede zwischen Unternehmen und anschließend die Identifikation der Effekte, die die Nachhaltigkeit beeinflussen. So belegte MUELLER im Rahmen einer Studie auf Basis eines 23-jährigen Beobachtungsintervalls die systematische Beständigkeit in der Profitabilität besonders erfolgreicher sowie besonders erfolgloser Unternehmen.[372] Später bestätigte WARING die Beständigkeit in der Profitabilität von Unternehmen und konnte weiter zeigen, dass diese zumindest teilweise durch die Branchenstruktur beeinflusst wird.[373]

Auf Basis dieser Vorarbeiten und vor dem Hintergrund der Diskussion im letzten Abschnitt richteten MCGAHAN und PORTER ihre Aufmerksamkeit auf den Einfluss von Branchen-, Gesamtunternehmens- und Geschäftseinheitseffekten auf die Nachhaltigkeit des wirtschaftlichen Erfolgs von Unternehmen.[374] Dabei deuten ihre Ergebnisse darauf hin, dass Brancheneffekte einen nachhaltigeren Einfluss auf Profitabilitätsunterschiede zwischen Unternehmen haben als Gesamtunternehmens- oder Geschäftseinheitseffekte. Weiterhin zeigte sich, dass Veränderungen in der Branchenstruktur eine nachhaltigere Bedeutung für den Unternehmenserfolg haben als Änderungen in der Unternehmensstruktur.[375] In ihrer nachfolgenden Studie gelangten MCGAHAN und PORTER zu einem differenzierteren Ergebnis, indem sie zum einen feststellten, dass eine besonders hohe Profitabilität wesentlich stabiler ist als eine niedrige Profitabilität.[376] So kündigen sich beispielsweise Fälle außergewöhnlichen wirtschaftlichen Erfolgs meist bereits ein Jahrzehnt vorher in Form einer überdurchschnittlichen Profitabilität an.[377]

Insgesamt liefert die weniger kontrovers geführte Diskussion klare Anzeichen für eine ausgeprägte Stabilität von Erfolgsunterschieden zwischen Unternehmen.

---

[372]   Mueller (1986).
[373]   Siehe Waring (1996).
[374]   McGahan und Porter (1999).
[375]   Siehe McGahan und Porter (1999), S. 152.
[376]   Siehe McGahan und Porter (2003), S. 87.
[377]   Siehe McGahan und Porter (2003), S. 79.

Dabei steht jedoch eine systematische Analyse der Einflussfaktoren auf diese Stabilität noch aus.

2.3.2.3. Quellen (nachhaltiger) Wettbewerbsvorteile

Die Verbreitung des ressourcenorientierten Ansatzes in der strategischen Managementforschung hat eine umfassende empirische Literatur mit dem Ziel der Überprüfung der ressourcenorientierten Argumentationslogik hervorgebracht. Gegenstand dieser ist vor allem die Überprüfung der ressourcenorientierten Kernthese, dass wertvolle und knappe Ressourcen die Grundlage für die Wettbewerbsvorteile von Unternehmen sind, die sich anschließend in einer überlegenen Profitabilität äußern. Eine umfangreiche und weiter wachsende Ansammlung von empirischen Tests dieser Kernthese ist in den letzten 15 Jahren entstanden. So geben BARNEY und ARIKAN einen umfassenden Überblick über empirische Arbeiten zu diesem Thema. Dieser Überblick zeichnet sich jedoch in besonderem Maße dadurch aus, dass er vor allem die erfolgreichen Bestätigungen der Vorhersagen des ressourcenorientierten Ansatzes berücksichtigt.[378]

Einen aktuellen und wesentlich umfangreicheren Überblick über den empirischen Status des ressourcenorientierten Ansatzes liefert NEWBERT.[379] Abbildung 2.8 fasst die Ergebnisse seiner repräsentativen Studie zusammen. Dabei zeigt sich auf Basis von 55 Untersuchungen, in denen insgesamt 549 empirische Tests durchgeführt wurden, vor allem, dass der ressourcenorientierte Ansatz nur von rund der Hälfte (53%) dieser Test gestützt wird. Im Einzelnen lassen sich in den betrachteten empirischen Untersuchungen vier Schwerpunkte ausmachen.[380] So wurde der Einfluss der Ressourcenheterogenität auf den Erfolg von Unternehmen untersucht, indem der wirtschaftliche Erfolg von Unternehmen, die im Besitz von zuvor als wertvoll, knapp, nicht-imitierbar und nicht-substituierbar eingestuften Ressourcen sind, mit dem Erfolg von Unternehmen ohne solche Ressourcen verglichen wird. Beispiele für untersuchte Ressourcen sind etwa das Humankapital oder das Wissen bzw die Erfahrungen der Mitarbeiter von Unternehmen.[381] Hier zeigt sich ein deutlicher Unterschied zwischen Ressourcen, deren Einfluss auf Erfolgsunterschiede nur in 37% der Tests

---

[378] Siehe Barney und Arikan (2001), S. 149 ff.
[379] Newbert (2007).
[380] Vgl. Newbert (2007), S. 127 f.
[381] Vgl. Newbert (2007), Tabelle 4.

Tabelle 2.8: Ergebnisse empirischer Tests des ressourcenorientierten Ansatzes

Ansatz	Anzahl Artikel	Anzahl Tests	Anzahl Bestätigungen	Anteil Bestätigungen
Ressourcenheterogenität	50	430	221	51%
Organisationsstruktur	8	80	46	58%
Konzeptionell	5	26	20	77%
Dynamische Fähigkeiten	3	13	5	38%
Gesamt	55	549	292	53%

Quelle: in Anlehnung an Newbert (2007), S. 134.

Anmerkung: Einige Beiträge verfolgen unterschiedliche Ansätze, so dass sich die Teilsummen nicht zur Gesamtsumme aufaddieren.

bestätigt wird und Fähigkeiten, deren Bedeutung in 71% der Test bestätigt wird.[382] Insgesamt zeigen 51% der Tests eine Bestätigung für die Vorhersagen des ressourcenorientierten Ansatzes.

Ein weiterer Schwerpunkt ist in der Untersuchung der Bedeutung der Organisationsstruktur von Unternehmen für die Ausnutzung strategischer Ressourcen auszumachen. Der dritte Forschungsschwerpunkt konzentriert sich auf die Überprüfung der konzeptionellen Struktur des ressourcenorientierten Ansatzes. So wurde etwa untersucht, welche Bedeutung die Nicht-Imitierbarkeit von Ressourcen auf den wirtschaftlichen Erfolg von Unternehmen hat. Schließlich findet die empirische Überprüfung der Bedeutung dynamischer Fähigkeiten für den wirtschaftlichen Erfolg von Unternehmen eine zunehmende Aufmerksamkeit. Insgesamt zeigt sich in diesen drei Schwerpunkten ebenfalls nur in der Hälfte der Fälle eine Bestätigung für den ressourcenorientierten Ansatz.

In der Bewertung seiner Ergebnisse weicht NEWBERT einer klaren Aussage über

---

[382] Siehe Newbert (2007), S. 136.

die Konsequenzen für den ressourcenorientierten Ansatz aus. So stellt er fest:[383]

„While such a level of support may seem uncomfortably low to the RBV's supporters, it is similar to levels of support found in reviews of other theories of strategic management."

Gleichwohl lässt sich argumentieren, dass der konzeptionelle Siegeszug des ressourcenorientierten Ansatzes empirisch nicht in vergleichbarem Maße gestützt wird.

2.3.2.4. Gesamteindruck der empirischen Befunde

Die drei hier dargestellten Betätigungsfelder empirischer Arbeiten in der strategischen Managementforschung fügen sich zu folgendem Gesamteindruck zusammen. So zeigt sich weder bei der Verortung der Determinanten von Erfolgsunterschieden noch bei der Untersuchung der Quellen von Wettbewerbsvorteilen im ressourcenorientierten Ansatz eine eindeutige Tendenz. Im ersten Fall lässt sich zwar ein allgemeiner Konsens erkennen, dass bestimmte Determinanten wie etwa Geschäftseinheitseffekte einen signifikanten Einfluss auf den wirtschaftlichen Erfolg von Unternehmen ausüben. Jedoch bleibt der Streit über den stärkeren Erklärungsbeitrag des industrieökonomischen oder des ressourcenorientierten Ansatzes empirisch weiter ungelöst. Dazu passt auch das uneindeutige Ergebnis bei den Überprüfungen der ressourcenorientierten Kernargumentation. Lediglich bei der Untersuchung der Nachhaltigkeit von Erfolgsunterschieden deuten die Ergebnisse in den dargestellten Studien einen Konsens im Auffinden einer ausgeprägten Stabilität in den Erfolgsunterschieden zwischen Unternehmen an.[384]

---

[383] Newbert (2007), S. 136. Eine vergleichbare Meta-Untersuchung der Transaktionskostentheorie von David und Han (2004) kommt mit einer Bestätigung in 47% der Test zu einem vergleichbaren Ergebnis.

[384] Der Aspekt der Nachhaltigkeit wird in Abschnitt 4.4 am Beispiel von Siegverteilungen erneut aufgegriffen.

2.4. Zusammenfassung: der harte Kern

Der Fokus in den bisherigen Ausführungen in diesem Kapitel lag auf der umfassenden Darstellung der Argumentationsweise in den unterschiedlichen Strömungen der strategischen Managementforschung. Hier gilt es nun, den *harten Kern* dieser Ansätze zu identifizieren. Mit diesem auf LAKATOS zurückgehenden Begriff werden die zentralen Hypothesen eines Forschungsprogramms beschrieben, durch die dessen grundlegende Richtung bestimmt wird.[385] Dieser harte Kern bildet die Grundlage der allgemeinen Kritik in Abschnitt 3.3.

Im Fall der aktuellen strategischen Managementforschung besteht dieser harte Kern aus der in Abbildung 2.14 dargestellten Argumentationskette. Demnach gilt es, Quellen zu identifizieren, die eine Grundlage von (nachhaltigen) Wettbewerbsvorteilen bilden, die dann den (anhaltenden) überlegenen wirtschaftlichen Erfolg von Unternehmen begründen. Diese Grundposition fußt auf einem breiten Konsens in der strategischen Managementforschung.[386] Nachfolgend gilt es, diese allgemeine Kernargumentation für die beiden dominierenden Richtungen der industrieökonomischen und der ressourcenorientierten Perspektive zu konkretisieren.

Abbildung 2.14: Die Kernargumentation in der strategischen Managementforschung

Quelle $\longrightarrow$ (nachhaltiger) Wettbewerbsvorteil $\longrightarrow$ (anhaltender) überlegener wirtschaftlicher Erfolg

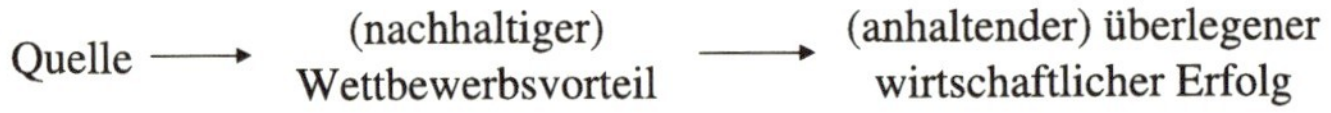

Im industrieökonomischen Ansatz resultiert der überlegene wirtschaftliche Erfolg von Unternehmen allgemein aus einer vor Wettbewerb geschützten Marktposition, aufgrund derer sich Monopolrenten erzielen lassen (siehe Abbildung 2.15).[387] Im Fall von PORTERS Bezugsrahmen erreichen Unternehmen diese durch die Auswahl einer geeigneten Branche und die Entscheidung für eine der generischen Wettbewerbsstrategien (Kostenführerschaft, Differenzierung oder Fokussierung).[388] Dies ermöglicht ihnen den Aufbau von Wettbewerbsvorteilen

---

[385] Siehe Lakatos (1970), S. 133 f. sowie Seite 114 dieser Arbeit.
[386] Vgl. etwa Barney (1997), S. 182 ff., Grant (2002), S. 225 ff. oder Powell (2001), S. 875.
[387] Vgl. Powell (2001), S. 875.
[388] Siehe Porter (1985), S. 1 f. Abschnitt 2.2.2.3.

und somit auch das Erzielen eines überlegenen wirtschaftlichen Erfolgs.

Abbildung 2.15: Kernargumentation im industrieökonomischen Ansatz

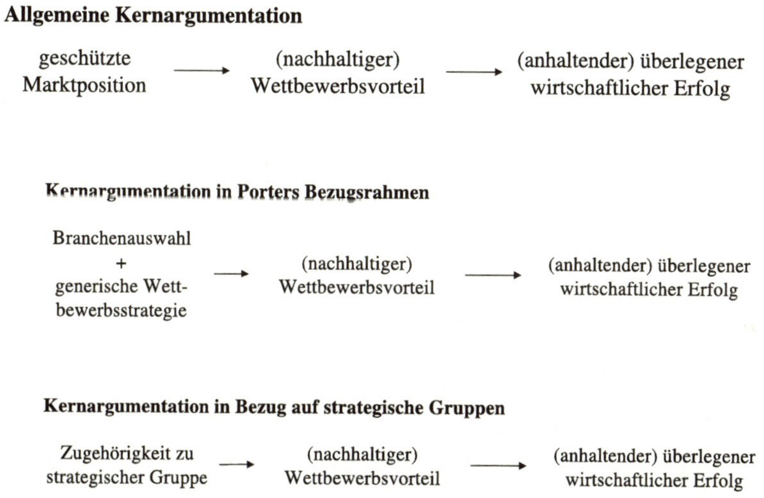

Allgemeine Kernargumentation

| geschützte Marktposition | $\longrightarrow$ | (nachhaltiger) Wettbewerbsvorteil | $\longrightarrow$ | (anhaltender) überlegener wirtschaftlicher Erfolg |

Kernargumentation in Porters Bezugsrahmen

| Branchenauswahl + generische Wettbewerbsstrategie | $\longrightarrow$ | (nachhaltiger) Wettbewerbsvorteil | $\longrightarrow$ | (anhaltender) überlegener wirtschaftlicher Erfolg |

Kernargumentation in Bezug auf strategische Gruppen

| Zugehörigkeit zu strategischer Gruppe | $\longrightarrow$ | (nachhaltiger) Wettbewerbsvorteil | $\longrightarrow$ | (anhaltender) überlegener wirtschaftlicher Erfolg |

Ausgehend von der Grundlogik im ursprünglichen Structure-Conduct-Performance-Modell, in dem der wirtschaftliche Erfolg eines Unternehmens als abhängig von der Struktur der Branche modelliert wird, in der es agiert, erfolgt bei der Betrachtung strategischer Gruppen eine Differenzierung von Unternehmen innerhalb von Branchen. Der wirtschaftliche Erfolg von Unternehmen hängt dann von der Zugehörigkeit zu den richtigen strategischen Gruppen in einer Branche ab.[389]

Im ressourcenorientierten Ansatz basieren Wettbewerbsvorteile und damit auch der überlegene wirtschaftliche Erfolg eines Unternehmens auf dessen einzigartiger Ressourcenausstattung (siehe Abbildung 2.16).[390] In der ursprünglichen vor allem von BARNEY entwickelten Argumentationskette bildet der Besitz wertvoller,[391] knapper, nicht-imitierbarer und nicht-substituierbarer Ressourcen, die

---

[389] Siehe Caves und Porter (1977) sowie Abschnitt 2.2.2.2.
[390] Vgl. Wernerfelt (1984), Barney (1991) oder Peteraf (1993).
[391] Barney (1986b), Barney (1991).

zuvor auf unvollkommenen Faktormärkten erworben wurden, die Grundlage für Wettbewerbsvorteile.[392]

Demgegenüber bildet im Capabilities-Ansatz der Aufbau von Fähigkeiten den zentralen Untersuchungsgegenstand. Unternehmen erzielen demnach Wettbewerbsvorteile, wenn es ihnen gelingt, besondere Fähigkeiten zum Einsatz ihrer Ressourcen zu entwickeln.[393] Der wissensbasierte sowie der relationale Ansatz zeichnen sich jeweils durch ihren speziellen Fokus auf einen zentralen Ressourcentyp als Grundlage für Wettbewerbsvorteile aus.[394]

Abbildung 2.16: Kernargumentation im ressourcenorientierten Ansatz

Allgemeine Kernargumentation

| einzigartige Ressourcen-ausstattung | ⟶ | (nachhaltiger) Wettbewerbsvorteil | ⟶ | (anhaltender) überlegener wirtschaftlicher Erfolg |

Kernargumentation im ursprünglichen ressourcenorientierten Ansatz

| Erwerb einzigartiger Ressourcen | ⟶ | (nachhaltiger) Wettbewerbsvorteil | ⟶ | (anhaltender) überlegener wirtschaftlicher Erfolg |

Kernargumentation im Capabilities-Ansatz

| Aufbau einzigartiger Fähigkeiten | ⟶ | (nachhaltiger) Wettbewerbsvorteil | ⟶ | (anhaltender) überlegener wirtschaftlicher Erfolg |

Kernargumentation im wissensbasierten Ansatz

| Aufbau von Wissen | ⟶ | (nachhaltiger) Wettbewerbsvorteil | ⟶ | (anhaltender) überlegener wirtschaftlicher Erfolg |

Kernargumentation im relationalen Ansatz

| Interorganisationale Beziehungen | ⟶ | (nachhaltiger) Wettbewerbsvorteil | ⟶ | (anhaltender) überlegener wirtschaftlicher Erfolg |

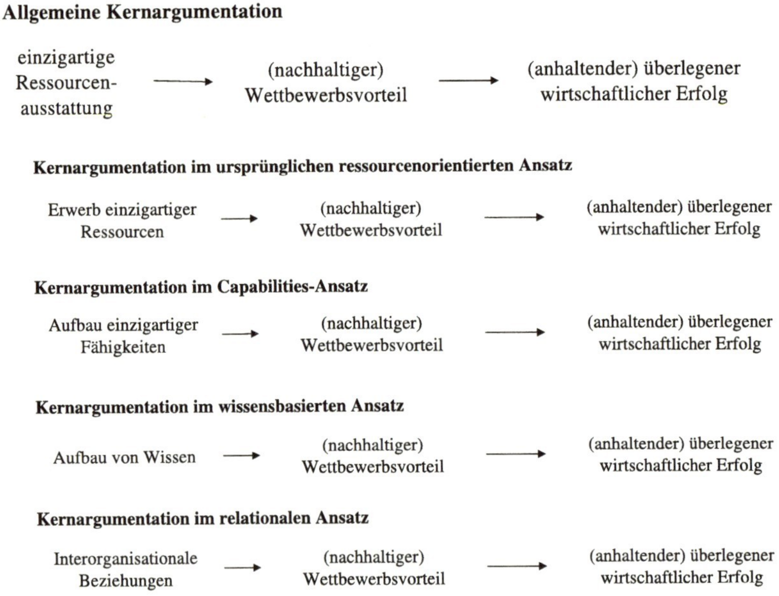

Eine vergleichbare eigenständige Argumentationslogik zur Erklärung des überlegenen wirtschaftlichen Erfolgs von Unternehmen lässt sich in der strategischen Managementliteratur in Bezug auf die in dieser Arbeit weiterhin diskutierten

---

[392] Vgl. Abschnitt 2.2.3.4.
[393] Siehe Abschnitt 2.2.3.6.
[394] Siehe Abschnitt 2.2.3.6.

Strömungen der Österreichischen Schule, der Transaktionskostentheorie oder des Neoinstitutionalismus nicht identifizieren. Zwar deutet WILLIMSONs Aussage[395]

„In the long run, however, the best strategy is to organize and operate efficiently."

den Anspruch auf einen eigenständigen Strategieansatz an, der auf Effizienzvorteilen als Grundlage für den überlegenen wirtschaftlichen Erfolg basiert. Jedoch ist die weitere Ausgestaltung eines solchen Ansatzes in der nachfolgenden Literatur nicht zu erkennen.

Vielmehr werden die Argumente der beiden Strömungen in die bestehenden Argumentationszusammenhänge integriert. Ein Beispiel hierfür ist die transaktionskostentheoretische Analyse der Rahmenbedingungen für den ressourcenorientierten Ansatz.[396] Das Gleiche gilt für den Beitrag von NELSON und WINTER, deren Analyse von Unternehmensroutinen im Kontext der Österreichischen Schule wesentlich zur Entwicklung des ressourcenorientierten Konzeptes der (dynamischen) Fähigkeiten beigetragen hat.[397]

Insgesamt lässt sich der aktuell in der strategischen Managementforschung vorherrschende theoretische Grundansatz dahingehend charakterisieren, dass der überlegene wirtschaftliche Erfolg von Unternehmen auf Basis unternehmensspezifischer Merkmale erklärt wird. Diese unternehmensspezifischen Merkmale begründen sich entweder in einer geschützten Marktposition, in einer einzigartigen Ressourcenausstattung oder in (dynamischen) Fähigkeiten.[398] Darüber hinaus setzt sich das auf diesem theoretischen Kern aufbauende gegenwärtige Paradigma der strategischen Managementforschung aus einer Reihe weiterer Bausteine zusammen. Diese werden in Tabelle 2.9 zusammengefasst.

So zeichnen sich die hier vorgestellten Strategieansätze neben ihrem jeweiligen theoretischen Kern weiterhin vor allem durch das Vorliegen eines Abgrenzungskriteriums aus. Durch dieses werden Bedingungen formuliert, die die Quellen

---

[395] Williamson (1991), S. 75.
[396] Siehe Abschnitt 2.2.5.1.
[397] Vgl. Barney (2001b), S. 646 sowie Abschnitt 2.2.3.6 und 2.2.4.
[398] Obwohl im industrieökonomischen Ansatz die Analyse der Branchenstruktur im Vordergrund steht, hängt doch der wirtschaftliche Erfolg des einzelnen Unternehmens davon ab, ob sich dieses in einer geschützten Marktposition befindet. Das Besetzen einer spezifischen Marktposition stellt dabei ein unternehmensspezifisches Merkmal dar.

Tabelle 2.9: Überblick über die Kernelemente von Strategieansätzen

	Industrieökonomischer Ansatz	Ressourcenorientierter Ansatz
Zentrale Arbeiten	Caves und Porter (1977), Porter (1980, 1985)	Wernerfelt (1984), Barney (1991), Peteraf (1993)
Theoretischer Kern	Branchenstruktur bestimmt Unternehmenserfolg	Ressourcenausstattung bestimmt Unternehmenserfolg
Untersuchungsgegenstand	Branchenstruktur	Ressourcen, Fähigkeiten
Rententypen	Monopolrente	Ricardo-Rente, Monopolrente
Abgrenzungskriterium	Eintritts- / Mobilitätsbarrieren	Isolationsmechanismen
Ausrichtung der Untersuchungen	Identifikation geeigneter Branchen und geschützter Wettbewerbspositionen	Identifikation und Entwicklung geeigneter Ressourcen
Zentrale Bezugsrahmen	SCP-Modell, Five-Forces-Modell	VRIO-Bezugsrahmen

für den wirtschaftlichen Erfolg von Unternehmen vor (potentiellen) Wettbewerbern schützen. So wird im Fall des ursprünglichen industrieökonomischen Ansatzes argumentiert, dass Unternehmen in besonders profitablen Branchen durch Markteintrittsbarrieren vor neuen Wettbewerbern geschützt werden. Bei der Analyse strategischer Gruppen werden entsprechend die Stabilität in der Gruppenzugehörigkeit von Unternehmen und somit auch anhaltende Erfolgsunterschiede innerhalb einer Branche durch Mobilitätsbarrieren zwischen unterschiedlichen strategischen Gruppen begründet. Auf Ebene des ressourcenorientierten Ansatzes werden schließlich Isolationsmechanismen identifiziert, aufgrund derer die einzigartige Ressourcenausstattung von Unternehmen vor

Imitationsversuchen geschützt sind.

Schließlich schlägt sich die zu Beginn dieses Kapitels angesprochene praktische Motivation zur Auseinandersetzung mit strategischen Managementfragen in der Bereitstellung von Bezugsrahmen nieder, die eine Unterstützung für die Strukturierung realer Managementprobleme liefern. So gibt PORTERs Five-Forces-Modell eine klare Orientierung zur Analyse von Branchenstrukturen, die auf den Erkenntnissen des industrieökonomischen Forschungsprogramms aufbaut. Dabei hängt der Nutzen eines solchen Bezugsrahmens fundamental davon ab, ob sich das zugrunde liegende Forschungsprogramm empirisch bestätigt.[399] So ist eine Branchenstrukturanalyse auf Basis des Five-Forces-Modells nur dann zu rechtfertigen, wenn die Branchenstruktur tatsächlich einen systematischen Einfluss auf den wirtschaftlichen Erfolg der Unternehmen in einer Branche hat. Dies zu klären ist die zentrale Aufgabe insbesondere empirischer Arbeiten im strategischen Managementfeld.

---

[399] Zur Rolle vom Bezugsrahmen im strategischen Management siehe auch Porter (1991).

3. Die Krise der aktuellen Strategieforschung

Wovon man nicht sprechen kann,
darüber muss man schweigen.

LUDWIG WITTGENSTEIN (1921)

Gegenstand des letzten Kapitels war die Darstellung des aktuellen Paradigmas in der strategischen Managementforschung gewesen. Dieses ist dabei im Wesentlichen anhand seiner zentralen Kernargumentationslinien charakterisiert worden. Ziel dieses Kapitels ist nun die Entwicklung einer fundamentalen Kritik an der grundsätzlichen Argumentationsweise, wie sie auf den letzten Seiten als der *harte Kern* des aktuellen Paradigmas bezeichnet worden ist. Im Mittelpunkt steht dabei die Frage nach den logischen Grenzen für die Formulierung einer Strategietheorie[1] in der im letzten Kapitel dargestellten Form, die allgemein akzeptierte Anforderungen an empirische Theorien erfüllt.

Insgesamt folgt die Argumentation in diesem Kapitel der folgenden Struktur: Zunächst wird hier einführend das in der aktuellen Strategieforschung dominierende Theorieverständnis entwickelt und anschließend in der Operationalisierung von BACHARACH sowie von HUNT dargestellt (3.1). Darauf aufbauend gilt es in 3.2, einen Überblick über kritische Anmerkungen in der aktuellen Diskussion zu geben. Diese richten sich vornehmlich gegen einzelne Argumentationslinien in der strategischen Managementforschung. Daher wird in 3.3 der Versuch

---

[1]　Als Strategietheorie wird hier allgemein eine solche Theorie verstanden, die den überlegenen wirtschaftlichen Erfolg von Unternehmen erklärt.

unternommen, einen allgemeineren Kritikpunkt aufzuzeigen. Dieser basiert auf der Überlegung, allgemein akzeptierte Anforderungen an eine Strategietheorie zu formulieren und anschließend zu zeigen, dass eine solche Theorie stets entweder widersprüchlich oder unvollständig in dem Sinne ist, dass sie die Ursache für die wirtschaftliche Überlegenheit einzelner Unternehmen nicht erklärt. Vor dem Hintergrund der hier aufgezeigten Problematik und der eingangs formulierten Motivation für die wissenschaftliche Auseinandersetzung mit dem Gegenstandsbereich des strategischen Managements gilt es abschließend in Abschnitt 3.4, Perspektiven für das Forschungsfeld des strategischen Managements zu diskutieren.

3.1. Theorieverständnis

In den bisherigen Darstellungen der Theorieentwicklung im strategischen Management ist der Begriff der Theorie nicht explizit thematisiert worden. Vielmehr wurde den skizzierten Argumentationsketten zur Erklärung der Erfolgsunterschiede zwischen Unternehmen im Wesentlichen ein naives Theorieverständnis zugrunde gelegt. Jedoch zeigt die aktuelle Diskussion im strategischen Managementfeld, dass der sorglose Umgang mit dem verwendeten Theorieverständnis zu fundamentalen Problemen führt, deren Aufdeckung grundsätzliche Zweifel aufwirft.[2]

Dabei deutet eine umfangreiche Ansammlung von Beiträgen darauf hin, dass wissenschaftstheoretische Überlegungen die Entwicklung des strategischen Managements zur wissenschaftlichen Disziplin von Anfang an begleitet haben. Die Kernpositionen dieser Beiträge sollen hier zunächst kurz skizziert werden. Als Ergebnis für die weiteren Überlegungen in diesem Kapitel wird die dominierende Rolle des Popperschen Wissenschaftsprogramms in der Strategieforschung identifiziert. Dessen verbreitetsten Operationalisierungen im Managementfeld sind die anschließend vorgestellten Bezugsrahmen von BACHARACH und von HUNT. Ebenfalls wird hier mit dem Konstruktivismus eine Alternative zum Popperschen Wissenschaftsverständnis in die Diskussion eingebracht.

---

[2] Hier sind beispielsweise die beiden Kritiken von PRIEM und BUTLER (Abschnitt 3.2.3.3) sowie von POWELL (Abschnitt 3.2.4) zu nennen.

3.1.1. Das allgemeine Theorieverständnis in den empirischen Wissenschaften

Ganz grundlegend definiert POPPER wissenschaftliche Theorien als allgemein gültige Aussagen.[3] Weiterhin stellt er fest, dass sich wissenschaftliche Theorien auf empirische Gegenstandsbereiche beziehen.[4] Das heißt, dass über ihre Eignung lediglich auf Basis empirischer Befunde entschieden werden kann und nicht aufgrund ihrer logischen Struktur. Insbesondere muss es möglich sein, eine wissenschaftliche Theorie auf Basis empirischer Befunde zu widerlegen. In diesem Zusammenhang führt POPPER das Kriterium der Falsifizierbarkeit ein, das wesentlich das wissenschaftliche Programm im strategischen Managementfeld geprägt hat.[5]

Im gleichen Sinne definiert BUNGE Theorien als hypothetisch-deduktive Systeme.[6] Theorien sind hypothetisch, da zunächst bestimmte allgemeine Wirkungszusammenhänge aufgestellt werden, und deduktiv, weil anschließend aus diesen spezifische Schlussfolgerungen abzuleiten sind. Vor dem Hintergrund dieses Theorieverständnisses unterscheidet BUNGE dann zwischen formalen und faktischen Wissenschaften.[7] Dabei argumentiert er, dass sich in den formalen Disziplinen wie Mathematik oder Logik über die Wahrheit von Aussagen alleine aufgrund deren formaler Struktur entscheiden lässt, während in den faktischen Wissenschaften nur auf Basis empirischer Fakten entschieden werden kann. Die Wirtschaftswissenschaften zählt er dabei zu den faktischen Wissenschaften.[8]

Schließlich stellt RUDNER zunächst fest, dass die Wirtschaftswissenschaften dieselben strukturellen Merkmale aufweisen wie alle anderen wissenschaftlichen (empirischen) Disziplinen, so dass Theorien hier auch anhand derselben Kriterien zu bewerten sind.[9] Weiter stellt er eine Theoriedefinition auf, die in der nachfolgenden wirtschaftswissenschaftlichen Diskussion vielfach aufgegriffen worden ist:[10]

---

[3]   Siehe Popper (1959), S. 59: „Scientific theories are universal statements."
[4]   Siehe Popper (1959), S. 27 ff.
[5]   Siehe Popper (1959), S. 40 ff. Siehe zur Falsifizierbarkeit auch S. 111 ff. in dieser Arbeit.
[6]   Siehe Bunge (1996), S. 114: „All theories are formally alike: they are all hypothetico-deductive systems."
[7]   Siehe Bunge (1996), S. 15.
[8]   Bunge (1996), S. 15 f.
[9]   Siehe Rudner (1966), S. 10.
[10] Rudner (1966), S. 10. Beispiele für Arbeiten aus dem Bereich der Wirtschaftswissenschaf-

„A theory is a systematically related set of statements, including some lawlike generalizations, that is empirically testable."

Vor dem Hintergrund dieser allgemeinen Vorüberlegungen zum Theorieverständnis im strategischen Management lässt sich hier bereits ein Konsens über zwei Merkmale empirischer Theorien identifizieren. Demnach basieren diese (1) auf allgemeinen Aussagen, über deren Wahrheit (2) vornehmlich auf Basis empirischer Befunde zu entscheiden ist. Die weiteren Ausführungen bauen auf diesem Grundverständnis auf. Dabei gilt es vor allem, diese grundsätzlichen Überlegungen für das strategische Managementfeld zu konkretisieren.

3.1.2. Wissenschaftstheoretische Überlegungen im strategischen Managementfeld

Da das strategische Management als wissenschaftliches Forschungsfeld erst weniger als drei Jahrzehnte besteht, sind wissenschaftstheoretische Beiträge, die sich direkt auf das strategische Management beziehen, ebenfalls jüngeren Datums. Daher wird in Arbeiten zum strategischen Management vielfach auf Beiträge verwandter wirtschaftswissenschaftlicher Disziplinen zurückgegriffen. So finden vor allem Überlegungen aus den Feldern der Organisations- und Marketingtheorie Einzug in die Diskussion um das Theorieverständnis im strategischen Managementfeld.[11]

3.1.2.1. Leitlinien für die Theorieentwicklung im strategischen Management von Montgomery et al.

In einer frühen Auseinandersetzung mit den wissenschaftstheoretischen Grundlagen identifizierten MONTGOMERY et al. fünf allgemeine Leitlinien für die Theorieentwicklung in der strategischen Managementforschung.[12] Anhand die-

---

ten, die auf die Definition von RUDNER zurückgreifen, sind etwa Hunt (1991), McKelvey (1997) oder Priem und Butler (2001a).

[11] Beispiele sind Bacharach (1989) für die Organisationstheorie und Hunt (1991) für die Marketingtheorie.

[12] Montgomery et al. (1989), S. 190 ff. Die Notwendigkeit hierfür sehen sie vor allem vor dem Hintergrund der fortgesetzten Diskussion um die wissenschaftstheoretischen Fundamente der Wirtschafts- und Sozialwissenschaften. Siehe hierzu etwa Habermas (1971) oder Adorno et al. (1976).

ser Leitlinien wird hier die wissenschaftstheoretische Hauptströmung des strategischen Managementfeldes dargestellt. Die fünf Leitlinien lauten im Einzelnen:

Leitlinie 1: Die Entwicklung von Theorien sollte auf der Basis von Beobachtungen erfolgen.

Leitlinie 2: Beobachtungen sollten auf Basis von Theorien durchgeführt und interpretiert werden.

Leitlinien 1 und 2 deuten dabei auf die Bedeutung der vom Empirismus unterstellten gegenseitigen Wechselbeziehung zwischen Empirie und Theorie und richten sich somit gegen den auf DESCARTES und LEIBNIZ zurückgehenden Rationalismus.[13] Dieser basiert auf der Vorstellung, dass sich die Struktur der realen Welt rein logisch, also ohne Berücksichtigung empirischer Phänomene, erschließen lässt.[14] Das Wissenschaftsverständnis des Empirismus steht in direkter Verbindung zu den Wurzeln der aktuellen Strategieforschung, die einerseits in praktischen Managementproblemen und andererseits in einer theoretischen — meist mikroökonomischen — Fundierung liegen.

Leitlinie 3: Eine Theorie ist *ceteris paribus* dann besser, wenn sie (a) widerlegbar und (b) verträglich mit bereits existierenden Theorien ist.

Leitlinie 4: Ein guter Test zeichnet sich dadurch aus, dass er auf die Widerlegung einer explizit angegebenen Theorie abzielt.

Die Leitlinien 3 und 4 lassen sich zurückführen auf POPPERs Abgrenzungskriterium der Falsifizierbarkeit und den darauf basierenden Falsifikationismus. Zur Klärung der Wichtigkeit dieses Kriteriums und des darauf aufbauenden Wissenschaftsverständnisses soll hier etwas weiter ausgeholt werden. POPPERs Ziel war die Entwicklung einer wissenschaftlichen Methodik als Grundlage für die Entdeckung neuen Wissens über empirische Phänomene.[15] Den Ausgangspunkt seiner Überlegungen bildet dabei das so genannte Induktionsproblem.[16] Dieses

---

[13]   Siehe hierzu etwa Aune (1970).
[14]   Descartes (1641) und Leibniz (1704).
[15]   Popper (1959), S. 27.
[16]   Popper (1959), S. 27 ff.

besagt im Kern, dass es unmöglich ist, die Wahrheit allgemein gültiger empirischer Aussagen zu beweisen. Zur Charakterisierung des Induktionsproblems zitiert POPPER wie folgt aus einer Arbeit von BORN:[17]

> „» ... Keine Beobachtung und kein Experiment, wie ausgedehnt auch immer, kann mehr liefern als eine endliche Zahl von Wiederholungen«; daher »transzendiert die Aufstellung eines Gesetzes — B ist von A abhängig — immer unsere Erfahrung. Und dennoch werden Aussagen dieser Art immer und überall aufgestellt und manchmal aufgrund recht dürftigen Materials.«"

Demnach bleibt also der induktive Schluss von einer immer nur endlichen Anzahl von Beobachtungen auf die Allgemeinheit stets unbegründet. Vor dem Hintergrund, dass sich somit empirische Aussagen nicht verifizieren lassen, identifiziert POPPER die Notwendigkeit für die Angabe eines Abgrenzungskriteriums.[18] Dieses soll zur Unterscheidung zwischen den empirischen Wissenschaften — wie etwa den Natur- oder Wirtschaftswissenschaften — einerseits und den nicht-empirischen Feldern wie Mathematik, Logik sowie der rein metaphysischen Spekulation andererseits dienen.[19] Da sich empirische Theorien nicht verifizieren lassen, schlägt POPPER stattdessen vor, dass aber die Möglichkeit gegeben sein muss, diese auf Basis von Beobachtungen zu falsifizieren:[20]

> „I shall not require of a scientific system that it shall be capable of being singled out, once and for all, in a positive sense; but I shall require that its logical form shall be such that it can be singled out, by means of empirical tests, in a negative sense: *it must be possible for an empirical scientific system to be refuted by experience.*"

---

[17]   Popper (1995b), S. 85. sowie Born (1949), S. 6.
[18]   Popper (1959), S. 34 ff.
[19]   Mathematik und Logik unterscheiden sich von den empirischen Wissenschaften dahingehend, dass über die Wahrheit ihrer Aussagen rein aufgrund der zugrunde liegenden formalen Struktur entschieden wird. Über die Wahrheit empirischer Aussagen hingegen lässt sich nur auf Basis empirischer Fakten entscheiden. So unterscheidet BUNGE etwa zwischen den formalen und den faktischen Wissenschaften. Bunge (1996), S. 15. Zur Metaphysik lassen sich etwa religiöse Aussagen zählen, deren Wahrheit sich weder beweisen noch widerlegen lässt.
[20]   Popper (1959), S. 40 f.

Demgegenüber werden Aussagen, die sich zwar auf empirische Tatbestände beziehen, aber nicht auf Basis empirischer Beobachtungen falsifizieren lassen, regelmäßig als *Tautologien* bezeichnet.[21] Allgemein ist eine Tautologie eine Aussage, die aufgrund ihrer logischen Form immer wahr ist.[22] Ein Beispiel für eine tautologische Aussage ist der Satz „Alle Unternehmen, die Strategie A verfolgen, sind erfolgreich oder nicht." POPPER bezeichnet Theorien zu einem empirischen Tatbestand, die sich jedoch nicht falsifizieren lassen, als pseudowissenschaftlich. Hierzu zählt er etwa die Psychoanalyse von FREUD, ADLER und JUNG oder den Marxismus.[23] Diese zeichnen sich dadurch aus, dass sie sich gegebenenfalls — etwa durch Umdeutung ihrer Vorhersagen — gegen eine Falsifizierung immunisieren lassen.

Ausgehend von der Falsifizierbarkeit als Abgrenzungskriterium sieht POPPER die Aufgabe des Wissenschaftlers zunächst in der Aufstellung gehaltvoller Theorien und anschließend in dem Versuch, diese empirisch zu widerlegen. Dabei hat eine Theorie umso mehr Gehalt, je höher ihre Erklärungs- und Vorhersagekraft ist, sie also strenger zu prüfen ist.[24] Ebenfalls fordert POPPER, dass empirische Tests auch tatsächlich auf die Widerlegung der getesteten Theorie ausgerichtet sind und nicht zu deren Bestätigung.[25] Da die Verifizierung von empirischen Theorien nicht möglich ist, führt POPPER den schwächeren Begriff der *Bewährung* ein.[26] Eine Theorie gilt dann als bewährt, wenn sie einer Vielzahl von ernsthaften Widerlegungsversuchen widerstehen konnte. Die hier skizzierte wissenschaftliche Methode bezeichnet man allgemein als Falsifikationismus.[27]

---

[21]   Siehe etwa in Porter (1991), S. 108, Black und Boal (1994), S. 131 oder Priem und Butler (2001a), S. 27 f.

[22]   Siehe Carnap (1958), S. 15 sowie Bunge (1996), S. 53 f. In enger Verbindung zum Begriff der Tautologie steht auch der Begriff der analytischen Aussage. Siehe hierzu Abschnitt 3.1.4.

[23]   Siehe Popper (1995a), S. 52 ff.

[24]   POPPER legt dabei seinem Konzept des Gehalts einer Theorie die Vorstellung zugrunde, dass der informative Gehalt der Konjunktion zweier Sätze immer mindestens den informativen Gehalt eines der beiden Sätze besitzt. Der Satz „Am Freitag wird es regnen, und am Samstag wird das Wetter schön sein" hat mindestens den informativen Gehalt des Satzes „Am Freitag wird es regnen" oder des Satzes „Am Samstag wird das Wetter schön sein." Damit verhält sich das Konzept des Gehalts von Theorien genau entgegengesetzt zum Gesetz der Wahrscheinlichkeitsrechnung. Theorien mit einem höherem Gehalt sind *a priori* unwahrscheinlicher. Siehe hierzu Popper (1995b), S. 156 f.

[25]   Popper (1962), S. 36.

[26]   Popper (1959), S. 251.

[27]   Vgl. etwa Schneider (1998), S. 132.

Aufgrund unterschiedlicher Kritikpunkte[28] an POPPERs ursprünglicher Version des Falsifikationismus hat LAKATOS später eine erweiterte Konzeptionalisierung entwickelt, die in der Folgezeit verbreiteten Anklang in der Literatur gefunden hat und sich mitunter auch in den beiden Leitlinien 3 und 4 wiederfindet.[29] Demnach unterscheidet LAKATOS zwischen drei Formen von Falsifikationismus. Als *dogmatischen* (oder naturalistischen) *Falsifikationismus* bezeichnet er dabei die Vorstellung, dass sich Theorien allein auf Basis empirischer Befunde endgültig verwerfen lassen.[30] Dadurch ergibt sich jedoch die Gefahr, dass eine möglicherweise wahre Theorie aufgrund einer einzigen fehlerhaften Beobachtung verworfen wird. Im *methodologischen Falsifikationismus* wird daher eine Unterscheidung vorgenommen zwischen solchen Theorien, die vorübergehend als wahr angenommen werden und solchen, deren Richtigkeit in empirischen Tests überprüft wird.[31] Die vorübergehend als wahr angenommenen Theorien dienen dabei vor allem zur Orientierung bei der Identifikation zu falsifizierender Theorien. LAKATOS argumentiert dann, dass vor dem Hintergrund der beiden ersten Versionen des Falsifikationismus ein Test immer nur ein Duell zwischen Theorie und Experiment darstellt. Dem hält er entgegen, dass die Wissenschaftsgeschichte tatsächlich jedoch vielmehr durch Trielle zwischen Experiment und rivalisierenden Theorien geprägt ist. Daher schlägt er mit dem *raffinierten Falsifikationismus*[32] eine dritte Variante vor.[33]

Ausgangspunkt für den raffinierten Falsifikationismus ist daher ein erweitertes Abgrenzungskriterium zur Bewertung von Theorien. Demnach wird eine Theorie nicht bereits dann akzeptiert, wenn sie falsifizierbar ist, sondern wenn sie gegenüber bereits existierenden Theorien einen zusätzlichen empirischen Gehalt aufweist.[34] Ebenfalls wird eine zuvor bewährte Theorie nicht einzig aufgrund einer empirischen Widerlegung abgelehnt, sondern vielmehr durch eine neue Theorie abgelöst, wenn diese sich als überlegen erweist.[35]

---

[28]   So stellt LAKATOS, indem er POPPER zitiert, fest: „ 'No conclusive disproof of a theory can ever be produced'; those who wait for an infallible disproof before eliminating a theory will have to wait for ever and 'will never benefit from experience'." Lakatos (1970), S. 100.
[29]   Siehe Lakatos (1970).
[30]   Siehe Lakatos (1970), S. 95 ff.
[31]   Siehe Lakatos (1970), S. 103 ff.
[32]   Im Englischen: *sophisticated falsificationism.*
[33]   Lakatos (1970), S. 116 ff.
[34]   Siehe Lakatos (1970), S. 116.
[35]   Dazu hält LAKATOS fest: „For the sophisticated falsificationist a scientific theory is falsified if and only if another theory T' has been proposed with the following characteristics:

Vor dem Hintergrund der Bedeutung der Falsifizierbarkeit als Abgrenzungskriterium sowie als methodologischer Ankerpunkt vertieft LAKATOS eine Unterscheidung, die im Wesentlichen bereits dem methodologischen Falsifikationismus zugrunde liegt. Indem hier somit nicht mehr einzelne Theorien, sonder vielmehr Forschungsprogramme — also eine Abfolge von Theorien, die durch eine gemeinsame Grundrichtung verbunden sind — im Mittelpunkt der Betrachtung stehen, differenziert er zwischen dem *harten Kern* und dem *Schutzgürtel* eines Forschungsprogramms.[36] Unter dem harten Kern werden dabei die zentralen Kernaussagen eines Forschungsprogramms verstanden, die nicht Gegenstand von Falsifizierungsversuchen sind.[37] Vielmehr soll der harte Kern danach bewertet werden, ob er das Forschungsprogramm zu neuen und reichhaltigeren Fragestellungen anregt. Im ressourcenorientierten Ansatz lässt sich etwa argumentieren, dass der harte Kern in der These liegt, dass der wirtschaftliche Erfolg eines Unternehmens von dessen Ressourcenausstattung abhängt.[38] Demgegenüber umfasst der Schutzgürtel eine Ansammlung von Ad-hoc-Hypothesen, durch die sich Anomalien erklären lassen, die aber wieder fallen gelassen werden können, ohne dass dadurch das Forschungsprogramm als solches in Frage gestellt wird.[39] So ließe sich beispielsweise ein industrieökonomisch orientiertes Forschungsprogramm, in dem ein hoher Konzentrationsgrad in einer Branche mit einem überdurchschnittlichen wirtschaftlichen Erfolg der Unternehmen in dieser Branche in Verbindung gebracht wird, durch den Verweis auf das Vorliegen temporärer gesamtwirtschaftlicher Störungen retten, wenn eine empirische Beobachtung der Grundthese entgegensteht.

So plädieren SETH und ZINKHAN in ihrem Gegenentwurf zu dem wissenschaftlichen Grundansatz für die strategische Managementforschung von MONTGOMERY *et al.* in Anlehnung an LAKATOS' Grundansatz für eine weniger strenge Berücksichtigung empirischer Befunde bei der Theorieentwicklung, wenn sie

---

(1) *T'* has excess empirical content over *T*: that is, it predicts novel facts, that is, facts improbable in the light of, or even forbidden, by *T*; (2) *T'* explains the previous success of *T*, that is, all the unrefuted content of *T* is included (within the limits of observational error) in the content of *T'*; and (3) some of the excess content of *T'* is corroborated". Lakatos (1970), S. 116.

[36]   Lakatos (1970), S. 132 ff.

[37]   Genauer wird argumentiert, dass der *Modus tollens* nicht gegen eine Aussage aus dem harten Kern eines Forschungsprogramms gerichtet wird. Folgt also aus einer Theorie A, dass ein Experiment zu Ergebnis B führen muss, und B tritt nicht ein, dann wird daraus nicht gefolgert, dass Theorie A falsch ist.

[38]   Vgl. Abschnitt 2.4.

[39]   Siehe Lakatos (1970), S. 134 ff.

argumentieren:[40]

> „In response, we can only emphasize that the true content of any
> test is to verify the explanatory power of a set of empirical variables
> which represent a theory, without any claim for the exclusiveness of
> the theory.
>
> [...]
>
> Tests which discriminate between alternative explanations of the
> phenomenon under question are, ceteris paribus, better than tests
> with unspecified null hypotheses."

Im direkten Vergleich der allgemein mit POPPER bzw. mit LAKATOS in Verbindung gebrachten Varianten des Falsifikationismus zeigt sich, dass POPPER
ein wesentlich strengeres Kriterium zur Bewertung von Theorien anlegt als LA-
KATOS. Ein Vorziehen des einen Verständnisses gegenüber dem anderen lässt
sich vor dem Hintergrund der hier nur in groben Zügen angedeuteten wissenschaftstheoretischen Grundkontroverse über die Bewertung von Theorien kaum
begründen. Es ist jedoch mit Blick auf die Diskussion über den Status von
Theorien im strategischen Managementfeld festzustellen, dass sich Kritiker einer Theorie meist auf POPPER beziehen,[41] während die Befürworter zumeist
das Wissenschaftsverständnis von LAKATOS in den Vordergrund stellen.[42]

Leitlinie 5: Wissenschaft sollte letztendlich der Anwendung dienen.

Die letzte Leitlinie wird von MONTGOMERY *et al.* mit dem Hinweis auf die wachsende Bedeutung eines pragmatischen Wissenschaftsverständnisses begründet,
in dem Theorien auf Basis ihrer praktischen Nützlichkeit bewertet werden.[43]
Im Kontext des strategischen Managements gilt diese Motivation wie angedeutet in besonderem Maße, da sich das Forschungsfeld — wie in der Einleitung
zu Kapitel 2 dargestellt — durch seine praktische Nützlichkeit definiert.

---

[40] Seth und Zinkhan (1991), S. 79 f.
[41] Siehe etwa Priem und Butler (2001a, b).
[42] Siehe etwa Lado et al. (2006).
[43] Siehe Montgomery et al. (1989), S. 191. Zum Pragmatismus siehe etwa Dickstein (1998).

Aus diesen fünf Leitlinien leiten MONTGOMERY *et al.* drei Schlussfolgerungen für die strategische Managementforschung ab, die hier aber im Einzelnen nicht von Interesse sind.[44] Bedeutung hat ihr Beitrag vor allem vor dem Hintergrund, dass dieser die gegenwärtig im strategischen Managementfeld dominierende Methodologie widerspiegelt. Diese besteht in dem auf POPPER zurückgehenden kritischen Rationalismus, der sich methodisch wesentlich durch den Falsifikationismus auszeichnet.[45] In der praktischen wissenschaftlichen Arbeit im strategischen Management schlägt sich dieses Grundverständnis in deutlicher Form etwa in der Verbreitung von Hypothesentests nieder. Bei diesen wird auf Basis empirischer Befunde entschieden, ob eine Hypothese abgelehnt wird oder nicht. Eine nicht abgelehnte Hypothese gilt dabei allgemein nicht als bewiesen.

3.1.2.2. Die konstruktivistische Kritik

Die bisher diskutierte dominierende Grundposition der strategischen Managementforschung wird meist mit dem Realismus als zugrunde liegender metaphysischer Perspektive in Verbindung gebracht.[46] Dabei basiert der Realismus auf der These, dass die Existenz sowie die Eigenschaften der untersuchten Phänomene unabhängig von der Wahrnehmung der sie untersuchenden Wissenschaftler sind.[47] Der Realist setzt also bei seinen Untersuchungen eine objektiv gegebene Umwelt voraus, die er dann durch das Aufstellen geeigneter Theorien versucht einzufangen.

Eine natürliche Gegenposition zum realistischen Weltbild bildet der Konstruktivismus. Dieser basiert auf der Grundthese, dass die Wahrnehmung von Wissenschaftlern wesentlich durch ihren paradigmatischen Hintergrund geprägt ist. Demnach beeinflussen Theorien nicht nur die Erwartungen über empirische Er-

---

[44] Die Schlussfolgerungen lauten: „Assertion 1: Well-reasoned theory is instrumental to progress in strategy content research. [...] Assertion 2: Strategy content research progresses when data analysis is well crafted and backed by theory. [...] Assertion 3: In the long run, research in strategy content will generate more useful recommendations if direct managerial applicability is not required of all papers." Siehe Montgomery et al. (1989), S. 192 f.

[45] Für eine allgemeine Diskussion des kritischen Rationalismus siehe etwa Albert (2000).

[46] Siehe etwa Godfrey und Hill (1995) oder Mir und Watson (2000). Weiterhin schreibt POPPER selbst: „Ich betonte, daß die Logik der Forschung das Buch eines metaphysischen Realisten ist; daß ich aber seinerzeit nicht gewagt hätte, viel über den Realismus zu sagen." Popper (1995a), S. 218.

[47] Vgl. etwa Kwan und Tsang (2001), S. 1164 oder Boyd (1992), S. 131.

gebnisse, sondern auch die Auswahl der zu untersuchenden Forschungsfragen sowie die Deutung der empirischen Befunde selbst.[48] Die Wirklichkeit wird also nicht als objektiv gegeben vorausgesetzt, sondern sie wird vielmehr vom Wissenschaftler konstruiert.

In einem aktuelleren Beitrag identifizieren MIR und WATSON eine Zunahme konstruktivistischer Einflüsse in der strategischen Managementforschung.[49] Dabei verweisen sie auf die Arbeiten von SPENDER sowie von SCHERER und DOW-LING, die jeweils für eine konstruktivistische Strategieforschung eintreten.[50] Als ein zentrales Problem am dominierenden Realismus identifizieren sie die Fokussierung auf eine einzige Realität, wodurch die Möglichkeit der Existenz multipler Realitäten ausgeschlossen wird.[51] Als Beispiel verweisen sie auf das Konzept der Differenzierungsstrategie bei PORTER und argumentieren, dass dieses lediglich von PORTER konstruiert wurde.[52] In der nachfolgenden Diskussion ist jedoch die Existenz von Differenzierungsstrategien wie eine objektive Wahrheit aufgefasst worden, obwohl auch alternative Interpretationen des strategischen Verhaltens von Unternehmen denkbar sind. Insgesamt unterscheidet sich ein konstruktivistischer Grundansatz im strategischen Management in einer Reihe von Merkmalen von dem des Realismus. Tabelle 3.1 fasst die von MIR und WATSON identifizierten zentralen Unterschiede zusammen.

Trotz der durchaus berechtigten Kritik an der dominierenden Methodologie im strategischen Management bleibt der Beitrag des Konstruktivismus für die tatsächliche wissenschaftliche Arbeit im Feld ungeklärt. So gestehen KWAN und TSANG den in der Arbeit von MIR und WATSON entwickelten Argumenten zwar eine gewisse Bedeutung zu.[53] Diese sehen sie aber vor allem darin, dass der Blick auf die Hintergründe einer Theorie, wie etwa implizite Annahmen oder eine mögliche politische Motivation, sowie die gegenseitige Abhängigkeit von Theorie und Praxis gerichtet wird. Darüber hinaus steht ein konstuktiver Beitrag konstruktivistischer Ansätze in der Strategieforschung weiterhin aus. Daher bleibt hier festzustellen, dass dem Konstruktivismus als grundlegende Methodologie in der aktuellen Strategieforschung nur eine Nebenrolle

---

[48]   Vgl. Boyd (1991), S. 202.
[49]   Mir und Watson (2000).
[50]   Siehe Spender (1996) sowie Scherer und Dowling (1995).
[51]   Siehe Mir und Watson (2000), S. 946 sowie Zey-Ferrell (1981) und Weick (1976).
[52]   Mir und Watson (2000), S. 946. Siehe zur Differenzierungsstrategie Abschnitt 2.2.2.3.
[53]   Kwan und Tsang (2001), S. 1167.

Tabelle 3.1: Realismus und Konstruktivismus im Vergleich

	Realismus	Konstruktivismus
Wesen der untersuchten Realität	Unvollständig, aber unveränderlich	Sozial konstruiert
Rolle des Managers	Reakteur, Informationsverarbeiter	Akteur, Konstrukteur seiner Wirklichkeit
Art der strategischen Wahl	Begrenzt rationale Reaktion auf Umweltbedingungen	Ideologisch geprägte Aktionen einzelner Interessengruppen in Organisationen
Organisationale Identität	Offensichtlich, singulär	Mehrschichtig, fragmentiert
Rolle von Messungen	Genaue Wiedergabe der Realität	Kontextabhängig

Quelle: in Anlehnung an Mir und Watson (2001), S. 1171.

zukommt. Aus diesem Grund liegt den folgenden Ausführungen weiterhin vor allem der durch POPPER geprägte Grundsatz des kritischen Rationalismus zugrunde. Vor diesem Hintergrund werden in den nächsten beiden Abschnitten zwei im Managementfeld prominente Bezugsrahmen vorgestellt, anhand derer sich der Theoriestatus von Ansätzen bewerten lässt.

3.1.3. Der Bezugsrahmen von Bacharach

Die bisherige Diskussion lässt bereits vermuten, dass die tatsächliche Bewertung von Theorien im Einzelfall anhand abstrakter Kriterien wie etwa der Falsifizierbarkeit schwierig ist. So musste selbst POPPER die endgültige Falsifikation einer Theorie ausschließen.[54] Für die praktische wissenschaftliche Arbeit bedarf es daher einer Operationalisierung, durch die sich tatsächliche Theorien bewerten lassen. Ein in einer Vielzahl von Untersuchungen zugrunde gelegter Bezugsrah-

---

[54]   Siehe hierzu Fußnote 28 in diesem Kapitel.

men dazu geht auf BACHARACH zurück.[55]

Ausgangspunkt für BACHARACHs Bezugsrahmen zur Bewertung von Theorien ist das in Abbildung 3.1 dargestellte Theorieverständnis. Dabei versteht er Theorien zunächst allgemein als Aussagen über die Beziehung zwischen Konzepten vor dem Hintergrund bestimmter Rahmenbedingungen und Annahmen.[56] Konkret unterscheidet er dann weiter zwischen zwei Ebenen. So werden zunächst auf konzeptioneller Ebene Konstrukte durch Propositionen in Beziehung zueinander gesetzt. Dabei handelt es sich bei den Konstrukten um die unbeobachtbaren Kernkonzepte (z.B. wirtschaftlicher Erfolg oder Branchenkonzentration) einer Theorie. Ein Beispiel für eine Proposition ist demnach: „Ein hoher Konzentrationsgrad in einer Branche führt zu einem hohen wirtschaftlichen Erfolg der Unternehmen in dieser Branche". Zur empirischen Überprüfung dieser Proposition bedarf es dann einer Überführung der Konstrukte in beobachtbare Variablen (z.B. Gesamtmarktanteil der drei größten Anbieter oder Eigenkapitalrendite). Über die Beziehungen zwischen Variablen werden dann Hypothesen gebildet, die inhaltlich zu den zugrunde liegenden Propositionen passen, und empirisch getestet. Ein Beispiel für eine solche Hypothese ist dann entsprechend: „Der Gesamtmarktanteil der drei größten Anbieter in einer Branche korreliert positiv mit der durchschnittlichen Eigenkapitalrendite in der Branche."[57]

Diese beiden Beziehungsebenen sind dabei eingebettet in einen Rahmen von Grundannahmen und -perspektiven. Hierzu gehören etwa im Fall des industrieökonomischen oder ressourcenorientierten Ansatzes, die im Kern auf mikroökonomischen Konzepten aufbauen, bestimmte Annahmen über die Rationalität der Akteure. Probleme ergeben sich, wenn kritische Grundannahmen einer Theorie nicht explizit angegeben werden. Dies gilt insbesondere dann, wenn die weitere Argumentation im Rahmen der Theorie widersprüchliche Grundannahmen impliziert.[58]

BACHARACH identifiziert mit Verweis auf frühere Arbeiten von POPPER, NAGEL und HEMPEL zwei Kriterien, anhand derer er Theorien bewertet: Falsifi-

---

[55]   Bacharach (1989).
[56]   Bacharach (1989), S. 496.
[57]   Dieses Beispiel stammt aus der Untersuchung in Bain (1951).
[58]   Vgl. hierzu die Kritiken von BROMILEY und FLEMING (Abschnitt 3.2.3.4) sowie von FOSS und KNUDSEN (Abschnitt 3.2.3.5) am ressourcenorientierten Ansatz.

Abbildung 3.1: Komponenten einer Theorie

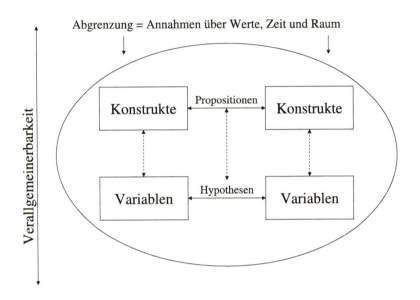

Quelle: in Anlehnung an Bacharach (1989), S. 499.

zierbarkeit und Nützlichkeit.[59] Falsifizierbarkeit wird dabei im Sinne POPPERs mit Blick auf die Möglichkeit definiert, eine Theorie durch empirische Gegenbeispiele zu widerlegen. Der Nutzen einer Theorie wird daran bemessen, wie gut diese Wirkungszusammenhänge erklärt und welche Genauigkeit ihre Vorhersagen aufweisen. Beide Merkmale zur Bemessung der Nützlichkeit zielen darauf ab, Theorien vorzuziehen, welche die Mechanismen des untersuchten Phänomens genauer aufdecken. BACHARACH verweist zur Verdeutlichung auf die folgende Proposition: „Je größer ein Unternehmen ist, desto höher ist dessen horizontaler Differenzierungsgrad".[60] Diese Proposition liefert eine möglicherweise gute Vorhersage, erklärt aber nicht, warum dieser Zusammenhang gelten soll. Von einer nützlichen Theorie erwartet er aber auch einen Einblick in die

---

[59]   Siehe Bacharach (1989), S. 500 f. sowie Popper (1959), Nagel (1961) und Hempel (1965).
[60]   Siehe Bacharach (1989), S. 501.

Mechanismen, die die Anzahl der Abteilungen in einem Unternehmen zunehmen lässt, wenn das Unternehmen wächst.

Vor dem Hintergrund dieses grundlegenden Theorieverständnisses geht es im Hinblick auf die Überprüfung tatsächlicher Theorien dann um die Frage, welche Anforderungen an die einzelnen Bausteine einer Theorie, also insbesondere Konstrukte, Propositionen, Variablen und Hypothesen, zu stellen sind, damit die Überprüfung der Theorie auf Falsifizierbarkeit und Nützlichkeit möglich ist. BACHARACH schlägt dazu die in Tabelle 3.2 zusammengefassten Kriterien zur Bewertung der einzelnen Bausteine einer Theorie vor.

Tabelle 3.2: Kriterien zur Bewertung von Theorien

	Falsifizierbarkeit	Nützlichkeit
Variablen	Operationalisierbarkeit Messbarkeit • Validität • Reliabilität • zeitliche und räumliche Begrenztheit	Reichweite der Variablen
Konstrukte	Klarheit und Einfachheit Konstruktvalidität • Konvergenz • Diskriminanz	Reichweite der Konstrukte
Relationen	Logischer Aufbau • Vermeidung tautologischer Aussagen • klare Spezifikation der Ursache-Wirkungsbeziehungen Empirische Eignung	Erklärungspotential • Genauigkeit der Annahmen in Bezug auf die Untersuchungsobjekte • Genauigkeit der Annahmen in Bezug auf die untersuchten Beziehungen • Reichweite und Einfachheit der Propositionen Vorhersagepotential

Quelle: in Anlehnung an Bacharach (1989), S. 510.

Da Variablen den Bezugspunkt einer Theorie mit der Realität bilden, ist zuallererst die Anforderung der Operationalisierbarkeit an sie zu stellen. Das heißt, sie müssen anhand von messbaren Merkmalen definiert werden. Der wirtschaftliche Erfolg von Unternehmen wird also etwa anhand von Finanzkennzahlen gemessen.[61] Weiterhin müssen die Validität, die Reliabilität sowie die zeitliche und räumliche Abgegrenztheit der Messung gewährleistet sein, damit eine Falsifizierung der zugrunde liegenden Theorie möglich ist.[62] Eine Variable gilt dabei dann als valide, wenn sie geeignet ist, das zugrunde liegende Konstrukt zu repräsentieren. Reliabilität bedeutet, dass eine Variable zuverlässig unter gleichen Rahmenbedingungen gleiche Ergebnisse ermöglicht. Schließlich muss der zeitliche und räumliche Rahmen zur Messung der Variablen begrenzt sein, damit eine Falsifizierung möglich wird.[63]

Darüber hinaus fordert BACHARACH zur Gewährleistung der Falsifizierbarkeit die klare und einfache Definition der zugrunde liegenden Konstrukte.[64] Ebenfalls ist die Validität der Konstrukte von zentraler Bedeutung. Diese wird zum einen durch das Merkmal der Konvergenz gewährleistet. Unterschiedliche Variablen, die dasselbe Konstrukt repräsentieren, müssen auch zu vergleichbaren Ergebnissen führen. In diesem Zusammenhang stellt sich etwa in der Strategieforschung das Problem, dass die allgemein verwendeten Maße für den wirtschaftlichen Erfolg von Unternehmen kaum miteinander korrelieren.[65] Zum anderen bedeutet das Merkmal der Diskriminanz, dass unterschiedliche Konstrukte auch empirisch voneinander zu unterscheiden sind. Sie dürfen also nicht durch gleiche Variablen repräsentiert werden.

Schließlich gilt es, die Falsifizierbarkeit auf Ebene der Relationen zwischen Konstrukten (Variablen) sicherzustellen.[66] Dies erfolgt zum einen über den logischen Aufbau der Propositionen (Hypothesen). Diese dürfen nicht tautologisch sein und Ursache-Wirkungsbeziehungen müssen klar spezifiziert werden. Es ist also etwa anzugeben, ob eine Ursache eine hinreichende oder eine notwendige Bedingung für die Wirkung ist. Zum anderen muss sich das Untersuchungsobjekt für eine empirische Untersuchung eignen. Das heißt, die Möglichkeit zu

---

[61]   Siehe Tabelle 2.3.
[62]   Bacharach (1989), S. 501 ff.
[63]   BACHARACH nennt hier als Beispiel Populationstheoretiker, die regelmäßig den zeitlichen und räumlichen Rahmen von Sterbeprozessen nicht angeben, so dass ihre Theorien nicht falsifizierbar sind. Siehe Bacharach (1989), S. 502 sowie Young (1988).
[64]   Bacharach (1989), S. 503 ff.
[65]   Vgl. etwa Meyer und Gupta (1994), S. 309.
[66]   Vgl. Bacharach (1989), S. 505 f.

wiederholten Beobachtungen muss gegeben sein. Eine Theorie zu einem historisch einmaligen Ereignis lässt sich später kaum empirisch widerlegen.

Die Klärung der Falsifizierbarkeit ist die erste und wichtigste Aufgabe bei der
Untersuchung einer Theorie. Erst durch die Erfüllung dieser Bedingung quali-
fiziert sich in dem hier von BACHARACH entwickelten Bewertungsrahmen ein
System von Aussagen für die weitere wissenschaftliche Auseinandersetzung. So
steht in den nachfolgenden Untersuchungen von Ansätzen im strategischen Management auch dieser Aspekt im Vordergrund. Dennoch ist festzuhalten, dass
die einfache Falsifizierbarkeit noch nichts darüber aussagt, wie hilfreich eine
Theorie dabei ist, einen Gegenstandsbereich verständlich zu machen. Daher
führt BACHARACH mit dem Aspekt der Nützlichkeit eine zweite Gruppe von
Kriterien ein, anhand derer die Bausteine einer Theorie zu bewerten sind.[67] In
Bezug auf Konstrukte und Variablen steht hierbei vor allem deren Reichweite
im Vordergrund. Das bedeutet, dass Konstrukte (Variablen) zwar einfach, aber
vor allem möglichst allgemein zu formulieren sind, damit die zugrunde liegende Theorie ebenfalls einen möglichst allgemeinen Geltungsbereich erhält. Für
die Bewertung der Nützlichkeit liegt hier in Bezug auf die Relationen zwischen
Konstrukten (Hypothesen) der Fokus auf der möglichst genauen Aufdeckung
der Wirkungszusammenhänge.[68] Damit basiert das hier angelegt Kriterium der
Nützlichkeit auf derselben Grundidee wie das von POPPER angesprochene Kriterium des empirischen Gehalts.[69]

Neben diesem Bezugsrahmen wird in der Literatur vielfach auch auf die Theoriekriterien von HUNT zur Bestimmung des theoretischen Status von Erklärungsansätzen zurückgegriffen.[70] Dieser wird nachfolgend dargestellt.

3.1.4. Die Theoriekriterien von Hunt

Im Einzelnen nennt HUNT vier Kriterien, anhand derer er den Status von Theorien bewertet.[71] Dabei argumentiert er, dass ein System von Aussagen alle vier

---

[67] Siehe Bacharach (1989), S. 506 ff.
[68] Vgl. Bacharach (1989), S. 506.
[69] Vgl. hierzu POPPERs Definition des empirischen Gehalts auf S. 112.
[70] Siehe etwa Priem und Butler (2001a).
[71] Hunt (1991), S. 105 ff.

Kriterien erfüllen muss, um als tatsächliche Theorie akzeptiert zu werden.[72] Als kritisch erweist sich dabei für Theorien im strategischen Managementfeld vor allem das Kriterium des empirischen Gehalts.[73] Die vier Kriterien werden nachfolgend kurz skizziert.

Allgemeine Aussagen

In Übereinstimmung mit dem bereits skizzierten grundsätzlichen Theorieverständnis stellt HUNT zunächst die Anforderung der Allgemeinheit an eine Theorie.[74] Das bedeutet, dass Theorien grundsätzlich die Form von Wenn-Dann-Aussagen haben müssen. Formal lassen sich diese schreiben als:

Für alle x gilt, dass wenn x die Eigenschaft A besitzt, dass dann x auch die Eigenschaft B besitzt.

Ein Beispiel ist etwa die Aussage: „Wenn ein Unternehmen einen Wettbewerbsvorteil besitzt, dann wird es auch einen überdurchschnittlichen wirtschaftlichen Erfolg erzielen." Dabei ist hier anzumerken, dass eine solche Wenn-Dann-Aussage auch dann ihren allgemeinen Charakter nach Einschränkung ihres Gültigkeitsbereichs behält, wenn diese Einschränkung anhand eines allgemein gültigen Merkmals erfolgt. So bleibt die Einschränkung des Beispiels auf Unternehmen, die über keine Wettbewerbsnachteile verfügen, formal weiterhin eine allgemeine Aussage.

Empirischer Gehalt

Das zweite Kriterium, der empirische Gehalt einer Theorie, baut auf POPPERs Kriterium der Falsifizierbarkeit auf.[75] Ziel dieses Kriteriums ist der Ausschluss unsinniger sowie rein analytischer Aussagen. Lag im vorangegangen

---

[72] HUNT spricht in diesem Zusammenhang nicht von Theorien, sondern von *lawlike generalizations*. Dieser Begriff entspricht dem hier zugrunde gelegten Theorieverständnis. Jedoch unterscheidet HUNT weiter zwischen *laws* und *lawlike generalizations*. Dabei zeichnet sich die erste Gruppe dadurch aus, dass sie sich bereits empirisch bewährt hat, während dies für die zweite Gruppe noch nicht der Fall ist. Siehe Hunt (1991), S. 107.

[73] Siehe hierzu beispielsweise die Kritik von PRIEM und BUTLER in Abschnitt 3.2.3.3.

[74] Hunt (1991), S. 107 f.

[75] Hunt (1991), S. 108 ff.

Bezugsrahmen von BACHARACH im Zusammenhang mit der Falsifizierbarkeit
von Theorien der Fokus auf der Vermeidung einer zu unpräzisen Begriffsbil-
dung, die in einer empirischen Untersuchung die Falsifizierung verhindert, so
wird hier mit dem Konzept des empirischen Gehalts vielmehr eine zu starke begriffliche Klarheit thematisiert. Im Mittelpunkt steht dabei die Unterscheidung
zwischen analytischen und synthetischen Aussagen.

Eine Aussage bezeichnet man als *analytisch*, wenn über ihren Wahrheitswert
allein aufgrund des zugrunde liegenden logischen Systems — etwa der Definitionen der Begriffe — entschieden werden kann.[76] So ist die Aussage „Morgen
regnet es, oder es regnet nicht" aufgrund ihrer logischen Struktur immer wahr,
egal was am nächsten Tag passiert. Ebenso lässt sich über die Aussage „Alle Schimmel sind weiß" ohne Ansehen echter Schimmel entscheiden, da ein
Schimmel als ein weißes Pferd definiert ist.[77] Demgegenüber bezeichnet man
eine Aussage als *synthetisch*, wenn über ihren Wahrheitswert nur auf Basis empirischer Beobachtungen zu entscheiden ist. Die Aussage „Morgen regnet es"
lässt sich nicht aufgrund ihrer logischen Struktur verifizieren. Hierzu bedarf es
einer tatsächlichen Beobachtung.

Das Aufspüren rein analytischer Aussagen ist in der Wissenschaftspraxis nicht
immer einfach.[78] Einen methodischen Ansatzpunkt identifizieren PRIEM und
BUTLER bei YOUNGs Kritik am populationsökologischen Ansatz.[79] Demnach
lässt sich die logische Struktur einer Aussage dadurch erkennen, dass in dieser
die zentralen Begriffe durch ihre jeweiligen Definitionen ersetzt werden. So lässt
sich die Aussage „Unternehmen, die ihre Effizienz erhöhen, erreichen ein besseres Verhältnis von Input zu Output" leicht durch Einsetzen der Definition von
Effizienz („das Verhältnis von Input zu Output") als analytisch überführen.[80]

---

[76] Vgl. Priem und Butler (2001a), S. 27 oder Carnap (1958), S. 17. Anzumerken ist hier
     zum Verhältnis zwischen analytischen Aussagen und Tautologien, dass die tautologischen
     Aussagen eine echte Unterklasse der analytischen Aussagen bilden. Siehe Carnap (1958),
     S. 54 ff. für Beispiele analytischer Aussagen, die keine Tautologien sind. In der strate-
     gischen Managementliteratur werden beide Konzepte jedoch meist synonym verwendet.
     Vgl. Powell (2001), S. 882 f.
[77] Dies ist ein typisches Beispiel aus der Literatur für eine analytische Aussage. Tatsächlich
     werden Schimmel erst im Laufe ihres Lebens weiß.
[78] Vgl. Hunt (1991), S. 110 f.
[79] Siehe Priem und Butler (2001a), S. 27. sowie Young (1988).
[80] Vgl. Priem und Butler (2001a), S. 27.

Notwendigkeit des Wirkungszusammenhangs

Weiterhin fordert HUNT von einer Theorie, dass identifizierte Wirkungszusammenhänge keinen rein zufälligen Charakter haben dürfen:[81]

> „Nomic necessity implies that the occurrence of some phenomenon
> *must* be associated with some phenomenon; the relationship cannot
> be, simply, by *chance.*"

Zur Verdeutlichung stellen PRIEM und BUTLER zwei Beispiele gegenüber.[82] Die Aussage „Wenn die Sonne aufgeht, dann erwärmt sie die Erde" weist, wenn sie wahr ist, eine Notwendigkeit der Wirkungsbeziehung auf. Jedesmal, wenn die Sonne aufgeht, erwärmt sie die Erde. Demgegenüber besitzt die Aussage „Alle Mitglieder einer Geschäftsführung sind männlich" diese Eigenschaft nicht. Auch wenn dies für eine Stichprobe der Fall ist, gibt es keinen Grund für die Annahme einer Notwendigkeit dieser Aussage, da ohne Probleme auch Frauen Mitglied der Geschäftsführung sein können. Wie die beiden Beispiele andeuten, lässt sich im Einzelfall eine Entscheidung über die Notwendigkeit der Wirkungszusammenhänge treffen. Jedoch fällt die Angabe eines allgemeinen Abgrenzungskriteriums schwer.[83]

Systematische Einbettung

Das letzte Kriterium betrifft die Frage nach der Einbettung einer Theorie in einen allgemeineren theoretischen Kontext.[84] Dieser Anspruch begründet sich vor allem durch das Streben nach möglichst kohärenten und konsistenten Theoriegebilden. Die einfache Ansammlung von isolierten empirischen Regelmäßigkeiten ist demnach nicht anzustreben. Hier lassen sich Parallelen zu LAKATOS' Vorstellung eines Forschungsprogramms ziehen.[85] Jedoch lässt sich für dieses letzte Kriterium ebenfalls kein klares Abgrenzungskriterium angeben.

---

[81]   Hunt (1991), S. 111.
[82]   Siehe Priem und Butler (2001a), S. 28.
[83]   Vgl. hierzu auch Rescher (1970), S. 103.
[84]   Hunt (1991), S. 113 ff.
[85]   Vgl. Abschnitt 3.1.2.1.

Insgesamt bleibt festzuhalten, dass die beiden ersten Kriterien bei der tatsächlichen Untersuchung von Ansätzen auf ihren Theoriestatus im Vordergrund stehen. Dies ist vor allem bei der in Abschnitt 3.2.3.3 dargestellten Kritik von PRIEM und BUTLER der Fall. Ebenfalls setzt die in dieser Arbeit (Abschnitt 3.3) entwickelte Kritik an der strategischen Managementforschung in ihrer aktuellen Form bei diesen beiden ersten Kriterien an.

3.1.5. Zwischenfazit

Die hier nur angedeutete wissenschaftstheoretische Diskussion im allgemeinen Kontext der empirischen Wissenschaften bis zum konkreten Gegenstandsbereich des strategischen Managements zeigt einen ausgeprägten Konsens in der dominierenden Perspektive in Bezug auf die notwendigen konzeptionellen Anforderungen. Demnach bilden die beiden Voraussetzungen der Allgemeinheit und des empirischen Bezugs elementare notwendige Bedingungen für die Theoriebildung. Vor dem Hintergrund dieser Vorüberlegungen sollen nun verschiedene bereits identifizierte Problemfelder in der aktuellen Konzeption strategischer Managementtheorien vorgestellt werden.

3.2. Konzeptionelle Kritik in der aktuellen Diskussion

Obwohl die strategische Managementforschung als wissenschaftliche Disziplin noch in ihren Kinderschuhen steckt, sieht sie sich doch einer fortwährenden und fundamentalen Kritik ausgesetzt, die direkt gegen den theoretischen Kern gerichtet ist. Im Folgenden wird eine Auswahl der zentralen Kritikpunkte in der Literatur dargestellt.

Den Anfang machen dabei die gegen den industrieökonomischen Ansatz gerichteten Argumente, die mitunter zur Entstehung des ressourcenorientierten Ansatzes geführt haben (3.2.1). Anschließend wird der Beitrag von MARCH und SUTTON dargestellt (3.2.2). Darin wird argumentiert, dass Wissenschaftler zum einen in ihren Arbeiten zwar angeben, dass sie die Ursachen für den überlegenen wirtschaftlichen Erfolg von Unternehmen nicht aufdecken können,

dann aber — zumindest implizit — genau diesen Versuch unternehmen. Danach werden sechs kritische Beiträge zum ressourcenorientierten Ansatz diskutiert (3.2.3). Der ressourcenorientierte Ansatz zieht in der Literatur aus zwei
Gründen den Hauptanteil der Kritik auf sich. Zum einen ist dieser bekanntermaßen aktuell die dominierende Perspektive im Strategiefeld. Zum anderen
liefert aber auch seine logische Struktur, wie die nachfolgenden Ausführungen
zeigen werden, eine besonders geeignete Angriffsfläche für eine kritische Auseinandersetzung. Schließlich wird hier auf POWELLs Kritik an der allgemeinen
Kernlogik in der strategischen Managementforschung, dass Wettbewerbsvorteile zu einem überlegenen wirtschaftlichen Erfolg führen, eingegangen (3.2.4).
Abschnitt 3.2.5 fasst die zentralen Kritikpunkte zusammen.

3.2.1. Kritik am industrieökonomischen Ansatz

Der im Rahmen der strategischen Managementforschung zentrale Angriff auf
den industrieökonomischen Ansatz kommt zweifellos aus dem Lager der späteren Vertreter des ressourcenorientierten Ansatzes. Dennoch hat es auch vorher
bereits vereinzelt Zweifel an Argumentationszusammenhängen in der Industrieökonomik gegeben. Ein Beispiel hierfür liefert MANCKE.[86] Dieser beobachtete, dass in vielen empirischen Arbeiten eine positive Korrelation zwischen
den Variablen Unternehmensgröße, Marktanteil und Wachstum auf der einen
Seite und der Profitabilität eines Unternehmens auf der anderen Seite festgestellt wird. Erfolgsunterschiede zwischen Unternehmen werden in diesen Arbeiten dann auf industrieökonomische Erklärungskonzepte wie Marktmacht oder
Größenvorteile zurückgeführt.[87] Die Grundlage dafür bildet die Annahme eines
Zusammenhangs zwischen Merkmalen wie dem Marktanteil von Unternehmen
und Erklärungskonzepten wie Größenvorteilen. Dieser Erklärung hält MANCKE
entgegen, dass die beobachteten positiven Korrelationen zwischen den Unter-
nehmensvariablen und der Profitabilität der Unternehmen auch ohne das Wir-
ken der industrieökonomischen Erklärungskonzepte auftreten.

Als Beleg für seine These gibt MANCKE ein einfaches Modell an, welches die
beobachteten positiven Korrelationen erzeugt, dabei jedoch auf die Einbezie-

---

[86]   Siehe Mancke (1974, 1977) sowie zu einer Gegendarstellung Caves et al. (1977).
[87]   Siehe Mancke (1974), S. 181.

hung der industrieökonomischen Erklärungskonzepte verzichtet.[88] Vielmehr lassen sich seine Ergebnisse dahingehend interpretieren, dass Profitabilitäts- und Größenunterschiede auf Glück in der Vergangenheit zurückzuführen sind und die angedeuteten beobachteten Korrelationen lediglich ein Nebenprodukt der Dynamik sind, die beobachtete Erfolgsunterschiede hervorbringen. Erfolgreiche Unternehmen wachsen einfach schneller als erfolglose Unternehmen und verfügen somit auch über höhere Marktanteile als diese.

In diesem Beispiel deutet sich bereits ein Phänomen in der Strategieforschung an, das in Kapitel 4 dieser Arbeit von zentralem Interesse sein wird. So lassen sich beobachtete Erfolgsunterschiede zwischen Unternehmen einerseits durch unternehmensspezifische Merkmale wie Marktmacht oder Größenvorteile erklären. Andererseits lassen sie sich vielfach durch einfache Modelle erzeugen, die auf aufwändige Erklärungsversuche verzichten. Insbesondere wirft die Existenz unterschiedlicher Erklärungsansätze, die zu den empirischen Beobachtungen passen, ein grundsätzliches Problem auf. Dieses besteht in der Gefahr der Überinterpretation einfacher empirischer Zusammenhänge auf Basis übertrieben komplexer Erklärungen. So ist etwa eine Vielzahl von Erfolgsverteilungen in Wettbewerbssituationen verträglich mit einfachen Zufallsprozessen, die keiner tiefgründigen Erklärung bedürfen.[89] Mit Blick auf die Anforderungen an die Theoriebildung (siehe Abschnitt 3.1.3) sollte aber die Entwicklung möglichst einfacher Erklärungen im Vordergrund stehen.

Die konzeptionelle Kritik am industrieökonomischen Ansatz im strategischen Management setzt bei dessen Fokussierung auf die Errichtung und Ausnutzung einer geschützten Position auf dem Absatzmarkt an. So lautet der Vorwurf, dass die Rolle von unternehmensspezifischen Ressourcenausstattungen, die aber die Voraussetzung für die Erreichung einer geschützten Marktposition sind, aus der Untersuchung ausgegrenzt wird. BARNEY unterstellt daher dem industrieöko-

---

[88] Siehe Mancke (1974), S. 182 f. Genauer liegt der Analyse von MANCKE das folgende Modell zugrunde: Alle Unternehmen einer Volkswirtschaft sind zunächst identisch und verfolgen jede Periode dieselbe Strategie, die sich in einer Investition mit zufälligem Ergebnis äußert. Weiterhin existieren in dieser Volkswirtschaft weder Größenvorteile noch Monopolmacht oder andere Wettbewerbsvorteile einzelner Unternehmen. Der wirtschaftliche Erfolg aus der Investition wird für alle Unternehmen aus der gleichen Verteilung gezogen. Die beobachtete positive Korrelation zwischen Unternehmensgröße und wirtschaftlichem Erfolg stellt sich in diesem Modell zwangsläufig ein, weil Unternehmen, die durch Glück einen höheren Ertrag aus ihren Investitionen erhalten, auch schneller wachsen.

[89] Siehe Powell (2003b).

nomischen Ansatz zwei vereinfachende Annahmen, die hier zumindest implizit der Argumentation zugrunde liegen.[90] Zum einen wird die Heterogenität der strategisch relevanten Ressourcenausstattung innerhalb von Branchen (strategischen Gruppen) unterstellt. Zum anderen wird eine hohe Mobilität strategischer Ressourcen unterstellt.

Diese Vereinfachungen erweisen sich, wie BARNEY feststellt, als sehr nützlich bei der Ergründung der Bedeutung des Marktumfeldes für den wirtschaftlichen Erfolg von Unternehmen.[91] Jedoch hat dieser Ansatz auch seinen Preis, denn bei der dadurch ermöglichten ausschließlichen Betrachtung von Absatzmärkten werden Faktormärkte unter einer *Ceteris-paribus*-Bedingung aus der Betrachtung ausgenommen. BARNEY merkt aber zu Recht an, dass ein Unternehmen nur dann einen wirtschaftlichen Erfolg erzielen kann, wenn es die strategischen Ressourcen, die es zum Erreichen einer geschützten Marktposition benötigt, zu einem Preis bezieht, der unter dem Wert dieser Marktposition liegt.[92] Das bedeutet dann, dass die aus Sicht der strategischen Managementforschung entscheidende Frage nach den Ursachen für den Erfolg von Unternehmen nicht endogen im industrieökonomischen Ansatz beantwortet wird. Der industrieökonomische Ansatz bleibt demnach also eine unvollständige Erklärung für den überlegenen wirtschaftlichen Erfolg von Unternehmen.

3.2.2. March / Sutton und des Kaisers neue Kleider

MARCH und SUTTON analysieren in ihrem Beitrag allgemein die Art und Weise, wie in der wissenschaftlichen Praxis der Einfluss auf den Erfolg von Unternehmen untersucht wird.[93] Dabei greifen sie im Einzelnen drei zentrale Aspekte auf. Erstens sprechen sie das Phänomen der Diffusion des Wissens über die Ursachen von Vorteilen zwischen Wettbewerbern mit der Folge einer Abnahme der relativen Bedeutung dieser Vorteile an. Zweitens problematisieren sie die Verwendung einfacher Modelle zur Erklärung einer komplexen Welt. Drittens thematisieren sie die in empirischen Untersuchungen gängige Praxis der Rekonstruktion der Erfolgstreiber auf Basis der Erinnerungen von Mitarbeitern.

---

[90]   Siehe Barney (1991), S. 100.
[91]   Vgl. Barney (1991), S. 100.
[92]   Vgl. Barney (1986b).
[93]   March und Sutton (1997).

Instabilität von Erfolgsquellen

Ein besonderes Merkmal in der Strategieforschung besteht darin, dass sich gewonnene Erkenntnisse über Erfolgsursachen anschließend zwischen Unternehmen verteilen. Erfolgversprechende Strategien werden dann von Wettbewerbern imitiert, während erfolglose Strategien aufgegeben werden. Insgesamt führt dies dazu, dass das Aufspüren und das im wissenschaftlichen Betrieb übliche Veröffentlichen von Erfolgsquellen einen selbstzerstörerischen Prozess auslöst, der die Bedeutung der identifizierten Ursachen reduziert.[94]

Zwar bleibt festzuhalten, dass nicht alle Erfolgsquellen gleichermaßen von diesem Diffusionsprozess betroffen sind, so stellt etwa der ressourcenorientierte Ansatz dieser Verteilung das Argument der Nicht-Imitierbarkeit bestimmter Ressourcen entgegen. Dennoch lässt sich nicht bestreiten, dass für eine Reihe von Ressourcen, die als Grundlage für Wettbewerbsvorteile diskutiert worden sind, wie etwa Total-Quality-Management, dieses Argument kaum zutrifft.[95] Für die strategische Managementforschung stellt diese Instabilität in den Ursachen für den Erfolg von Unternehmen ein durchaus ernstzunehmendes Problem grundsätzlicher Art dar. Denn die im zurückliegenden Abschnitt skizzierte wissenschaftliche Methode erfordert die Formulierung allgemein gültiger Aussagen und nicht solcher, die nur temporär gelten.

Einfache Modelle für eine komplexe Welt

Ein weiteres Problem identifizieren MARCH und SUTTON entgegen der Argumentation im vorherigen Abschnitt in der Verwendung einfacher Modelle zur Beschreibung der Einflüsse auf den Erfolg von Unternehmen in der strategischen Managementforschung.[96] So basiert ihrer Ansicht nach der überwiegende Teil der Erklärungsansätze auf einfachen Regressionsmodellen, in denen der Einfluss unterschiedlicher unabhängiger Variablen auf die abhängige Erfolgsvariable gemessen wird.[97] Dieser Ansatz unterstellt jedoch einen einfachen unidirektionalen Wirkungszusammenhang. Dabei ist im Fall einer zeitgleichen Messung

---

[94] Siehe March und Sutton (1997), S. 699.
[95] Siehe Powell (1995) zur Diskussion von Total-Quality-Management als Grundlage für Wettbewerbsvorteile.
[96] March und Sutton (1997), S. 700 f.
[97] Siehe hierzu auch Abschnitt 2.3.2 sowie 2.4.

unterschiedlicher Variablen die Richtung der Kausalität nicht von vornherein klar. Es wird vielmehr in der Regel vom Wissenschaftler vorher festgelegt, dass der Unternehmenserfolg von den untersuchten Einflussfaktoren abhängt.

Gegen dieses Vorgehen führen MARCH und SUTTON eine Reihe von Argumenten an. So wird etwa der Einfluss des Erfolgs oder Misserfolgs vergangener Perioden nicht berücksichtigt, obwohl hier klare Zusammenhänge nachgewiesen wurden.[98] Ebenfalls bleiben bei einer solchen Betrachtung möglicherweise unterschiedliche zeitliche Horizonte von Einflüssen unberücksichtigt. Kurzfristige Effizienz konkurriert beispielsweise mit langfristiger Anpassungsfähigkeit.[99] Insgesamt lässt sich also durchaus argumentieren, dass wirtschaftlicher Erfolg auf vielfältige Weise autokorreliert. Dieser Effekt findet nach MARCH und SUTTON in den Standardmodellen der Strategieforschung jedoch kaum Beachtung.

Retrospektive Erinnerungen

Der letzte Aspekt betrifft die Entstehung der empirischen Basis, auf der Theorien in den Wirtschaftswissenschaften aufbauen.[100] Hier identifizieren MARCH und SUTTON eine weitere Beeinflussung, diesmal der Erklärungsvariablen durch die abhängige Erfolgsvariable. Dies betrifft vor allem den Rückgriff auf Informationen aus Interviews mit Mitarbeitern von untersuchten Unternehmen. So werden diese Informationen aufgrund der Kenntnis des erzielten Ergebnisses regelmäßig durch subjektive Elemente angereichert.[101] Als Beispiel nennen MARCH und SUTTON den Fall der Untersuchung von Studentengruppen, die bestimmte Gruppenaufgaben zu lösen hatten.[102] Anschließend berichteten Studenten, denen fälschlicherweise ein positives Ergebnis mitgeteilt worden war, über einen starken Zusammenhalt in der Gruppe, über hohe Motivation sowie über weitere positiv belegte Merkmale ihrer Arbeit, während Studenten, denen ein schlechtes Ergebnis genannt wurde, diese Ausprägungen nicht iden-

---

[98] Siehe etwa Isen und Baron (1991) für einen Überblick zu den Effekten positiver Erfahrungen in der Vergangenheit oder Sutton und Callahan (1987) zu den negativen Effekten vergangener Misserfolge. Ebenfalls sind gegenläufige Effekte denkbar, also etwa die Abnahme der Produktivität aufgrund vergangener Erfolge. Siehe hierzu Cyert und March (1963) sowie March (1988).

[99] Siehe etwa March (1994).

[100] March und Sutton (1997), S. 71 f.

[101] siehe hierzu etwa Fischhoff (1975) sowie Fischhoff und Beyth (1975).

[102] Siehe March und Sutton (1997), S. 701.

tifizierten.[103] Insgesamt lassen sich auf diese Weise eine Reihe von kausalen Beziehungen zwischen abhängigen und unabhängigen Variablen identifizieren, die in der Mehrzahl der entwickelten Modelle im strategischen Management unberücksichtigt bleiben.

Zur Charakterisierung der aus diesen drei Aspekten resultierenden Problematik für die Identifikation der Ursachen für die Erfolgsunterschiede zwischen Unternehmen bemühen MARCH und SUTTON den Vergleich mit HANS CHRISTIAN ANDERSENs Märchen von des Kaisers neuen Kleidern.[104] Demnach erkennen zwar die meisten Wissenschaftler die hier skizzierte Problematik und die daraus resultierenden Grenzen für die Ableitung von Schlussfolgerungen aus ihren empirischen Untersuchungen. Auf der anderen Seite legen aber ihre tatsächlichen Arbeiten genau die hier problematisierten Schlussfolgerungen nahe. Dieses Phänomen erklären MARCH und SUTTON damit, dass die strategische Managementforschung durch zwei konfliktäre Paradigmen geprägt ist.[105] Zum einen ermutigt die Nähe zur Praxis zum Entwurf gewagter und neuartiger Erklärungen für den Erfolg von Unternehmen. Zum anderen erfordert aber die wissenschaftliche Gemeinschaft den Rückgriff auf rigorose Methodiken, welche die Identifikation empirisch belastbarer Zusammenhänge meist nicht zulassen.

3.2.3. Kritik am ressourcenorientierten Ansatz

Nach einer anfänglichen Schonfrist sieht sich der ressourcenorientierte Ansatz gegenwärtig einer Reihe von kritischen Angriffen ausgesetzt.[106] Dies liegt wie angedeutet zum einen an dessen exponierter Stellung als dominierende Perspektive im strategischen Management. Zum anderen eignet sich die einfache und weitgehend explizit angegebene Grundlogik des ressourcenorientierten Ansatzes in besonderer Weise für eine kritische Betrachtung. Im Folgenden werden sechs Beiträge dargestellt, in denen jeweils unterschiedliche Aspekte des ressourcenorientierten Ansatzes problematisiert werden.

---

[103] Siehe Staw (1975).
[104] March und Sutton (1997), S 702 f.
[105] Siehe March und Sutton (1997), S. 703.
[106] Vgl. Williamson (1999), S. 1093. Eine Ausnahme ist PORTER, der sich bereits früh kritisch gegenüber dem ressourcenorientierten Ansatz äußerte, indem er feststellte: „At its worst, the resource-based view is circular. Successful firms are successful because they have unique resources. They should nurture these resources to be successful. [...]" Porter (1991), S. 108.

In der ersten Arbeit macht COLLIS auf das Problem eines unendlichen Regresses im ressourcenorientierten Ansatz aufmerksam, indem hier Unterschiede in der Ressourcenausstattung von Unternehmen auf deren unterschiedliche Fähigkeiten zurückgeführt werden und diese wiederum auf unterschiedliche dynamische Fähigkeiten, usw. Im zweiten Beitrag argumentieren BOWMAN und AMBROSINI, dass der Wert einer Ressource aus Sicht des ressourcenorientierten Ansatzes exogen bestimmt wird. Dies ist deshalb problematisch, weil der Ressourcenwert im ressourcenorientierten Ansatz die zentrale erklärende Variable darstellt. Anschließend wird der von PRIEM und BUTLER in die aktuelle Diskussion eingebrachte Vorwurf diskutiert, dass der ressourcenorientierte Ansatz im Wesentlichen auf einer tautologischen Argumentation beruht. Diese Kritik ist in der Literatur besonders kontrovers aufgenommen worden und stellt den ressourcenorientierten Ansatz mehr als die anderen hier aufgeführten Beiträge fundamental in Frage. Im nächsten Beitrag identifizieren BROMILEY und FLEMING eine Reihe inkonsistenter Grundannahmen, auf denen der ressourcenorientierte Ansatz aufbaut. Anschließend wird die Kritik von FOSS und KNUDSEN dargestellt. Darin wird die uneinheitliche Begriffsgrundlage im ressourcenorientierten Ansatz angesprochen und auf die Notwendigkeit zur expliziten Angabe der notwendigen Bedingungen für eine ressourcenorientierte Argumentation hingewiesen. Schließlich werden unterschiedliche Paradoxa vorgestellt, die LADO et al. im ressourcenorientierten Ansatz erkennen.

3.2.3.1. Collis und der unendliche Regress

Ausgehend von der zunehmenden Fokussierung auf die Fähigkeiten von Unternehmen als Quelle von nachhaltigen Wettbewerbsvorteilen stellt COLLIS die Frage nach den Erkenntnisgrenzen bei der Betrachtung dieses Konzeptes.[107] Ansatzpunkt für seine Analyse ist dabei die im ressourcenorientierten Ansatz aufkommende Argumentation, dass nachhaltige Wettbewerbsvorteile nicht auf Basis der bestehenden Ressourcenausstattung von Unternehmen erzielt werden können. Vielmehr müssen Unternehmen die Fähigkeit besitzen, ihre Ressourcenausstattung dynamisch auf Änderungen in der Umwelt anzupassen und neue Innovationen hervorzubringen.[108]

---

[107] Collis (1994). Siehe zu Unternehmensfähigkeiten auch Abschnitt 2.2.3.6.
[108] Siehe etwa Teece et al. (1997).

Demnach konzentriert sich die Forschung auf die Untersuchung von Unternehmensmerkmalen wie etwa Lernfähigkeit, die Innovations- und Anpassungsprozesse ermöglichen.[109] COLLIS argumentiert nun, dass auch eine gegebene Innovationsrate nicht die Nachhaltigkeit von Wettbewerbsvorteilen sichern kann. Vielmehr lässt sich mit derselben Logik wie in Bezug auf das Verhältnis zwischen Ressource und Fähigkeit begründen, dass nicht Fähigkeiten, sondern nur die Meta-Fähigkeit, seine Fähigkeiten dynamisch anzupassen, den langfristigen Erfolg sichern kann.[110] Diese Argumentation lässt sich offensichtlich *ad infinitum* fortsetzen, so dass das Aufdecken der endgültigen Quellen von nachhaltigen Wettbewerbsvorteilen nicht zu erwarten ist.

Das hier identifizierte Problem des unendliches Regresses im ressourcenorientierten Ansatz findet sich etwa in konkreter Forme in BARNEYs Analyse strategischer Faktormärkte.[111] Darin wird argumentiert, dass ein Unternehmen nur dann Ressourcen zu einem Preis beziehen kann, der unter dem Wert der Ressourcen liegt, wenn das Unternehmen Glück hat oder über systematisch bessere Informationen als Wettbewerber verfügt. Die Fähigkeit, systematisch besser informiert zu sein als Wettbewerber, erhält ein Unternehmen nun wiederum entweder durch Glück oder die Fähigkeit, über systematisch bessere Informationen zu verfügen.

3.2.3.2. Bowman / Ambrosini und die Bestimmung des Ressourcenwertes

Gegenstand der Arbeit von BOWMAN und AMBROSINI ist die Untersuchung des grundlegenden ressourcenorientierten Konzeptes der wertvollen Ressource.[112] Dabei argumentieren sie im Wesentlichen, dass im ressourcenorientierten Ansatz der Wert einer Ressource exogen bestimmt wird, da dieser von den Bedingungen auf dem Absatzmarkt abhängt.

Ausgangspunkt ihrer Überlegungen ist das mit dem ressourcenorientierten Ansatz vereinbare Grundverständnis, dass der Wert einer Ressource durch ihren Beitrag zur Erfüllung von Kundenansprüchen bestimmt wird.[113] Vor diesem

---

[109] Vgl. etwa Wheelwright und Clark (1992) oder Henderson und Cockburn (1994).
[110] Collis (1994), S. 144.
[111] Siehe Barney (1986b) sowie Abschnitt 2.2.3.2.
[112] Bowman und Ambrosini (2000).
[113] Siehe Bowman und Ambrosini (2000), S. 2 sowie Aaker (1989), Aharoni (1993), Prahalad und Hamel (1990) und Williams (1992).

Hintergrund führen BOWMAN und AMBROSINI eine konzeptionelle Differenzierung des Wertbegriffs in einerseits den Nutzwert und andererseits den Austauschwert ein.[114] Der Nutzwert bezieht sich dabei auf den vom Kunden aufgrund der Merkmale eines Produktes wahrgenommenen Wert. Demgegenüber
bezeichnet der Austauschwert den beim Verkauf des Produktes erzielten Preis.

Der Wert einer Ressource basiert dabei auf den zukünftigen Austauschwer-
ten der aus dieser Ressource hervorgehenden Produkte. Diese Austauschwerte
hängen jedoch wiederum von den Nutzwerten der Kunden sowie deren Verhandlungsmacht ab. Diese beiden Merkmale bleiben jedoch exogen für die Untersuchung des ressourcenorientierten Ansatzes, der nur die vom fokalen Unternehmen kontrollierten Aspekte berücksichtigt. Damit wird auch der Wert einer
Ressource, der zentralen erklärenden Variable für den Erfolg von Unternehmen,
exogen bestimmt.[115]

3.2.3.3. Priem / Butler und die Tautologie im ressourcenorientierten Ansatz

Der massivste Angriff gegen den ressourcenorientierten Ansatz geht von einem
Beitrag von PRIEM und BUTLER aus dem Jahr 2001 im *Academy of Management Review* aus.[116] Darin stellen die Autoren zwei zentrale Fragen, die direkt
gegen den Kern des Ansatzes gerichtet sind.

- Erfüllt der ressourcenorientierte Ansatz allgemein akzeptierte Anforderungen an eine Theorie?

- Ist es wahrscheinlich, dass der ressourcenorientierte Ansatz einen Beitrag
  zum Verständnis des strategischen Managements leisten wird?

Die im Artikel entwickelten Antworten auf diese beiden Fragen werden nachfolgend skizziert. Weiterhin wird hier auf BARNEYs Replik kurz eingegangen.

---

[114]　Im Englischen: *use value* bzw. *exchange value*.
[115]　Vgl. Bowman und Ambrosini (2001), S. 501 f. Zu dem von BOWMAN und AMBROSINI
　　　angestoßenen Thema des Ressourcenwertes hat die Zeitschrift *Academy of Management
　　　Review* in einer aktuellen Ausgabe ein Sonderforum veröffentlicht. Siehe Lepak et al.
　　　(2007) für einen Überblick sowie auch die nachfolgenden Einzelbeiträge.
[116]　Priem und Butler (2001a).

Der theoretische Status des ressourcenorientierten Ansatzes

Zur Beantwortung der ersten Frage fokussieren PRIEM und BUTLER ihre Analyse auf BARNEYs zentralen Bezugsrahmen aus dem Jahr 1991.[117] Dies begründen sie einerseits mit der Notwendigkeit eines klaren Bezugspunktes für ihre Kritik, der bei Zugrundelegung einer unbestimmten Ansammlung unterschiedlicher Beiträge nicht gegeben wäre. Andererseits finden sie im tatsächlichen Umgang mit dem ressourcenorientierten Ansatz eine Bestätigung für dieses Vorgehen, da sich die Mehrzahl der sowohl empirischen als auch konzeptionellen Beiträge auf BARNEYs Grundkonzeption bezieht, ohne von dieser inhaltlich oder begrifflich stark abzuweichen.[118]

Basierend auf RUDNERs Theorieverständnis nehmen PRIEM und BUTLER die Bewertung des theoretischen Status des ressourcenorientierten Ansatzes anhand von HUNTs Theoriekriterien vor.[119] Ihrer Analyse legen sie somit die folgenden drei Kriterien zugrunde:[120]

„For a system of statements to have the force of a scientific theory, some of the statements must be lawlike in that they (1) are generalized conditionals, (2) have empirical content, and (3) exhibit nomic necessity."

In Bezug auf das erste Kriterium identifizieren sie dabei eine Reihe allgemein gültiger Aussagen im ressourcenorientierten Ansatz. Als Beispiel verweisen PRIEM und BUTLER auf die zentrale These, dass wertvolle und seltene Unternehmensmerkmale die Grundlage für Wettbewerbsvorteile bilden, die genau dann nachhaltig sind, wenn diese Unternehmensmerkmale darüber hinaus weder imitierbar noch substituierbar sind.[121] Damit sehen sie die erste Bedingung als erfüllt an.

Im Mittelpunkt der Betrachtung steht jedoch das zweite Kriterium, also die Frage nach dem empirischen Gehalt.[122] Den fokalen Anknüpfungspunkt bil-

---

[117] Barney (1991). Siehe auch Abschnitt 2.2.3.4.

[118] PRIEM und BUTLER geben hierzu eine Reihe von Beispielen an. Priem und Butler (2001a), S. 24.

[119] Siehe Priem und Butler (2001a), S. 25 ff. Zum Theorieverständnis von RUDNER siehe Abschnitt 3.1.1 und zu den Theoriekriterien von HUNT siehe 3.1.4.

[120] Priem und Butler (2001a), S. 26.

[121] Priem und Butler (2001a), S. 27.

[122] Zum Konzept des empirischen Gehalts siehe Abschnitt 3.1.4.

det dabei die von BARNEY formulierte Kernaussage des ressourcenorientierten Ansatzes[123]

> „that valuable and rare organizational resources can be a source of competitive advantage."

Der empirische Gehalt dieser Aussage lässt sich identifizieren, indem die im ressourcenorientierten Ansatz zugrunde gelegten Definitionen der Kernbegriffe in diese Aussage eingesetzt werden.[124] Im Fall von BARNEYs Konzeption ergibt sich dadurch die folgende neue Aussage:[125]

Ursprüngliche Aussage	„[V]aluable and rare organizational resources can be a source of competitive advantage."[126]
Definition von *valuable resource*	„[R]esources are valuable when they enable a firm to conceive of or implement strategies that improve its efficiency and effectiveness."[127]
Definition von *competitive advantage*	„[A firm] implementing a value-creating strategy not simultaneously being implemented by any current or potential competitor."[128]
Resultierende Aussage nach Einsetzen	„Uncommon organizational attributes that enable firms to conceive of and implement value-creating strategies can be a source of implementing a value-creating strategy not simultaneously being implemented by any current or potential competitors."[129]

---

[123] Barney (1991), S. 107. Hier fordert BARNEY lediglich, dass wertvolle und knappe Ressourcen eine Quelle von Wettbewerbsvorteilen sein können. Diese Aussage ist streng genommen immer wahr und somit wenig hilfreich. Daher soll im weiteren Verlauf die Kernaussage so gelesen werden, dass wertvolle und knappe Ressourcen eine Quelle von Wettbewerbsvorteilen sind. Diese Interpretation der Kernaussage hat keinen Einfluss auf die hier geführte Diskussion und entspricht dem Verständnis im Forschungsfeld.

[124] Siehe Abschnitt 3.1.4.

[125] Der Begriff der eingeschränkten Verfügbarkeit einer Ressource (im Englischen: *rare / uncommon resource*) wird nicht genauer spezifiziert und in seiner allgemein geläufigen Form verwendet. Vgl. Priem und Butler (2001a), S. 28.

Diese resultierende Aussage ist eindeutig tautologisch, da sie immer wahr ist und keiner empirischen Überprüfung bedarf.[130] PRIEM und BUTLER führen dieses Ergebnis darauf zurück, dass BARNEY Wettbewerbsvorteile auf Basis von wertvollen und seltenen Ressourcen definiert. Daher sind die erklärende und die zu erklärende Variable *a priori* nicht voneinander getrennt.[131] So stellen die Autoren mit BACHARACH fest, dass unabhängig von der konzeptionellen Anmutung eines Systems von Aussagen, dieses keine (faktische) Theorie darstellt, wenn die Aussagen nicht gleichzeitig auch empirisch überprüfbar sind.[132] Das dritte Kriterium der Notwendigkeit der Wirkungszusammenhänge wird daraufhin nicht weiter untersucht, da hier der ressourcenorientierte Ansatz bereits am Kriterium des empirischen Gehalts scheitert.[133]

Als ursächlich für das Fehlen empirischen Gehalts im ressourcenorientierten Ansatz identifizieren PRIEM und BUTLER die Determination der erklärenden Variable in Form der wertvollen Ressource durch die Bedingungen auf dem Absatzmarkt. Damit ist der Wert einer Ressource exogen für die Analyse des ressourcenorientierten Ansatzes, so dass hier eine vergleichbare Schlussfolgerung erzielt wird wie zuvor bei BOWMAN und AMBROSINI im vorherigen Abschnitt. Der Teil einer möglichen Argumentationskette, der in den Augen von PRIEM und BUTLER den empirischen Bezug herstellen könnte, wird also aus der Analyse ausgeschlossen. Denn es wird im ressourcenorientierten Ansatz — zumindest

---

[126] Barney (1991), S. 107.

[127] Barney (1991), S. 106.

[128] Barney (1991), S. 102.

[129] Priem und Butler (2001a), S. 28. Die resultierende Aussage von PRIEM und BUTLER entsteht offensichtlich nicht durch wörtliches, sondern durch sinngemäßes Einsetzen der Definitionen. Beispielsweise werden hier die Begriffe *rare* und *uncommon* synonym verwendet.

[130] Als weitere Beispiele für tautologische Aussagen, die sich aus den in BARNEYs Arbeit verwendeten Definitionen und Propositionen erzeugen lassen, führen PRIEM und BUTLER an: „Uncommon organizational attributes that enable a firm to conceive of or implement strategies that improve its efficiency and effectiveness can be a source that may enable a firm to conceive of or implement strategies that improve its efficiency and effectiveness" sowie „Uncommon organizational attributes that exploit opportunities and neutralize threats in a firm's environment can be a source of implementing an opportunity-exploiting and threat-neutralizing strategy not simultaneously being implemented by any current or potential competitors." Priem und Butler (2001a), S. 28.

[131] Vgl. hierzu BACHARACHs Anforderungen an Theorien in Abschnitt 3.1.3.

[132] Siehe Priem und Butler (2001a), S. 28 sowie auch Bacharach (1989), S. 512.

[133] Priem und Butler (2001a), S. 28.

implizit — angenommen, dass der Absatzmarkt homogen und immobil ist und deshalb vernachlässigt werden kann.[134]

Weitere Problemfelder im ressourcenorientierten Ansatz

Vor dem Hintergrund dieser fundamentalen Kritik identifizieren PRIEM und BUTLER fünf weitere Problemfelder im ressourcenorientierten Ansatz, die hier kurz aufgeführt werden.[135]

Fehlende Operationalisierbarkeit: Aus der ressourcenorientierten Logik lassen sich gegenwärtig kaum Implikationen für das praktische Management ableiten, die über den Hinweis auf die Notwendigkeit zum Besitz knapper und wertvoller Ressourcen hinausgehen.

Unklare Theorieabgrenzung: Eine Abgrenzung des Gültigkeitsbereichs des ressourcenorientierten Ansatzes fehlt, ebenso wie eine systematische Untersuchung der Abhängigkeit des Wertes von Ressourcen vom gegebenen Unternehmenskontext.

Allumfassender Ressourcenbegriff: Mit Blick auf die Definition von WERNERFELT (siehe Tabelle 2.10) wird hier dem ressourcenorientierten Ansatz ein zu allumfassendes Ressourcenverständnis unterstellt, nach dem im Grunde alles eine Ressource darstellen kann. So bleibt etwa die Frage nach der Perspektive ungeklärt, aus der über den Wert einer Ressource zu entscheiden ist.[136]

Prozess-Black-Box: Wichtig für eine reichhaltige ressourcenorientierte Theorie ist neben der Erkenntnis, dass bestimmte Ressourcen zu Wettbewerbsvorteilen führen können, auch die Klärung der Frage, wie dies geschieht. Der Prozess der Entstehung von Wettbewerbsvorteilen wird jedoch bisher kaum thematisiert.

---

[134] Priem und Butler (2001a), S. 29 ff.
[135] Priem und Butler (2001a), S. 31 ff.
[136] PRIEM und BUTLER verweisen hierzu auf ein Beispiel aus Castanias und Helfat (1991), in dem die Betrachtung des Vorstandsvorsitzenden als Ressource aus Sicht des Aufsichtsrates sinnvoll erscheint, jedoch aus Sicht des Vorstandsvorsitzenden der Aufsichtsrat als Ressource zu betrachten ist.

Statische Erklärungsansätze: Schließlich wird bemängelt, dass gegenwärtig dynamische Entwicklungen unzureichend in die ressourcenorientierte Logik einfließen und die vorherrschende statische Betrachtung von sehr abstrakten Konstrukten die praktische Nützlichkeit des Ansatzes behindert.

Im Lichte des fehlenden empirischen Gehalts sowie der identifizierten Mängel sehen PRIEM und BUTLER die Notwendigkeit für erhebliche konzeptionelle Nachbesserungen am ressourcenorientierten Ansatz in seiner aktuellen Form.[137] Die in diesem Beitrag geäußerte Kritik hat bei den Verfechtern des ressourcenorientierten Ansatzes heftige Gegenreaktionen ausgelöst, die in der Folgezeit zu einer regen Diskussion geführt haben.[138] Daher sollen hier BARNEYs eigene Erwiderungen auf die Kritik von PRIEM und BUTLER, die den Ausgangspunkt dieser Diskussion bilden, kurz dargestellt werden.

Zu Barneys Replik

BARNEYs Replik bezieht sich in erster Linie auf den zentralen Tautologievorwurf.[139] Dabei stimmt er seinen Kritikern dahingehend zu, dass sich die identifizierten Tautologien tatsächlich aus seinen Ausführungen ableiten lassen.[140] Dies hält BARNEY aber für prinzipiell unproblematisch und argumentiert, dass auf dieser elementaren Ebene alle Theorien im strategischen Management tautologisch seien und daher Untersuchungen auf der Ebene der Parametrisierung der jeweiligen Konzepte anzusetzen haben.[141] Als Beispiele für seine These verweist er auf PORTERs Five-Forces-Modell und die Transaktionskostentheorie. Dabei erkennt er für den ersten Fall die folgende Tautologie:[142]

„[F]irms in attractive industries will outperform firms in unattractive industries and by defining industry attractiveness in terms of the ability of firms to perform well."

---

[137] Priem und Butler (2001a), S. 36.
[138] Diese umfasst im Kern Barney (2001a), Priem und Butler (2001b), Makadok (2001a), Priem (2001) sowie Bowman und Ambrosini (2001).
[139] Siehe Barney (2001a), S. 41 ff. Auf die anderen hier angesprochenen Aspekte geht BARNEY im weiteren Verlauf seiner Ausführungen ebenfalls ein. Diese spielen jedoch nur eine untergeordnete Rolle, so dass sie hier nicht weiter thematisiert werden.
[140] Siehe Barney (2001a), S. 41.
[141] Siehe Barney (2001a), S. 41 f.
[142] Barney (2001a), S. 41.

Während es sich hierbei zwar eindeutig um eine Tautologie handelt, spiegelt diese aber nicht PORTERs zentrale Aussage wider. So greift PORTER zur Erklärung des wirtschaftlichen Erfolgs der Unternehmen in einer Branche nicht auf die Branchenattraktivität, sondern die Branchenstruktur zurück. Diese wird — wie in Abschnitt 2.2.2.3 dargestellt — durch Merkmale wie die Höhe der Eintrittsbarrieren oder die Intensität der Rivalität innerhalb der Branche charakterisiert. Insbesondere lassen sich hier leicht Bedingungen angeben, die PORTERs zentrale These falsifizieren, etwa eine negative Korrelation zwischen der Höhe der Eintrittsbarrieren und dem wirtschaftlichen Erfolg der Unternehmen in der Branche. Auf dieser Ebene ist PORTERs Five-Forces-Modell daher sicher nicht tautologisch.

Weiterhin ist BARNEYs folgendes Beispiel für die tautologische Kernaussage in der Transaktionskostentheorie nicht nachvollziehbar:[143]

> „[H]ierarchical forms of governance will replace market forms of governance when the costs of market governance are greater than the costs of hierarchical governance."

So lassen sich leicht Konstellationen angeben, die diese Aussage falsifizieren, etwa wenn bestimmte Transaktionen trotz hoher Marktbenutzungskosten über den Markt koordiniert werden, während andere trotz niedriger Marktbenutzungskosten im Unternehmen verbleiben.[144] Insgesamt kann damit dieser Einwand BARNEYs gegen den Tautologievorwurf kaum überzeugen.

Vor allem aber zeigt sich die Problematik der tautologischen Kernargumentation im VRIO-Bezugsrahmen in BARNEYs Ausführungen zur Parametrisierung der Kernbegriffe.[145] So argumentiert er zunächst, dass nicht die Frage im Vordergrund stehe, ob man eine Theorie in eine Tautologie umformen könne, sondern ob sich diese durch empirisch überprüfbare Hypothesen parametrisieren lasse.[146] Anschließend führt er dann Parametrisierungsvorschläge für sein zentrales Konstrukt der wertvollen Ressource auf. Problematisch ist hieran nun die

---

[143] Barney (2001a), S. 41.
[144] Vgl. Priem und Butler (2001b), S. 59. Für weitere Beispiele nicht-tautologischer Theorien im Managementfeld verweisen PRIEM und BUTLER auf die Kontingenz- und die Konfigurationstheorie.
[145] Siehe Barney (2001a), S. 42 ff.
[146] Siehe Barney (2001a), S. 42.

Tatsache, dass seine Vorschläge (z.B. Größenvorteile, Lernkurveneffekte) keine Parametrisierungen des Ressourcenwertes sind, sondern Parametrisierungen spezifischer Ressourcen (hier der Fähigkeit, eine Kostenführerschaftsstrategie durchführen zu können).[147] Auf Basis dieser lässt sich aber nicht sein VRIO-Bezugsrahmen falsifizieren, sondern lediglich eine Aussage über die Merkmale einer spezifischen Ressource, die konzeptionell nicht exklusiv an den ressourcenorientierten Ansatz gebunden ist.[148] Weshalb BARNEY hier keine allgemeine Parametrisierung des Ressourcenwertes aufführt, die eine empirisch überprüfbare Hypothese ermöglicht, deuten die Ausführungen in Abschnitt 3.1.3 an. Demnach lässt sich zu einer tautologischen Aussage auf Ebene der Konstrukte keine passende und empirisch überprüfbare Parametrisierung auf Ebene der Variablen finden.

Auf eine umfassende Auseinandersetzung mit BARNEYs Erwiderung auf die hier skizzierte Kritik soll an dieser Stelle verzichtet werden, da die Argumentation in Abschnitt 3.3 zeigen wird, dass aufgrund der formalen Struktur des ressourcenorientierten Ansatzes Probleme wie das Tautologieproblem immer zu erwarten sind. Dennoch ist die Diskussion der beiden zentralen Gegenargumente von BARNEY instruktiv, da diese die hier aufgezeigten Vorbehalte gegen den ressourcenorientierten Ansatz nicht ausräumen, sondern unterstreichen.

3.2.3.4. Bromiley / Fleming und inkonsistente Grundannahmen im ressourcenorientierten Ansatz

BROMILEY und FLEMING kommen in ihrer Kritik zu vergleichbaren Ergebnissen wie zuvor PRIEM und BUTLER.[149] So ist eines ihrer zentralen Ergebnisse ebenfalls der Hinweis auf die tautologische Argumentationsweise im ressourcenorientierten Ansatz aufgrund der unklaren Definition zentraler Konstrukte.[150] Grundlage ihrer Analyse ist dabei ebenfalls vor allem BARNEYs grundlegender Bezugsrahmen. Daneben äußern sie aber auch eine Reihe weiterer Bedenken an der ressourcenorientierten Perspektive, die bisher nicht angesprochen worden sind.

---

[147] Siehe Barney (2001a), S. 43.
[148] Vgl. Priem und Butler (2001b), S. 61.
[149] Bromiley und Fleming (2002).
[150] Vgl. Bromiley und Fleming (2002), S. 324 f.

Vor allem ist hierbei das Phänomen inkonsistenter Annahmen zu nennen, auf denen der ressourcenorientierte Ansatz aufbaut.[151] Demnach bedient sich BAR-NEY bei der Begründung seines Bezugsrahmens sowohl eines klassischen Rationalitätsbegriffs als auch etablierter Gleichgewichtskonzepte.[152] Dasselbe gilt auch für WERNERFELT[153] und PETERAF greift bei der Begründung ihres ressourcenorientierten Bezugsrahmens auf eine klassische mikroökonomische Argumentationslogik zurück, die ebenfalls auf Rationalitäts- und Gleichgewichtskonzepten basiert.[154] Dieses Vorgehen ist notwendig zur Begründung des kausalen Zusammenhangs zwischen Ressourcen und Unternehmenserfolg. Sind hingegen Unternehmer nicht vollständig rational, dann bleiben dieser Zusammenhang und damit auch die grundlegende ressourcenorientierte Logik unbegründet. Unternehmen könnten dann etwa über wertvolle und knappe Ressourcen verfügen, diese aber in ihren Strategien nicht berücksichtigen.[155]

Auf der anderen Seite motiviert sich aber der ressourcenorientierte Ansatz gerade aus seiner Kritik am industrieökonomischen Ansatz und dabei vor allem an der diesem zugrunde liegenden strengen ökonomischen Argumentationsweise.[156] So liegt ein Schwerpunkt im ressourcenorientierten Ansatz auf der Betrachtung von Routinen, die ihren theoretischen Ursprung im Konzept der begrenzten Rationalität finden.[157] Darüber hinaus stehen gerade solche Ressourcen im Vordergrund der Betrachtung, die sich durch Merkmale einer beschränkten Rationalität — etwa in Form kausaler Ambiguität — auszeichnen. Auch ist die Thematisierung des Prozesses des Erwerbs oder Aufbaus von Ressourcen nicht verträglich mit dem Zugrundelegen von Gleichgewichtskonzepten, die eine solche Dynamik bereits vorwegnehmen. Das heißt, dass der ressourcenorientierte Ansatz zum einen zur Begründung seiner Kernargumentation auf strenge Anforderungen in Form von Rationalität und Gleichgewichtskonzepten angewiesen ist, diese jedoch im Anschluss ablehnt.[158]

---

[151] Siehe Bromiley und Fleming (2002), S. 321 f.
[152] Vgl. Levinthal (1995), S. 23.
[153] Siehe Wernerfelt (1984), S. 171.
[154] Peteraf (1993).
[155] Vgl. auch Powell (2004).
[156] Siehe Bromiley und Fleming (2002), S. 321.
[157] Vgl. March und Simon (1958).
[158] Vgl. Bromiley und Fleming (2002), S. 322 f.

3.2.3.5. Foss / Knudsen und notwendige Bedingungen für nachhaltige Wettbewerbsvorteile

FOSS und KNUDSEN basieren ihre Analyse des konzeptionellen Grundaufbaus im ressourcenorientierten Ansatz auf den beiden Bezugsrahmen von BARNEY und PETERAF.[159] Darin thematisieren sie zunächst im Vergleich beider Arbeiten die uneinheitliche Begriffsgrundlage in Bezug auf die zu erklärende Variable im ressourcenorientierten Ansatz. Vor allem aber richtet sich ihre Kritik gegen die von ihnen identifizierte unklare logische Struktur des Ansatzes, der auf einer Reihe teils impliziter Annahmen beruht, für die nicht spezifiziert wird, ob diese hinreichende oder notwendige Bedingungen für die Analyse von Wettbewerbsvorteilen darstellen.[160]

Im Folgenden werden die drei Kernkritikpunkte von FOSS und KNUDSEN, die ungeklärte Definition des Begriffs des Wettbewerbsvorteils, das Phänomen impliziter Annahmen sowie die Frage nach der Notwendigkeit und Hinlänglichkeit einzelner Annahmen dargestellt.

Unterschiedliche Definitionen eines Wettbewerbsvorteils

Eine Gegenüberstellung der Begriffsverständnisse bei BARNEY und PETERAF zeigt die Unterschiede im Verständnis eines Wettbewerbsvorteils:[161]

Wettbewerbsvorteil bei BARNEY	„[A] firm is said to have a competitive advantage when it is implementing a value creating strategy not simultaneously being implemented by any current or potential competitors."
Wettbewerbsvorteil bei PETERAF (nach FOSS und KNUDSEN)	„[H]er definition of SCA [sustained competitive advantage] [requires] that firms must earn relatively more on a sustained basis than other firms in order to possess a SCA."

---

[159] Vgl. Barney (1991), Peteraf (1993) sowie auch Abschnitte 2.2.3.4 und 2.2.3.5.
[160] Foss und Knudsen (2003), 291 f.
[161] Siehe Barney (1991), S. 102 sowie Foss und Knudsen (2003), S. 295 zum Verständnis eines Wettbewerbsvorteils. PETERAF selbst gibt in ihrer Arbeit keine explizite Definition an.

Nach BARNEY besitzt ein Unternehmen also einen Wettbewerbsvorteil, wenn es
in der Lage ist, einzigartige Strategien durchzuführen, während PETERAF einen
Wettbewerbsvorteil mit der Erwirtschaftung eines überdurchschnittlichen wirtschaftlichen Erfolgs im Gleichgewicht in Verbindung bringt. FOSS und KNUD-
SEN argumentieren vor diesem Hintergrund, dass sich diese beiden Verständnisse grundsätzlich unterscheiden, da sowohl die Durchführung einer einzigartigen
Strategie nicht zu einem überdurchschnittlichen wirtschaftlichen Erfolg führen
muss, als auch ein überdurchschnittlicher wirtschaftlicher Erfolg auf Basis nicht-
einzigartiger Strategien zu erzielen ist.[162]

Ein Beispiel für den ersten Fall ist ein Monopolist auf einem bestreitbaren
Markt. Dieser verfolgt offensichtlich eine einzigartige Strategie, kann jedoch
keinen überdurchschnittlichen wirtschaftlichen Erfolg erzielen, da er jederzeit
von potentiellen Konkurrenten bedroht ist.[163] Im zweiten Fall ist ein Beispiel
denkbar, in dem mehrere Unternehmen dieselbe Strategie verfolgen, jedoch einige vom Glück bevorzugt werden.[164]

In ihrer Bewertung beider Positionen sympathisieren FOSS und KNUDSEN mit
PETERAFs Verständnis aufgrund des direkteren Bezugs zum wirtschaftlichen
Erfolg von Unternehmen.[165] Im Rückblick auf die Kritik an BARNEYs Bezugsrahmen etwa in der Arbeit von PRIEM und BUTLER mag dies als Lösung eines grundlegenden ressourcenorientierten Problems erscheinen. Im Lichte der
nachfolgenden Kritik von POWELL an der Grundlogik der gegenwärtigen Strategieforschung (Abschnitt 3.2.4) trübt sich jedoch dieser Eindruck.

Implizite Annahmen

Der ressourcenorientierte Ansatz basiert auf einer Reihe explizit genannter Annahmen. So ist die Annahme einer heterogenen und immobilen Ressourcenausstattung sowohl bei BARNEY als auch bei PETERAF von zentraler Bedeutung.
FOSS und KNUDSEN identifizieren jedoch auch eine Reihe impliziter Annahmen
in den beiden Bezugsrahmen. Diese erweisen sich dann als besonders problematisch, wenn sie zum einen in besonderer Weise die Argumentation sowie

---

[162] Siehe Foss und Knudsen (2003), S. 295 f.
[163] Zum Konzept des bestreitbaren Marktes siehe etwa Mas-Colell et al. (1995), S. 411.
[164] Siehe etwa Mancke (1974).
[165] Foss und Knudsen (2003), 295 f.

deren Ergebnis prägen und zum anderen einen sehr speziellen und restriktiven Charakter aufweisen. FOSS und KNUDSEN nennen hierzu vier Beispiele.[166]

Das erste Beispiel ist BARNEYs implizite Annahme, dass Strategien zueinander stets in einem substitutiven Verhältnis stehen. Denn nur so lässt sich verstehen, weshalb er nur in der Durchführung einzigartiger Strategien einen Wettbewerbsvorteil sieht. Die Möglichkeit komplementärer Strategien, etwa in Form kollusiven Verhaltens, wird dabei außer acht gelassen.

Ein zweites Beispiel besteht in der Wahl der einer Analyse zugrunde liegenden Wettbewerbsform. So modelliert PETERAF in ihrer Analyse der Ricardo-Rente Unternehmen als Preisnehmer.[167] Dabei ist es zwar zulässig, zunächst eine möglichst intensive Wettbewerbsform anzunehmen, um so andere Ursachen für die Entstehung von ökonomischen Renten auszuschließen. Jedoch wird diese Wahl nicht explizit angegeben, obwohl die Wahl der Wettbewerbsform erheblichen Einfluss auf die Verteilung des wirtschaftlichen Erfolgs innerhalb einer Branche hat.[168]

Als drittes Beispiel findet sich der Verweis auf BARNEYs Analyse strategischer Beschaffungsmärkte.[169] Dort wird argumentiert, dass ein Unternehmen auf einem Beschaffungsmarkt nur dann eine Ressource zu einem Preis erwerben kann, der unter deren Wert liegt, wenn es Glück hat, oder systematisch besser über den Wert der Ressource informiert ist als die anderen Marktteilnehmer. So stellt BARNEY fest:[170]

„When firms seeking to acquire resources to implement a strategy (strategizers) and firms who currently own or control these resources (controllers) have exactly the same [...] expectations [...], then the price of the resources needed to implement these strategies will approximately equal their value once they are actually implemented."

Damit aber unter der Annahme einer gleichen Informationsgrundlage von Anbietern (*controllers*) und Nachfragern (*strategizers*) der Preis einer Ressource

---

[166] Foss und Knudsen (2003), 296 ff.
[167] Siehe Peteraf (1993), S. 180 f.
[168] So führt im Allgemeinen die Annahme von Bertrad- bzw. Cournot-Wettbewerb zu sehr unterschiedlichen Ergebnissen. Vgl. Mas-Colell et al. (1995), S. 387 ff.
[169] Barney (1986b). Vgl. auch Abschnitt 2.2.3.2.
[170] Barney (1986b), s. 1233.

tatsächlich ihrem Wert entspricht, bedarf es weiterer Annahmen über die Wettbewerbsintensität unter den Anbietern ebenso wie unter den Nachfragern, da diese die relative Verhandlungsmacht beeinflusst. Insbesondere ist es also auch bei symmetrischer Informationsverteilung möglich, dass ein Unternehmen eine Ressource zu einem Preis bezieht, der unter deren Wert liegt.[171]

Als letztes Beispiel verweisen FOSS und KNUDSEN auf die These im ressourcenorientierten Ansatzes, dass ein öffentlich verfügbarer strategischer Rat niemals Grundlage eines Wettbewerbsvorteils sein kann. Darin erkennen sie jedoch die implizite Annahme, dass Beschaffungsmärkte empirisch zumindest mittelstark effizient sind.[172]

Notwendige und zusätzliche Bedingungen

Gegenstand des letzten Kritikpunktes war der Vorwurf einer unzureichenden Abgrenzung der notwendigen Bedingungen zur Erklärung anhaltender Wettbewerbsvorteile in der theoretischen Struktur des ressourcenorientierten Ansatzes.[173] Dies ist zugleich auch der wichtigste Kritikpunkt von FOSS und KNUDSEN, die eine klare Abgrenzung der notwendigen Bedingungen von weiteren Zusatzbedingungen[174] fordern. Dabei sollte ein ressourcenorientierter Bezugsrahmen Wettbewerbsvorteile bereits ausschließlich auf Basis der notwendigen Bedingungen erklären können. Zusätzliche Bedingungen dienen dann nur der besseren Darstellung einzelner Aspekte.

FOSS und KNUDSEN argumentieren jedoch, dass sich in den beiden Bezugsrahmen von BARNEY und PETERAF eine solche klare Unterteilung nicht identifizieren lässt.[175] Darin erkennen sie zwei Probleme. Zum einen beeinträchtigt dies die kausale Struktur des ressourcenorientierten Ansatzes. Ist also etwa die

---

[171] FOSS und KNUDSEN nennen hier zur Begründung das Beispiel einer starken Zeitpräferenz des Anbieters. Foss und Knudsen (2003), S. 297 sowie auch Rubinstein (1982).

[172] Eine mittelstarke Effizienzform liegt auf Märkten vor, wenn Marktpreise zumindest alle öffentlich verfügbaren Informationen widerspiegeln. Vgl. Foss und Knudsen (2003), S. 298.

[173] Foss und Knudsen (2003), S. 298 ff.

[174] Zusatzbedingungen werden wie folgt definiert: „By the latter concept [additional conditions] we refer to those assumptions that, while serving the important role of adding realism to the analysis, are not strictly necessary for the existence of SCA [sustained competitive advantage]." Foss und Knudsen (2003), S. 298.

[175] Foss und Knudsen (2003), S. 299.

Ressourcenheterogenität tatsächlich eine notwendige Bedingung für das Entstehen von Wettbewerbsvorteilen? Dazu argumentieren FOSS und KNUDSEN im weiteren Verlauf ihrer Arbeit, dass dies nicht der Fall ist und es vielmehr ausreicht, Unsicherheit in Bezug auf den zukünftigen Wert von Ressourcen sowie deren Immobilität als notwendige Bedingungen vorauszusetzen.[176] Insbesondere stellen sie dabei fest, dass die heterogene Verteilung von Ressourcen aus der Annahme von Unsicherheit und Ressourcenimmobilität folgt.[177] Weiterhin erkennen sie hier die Ursache für den bereits dargestellten Kritikpunkt impliziter Annahmen.

Zum anderen halten sie auch die praktische Anwendung des ressourcenorientierten Ansatzes für problematisch, wenn die Beziehungen zwischen den verschiedenen zugrunde gelegten Annahmen nicht klar herausgestellt werden. So kann eine empirische Untersuchung zu fehlerhaften Ergebnissen führen, wenn die beobachteten Variablen voneinander und von weiteren unbeobachteten Variablen beeinflusst werden, ohne dass dies konzeptionell erfasst wird.

Peterafs und Barneys Replik

In ihrer Erwiderung nehmen PETERAF und BARNEY zu zwei Aspekten in der hier dargestellten Analyse Stellung.[178] Zunächst beziehen sie sich dabei auf die Frage nach der abhängigen Variable im ressourcenorientierten Ansatz und anschließend auf die der ressourcenorientierten Argumentation zugrunde liegenden Annahmen, insbesondere die Rolle der Ressourcenheterogenität.

So halten sie dem Vorschlag von FOSS und KNUDSEN, Wettbewerbsvorteile durch das Erzielen eines überlegenen wirtschaftlichen Erfolgs zu definieren, entgegen, dass durch dieses Verständnis der ursprüngliche Charakter des ressourcenorientierten Ansatzes verfälscht wird. Denn ein überlegener wirtschaftlicher Erfolg kann auch einen nicht durch die Ressourcenausstattung bedingten Ursprung haben, wie etwa eine günstige Branchenstruktur. Durch die zu erklärende Variable soll aber ihrer Meinung nach nur der auf die Ressourcenausstattung konkurrierender Unternehmen zurückzuführende Erfolgsbeitrag er-

---

[176] Siehe Foss und Knudsen (2003), S. 302 ff.
[177] Als Beispiel dafür verweisen sie auf das bekannte Modell in Lippman und Rumelt (1982).
[178] Siehe Peteraf und Barney (2003), S. 310 f.

fasst werden.[179]

In Bezug auf die grundlegenden Annahmen des ressourcenorientierten Ansatzes stimmen PETERAF und BARNEY den Anmerkungen von FOSS und KNUDSEN dahingehend zu, dass sich eine heterogene Verteilung von Ressourcen auf Unternehmen aus den beiden Bedingungen Unsicherheit und Immobilität ableiten lässt. Weiterhin führen sie an, dass eine heterogene Ressourcenausstattung auch andere Ursachen wie etwa Pfadabhängigkeiten haben kann. Der Tatsache der Rückführbarkeit auf andere Ursachen messen sie jedoch keine besondere Bedeutung bei und sehen vielmehr die Ressourcenheterogenität als die *conditio sine qua non* des ressourcenorientierten Ansatzes.[180]

Im Vergleich zur Kritik von PRIEM und BUTLER fallen die Anmerkungen von FOSS und KNUDSEN weniger fundamental aus, so dass sich auch die Erwiderung im Wesentlichen auf Details konzentriert und insgesamt die hier geführte Auseinandersetzung deutlich weniger Aufmerksamkeit in der nachfolgenden Literatur auf sich gezogen hat.

3.2.3.6. Lado et al. und Paradoxa im ressourcenorientierten Ansatz

In einem aktuellen Beitrag diskutieren LADO *et al.* die Rolle von Paradoxa im ressourcenorientierten Ansatz.[181] Unter einem Paradoxon verstehen sie dabei zunächst allgemein die dynamische Spannung zwischen entgegengesetzten Positionen.[182] Im Rahmen ihrer weiteren Analyse unterscheiden sie dann aber zwischen drei Typen von Paradoxa: Logische Paradoxa thematisieren die epistemologischen Grundlagen des ressourcenorientierten Ansatzes, während informelle Paradoxa im Zusammenhang mit der strategischen Praxis entstehen und rhetorische Paradoxa mit Blick auf die Erneuerung theoretischer Konzepte diskutiert werden.[183]

In ihrer Bewertung der Bedeutung von Paradoxa im ressourcenorientierten Ansatz argumentieren LADO *et al.*, dass das Bestehen von Paradoxa nicht per

---

[179] Siehe Peteraf und Barney (2003), S. 310. Für einen entsprechenden Definitionsvorschlag siehe auch S. 314 des Beitrags.
[180] Siehe Peteraf und Barney (2003), S. 311.
[181] Lado et al. (2006).
[182] LADO *et al.* zitieren hier aus Rosen (1994), S. xvii zur Definition eines Paradoxons als „the dynamic tension of juxtaposed opposites." Siehe Lado et al. (2006), S. 115.
[183] Lado et al. (2006), S. 117. Vgl. hierzu auch Poole und van de Ven (1989).

se hinderlich für den wissenschaftlichen Diskurs ist. Vielmehr bringen sie deren Problematisierung mit einer positivistischen Perspektive in Verbindung.[184] Selbst sehen sie Paradoxa eher als Chance für die Anregung neuer Erklärungsansätze.[185] Diese Interpretation soll hier nicht im Vordergrund stehen. Der Fokus liegt hier auf der Identifizierung der Paradoxa im ressourcenorientierten Ansatz.

Logische Paradoxa

Logische Paradoxa basieren auf widersprüchlichen Positionen, die sich auf Basis logischer Schlussfolgerungen ergeben.[186] Das zentrale logische Paradoxon im ressourcenorientierten Ansatz identifizieren LADO et al. in einer Aussage von SPENDER und GRANT:[187]

> „[T]he variables which are most theoretically interesting are those which are least identifiable and measurable.“

Wertvolle Ressourcen, die nicht identifizierbar sind, sind auch am schwierigsten zu kopieren und bilden somit in besonderem Maße die Grundlage für anhaltende Wettbewerbsvorteile.[188] Ein Beispiel hierfür ist etwa das besondere Wissen der Mitarbeiter eines Unternehmens in Bezug auf die Entwicklung neuer Produkte.[189] Weiterhin wird hier die paradoxe Situation diskutiert, dass sich gerade die Kernargumentation einer strengen empirischen Überprüfung entzieht. Dies zeigt sich zum einen in dem von PRIEM und BUTLER aufgezeigten Tautologieproblem und zum anderen in dem von COLLIS diskutierten Problem des unendlichen Regresses bei der Identifikation der Quellen von Wettbewerbsvorteilen.[190]

---

[184] Lado et al. (2006), S. 117 ff. Als positivistisch wird dabei im Wesentlichen das hier in Abschnitt 3.1 vorgestellte zentrale Wissenschaftsverständnis in der strategischen Managementforschung bezeichnet.
[185] Siehe Lado et al. (2006), S. 118.
[186] Vgl. van Heijenoort (1972).
[187] Siehe Lado et al. (2006), S. 119. Zitiert aus Spender und Grant (1996), S. 8.
[188] Vgl. Barney (1991).
[189] Vgl. Starbuck (1992).
[190] Siehe Priem und Butler (2001a), Collis (1994) sowie auch Abschnitt 3.2.3.3 und 3.2.3.1.

Informelle Paradoxa

Im Gegensatz zu logischen Paradoxa unterliegt informellen Paradoxa ein weniger strenger Formalismus. So basieren diese auf gegensätzlichen Positionen, die sich auf einen gemeinsamen Gegenstandsbereich beziehen.[191] In Bezug auf den ressourcenorientierten Ansatz identifizieren LADO *et al.* die folgenden drei Beispiele.[192]

Kausale Ambiguität: Hierbei handelt es sich um das Phänomen, dass die Ursachen, die zum Entstehen von Erfolgsunterschieden zwischen Unternehmen führen, nicht erkannt werden. Dadurch werden bestehende Erfolgsunterschiede stabilisiert, da wertvolle Ressourcen nicht kopiert werden können.[193] Paradox ist daran die Tatsache, dass sich die von kausaler Ambiguität umgebenen Ressourcen auch einer wissenschaftlichen Erklärung entziehen.[194]

Imitation und Innovation: Die Standardlogik im ressourcenorientierten Ansatz suggeriert, dass Unternehmen ihre Innovationen vor Imitationsversuchen durch Konkurrenten schützen müssen.[195] Demgegenüber wird jedoch auch argumentiert, dass hohe Imitationsbarrieren Konkurrenten verstärkt zu eigenen Innovationen motivieren.[196]

Rules for Riches: Ein zentrales Argument im ressourcenorientierten Ansatz besteht in dem Hinweis, dass es keine Regeln für das Erreichen eines überlegenen wirtschaftlichen Erfolgs geben könne. Auf der anderen Seite wird aber auch argumentiert, dass Unternehmen die Erkenntnisse aus dem ressourcenorientierten Ansatz zum Erzielen von Wettbewerbsvorteilen nutzen können, die dann genau auf einen überlegenen wirtschaftlichen Erfolg hinauslaufen.[197]

---

[191] Siehe Poole und van de Ven (1989), S. 563.
[192] Siehe Lado et al. (2006), S. 120 ff.
[193] Reed und DeFillippi (1990).
[194] Lado et al. (2006), S. 121 f.
[195] Vgl. etwa Rumelt (1984, 1987).
[196] Siehe hierzu Conner (1995).
[197] Lado et al. (2006), S. 123.

Rhetorische Paradoxa

Rhetorische Paradoxa zielen schließlich auf die Überzeugungskraft eines theoretischen Ansatzes ab. Um diese zu erhöhen gilt es, konfliktäre Elemente in den
zugrunde liegenden Annahmen aufzulösen. LADO *et al.* verdeutlichen das Bestehen rhetorischer Paradoxa im Zusammenhang mit dem ressourcenorientierten
Ansatz an den folgenden zwei Beispielen.[198]

Konflikte zwischen Denkschulen: Im ressourcenorientierten Ansatz lassen sich
unterschiedliche Denkschulen identifizieren, deren Grundpositionen nicht
miteinander vereinbar sind. Dies wird jedoch überwiegend als Beleg für
die Stärke und Vielfältigkeit der Perspektive gewertet.[199] Ein Beispiel
hierfür sieht SCHULZE in dem Gegensatz zwischen der auf Gleichgewichts-
analysen basierenden Untersuchung der Quellen von Wettbewerbsvorteilen einerseits und der dynamischen Betrachtung der Entwicklung von Unternehmen andererseits.[200]

Wirtschaftlicher Erfolg: Die strategische Managementforschung zielt zwar zum
einen auf die Erklärung des wirtschaftlichen Erfolgs von Unternehmen
ab.[201] Auf der anderen Seite ist aber die tatsächliche Bestimmung des
wirtschaftlichen Erfolgs äußerst problematisch.[202] MEYER und GUPTA
beobachten insbesondere das Phänomen, dass Erfolgsmaße im Zeitverlauf ihre Fähigkeit verlieren, erfolgreiche und erfolglose Unternehmen zu
unterscheiden. Ein Paradoxon wird hier darin gesehen, dass die Geschäftsführung von Unternehmen ohne eine exakte Bewertbarkeit ihrer Ergebnisse auskommen muss.[203]

LADO *et al.* problematisieren das Bestehen von Paradoxa im ressourcenorientierten Ansatz nicht grundsätzlich, sondern sehen dies vor allem als Ausgangspunkt für die weitere Auseinandersetzung mit diesen Paradoxa. Dadurch soll

---

[198] Siehe Lado et al. (2006), S. 124 f.
[199] Lado et al. (2006), S. 124.
[200] Siehe Schulze (1994). Eine statische Betrachtung findet sich etwa in Barney (1991) und
eine dynamische in Teece et al. (1997).
[201] Vgl. etwa Rumelt et al. (1994).
[202] Siehe Abschnitt 2.1.4.
[203] Siehe Meyer und Gupta (1994), S 309.

das Ziel verfolgt werden, die Entwicklung der ressourcenorientierten Argumentationsweise weiter voranzutreiben. Dieses Vorhaben kann durchaus erfolgreich sein. Insbesondere auf informeller und rhetorischer Ebene lassen sich einzelne Paradoxa unter Umständen sogar auflösen. Jedoch ist zunächst festzustellen, dass gegenwärtig die hier identifizierten Paradoxa bestehen und für die aktuelle Version des ressourcenorientierten Ansatzes die hier angedeuteten Probleme aufwerfen.

3.2.3.7. Zwischenfazit zur Kritik am ressourcenorientierten Ansatz

In den sechs hier diskutierten Beiträgen wurde eine Vielzahl von zum Teil gleichen Kritikpunkten am ressourcenorientierten Ansatz aufgeführt. Diese werden in Tabelle 3.4 zusammengefasst. Die Fülle der identifizierten Problemfelder stützt die eingangs aufgestellte Vermutung, dass sich die Struktur des ressourcenorientierten Ansatzes in besonderer Weise für eine kritische Auseinandersetzung eignet.

Im Vergleich der einzelnen Kritikpunkte zeigt sich zum einen, dass nicht alle hier angesprochenen Aspekte einen gleichwertigen Stellenwert einnehmen. So lässt sich in der Systematik von LAKATOS zwischen Angriffen auf den harten Kern einer Theorie und dessen Schutzgürtel unterscheiden.[204] Angriffe auf den harten Kern, wie der Tautologievorwurf von PRIEM und BUTLER, stellen die Eignung des ressourcenorientierten Ansatzes grundsätzlich in Frage, wohingegen jedoch die im letzten Beitrag aufgeführten informellen oder rhetorischen Paradoxa nicht zwangsläufig nach einer Aufklärung verlangen.

Weiterhin zeigt sich eine enge kausale Verbindung zwischen einigen der aufgeführten Kritikpunkte. So führen PRIEM und BUTLER beispielsweise die tautologische Kernargumentation im ressourcenorientierten Ansatz auf die exogene Bestimmung des Ressourcenwertes zurück.[205] Ebenso lässt sich zwischen dem Aspekt des unendlichen Regresses und einer tautologischen Argumentationsweise eine direkte Verbindung begründen. Gleiches gilt für das Verhältnis zur mangelnden Operationalisierbarkeit.

---

[204] Siehe Lakatos (1970), S. 132 ff. sowie Abschnitt 3.1.2.1.
[205] Siehe Abschnitt 3.2.3.3.

Tabelle 3.4: Kritikpunkte am ressourcenorientierten Ansatz in der Literatur

	COLLIS	BOW-MAN / AMBRO-SINI	PRIEM / BUTLER	BROMI-LEY / FLE-MING	FOSS / KNUD-SEN	LADO et al.
Unendlicher Regress	X				X	
Exogene Bestimmung des Ressourcenwertes		X	X			
Tautologische Argumentation			X	X		X
Fehlende Operationalisierbarkeit			X			
Unklare Begriffsbildung			X		X	
Statische Perspektive			X			X
Unklare Grundannahmen				X	X	
Implizite Annahmen					X	
Kausale Ambiguität						X
Rules for Riches					X	X
Erfolgsmessung						X

Die Reaktion der Vertreter des ressourcenorientierten Ansatzes lässt sich treffend am Beispiel von PRIEM und BUTLERs Beitrag charakterisieren. So äußert sich diese zunächst — wie hier am Beispiel von BARNEYs Replik dargestellt — in einer Gegendarstellung, die im Wesentlichen darauf abzielt, die Kritikpunkte zu widerlegen oder deren Bedeutung zu negieren.[206] In der weiteren Diskussion

---

[206] Siehe hierzu die Auseinandersetzung in den folgenden Beiträgen: Priem und Butler (2001a), Barney (2001a), Priem und Butler (2001b) sowie im Anschluss Makadok (2001a), Priem (2001) sowie Bowman und Ambrosini (2001). Als weiteres Beispiel siehe

wird die Kritik je nach Bedeutung zwar weiterhin erwähnt. Eine inhaltliche
Berücksichtigung in der konzeptionellen Ausgestaltung des ressourcenorientierten Ansatzes lässt sich hingegen kaum erkennen.

3.2.4. Powell und die Logik der Kernargumentation

POWELL untersucht in seinem Beitrag die logischen und philosophischen Grundlagen der allgemeinen Kernthese in der strategischen Managementforschung,
dass sich anhaltender wirtschaftlicher Erfolg durch das Konzept der nachhaltigen Wettbewerbsvorteile erklären lässt.[207] Dabei attestiert er gegenwärtigen
Hypothesen über diesen Zusammenhang eine unklare und problematische logische Trennung beider Konzepte.[208] So bleibt es in vielen empirischen Arbeiten ungeklärt, ob nachhaltige Wettbewerbsvorteile eine notwendige oder hinreichende Bedingung für das Erzielen eines anhaltenden überlegenen wirtschaftlichen Erfolgs sind. Vor diesem Hintergrund thematisiert POWELL in seiner
Arbeit zunächst die Logik der zentralen Hypothesen im strategischen Management und schließt dem eine Diskussion der daraus resultierenden philosophischen Probleme für die Strategieforschung an.

Logik und Wettbewerbsvorteile

Ausgangspunkt der Analyse ist die Logik der Beziehung zwischen den beiden
folgenden Aussagen:[209]

> Aussage p: Unternehmen i erzielt einen anhaltenden wirtschaftli-
> chen Erfolg.

> Aussage q: Unternehmen i besitzt einen oder mehrere nachhaltige
> Wettbewerbsvorteile.

Foss und Knudsen (2003) und Peteraf und Barney (2003).
[207] Powell (2001).
[208] POWELL spricht hier allgemein von Hypothesen. In den Bezeichnungen von BACHARACH
       (siehe Abschnitt 3.1.3) handelt es sich hierbei stets um Propositionen.
[209] Siehe Powell (2001), S. 876 ff.

Mit Blick auf empirische Untersuchungen in der strategischen Managementforschung argumentiert POWELL, dass zunächst bei Unternehmen, die einen anhaltenden wirtschaftlichen Erfolg aufweisen, auch nachhaltige Wettbewerbsvorteile vermutet werden. Anschließend wird dann aber argumentiert, dass nachhaltige Wettbewerbsvorteile zu einem anhaltenden wirtschaftlichen Erfolg führen. Vor dem Hintergrund der beiden Aussagen p und q lassen sich die drei folgenden Hypothesen formulieren, die der Kernargumentation im strategischen Management zugrunde liegen:[210]

Hypothese (1): Wenn p, dann q (wenn Unternehmen i einen anhaltenden wirtschaftlichen Erfolg erzielt, dann besitzt Unternehmen i einen oder mehrere nachhaltige Wettbewerbsvorteile).

Hypothese (2): Wenn q, dann p (wenn Unternehmen i einen oder mehrere nachhaltige Wettbewerbsvorteile besitzt, dann erzielt Unternehmen i einen anhaltenden wirtschaftlichen Erfolg).

Hypothese (3): p genau dann, wenn q (Unternehmen i erzielt genau dann einen anhaltenden wirtschaftlichen Erfolg, wenn Unternehmen i einen oder mehrere nachhaltige Wettbewerbsvorteile besitzt).

Welche dieser Hypothesen einer Untersuchung zugrunde liegt, hat elementaren Einfluss auf die Interpretation der Ergebnisse. Im Fall von Hypothese (1) ist bei jedem Unternehmen mit einem anhaltenden wirtschaftlichen Erfolg auch ein nachhaltiger Wettbewerbsvorteil zu erwarten. Jedoch ist es unter dieser Hypothese durchaus möglich, dass es auch Unternehmen gibt, die über nachhaltige Wettbewerbsvorteile verfügen, aber keinen anhaltenden wirtschaftlichen Erfolg erzielen.

Entsprechend kann es im Fall von Hypothese (2) Unternehmen geben, die einen anhaltenden wirtschaftlichen Erfolg erzielen, obwohl sie über keine nachhaltigen Wettbewerbsvorteile verfügen. Jedoch erzielen hier alle Unternehmen mit nachhaltigen Wettbewerbsvorteilen auch einen anhaltenden wirtschaftlichen Erfolg. Dabei wird sofort ersichtlich, dass weder Hypothese (2) aus Hypothese (1) noch Hypothese (1) aus Hypothese (2) folgt. Vielmehr ist in Hypothese (1) der Besitz eines nachhaltigen Wettbewerbsvorteils eine notwendige Bedingung für das

---

[210] Siehe Powell (2001), S. 876.

Erzielen eines anhaltenden wirtschaftlichen Erfolgs, während es in Hypothese (2) eine hinreichende Bedingung ist.

Hypothese (3) ist die stärkste der drei Hypothesen. Hier ist der Besitz nachhaltiger Wettbewerbsvorteile hinreichend und notwendig für das Erzielen eines anhaltenden Wettbewerbsvorteils. Unternehmen erzielen also genau dann einen anhaltenden wirtschaftlichen Erfolg, wenn sie nachhaltige Wettbewerbsvorteile besitzen. POWELL argumentiert nun, dass Hypothese (3) als zentrale Grundthese in der Literatur zwar die unklare Trennung zwischen den beiden Konstrukten erklärt.[211] Jedoch ist diese These äußerst problematisch, da sie entweder nicht überprüfbar ist, etwa wenn Wettbewerbsvorteile auf Basis des wirtschaftlichen Erfolgs definiert werden, oder wenn sie überprüfbar ist, sich durch offensichtliche Gegenbeispiele falsifizieren lässt.[212]

Als Antwort auf diese Problematik führt POWELL hier das Konstrukt des Wettbewerbsnachteils ein und folgert, dass ein Unternehmen dann keinen wirtschaftlichen Erfolg zu erwarten hat, wenn es neben Wettbewerbsvorteilen auch Wettbewerbsnachteile besitzt. Dieses Argument richtet sich auch gegen Hypothese (2), so dass lediglich Hypothese (1) als Kandidat für die Strategieforschung verbleibt. Diese bleibt jedoch als Grundlage für die Strategieforschung äußerst unbefriedigend, da hieraus das Schlussfolgern eines anhaltenden wirtschaftlichen Erfolgs aufgrund nachhaltiger Wettbewerbsvorteile nicht zulässig ist.[213]

Philosophische Bedeutung

Ausgehend von seiner Kritik an der logischen Beziehung zwischen nachhaltigen Wettbewerbsvorteilen und dem anhaltenden wirtschaftlichen Erfolg von Unternehmen geht POWELL in seiner Analyse weiter auf deren Bedeutung für die

---

[211] Powell (2001), S. 877.

[212] So reicht es hierfür aus, ein Unternehmen zu identifizieren, das über eindeutige nachhaltige Wettbewerbsvorteile verfügt, aber gleichzeitig aufgrund von Versäumnissen in anderen Bereichen keinen anhaltenden überlegenen wirtschaftlichen Erfolg erzielt. Ein mögliches Beispiel hierfür ist das Unternehmen *Enron*, dem vor dem Niedergang allgemein nachhaltige Wettbewerbsvorteile attestiert wurden. Siehe etwa Grant (2002), S. 367.

[213] POWELL erweitert die Argumentation noch systematisch um das Konzept der Wettbewerbsnachteile und kommt dabei zu bestätigenden Ergebnissen. Siehe Powell (2001), S. 878 f.

tatsächliche Strategieforschung ein. Diese richtet sich aufgrund dessen exponierter Stellung in der Strategieforschung vor allem gegen den ressourcenorientierten Ansatz.[214]

Anknüpfungspunkt ist dabei die Annahme heterogener Unternehmen als Grundlage des ressourcenorientierten Ansatzes. Diese Annahme ist problematisch, weil sie keinen empirischen Bezug aufweist. Dass zwei verschiedene Unternehmen nicht identisch sein können, folgt direkt aus dem Verständnis der Ausdrücke „zwei verschiedene" und „identisch". So ist es unmöglich, zwei verschiedene Unternehmen in der Realität zu finden, die identisch sind.[215] Ausgehend von dieser analytischen[216] Grundannahme folgert POWELL weiter auch den analytischen Status der überwiegenden Mehrheit der Aussagen im ressourcenorientierten Ansatz. So argumentiert er, dass in ressourcenorientierten empirischen Arbeiten zunächst Unternehmen mit einem anhaltenden wirtschaftlichen Erfolg identifiziert werden, um anschließend bei diesen nach nachhaltigen Wettbewerbsvorteilen zu suchen.[217] Diesem Vorgehen liegt die Annahme von Hypothese (1) zugrunde. Lassen sich keine nachhaltigen Wettbewerbsvorteile aufspüren, dann wird dies regelmäßig — wie bereits in vorherigen Beiträgen dargestellt — durch die Intangibilität, Komplexität oder kausale Ambiguität der zugrunde liegenden Ressourcen erklärt. Dadurch wird Hypothese (1) analytisch, da sie nicht durch empirische Befunde, etwa das Vorliegen anhaltenden wirtschaftlichen Erfolgs ohne nachhaltige Wettbewerbsvorteile, widerlegt werden kann.

Schließlich stellt POWELL fest, dass das Problem analytischer Kernkonzepte kein ausschließliches Merkmal des ressourcenorientierten Ansatzes darstellt, sondern vielmehr ein allgemeines Phänomen in der strategischen Managementforschung ist:[218]

„Certainly, notions such as strategic groups, cost leadership, differentiation, niche and 'stuck in the middle' have metaphysical and empirical problems as great as those in the resource-based view, and

---

[214] Powell (2001), S. 881. ff.
[215] Diese müssten über dieselbe Ressourcenausstattung verfügen und zur selben Zeit am selben Ort existieren. Vgl. hierzu auch Powell (2001), S. 881.
[216] Zum Verständnis analytischer Aussagen siehe Abschnitt 3.1.4.
[217] Siehe Powell (2001), S. 882.
[218] Powell (2001), S. 883.

many industry-level phenomena are causally and ontologically am-
biguous (e.g., is product differentiability a firm-specific or industry
level phenomenon? Exogenous or endogenous?)."

Insgesamt stellt POWELL fest, dass es bisher keine falsifizierbare und gleichzeitig
noch nicht falsifizierte Theorie über das Verhältnis zwischen nachhaltigen Wettbewerbsvorteilen und einer anhaltenden wirtschaftlichen Überlegenheit gibt.[219]

Nachfolgende Diskussion

Aufgrund ihres grundsätzlichen Charakters hat die hier skizzierte Kritik von
POWELL eine rege Diskussion nach sich gezogen. Die zentralen Einwände gegen
POWELLs Ausführungen sollen hier daher kurz aufgeführt werden.

So argumentiert DURAND in einer Erwiderung, dass es durchaus möglich sei zu
zeigen, dass Wettbewerbsvorteile zu einem überlegenen wirtschaftlichen Erfolg
führen.[220] Dazu bedient er sich einer aufwendigeren logischen Konstruktion.
Demnach sieht er in einem Wettbewerbsvorteil eine hinreichende, aber nicht
notwendige Bedingung für einen überlegenen wirtschaftlichen Erfolg, die jedoch
von einer weiteren Bedingung — etwa einer geeigneten Organisationsstruktur
— abhängt, die wiederum selbst nicht hinreichend, aber notwendig ist.[221] Zu-
sammengenommen bilden beide Teilbedingungen dann die Grundlage für den
überlegenen wirtschaftlichen Erfolg eines Unternehmens. POWELL hält dem jedoch entgegen, dass DURANDs Konstruktion bereits in seiner ursprünglichen
Argumentation enthalten ist und dieser somit nicht widerspricht.[222]

In einer weiteren Erwiderung benennt AREND die zugrunde gelegten Definitionen für Wettbewerbsvorteile und den überlegenen wirtschaftlichen Erfolg von
Unternehmen als Ursache für die von POWELL identifizierte Problematik in
der logischen Beziehung zwischen beiden Konzepten.[223] So argumentiert er,

---

[219] Siehe Powell (2001), S. 883. In seiner weiteren Diskussion schlägt POWELL daher eine
pragmatische Perspektive zum Verständnis von Wettbewerbsvorteilen vor.
[220] Siehe Durand (2002), S. 867 f.
[221] DURAND spricht hier mit Bezug auf eine Arbeit von MACKIE von einer INUS-Bedingung.
Dieses Akronym steht für „Insufficient but Necessary part of a condition which is itself
Unnecessary but Sufficient for the result." Siehe Durand (2002), S. 868 sowie Mackie
(1965).
[222] Vgl. Powell (2002), S. 874 f.
[223] Vgl. Arend (2003), S. 280 f.

dass sich die Problematik auflösen ließe, wenn Wettbewerbsvorteile nicht absolut, sondern relativ zu Wettbewerbern definiert werden, da dann POWELLs später eingeführtes Konzept des Wettbewerbsnachteils bereits logisch im Konzept des Wettbewerbsvorteils — mit einem negativen Vorzeichen — enthalten wäre. Dem hält POWELL entgegen, dass seiner Argumentation bereits das angesprochene relative Verständnis zugrunde liegt, sich jedoch die von ihm eingeführten Wettbewerbsnachteile konzeptionell vom Konstrukt des Wettbewerbsvorteils unterscheiden müssen, da ansonsten logisch keine Lösung seines Ausgangsproblems möglich ist.[224]

Weiterhin diskutieren sowohl DURAND als auch AREND POWELLs Tautologievorwurf sowie die Rolle des von POWELL vorgeschlagenen pragmatischen Forschungsansatzes in der strategischen Managementforschung.[225] Insgesamt hat die hier geführte Auseinandersetzung einen sehr formalen Charakter ohne direkten Bezug zu konkreten Fragestellungen der Strategieforschung. Dabei überzeugen insbesondere die gegen die Ausführungen zur logischen Beziehung zwischen Wettbewerbsvorteilen und dem überlegenen wirtschaftlichen Erfolg von Unternehmen vorgebrachten Einwände nicht.

3.2.5. Fazit

Die in diesem Abschnitt aufgeführten Arbeiten geben einen Eindruck von den in der Literatur thematisierten Problemstellen bei aktuellen Theorieansätzen in der strategischen Managementforschung. Die Auswahl der hier aufgeführten Beiträge ist nicht zwingend vollständig, beinhaltet aber die zentralen Einwände. Als besonders bedeutend erscheinen dabei — wie bereits im Zusammenhang mit der Kritik am ressourcenorientierten Ansatz angedeutet — die direkt gegen den harten Kern der Strategietheorien gerichteten Angriffe. Wenn es einem Paradigma dauerhaft nicht gelingt, diese zu entkräften, dann wird dadurch die Eignung des Paradigmas an sich in Frage gestellt. Zusammenfassend sind hier daher die folgenden zentralen Kritikpunkte herauszustellen:

Unendlicher Regress: Dieser liegt bei einer Strategietheorie vor, wenn zunächst

---

[224] Siehe Powell (2003a), S. 288 f.
[225] Siehe Durand (2002), S. 870 f. sowie Arend (2003), S. 281 ff. und Powell (2002, 2003a) für die Erwiderung.

Unterschiede im wirtschaftlichen Erfolg zwischen Unternehmen auf bestimmte Unterschiede in den Merkmalen dieser Unternehmen zurückgeführt werden und anschließend diese Unterschiede selbst auf wieder andere Unterschiede zurückgeführt werden usw. Innerhalb jeder Betrachtungsstufe werden also die erklärenden Konzepte exogen determiniert. COLLIS identifiziert einen solchen unendlichen Regress in der Beziehung zwischen den Konzepten Ressource, Fähigkeit und dynamische Fähigkeit.[226]

Tautologische Aussagen: Diese entstehen durch eine zu enge logische Beziehung zwischen den erklärenden und den zu erklärenden Konzepten in dem Sinne, dass die diese verbindenden Aussagen immer wahr sind. Aussagen dieser Art erfüllen jedoch nicht die allgemein akzeptierten Anforderungen an faktische Theorien.[227] Insbesondere sind solche Aussagen aufgrund ihres fehlenden empirischen Bezugs wenig hilfreich für das Verständnis empirischer Phänomene. Diese sind jedoch Gegenstand der strategischen Managementforschung. Eine Diskussion tautologischer Argumentationen im strategischen Management findet sich vor allem bei PRIEM und BUTLER, bei BROMILEY und FLEMING sowie bei POWELL.[228]

Exogene Determination: Es ist eine Folge der in der strategischen Managementforschung verbreiteten konzeptionellen Fokussierung auf Teilaspekte, dass jeweils die in dieser Teilbetrachtung identifizierten Ursachen für den überlegenen wirtschaftlichen Erfolg von Unternehmen selbst wiederum von außer Acht gelassenen Ursachen abhängen. So ist die im industrieökonomischen Ansatz betrachtete geschützte Marktposition nur aufgrund einer besonderen Ressourcenausstattung zu erreichen.[229] Entsprechend wird der im ressourcenorientierten Ansatz zentrale Wert einer Ressource durch den Absatzmarkt bestimmt.[230] Wird aber die erklärende Variable selbst exogen determiniert, dann werden auch die Unterschiede im wirtschaftlichen Erfolg zwischen Unternehmen exogen determiniert und somit nicht im zugrunde liegenden Erklärungsansatz erklärt.

---

[226]   Siehe Abschnitt 3.2.3.1.
[227]   Siehe Abschnitt 3.1.1.
[228]   Siehe Abschnitte 3.2.3.3, 3.2.3.4 und 3.2.4.
[229]   Vgl. Abschnitt 3.2.1.
[230]   Vgl. Abschnitt 3.2.3.3.

Die drei hier zusammengefassten Probleme entsprechen im Wesentlichen den drei Alternativen im so genannten Münchhausen-Trilemma.[231] Hierbei handelt es sich um ein klassisches Problem der Erkenntnistheorie, das bei dem Versuch der Letztbegründung von Aussagen über reale Phänomene entsteht. So argumentierte bereits FRIES, dass sich über die Wahrheit einer Aussage nur auf Basis anderer Aussagen entscheiden lasse. Um daher in einer Begründungskette die endlose Rückführung von Aussagen auf weitere Aussagen (unendlicher Regress) zu vermeiden, bleiben nur die Alternativen des Begründungsabbruchs an einem beliebigen Punkt oder das Einlenken in einen tautologischen Zirkel, indem eine Aussage wieder auf eine in der Kette vor ihr stehende zurückgeführt wird.

Diese Ähnlichkeit der hier identifizierten Probleme mit dem Münchhausen-Trilemma kann den Verdacht erwecken, dass für die strategische Managementforschung, indem diese auf die Erklärung realer Phänomene abzielt, das Vorliegen zumindest eines der hier aufgezeigten Probleme unausweichlich ist. Die Ausführungen des nachfolgenden Abschnitts zeigen jedoch, dass sich dieser Verdacht auf der hier zugrunde gelegten Argumentationsebene nicht erhärtet. Dabei gilt es, die Besonderheit der Problematik bei der Erklärung von Erfolgsunterschieden zwischen Unternehmen auf Basis besonderer Unternehmensmerkmale herauszustellen. So wird insbesondere in der nachfolgend geführten Argumentation das Münchhausen-Trilemma in der von POPPER vorgeschlagenen Form als gelöst angenommen, indem der Begründungsabbruch bei empirisch überprüfbaren Aussagen als Ausweg akzeptiert wird.[232] Das Gleiche gilt auch etwa für die hier dargestellte Kritik von PRIEM und BUTLER, die ebenfalls POPPERs Falsifizierbarkeitskriterium anlegen.[233] Dies deutet darauf hin, dass für das strategische Management ein über die Problematik des Münchhausen-Trilemmas hinausgehendes Problem besteht, das sich unter anderem in den hier zusammengefassten Kritikpunkten äußert.

Vor diesem Hintergrund dienen die hier aufgeführten Beiträge vor allem als Orientierung für die Einordnung der Relevanz der nachfolgend entwickelten Überlegungen. Eine Einzelwürdigung der jeweiligen Argumente ist daher an dieser Stelle nicht von Interesse. Statt dessen folgt nun der Hauptteil dieses Kapitels,

---

[231] Vgl. hierzu Popper (1959), S. 93 ff. sowie auch Albert (1969), S. 11 ff.
[232] Siehe Popper (1959), S. 93 ff.
[233] Siehe Priem und Butler (2001a), S. 27.

in dem es gilt, die logischen Grenzen der strategischen Managementforschung zu identifizieren.

3.3. Ein grundsätzliches Problem der gegenwärtigen Strategieforschung

Gegenstand der Ausführungen im vorherigen Abschnitt war die Darstellung zentraler kritischer Beiträge aus der strategischen Managementliteratur. Charakteristisch ist bei diesen der generelle Ansatz, sich auf spezifische Argumente einer bestehenden Konzeption zu beziehen. Dieses Vorgehen ist zum einen notwendig, da eine kritische Auseinandersetzung mit einem Konzept in der Regel eines festen Ansatzpunktes bedarf. Zum anderen bedeutet diese enge Beziehung zu spezifischen Argumentationsweisen aber, dass die Bedeutung der Kritik auch von der Bedeutung einer spezifischen Argumentationsweise abhängt. Wird diese durch einen neuen Erklärungsansatz ersetzt, müssen für diesen nicht die bei dessen Vorgänger identifizierten Kritikpunkte gelten.

Beispielsweise steht und fällt die Relevanz der zentralen Kritik von PRIEM und BUTLER (Abschnitt 3.2.3.3) mit der Relevanz von BARNEYs Bezugsrahmen. Etabliert sich im ressourcenorientierten Ansatz eine alternative Kernargumentation, in der Wettbewerbsvorteile nicht wie bei BARNEY auf Basis wertvoller Ressourcen definiert sind, dann gilt für diese auch nicht zwangsläufig der identifizierte Tautologievorwurf. In gleicher Weise greift POWELLs Kritik an der Beziehung zwischen nachhaltigen Wettbewerbsvorteilen und dem anhaltenden überlegenen wirtschaftlichen Erfolg von Unternehmen (Abschnitt 3.2.4) nicht gegen einen Bezugsrahmen, der auch die Möglichkeit von Wettbewerbsnachteilen berücksichtigt.

Weiterhin zeigt die Kontroverse im Anschluss an den Beitrag von PRIEM und BUTLER, dass bei einem engen Bezug zu einzelnen Beiträgen eine Verteidigungsstrategie gegen die Kritik darin besteht, das identifizierte Problem mit dem Verweis auf andere Arbeiten als gelöst darzustellen. So argumentieren sowohl BARNEY als auch MAKADOK gegen die von PRIEM und BUTLER problematisierte exogene Bestimmung des Ressourcenwertes in BARNEYs Beitrag von 1991, dass der Ressourcenwert dort deshalb nicht thematisiert wird, weil dieser

Aspekt bereits in BARNEYs vorheriger Diskussion strategischer Faktormärkte geklärt wurde.[234] Dafür zeigen sich im angedeuteten Beitrag von BARNEY zwar keine Anzeichen, aber durch die Möglichkeit zum Verweis auf weitere Begründungszusammenhänge besteht immer die Gefahr einer Relativierung der in Bezug auf eine spezifische Argumentationskette identifizierten Problematik.

Soll also eine begründete Kritik formuliert werden, die sich allgemein gegen die zentrale Argumentationsweise des in Kapitel 2 identifizierten aktuell dominierenden Paradigmas im strategischen Management richtet, dann bedarf es dazu eines anderen Vorgehens. Dadurch soll die inhärente Problematik der aktuellen strategischen Managementforschung aufgezeigt werden, unabhängig von der jeweiligen spezifischen Form des zugrunde liegenden Begründungszusammenhangs.

Dazu wird hier in drei Schritten vorgegangen: Zuerst wird auf Basis idealtypischer Anforderungen an eine Strategietheorie, die den überlegenen wirtschaftlichen Erfolg von Unternehmen erklärt, ein formales Konstrukt eingeführt und als idealisierte Strategietheorie (IST) bezeichnet. Anschließend wird gezeigt, dass eine solche IST zwangsläufig entweder widersprüchlich oder unvollständig ist. Das bedeutet, dass eine IST nicht den überlegenen wirtschaftlichen Erfolg von Unternehmen erklärt. Darauf aufbauend wird demonstriert, dass die aktuellen Ansätze, die auf der Quelle-Wettbewerbsvorteil-überlegener wirtschaftlicher Erfolg-Logik aufbauen, also insbesondere solche, die in Verbindung zum industrieökonomischen oder ressourcenorientierten Ansatz stehen, alle auf eine IST abzielen und somit der hier entwickelten Kritik unterliegen. Schließlich wird hier aufgezeigt, dass die im letzten Abschnitt zusammengefassten Kritikpunkte aus der aktuellen Diskussion im Wesentlichen auf die hier im Zusammenhang mit dem Abzielen auf eine IST identifizierten Probleme zurückzuführen sind.

Das hier entwickelte Vorgehen zum Angriff auf das aktuell dominierende Paradigma im strategischen Management hat einen entscheidenden Vorteil gegenüber den zuvor dargestellten kritischen Beiträgen. So wird hier die Kritik selbst zum Fixpunkt und nicht wie zuvor der zu kritisierende Beitrag. Dadurch wird dieser Ansatz gegen die beiden angesprochenen Probleme des Bedeutungsverlustes des zugrunde liegenden Beitrags als auch den Verweis auf weitere Beiträge immunisiert. Vielmehr kann die Verteidigung des aktuellen

---

[234] Siehe Barney (2001a), S. 49 sowie Makadok (2001b), S. 498. Zu BARNEYs Diskussion strategischer Faktormärkte siehe Barney (1986b).

Paradigmas nur darauf hinauslaufen, der nachfolgenden Argumentation Fehler nachzuweisen oder die Relevanz der zugrunde gelegten Anforderungen an eine Strategietheorie anzuzweifeln.

3.3.1. Die idealisierte Strategietheorie

Grundidee bei der Formulierung der IST ist die Aufstellung minimaler Anforderungen an eine Strategietheorie, die auf die Erklärung des überlegenen wirtschaftlichen Erfolgs von Unternehmen abzielt. Diese minimalen Anforderungen basieren einerseits auf den in Abschnitt 3.1 dargestellten Anforderungen an Theorien im strategischen Managementfeld und andererseits auf einer einfachen Anforderung an die zu erklärende Variable, den überlegenen wirtschaftlichen Erfolg von Unternehmen. Ziel ist es dabei, durch den Rückgriff auf eine möglichst geringe Anzahl von Anforderungen an eine IST, die jeweils auf breitem Konsens fußen, die Bedeutung der hier gegenüber der IST entwickelten Kritik für das strategische Managementfeld und insbesondere das im letzten Kapitel dargestellte gegenwärtig dominierende Paradigma zu unterstreichen.

3.3.1.1. Mindestanforderungen an die Struktur einer Strategietheorie

Mit Blick auf Abschnitt 3.1 lassen sich demnach zwei Kriterien identifizieren, die im Wesentlichen alle angeführten Autoren an eine Theorie stellen. Hierbei handelt es sich um die Allgemeingültigkeit und die empirische Überprüfbarkeit von Theorien. Im allgemeinen Kontext der empirischen Wissenschaften stellen dies POPPER und BUNGE fest.[235] RUDNER bekräftigt dieses Theorieverständnis weiter für den Kontext der Wirtschaftswissenschaften,[236] während BACHARACH und HUNT es für die Managementwissenschaften konkretisieren.[237] Im speziellen Fall der strategischen Managementforschung legen schließlich MONTGOMERY et al., SETH und ZINKHAM sowie PRIEM und BUTLER diese beiden Kriterien als notwendige Bedingungen für die Theoriebildung zugrunde.[238] Aufgrund ih-

---

[235] Siehe Popper (1959), S. 59, Bunge (1996), S. 114 sowie Abschnitt 3.1.1.
[236] Siehe Rudner (1966), S. 10 sowie Abschnitt 3.1.1.
[237] Siehe Bacharach (1989), S. 496, Hunt (1991), S. 105 ff. sowie Abschnitt 3.1.3 und 3.1.4.
[238] Siehe Montgomery et al. (1989), S. 190 ff., Seth und Zinkhan (1991), S. 78 ff. und Priem und Butler (2001a), S. 26 f. sowie Abschnitt 3.1.2.

rer grundlegenden Bedeutung für die weitere Argumentation erfordern beide Begriffe hier eine Präzisierung.

Allgemeingültigkeit

Trotz der angedeuteten breiten Unterstützung für die Forderung nach der Allgemeingültigkeit einer Theorie findet sich in der strategischen Managementforschung dennoch eine kontroverse Diskussion über die geeignete konzeptionelle und methodologische Reichweite von Theorien. So stellt HARRIGAN Methodologien mit großer und kleiner Reichweite gegenüber.[239] Die erstgenannte Gruppe umfasst vor allem die in Abschnitt 2.3.2 aufgeführten umfassenden statistischen Untersuchungen der Einflussfaktoren auf den wirtschaftlichen Erfolg von Unternehmen. Hierdurch wird eine große Reichweite der überprüften Theorien unterstellt, da sich nur so die Einbeziehung einer Vielzahl unterschiedlicher Einzelfälle begründen lässt.

Die zweitgenannte Gruppe bezieht sich auf die Tradition der Fallstudienuntersuchungen im strategischen Management. Ziel einer Fallstudie ist dabei nicht die Formulierung oder Überprüfung allgemein gültiger Aussagen, sondern vielmehr das Aufzeigen der Komplexität strategischer Probleme.[240] Ihre Zweifel gegenüber Theorien mit großer Reichweite begründet HARRIGAN dabei mit dem Hinweis auf die außerordentlichen Schwierigkeiten, die diese im Kontext des strategischen Managements aufwerfen.[241] So wird etwa regelmäßig argumentiert, dass die Verallgemeinerbarkeit von Aussagen durch einen Verlust an Relevanz erkauft wird, da kontextspezifische Merkmale nicht berücksichtigt werden.[242]

In Bezug auf die detaillierte Aufnahme tatsächlicher Strategiebildungsprozesse ist der Hinweis auf die Schwierigkeiten bei der Verallgemeinerung von Erkenntnissen durchaus nachvollziehbar.[243] Jedoch kommt dem Kriterium der Allgemeingültigkeit im Kontext der hier im Vordergrund stehenden konzeptionellen Ankerpunkte eine essentielle Bedeutung zu. Diese stützt sich zum einen auf

---

[239] Harrigan (1983).
[240] Vgl. Harrigan (1983), S. 398 f.
[241] Siehe Harrigan (1983), S. 399.
[242] Vgl. etwa Mintzberg (1979b).
[243] Siehe etwa Mintzberg (1978).

die Tatsache, dass die zentralen Begründungszusammenhänge im strategischen Management tatsächlich mit dem Anspruch der Allgemeingültigkeit formuliert werden.[244] Zum anderen wird die Notwendigkeit zur Formulierung allgemein gültiger Aussagen aus den konzeptionellen Konsequenzen aufgrund eines Mangels an Allgemeingültigkeit deutlich, wie hier skizziert wird.

Eine Aussage wird hier genau dann als allgemein gültig verstanden, wenn sie in der folgenden Form darstellbar ist:[245]

> Für alle x gilt, dass wenn x die Eigenschaft A besitzt, dass dann x auch die Eigenschaft B besitzt.

Ein wichtiger Aspekt der Allgemeingültigkeit von Aussagen, der einer Klärung bedarf, ist die Zulässigkeit einer Einschränkung ihres Gültigkeitsbereichs. So bleibt eine allgemein gültige Aussage weiterhin allgemein gültig, wenn sie durch eine allgemein gültige Bedingung eingeschränkt wird:

> Für alle x gilt unter der Bedingung C, dass wenn x die Eigenschaft A besitzt, dass dann x auch die Eigenschaft B besitzt.

Folgendes Beispiel soll zur Veranschaulichung des hier zugrunde gelegten Verständnisses von Allgemeingültigkeit dienen.[246] Die Aussage „Unternehmen in geschützten Branchen erzielen einen überlegenen wirtschaftlichen Erfolg" ist allgemein gültig, da für jedes Unternehmen x mit der Eigenschaft A (angesiedelt in einer geschützten Branche) gilt, dass dieses auch die Eigenschaft B (erzielt einen überlegenen wirtschaftlichen Erfolg) besitzt. Wird diese Aussage nun durch die ebenfalls allgemein gültige Bedingung „Die Branchenstruktur beeinflusst nur den wirtschaftlichen Erfolg der durchschnittlich erfolgreichen Unternehmen einer Branche" eingeschränkt, dann bleibt auch die resultierende Aussage „Unternehmen in geschützten Branchen, die nicht zu den Verlierern innerhalb ihrer Branche zählen, erzielen einen überlegenen wirtschaftlichen Erfolg" allgemein gültig.

---

[244] Siehe etwa Priem und Butler (2001a), S. 26 f. zur Allgemeingültigkeit von Barneys ressourcenorientiertem Bezugsrahmen.

[245] Diese Darstellung entspricht der von Hunt. Vgl. Hunt (1991), S. 107 sowie Abschnitt 3.1.4.

[246] Das Beispiel ist angelehnt an die empirischen Ergebnisse in Hawawini et al. (2003).

Hingegen verliert eine Aussage ihre Allgemeingültigkeit, wenn diese durch eine nicht allgemein formulierte Bedingung eingeschränkt wird. Wird etwa die obige Aussage durch die Bedingung „nur in der Automobilindustrie im Zeitraum 1983 – 1987" eingeschränkt, ist die resultierende Aussage nicht mehr allgemein gültig, sondern lediglich eine räumlich und zeitlich begrenzte Beobachtung.

Problematisch sind solche nicht allgemein gültigen Einschränkungen von Aussagen im wissenschaftlichen Kontext, weil sich dadurch eine Theorie der empirischen Überprüfbarkeit entzieht und ihre Gültigkeit je nach Bedarf — etwa wenn die Empirie die Theorie unterstützt — reklamiert werden kann. Im Fall der praktischen Bedeutung nicht allgemein gültiger Strategietheorien ergibt sich für den Manager eine unmittelbare Problematik aus der Frage, ob die angedeuteten Wirkungszusammenhänge nun in seinem Fall Gültigkeit besitzen.

Empirische Überprüfbarkeit

Das grundlegende Verständnis des zweiten hier angelegten Kriteriums, der empirischen Überprüfbarkeit einer IST, basiert ebenfalls auf den Ausführungen von HUNT.[247] Demnach darf über den Status einer Strategietheorie nicht ausschließlich auf Basis ihrer logischen Form entschieden werden können, sondern einzig und allein auf Basis empirischer Beobachtungen. Eine IST soll somit nicht rein analytisch sein. Aus wissenschaftlicher Sicht ist dies, wie in Abschnitt 3.1.4 angedeutet, deshalb problematisch, weil sich analytische Aussagen einer empirischen Überprüfung entziehen. In Bezug auf die Managementpraxis zeigt sich der Unterschied zwischen einer synthetischen und einer analytischen Aussage über die Quellen des wirtschaftlichen Erfolgs von Unternehmen darin, dass sich nur im ersten Fall aus dieser Managementimplikationen im Sinne einer nützlichen Handlungsorientierung ableiten lassen. Zur Verdeutlichung dienen die beiden folgenden Beispiele.

Als erstes Beispiel wird die Strategietheorie „Unternehmen in einer geschützten Marktposition können durch die Orientierung an einer monopolistischen Preispolitik einen überlegenen wirtschaftlichen Erfolg erzielen" zugrunde gelegt. Befindet sich ein Unternehmen in einer geschützten Marktposition und orientiert sich bisher an der Preispolitik unter vollständigem Wettbewerb, dann kann

---

[247] Siehe Hunt (1991), S. 108 ff.

dieses Unternehmen *ceteris paribus* seinen wirtschaftlichen Erfolg verbessern, indem es seine Preispolitik entsprechend anpasst. Diese Aussage ist nicht analytisch, da ihre Wahrheit nicht logisch aus der Konstruktion des Satzes folgt, sondern sich nur aufgrund empirischer Beobachtungen stützen lässt. Insbesondere kann die Aussage falsch sein, also nicht mit empirischen Beobachtungen übereinstimmen und eine Preiserhöhung zu einer Verschlechterung des wirtschaftlichen Erfolgs führen. Hat sich diese Strategietheorie jedoch empirisch bewährt, dann liefert sie einem Manager eine tatsächliche Orientierungsgrundlage für die Verbesserung seines wirtschaftlichen Erfolgs.

Als zweites Beispiel dient die Strategietheorie „Unternehmen erzielen einen hohen Gewinn, wenn sie eine hohe (positive) Differenz zwischen Umsatz und Kosten erzielen". Dies ist eine analytische Aussage, da Gewinn als positive Differenz zwischen Umsatz und Kosten definiert ist. Die hieraus abgeleitete praktische Implikation „erhöhe die (positive) Differenz zwischen Umsatz und Kosten" ist logisch äquivalent zu der Implikation „erhöhe den Gewinn", so dass eine nützliche Handlungsorientierung nicht gegeben ist.

Vor dem Hintergrund der angedeuteten allgemeinen Akzeptanz in der Wissenschaft sowie der hier skizzierten Bedeutung im Kontext des strategischen Managements sollen die beiden Kriterien der Allgemeingültigkeit und der empirischen Überprüfbarkeit der hier zu entwickelnden IST in Form zweier Bedingungen zugrunde gelegt werden:

Bedingung (1): Strategietheorien sollten auf allgemein gültigen Aussagen basieren.

Bedingung (2): Strategietheorien sollten auf empirisch überprüfbaren Aussagen basieren.

Als nächstes gilt es, die zu erklärende Variable in einer Strategietheorie zu charakterisieren.

3.3.1.2. Überlegener wirtschaftlicher Erfolg

Gegenstand der strategischen Managementforschung ist die Erklärung des überlegenen wirtschaftlichen Erfolgs von Unternehmen.[248] Die Darstellung der Erfolgsmessung in Abschnitt 2.1.4 deutet jedoch an, dass sich kein einheitliches Verständnis zur Bestimmung des wirtschaftlichen Erfolgs von Unternehmen im Forschungsfeld etabliert hat. Ebenfalls liegt kein einheitliches Verständnis davon vor, wann ein Unternehmen einen überlegenen wirtschaftlichen Erfolg erzielt. Um den allgemeinen Anspruch der hier zu entwickelnden Kritik zu erhalten, soll die hier zugrunde gelegte Charakterisierung des überlegenen wirtschaftlichen Erfolgs von Unternehmen möglichst wenig restriktiv und somit verträglich mit den unterschiedlichen Interpretationen in der Literatur sein.

Wirtschaftlicher Erfolg wird hier daher als ein Merkmal verstanden, das es erlaubt, Unternehmen zu vergleichen und insbesondere in eine Reihenfolge zu bringen. Genauer wird wirtschaftlicher Erfolg hier als ein Unternehmensmerkmal aufgefasst, das auf einer Menge von Unternehmen eine totale Ordnung induziert. Formal ist zunächst eine *partielle Ordnung* eine Relation $<$ auf einer Menge X, die zwei Bedingungen erfüllt.[249] Sie muss erstens transitiv sein; das heißt, aus $x < y$ und $y < z$ folgt $x < z$. Zweitens muss sie antisymmetrisch sein; das heißt, aus $x < y$ folgt $x \not> y$. Ist darüber hinaus die Trichotomie-Bedingung erfüllt, gilt also jeweils für $x, y \in X$ entweder $x < y$, $x = y$ oder $x > y$, dann bildet $<$ eine *totale Ordnung* auf X.

Bezogen auf die vorliegende strategische Analyse ist X eine Menge von Unternehmen. Diese kann je nach Kontext etwa eine strategische Gruppe, eine Branche oder alle Unternehmen einer Volkswirtschaft umfassen. Zur Bildung der totalen Ordnung der Unternehmen einer Menge X wird nun im folgenden Sinne auf zugrunde liegende Erfolgsmaße zurückgegriffen. So ist mit Blick auf die generell verwendeten Maße für den wirtschaftlichen Erfolg von Unternehmen (siehe Tabelle 2.3) festzustellen, dass diese stets durch reelle Zahlen dargestellt werden. Aus der totalen Ordnung der reellen Zahlen folgt dann ebenfalls die totale Ordnung der zugrunde liegenden Unternehmen. Damit sind alle in dieser Arbeit (siehe Abschnitt 2.1.4) aufgeführten Erfolgsmaße mit der hier eingeführten Charakterisierung durch eine Ordnungsrelation verträglich.

---

[248] Vgl. Abschnitt 2.4.
[249] Vgl. zur Ordnungsrelation etwa Browder (1996), S. 2 f.

Gegeben sei nun eine Menge von Unternehmen, etwa eine Branche. Dann bedeuten die drei oben genannten Bedingungen, dass für Unternehmen A, B und C aus dieser Branche Folgendes gilt: Wenn Unternehmen A (in Bezug auf ein zugrunde gelegtes Erfolgsmaß) erfolgreicher ist als Unternehmen B und darüber hinaus B erfolgreicher als C, dann ist A auch erfolgreicher als C. Erzielt weiterhin Unternehmen A einen höheren wirtschaftlichen Erfolg als Unternehmen B, dann kann nicht gleichzeitig B auch einen höheren wirtschaftlichen Erfolg erzielen als A. Schließlich gilt für alle Unternehmen A und B aus der Branche stets, dass entweder A und B gleich erfolgreich sind, oder entweder ist A erfolgreicher als B oder B erfolgreicher als A. Insgesamt lassen sich so Unternehmen anhand eines zugrunde gelegten Erfolgsmaßes in eine Reihenfolge bringen.[250] Dies lässt sich wie folgt zusammenfassen:

Bedingung (3a): Der wirtschaftliche Erfolg von Unternehmen ist ein Merkmal, das auf einer Menge von Unternehmen eine totale Ordnung induziert.

Die jeweilige Reihenfolge der Unternehmen ist dabei natürlich abhängig von dem gewählten Erfolgsmaß. So ist es durchaus möglich, dass Unternehmen A einen höheren ROA als Unternehmen B aufweist, aber den niedrigeren ROS. Dies ist hier jedoch aus zwei Gründen unproblematisch. Zum einen ist die Vielfalt in den Möglichkeiten zur Bestimmung des wirtschaftlichen Erfolgs von Unternehmen kein typisches Problem der hier durchgeführten Betrachtung, sondern vielmehr ein allgemeines Phänomen im strategischen Management.[251] Zum anderen wird nachfolgend argumentiert, dass die erzielten Schlussfolgerungen für jede Sortierung gelten. Damit ist die hier geführte Diskussion unabhängig von der Wahl des betrachteten Erfolgsmaßes.

Weiterhin ist hier kurz auf den möglichen Einwand gegen die durch die Sortierung von Unternehmen implizierte eindimensionale Erfolgsmessung einzugehen. Liegt also eine mehrdimensionale Messung des Erfolgs von Unternehmen vor, dann ist ein Vergleich unterschiedlicher Unternehmen nur durch die Aggregation der einzelnen Dimensionen möglich. Wie in Abschnitt 2.1.4 dargestellt, liefert ALTMAN hierfür ein bekanntes Beispiel.[252] Werden die unterschiedlichen

---

[250] Die Reihenfolge ist bis auf Permutation unter den gleich erfolgreichen Unternehmen eindeutig bestimmt.
[251] Vgl. etwa Meyer und Gupta (1994).
[252] Siehe Altman (1968) und Altman (1971).

Dimensionen einer Erfolgsmessung hingegen nicht aggregiert, dann lässt sich im Allgemeinen auch nicht über die Überlegenheit einzelner Unternehmen entscheiden. So ist es etwa im Vergleich zweier Unternehmen möglich, dass ein Unternehmen in Bezug auf Merkmal A führt, während das andere Unternehmen in Bezug auf Merkmal B führt. Ohne eine Aggregation ist dann der Vergleich des Erfolgs beider Unternehmen im Allgemeinen nicht möglich. Das heißt also, das im strategischen Management zentrale Konstrukt des überlegenen wirtschaftlichen Erfolgs lässt sich nur auf Basis letztendlich eindimensionaler Erfolgsmaße sinnvoll diskutieren.

Bisher ist der zentrale Begriff des überlegenen wirtschaftlichen Erfolgs weitgehend unspezifiziert geblieben und soll hier nun präzise charakterisiert werden. In der Literatur wird wirtschaftliche Überlegenheit meist entweder im Sinne eines überdurchschnittlichen wirtschaftlichen Erfolgs verstanden oder in Verbindung mit dem Erzielen ökonomischer Renten gebracht.[253] Diese beiden Verständnisse sind keineswegs äquivalent, da Unternehmen sowohl — etwa durch Glück — einen überdurchschnittlichen wirtschaftlichen Erfolg erzielen können, ohne dass dieser auf ökonomische Renten zurückzuführen ist. Ebenso können Unternehmen aufgrund mangelnder Effizienz, trotz ökonomischer Renten, nur einen unterdurchschnittlichen wirtschaftlichen Erfolg erzielen.[254]

Basierend auf der Charakterisierung wirtschaftlichen Erfolgs in Bedingung (3a) soll hier nun eine möglichst wenig restriktive (notwendige) Bedingung an das Vorliegen eines überlegenen wirtschaftlichen Erfolgs angelegt werden. Diese lautet:

Bedingung (3b): Gegeben sei eine Menge X von Unternehmen und ein Erfolgsmaß E. Erzielt nun Unternehmen A einen überlegenen wirtschaftlichen Erfolg in Bezug auf X und E, dann gibt es mindestens ein Unternehmen B in X mit einem schlechteren wirtschaftlichen Erfolg als Unternehmen A ($A > B$).

Überlegenheit ist hier also zum einen abhängig von dem zugrunde liegenden Er-

[253] Überlegenheit im Sinne eines überdurchschnittlichen wirtschaftlichen Erfolgs findet sich etwa bei Barney (1997), S. 33 oder Porter (1985), S. 11. Der Zusammenhang mit ökonomischen Renten wird etwa bei Peteraf (1993), S. 180 ff. oder Powell (2001), S. 875 in den Vordergrund gestellt.

[254] Vgl. auch Williamson (1991).

folgsmaß. Ein Unternehmen, das in Bezug auf ein Erfolgsmaß einen überlegenen wirtschaftlichen Erfolg erzielt, muss diesen nicht zwangsläufig auch in Bezug auf ein anderes Erfolgsmaß erreichen. Weiterhin — und das ist ein elementares Merkmal von Überlegenheit — erzielt ein Unternehmen einen überlegenen wirtschaftlichen Erfolg stets nur in Relation zu anderen Unternehmen. Insbesondere kann nach diesem Verständnis ein Unternehmen, das isoliert betrachtet wird, über keinen überlegenen wirtschaftlichen Erfolg verfügen. Weiterhin kann ein Unternehmen in Bezug auf eine Gruppe von Unternehmen als überlegen gelten und in einer anderen Gruppe nicht.

Die nachfolgend identifizierte Problematik des gegenwärtigen Paradigmas im strategischen Management ergibt sich im Wesentlichen aus der Tatsache, dass hier der überlegene wirtschaftliche Erfolg als die zu erklärende Variable relativ, also in Bezug zu Wettbewerbern, definiert wird. Diese Definition lässt sich einerseits auf das Selbstverständnis im Feld zurückführen, in dem sich die Bedeutung des Strategischen durch den Bezug auf Konkurrenten auszeichnen.[255] Andererseits lässt sich für dieses relative Erfolgsverständnis eine einfache ökonomische Rechtfertigung angeben. Um selbst das elementarste Ziel strategischen Managements, das Überleben des Unternehmens, sicherzustellen, müssen sich Unternehmen ständig gegenüber Konkurrenten durchsetzen. Dies gilt auf Faktormärkten ebenso wie auf Absatzmärkten. Um das Überleben eines Unternehmens zu sichern, reicht es also nicht zwangsläufig aus, dass sich dieses absolut verbessert, sondern es muss sich relativ zu seinen Konkurrenten behaupten. Insbesondere gilt dies auf dem Kapitalmarkt. Gelingt es einem Unternehmen dauerhaft nicht, den Kapitalgebern eine Rendite zu bieten, die mindestens dem Marktniveau entspricht, dann wird es langfristig seine Selbstständigkeit verlieren.[256]

In der nachfolgenden Diskussion werden die beiden Bedingungen (3a) und (3b) zusammengefasst. Dann wird allgemein von der Erfüllung von Bedingung (3) gesprochen, wenn das zugrunde liegende Erfolgsmaß mit Bedingung (3a) verträglich ist und Überlegenheit im Sinne von Bedingung (3b) verstanden wird. Die beiden angesprochenen Verständnisse von Überlegenheit in der Literatur sind dann mit Bedingung (3) verträglich. Im Fall der Interpretation als Überdurchschnittlichkeit des wirtschaftlichen Erfolgs folgt dies sofort. Denn wenn

---

[255] Siehe Abschnitt 2.1.1.
[256] Vgl. Porter (1980), S. 5.

ein Unternehmen in einer Menge von Unternehmen überdurchschnittlich erfolgreich ist, dann muss es mindestens ein unterdurchschnittlich erfolgreiches Unternehmen in dieser Menge geben. Dieses ist dann wirtschaftlich weniger erfolgreich als alle überdurchschnittlich erfolgreichen Unternehmen. In diesem Zusammenhang ist auf zwei Sonderfälle hinzuweisen. So ist es zum einen verträglich mit Bedingung (3), dass alle Unternehmen in einer Menge bis auf eines einen überlegenen wirtschaftlichen Erfolg erzielen. Dieser Fall kann bei der Interpretation von Überlegenheit als Überdurchschnittlichkeit durchaus eintreten. Zum anderen ist es auch möglich, dass kein Unternehmen einen überlegenen wirtschaftlichen Erfolg erzielt; etwa wenn alle gleich erfolgreich sind.

Wird überlegener wirtschaftlicher Erfolg auf Basis ökonomischer Renten definiert, dann werden im strategischen Management drei Typen von Renten unterschieden.[257] Erstens können Unternehmen nur dann eine Ricardo-Rente erzielen, wenn diese über eine besonders produktive Ressource verfügen, die nur in so geringer Menge verfügbar ist, dass im Gleichgewicht auch auf weniger produktive Ressourcen zurückgegriffen wird.[258] Das heißt also, dass Unternehmen nur dann eine Ricardo-Rente erzielen können, wenn es auch Unternehmen gibt, die dies nicht können und somit weniger erfolgreich sind und insbesondere auch keinen überlegenen wirtschaftlichen Erfolg erreichen.[259] Zweitens erzielen Unternehmen eine Monopolrente, wenn diese aufgrund einer geschützten Marktposition ihre Absatzmenge bewusst einschränken können. Zwar kann zunächst logisch nicht ausgeschlossen werden, dass alle Unternehmen einer Branche Monopolrenten erzielen. Jedoch folgt in der Literatur die Überlegenheit auf Basis von Monopolrenten allgemein aus dem Vergleich mit Unternehmen, die diese nicht erzielen; etwa zwischen Unternehmen innerhalb und außerhalb einer durch Eintrittsbarrieren geschützten Branche.[260] Drittens fallen Schumpeter-Renten an, wenn Unternehmen aufgrund von Innovationen über eine höhere Effizienz oder Effektivität verfügen als Wettbewerber und diese den Nachteil kurzfristig nicht ausgleichen können.[261] Überlegenheit basiert dann auf dem Vergleich von Unternehmen mit Innovationsvorteilen und solchen ohne diese. Insgesamt ist also die in Bedingung (3) eingeführte Charakterisierung eines überlegenen

---

[257] Vgl. Powell (2001), S. 875.
[258] Vgl. Abschnitt 2.2.3.1.
[259] Vgl. Peteraf (1993), S. 180 ff.
[260] Siehe etwa Scherer (1980), S. 9 ff.
[261] Vgl. Teece et al. (1997), S. 515.

wirtschaftlichen Erfolgs auch mit der Definition auf Basis ökonomischer Renten verträglich.

Auf Basis der hier dargestellten Anforderungen an eine Strategietheorie sowie an die zu erklärende Variable gilt es nun, das Konstrukt der IST einzuführen.

3.3.1.3. Definition der IST

Liegt nun eine Strategietheorie in der allgemeinen Form von Abbildung 3.2 vor,[262] dann wird diese hier als idealisierte Strategietheorie (IST) bezeichnet, wenn sie die Bedingungen (1) bis (3) erfüllt:

> Definition (1): Eine IST ist ein System von Aussagen in der in Abbildung 3.2 dargestellten Form, das allgemein gültig und empirisch überprüfbar ist und das für eine Menge X von Unternehmen den überlegenen wirtschaftlichen Erfolg von Unternehmen aus X in Bezug auf ein Erfolgsmaß E erklärt.

Mit Blick auf Abbildung 3.2 bedeutet dann das *Erklären* des überlegenen wirtschaftlichen Erfolgs von Unternehmen, dass die Quellen für den wirtschaftlichen Erfolg von Unternehmen allgemein gültig und empirisch überprüfbar angegeben werden. Eine solche Quelle kann dann etwa eine geschützte Marktposition oder eine besondere Ressourcenausstattung sein. Für die nachfolgende Argumentation sei hier zunächst angenommen, dass das Vorliegen einer Erfolgsquelle eine hinreichende Bedingung für das Erreichen eines überlegenen wirtschaftlichen Erfolgs ist.[263] Unternehmen, die über eine solche Quelle verfügen, erzielen also immer auch einen überlegenen wirtschaftlichen Erfolg. Jedoch soll diese Quelle keine notwendige Erfolgsbedingung darstellen. Unternehmen können also auch aufgrund von Ursachen erfolgreich sein, die nicht durch eine vorliegende IST erklärt werden.

Beispielsweise ist es zulässig, dass eine Theorie den Erfolg von Unternehmen auf Basis bestimmter Ressourcenausstattungen erklärt und gleichzeitig kann

---

[262] Vgl. auch Abschnitt 2.4 sowie dort Abbildung 2.14.
[263] Zur Diskussion von Wettbewerbsvorteilen als notwendige oder hinreichende Bedingung für einen überlegenen wirtschaftlichen Erfolg siehe Powell (2001) sowie Abschnitt 3.2.4.

Abbildung 3.2: Die Kernargumentation in der strategischen Managementforschung

Quelle $\longrightarrow$ (nachhaltiger) $\longrightarrow$ (anhaltender) überlegener
              Wettbewerbsvorteil   wirtschaftlicher Erfolg

es Unternehmen geben, die zwar über keine besondere Ressourcenausstattung verfügen, sich jedoch in einer geschützten Marktposition befinden und daher erfolgreich sind. Diese Einschränkung dient der Übersichtlichkeit in der nachfolgenden Argumentation, erweist sich jedoch als nicht restriktiv, so dass es für das Ergebnis unerheblich ist, ob die in einer IST identifizierte Ursache als notwendige oder hinreichende Bedingung für einen überlegenen wirtschaftlichen Erfolg verstanden wird.

Zwischen der theoretischen Identifikation von Erfolgsquellen im Rahmen einer IST und der praktischen Anwendung dieser Erkenntnisse besteht hier im Rahmen des strategischen Managements eine direkte Verbindung. Denn gibt es eine empirisch bewährte IST, dann können Unternehmen erwarten, durch die Berücksichtigung der dieser zugrunde liegenden Erkenntnisse in ihrer Strategie einen überlegenen wirtschaftlichen Erfolg zu erzielen. Genauer lässt sich diese Verbindung zwischen Theorie und Strategie folgendermaßen fassen:

> Definition (2): Eine IST T und eine Strategie S heißen assoziiert, wenn Q die Quelle für den überlegenen wirtschaftlichen Erfolg in T ist und S in der Ausnutzung von Q besteht.

Identifiziert also eine IST etwa eine bestimmte Ressourcenausstattung als Quelle für einen überlegenen wirtschaftlichen Erfolg von Unternehmen, dann besteht die assoziierte Strategie in der Verfügung über diese Ressourcenausstattung und deren Ausnutzung. Die assoziierte Strategie besteht in diesem Fall also nicht in dem Bestreben, die besondere Ressourcenausstattung aufzubauen, sondern über diese zu verfügen. Die assoziierte IST zu dieser Strategie identifiziert die Quelle für den überlegenen wirtschaftlichen Erfolg hingegen in dem Aufbau einer besonderen Ressourcenausstattung. Für die nachfolgende Argumentation ist dieses präzise Verständnis der Beziehung zwischen IST und assoziierter Strategie unabdingbar.

Dass Unternehmen tatsächlich von dem Erreichen eines überlegenen wirtschaftlichen Erfolgs ausgehen können, wenn sie die Erfolgsquellen einer IST ausnutzen, liegt darin begründet, dass eine IST allgemein gültig ist und einen empirischen Bezug aufweist. Wenn bei einem Unternehmen die in der IST formulierten Bedingungen erfüllt sind, die zum Erreichen eines überlegenen wirtschaftlichen Erfolgs führen, dann muss das Unternehmen diesen Erfolg auch erzielen, wenn die zugrunde liegende IST wahr ist. Dies gilt insbesondere auch in dem Fall, dass der Gültigkeitsbereich einer Theorie durch ein allgemeines Kriterium eingegrenzt wird, wenn das Unternehmen dieses Kriterium erfüllt.

Im nachfolgenden Abschnitt soll nun dargestellt werden, dass es aufgrund logischer Argumente eine solche IST — eine Strategietheorie, die die Bedingungen (1) bis (3) erfüllt — nicht geben kann.

3.3.2. Widersprüchlichkeit oder Unvollständigkeit einer IST

Um zu zeigen, dass es keine Strategietheorie in der hier eingeführten Form der IST geben kann, sollen im Folgenden zwei Fälle unterschieden werden. Erstens wird der Fall betrachtet, dass die zu einem überlegenen wirtschaftlichen Erfolg führende Strategie von allen Unternehmen in einer Menge von Unternehmen verfolgt wird. Dies führt zu einem offensichtlichen Widerspruch. Zweitens wird der Fall untersucht, dass eine Strategie nur von einigen Unternehmen verfolgt wird. Hier wird argumentiert, dass dann die assoziierte IST unvollständig ist in dem Sinne, dass die Quelle für den überlegenen wirtschaftlichen Erfolg der Unternehmen exogen bestimmt wird. In diesem Fall erklärt die IST den überlegenen wirtschaftlichen Erfolg der Unternehmen nicht.

In der folgenden Argumentation sei X stets eine Menge von mindestens zwei Unternehmen (etwa eine Branche). Sei weiterhin angenommen, dass eine IST T existiert und mit dieser auch eine assoziierte Strategie S. Darüber hinaus ist Q die Quelle für den überlegenen wirtschaftlichen Erfolg von Unternehmen in der IST T. Grundlage für die Analyse ist ein beliebiges, aber dann festes Maß E für den wirtschaftlichen Erfolg der Unternehmen in X.

Fall 1: Alle Unternehmen verfolgen Strategie S

Der Widerspruch in diesem Fall ergibt sich sofort daraus, dass wenn alle Unternehmen in X einen überlegenen wirtschaftlichen Erfolg erzielen, es auch für jedes dieser Unternehmen mindestens ein Unternehmen in X mit einem geringeren wirtschaftlichen Erfolg geben muss. Jedoch muss es in X mindestens ein Unternehmen geben, das keinen besseren wirtschaftlichen Erfolg erzielt als ein weiteres Unternehmen in X. Daher kann es keine Strategie S geben, die von allen Unternehmen in X verfolgt wird, wenn die assoziierte Theorie T wahr ist.

Fall 2: Einige (nicht alle) Unternehmen verfolgen Strategie S

Sei nun angenommen, dass eine IST T existiert, die von einigen, aber nicht von allen Unternehmen in X verfolgt wird. Dass dennoch alle Unternehmen in X einen überlegenen wirtschaftlichen Erfolg — auf Basis unterschiedlicher Strategien, die jeweils mit einer von T verschiedenen IST assoziiert sind — erzielen, kann mit der Argumentation aus Fall 1 ausgeschlossen werden. Daher lassen sich die Unternehmen in X in zwei Teilmengen unterteilen. In X_1 werden alle Unternehmen zusammengefasst, die einen überlegenen wirtschaftlichen Erfolg erzielen, und in X_2 alle, die diesen nicht erzielen. Da das Verfolgen von Strategie S hier nur als hinreichende, aber nicht als notwendige Bedingung für das Erzielen eines überlegenen wirtschaftlichen Erfolgs verstanden wird, gibt es in X_1 auch Unternehmen, die S nicht verfolgen. Hingegen gehören alle Unternehmen, die Strategie S verfolgen, zu X_1. Diese bilden in X_1 die Teilmenge X_1^S. Abbildung 3.3 zeigt die schematische Darstellung der beschriebenen Teilmengenbildung in X.

Die Unternehmen in X_1, deren überlegener wirtschaftlicher Erfolg nicht auf der Verfolgung von S basiert, werden hier nicht weiter betrachtet, da T den Erfolg dieser Unternehmen nicht erklärt. Übrig bleiben demnach die beiden Mengen X_1^S und X_2. In X_1^S verfolgen alle Unternehmen S und erreichen einen überlegenen wirtschaftlichen Erfolg, während Unternehmen in X_2 weder S verfolgen noch überlegen erfolgreich sind. In Bezug auf diese beiden Mengen ist die Verfolgung von S hinreichende und notwendige Bedingung für das Erreichen eines überlegenen wirtschaftlichen Erfolgs. Die Erklärung des überlegenen wirtschaftlichen Erfolgs hängt also von der Beantwortung der Frage ab, warum

Abbildung 3.3: Teilmengen von X

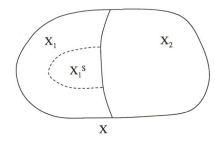

$X_1 :=$ Unternehmen mit einem überlegenen wirtschaftlichen Erfolg

$X_1{}^S :=$ Unternehmen mit einem überlegenen wirtschaftlichen Erfolg aufgrund der Implementierung von Strategie S

$X_2 :=$ Unternehmen ohne einen überlegenen wirtschaftlichen Erfolg

einige dieser Unternehmen die Strategie S verfolgen und andere nicht. Insbesondere ist hier zu klären, ob die Antwort durch T gegeben wird. Denn ist dies nicht der Fall, dann ist T unvollständig und erklärt den überlegenen Erfolg der Unternehmen in X_1^S nicht. Da T als beliebige IST vorausgesetzt ist, ist dann jede IST unvollständig.

Die Konstruktion von T setzt voraus, dass die Erklärung des überlegenen wirtschaftlichen Erfolgs allgemein gültig ist sowie einen empirischen Gehalt aufweist. Es stellt sich hier also die zentrale Frage, weshalb einige der Unternehmen die Strategie S verfolgen und somit in X_1^S liegen, während andere diese nicht verfolgen und in X_2 liegen. Sei nun für den Moment angenommen, dass alle betrachteten Unternehmen bei der Wahl ihrer Strategie rational und erfolgsmaximierend in Bezug auf das zugrunde gelegte Erfolgsmaß handeln.[264] Sei weiterhin auch angenommen, dass die Unternehmen die Strategietheorie T kennen und somit auch die Strategie S, die ihnen einen überlegenen wirtschaftlichen Erfolg verspricht. Die Unternehmen in X_2 müssten dann aufgrund ihres angenommenen rationalen und erfolgsmaximierenden Handelns S implementieren. Da dies aber nicht der Fall ist, muss es einen Unterschied zwischen den

---

[264] Rationalität bedeutet hier, dass Unternehmen unter allen alternativen Strategien die auswählen können, die den höchsten Erfolg in Bezug auf das zugrunde gelegte Erfolgsmaß verspricht. Zum Begriff der Rationalität in Verbindung mit Präferenzrelationen siehe Mas-Colell et al. (1995), S. 6 ff. Anzumerken ist, dass die Ausführungen hier auch im Fall einer probabilistischen Interpretation der IST gültig sind. Führen also assoziierte Strategien nur mit einer bestimmten Wahrscheinlichkeit zum überlegenen wirtschaftlichen Erfolg, dann lässt sich die hier geführte Argumentation, etwa durch den Übergang zu Erwartungswerten, auf diesen Fall erweitern.

Unternehmen in X_1^S und den Unternehmen in X_2 geben, der die Unternehmen in X_2 davon abhält, S zu implementieren. Dieser Unterschied lässt sich entweder einem allgemein gültigen und empirisch gehaltvollen Prinzip zuordnen oder nicht.

Im zweiten Fall, wenn der Unterschied zwischen Unternehmen in X_1^S und X_2 nicht anhand der Bedingungen (1) und (2) zu beschreiben ist, wird die Zuordnung von Unternehmen zu X_1^S bzw. X_2 nicht erklärt. Diese Zuordnung entscheidet aber über die Erklärung des Erfolgs der Unternehmen. Die Theorie T ist in diesem Fall unvollständig.

Basiert hingegen die Unterscheidung zwischen X_1^S und X_2 auf einem allgemein gültigen und empirisch gehaltvollen Prinzip, dann ist hier die Frage zu beantworten, ob diese Unterscheidung durch T erklärt wird. Die Erklärung durch T ist notwendig, weil für T beansprucht wird, dass diese den überlegenen wirtschaftlichen Erfolg von Unternehmen auf Basis von unternehmensspezifischen Merkmalen erklärt. Das bedeutet, durch T müssen jene Merkmale identifiziert werden, die für den Erfolg von Unternehmen verantwortlich sind. Auf Basis dieser Elemente müssen sich dann auch durch T die erfolgreichen Unternehmen identifizieren lassen. Wenn aber diese Unterscheidung Teil von T ist, dann darf X_2 keine Unternehmen enthalten, da das Verhalten der Unternehmen hier als rational und erfolgsmaximierend unterstellt wurde und diese dann aufgrund ihrer Kenntnis von T die Strategie S implementieren, die ihnen, wenn T wahr ist, einen überlegenen wirtschaftlichen Erfolg garantiert.

Da aber nach Voraussetzung X_2 nicht leer ist, kann auch die Unterscheidung zwischen X_1^S und X_2 auf Basis eines allgemein gültigen und empirisch gehaltvollen Prinzips nicht durch T erfolgen. Es wird durch die Argumentation hier also nicht ausgeschlossen, dass die Unterscheidung zwischen X_1^S und X_2 auf Basis allgemein gültiger und empirisch bedeutsamer Merkmale möglich ist. Diese Unterscheidung kann jedoch nicht durch T erfolgen, so dass T in dem Sinne unvollständig ist, dass diese IST nicht den überlegenen wirtschaftlichen Erfolg von Unternehmen in X erklärt. Da T hier als beliebig vorausgesetzt wurde, erklärt keine IST den überlegenen wirtschaftlichen Erfolg von Unternehmen in X.

Damit wurde bisher begründet, dass unter der Annahme rationalen und erfolgsmaximierenden Handels der Unternehmen bei gleichzeitiger Kenntnis von

T nicht erklärt wird, welche Unternehmen erfolgreich sind und welche nicht. Nun gilt es darzustellen, dass die Aufgabe dieser Annahmen ohne Einfluss auf die hier erzielte Schlussfolgerung bleibt. So ist zunächst mit Blick auf Abbildung 3.2 festzustellen, dass die Kenntnis der zugrunde gelegten IST T einfach als eine mögliche Quelle für den überlegenen wirtschaftlichen Erfolg von Unternehmen zu betrachten ist. Somit folgt die Begründung, dass die Aufgabe dieser Voraussetzung ohne Einfluss auf das hier erzielte Ergebnis bleibt, der soeben geführten Argumentation.

Einer vergleichbaren Logik folgt die Aufgabe der Annahme rationalen und erfolgsmaximierenden Verhaltens von Unternehmen. Zunächst ist hier festzustellen, dass die Aufgabe der beiden Verhaltensannahmen zu unterschiedlichen Präferenzordnungen der Unternehmen führen kann, so dass Unternehmen nicht mehr zwangsläufig nach dem durch T implizierten überlegenen wirtschaftlichen Erfolg streben müssen. Mit Blick auf die betrachtete IST ist dann die Übereinstimmung der Präferenzordnung eines Unternehmens mit der der IST zugrunde gelegten als Quelle für einen überlegenen wirtschaftlichen Erfolg im Sinne dieser IST zu sehen. Die Begründung der Unabhängigkeit des Ergebnisses der hier geführten Argumentation von der Annahme rationalen und erfolgsmaximierenden Verhaltens folgt dann der des vorherigen Absatzes.

Schließlich ist hier noch auf die eingangs zugrunde gelegte Fokussierung auf das Verständnis der in einer IST identifizierten Quelle als hinreichende Bedingung für den überlegenen wirtschaftlichen Erfolg von Unternehmen einzugehen. Powell argumentiert hingegen, dass Wettbewerbsvorteile nur dann einen überlegenen wirtschaftlichen Erfolg versprechen, wenn diese nicht durch Wettbewerbsnachteile aufgehoben werden.[265] In diesem Fall bilden die im Rahmen dieser Argumentation identifizierten Quellen eine notwendige, aber keine hinreichende Bedingung für den überlegenen wirtschaftlichen Erfolg von Unternehmen. Hierfür lässt sich eine im Wesentlichen analoge Argumentation zum vorherigen Fall führen, die zum selben Ergebnis kommt. Demnach ist auch die Identifikation notwendiger Bedingungen für den überlegenen wirtschaftlichen Erfolg von Unternehmen im Rahmen einer IST nicht möglich. Die Grundlage für die Begründung liefert Abbildung 3.4, in der die Teilmengen von X entsprechend der neuen Argumentation umbenannt sind. Es lässt sich dann analog begründen, weshalb die Zuordnung von Unternehmen zu X_i^S nicht durch die zugrunde ge-

---

[265] Siehe Powell (2001) sowie Abschnitt 3.2.4.

legte IST erfolgt.

Abbildung 3.4: Teilmengen von X im Fall von Wettbewerbsvorteilen als notwendige Erfolgsbedingung

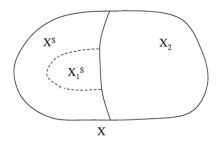

X^S := Unternehmen, die Strategie S implementieren, aber keinen überlegenen wirtschaftlichen Erfolg erzielen

$X_1{}^S$:= Unternehmen, die Strategie S implementieren und einen überlegenen wirtschaftlichen Erfolg erzielen

X_2 := Unternehmen, die Strategie S nicht implementieren und keinen überlegenen wirtschaftlichen Erfolg erzielen

3.3.3. Bedeutung für die gegenwärtige Strategieforschung

Die Relevanz der hier entwickelten Kritik an dem Konstrukt der IST ergibt sich aus der Tatsache, dass das gegenwärtige Paradigma --- wie in Abschnitt 2.4 zusammengefasst --- genau auf eine IST abzielt. Dabei zielt eine Strategietheorie genau dann auf eine IST ab, wenn diese die Bedingungen (1) bis (3) erfüllt. Am Beispiel der beiden dominierenden Perspektiven, des industrieökonomischen sowie des ressourcenorientierten Ansatzes, soll dies hier nachvollzogen werden.

Zur Begründung, dass diese beiden Perspektiven tatsächlich die hier aufgestellten Bedingungen an eine IST erfüllen, wird wie in vergleichbarer Situation von PRIEM und BUTLER ausschließlich auf die jeweils zentrale Kernliteratur zurückgegriffen.[266] Der Versuch einer umfassenden Berücksichtigung der unterschiedlichen Ansichten innerhalb einer Perspektive verbietet sich von selbst, ist aber aus den von PRIEM und BUTLER genannten Gründen nicht erforderlich.[267]

---

[266] Siehe Priem und Butler (2001a).
[267] Siehe Priem und Butler (2001a), S. 23 ff.

3.3.3.1. Der industrieökonomische Ansatz als IST

Die Kernargumentation des industrieökonomischen Ansatzes wird in Abbildung 3.5 gezeigt.[268] Das Abzielen dieses Ansatzes auf eine IST zeigt sich im Einzelnen an den folgenden Stellen. So legt PORTER dem industrieökonomischen Ansatz einen allgemeinen Geltungsanspruch zugrunde, wenn er feststellt:[269]

„The essence of this paradigm is that a firm's performance in the marketplace depends critically on the characteristics of the industry environment in which it competes."

Der allgemeine Anspruch der Aussage folgt daraus, dass die Gültigkeit des zentralen Zusammenhangs für alle Branchen und alle Unternehmen postuliert wird. Darüber hinaus folgt die Allgemeingültigkeit aus der allgemein gültigen Charakterisierung der Branchenstruktur. So stellt etwa BAIN die folgende Hypothese auf:[270]

„[T]he profit rates of firms in industries with high seller concentration should on the average be larger than those of firms in industries with lower concentration."

Bedingung (1) ist somit erfüllt.

Abbildung 3.5: Kernargumentation im industrieökonomischen Ansatz

geschützte Markt- position	→	(nachhaltiger) Wettbewerbsvorteil	→	(anhaltender) überlegener wirtschaftlicher Erfolg

Weiterhin folgt das Streben nach empirischer Überprüfbarkeit im industrieökonomischen Ansatz aus der Tatsache, dass die Branchenstruktur als erklärende Variable und der überlegene wirtschaftliche Erfolg als zu erklärende Variable

---

[268] Vgl. Abschnitt 2.2.2 sowie Abbildung 2.15.
[269] Porter (1981), S. 610.
[270] Bain (1951), S. 323. Vgl. auch Scherer (1980), S. 1 ff.

in keiner tautologischen Beziehung zueinander stehen. So wird die Branchenstruktur durch die in Abbildung 2.5 aufgeführten Merkmale charakterisiert oder
etwa anhand des Five-Forces-Modells (siehe Abbildung 2.6) beschrieben. Auf
der anderen Seite bilden die in Tabelle 2.3 dargestellten und überwiegend auf
Bilanzkennzahlen basierenden Maße die Grundlage zur Bestimmung des wirtschaftlichen Erfolgs von Unternehmen. Die logische Trennung der erklärenden
und der zu erklärenden Variablen in empirischen industrieökonomischen Studi-
en lässt sich weiter in einem von PORTER zusammengestellten Überblick sofort
nachvollziehen.[271] Damit folgt aus der logischen Trennung der Variablen sowie der hier angeführten Charakterisierung der Messung des wirtschaftlichen
Erfolgs die Erfüllung der Bedingungen (2) und (3).

Insgesamt resultiert dies in der Schlussfolgerung, dass der industrieökonomische
Ansatz im strategischen Management auf eine IST abzielt, indem dieser die in
einer Branche oder strategischen Gruppe vor Wettbewerb geschützten Markt-
positionen mit dem überlegenen wirtschaftlichen Erfolg von Unternehmen in
Verbindung bringt.

3.3.3.2. Der ressourcenorientierte Ansatz als IST

Dass der ressourcenorientierte Ansatz ebenfalls auf eine IST abzielt, lässt sich
direkt aus der vielbeachteten Kontroverse zwischen PRIEM und BUTLER einerseits und BARNEY andererseits erkennen.[272] Diese liefert vor dem Hintergrund
der ressourcenorientierten Kernargumentation (siehe Abbildung 3.6) die nachfolgend aufgeführten Anhaltspunkte.

Abbildung 3.6: Kernargumentation im ressourcenorientierten Ansatz

| einzigartige Ressourcen-ausstattung | $\longrightarrow$ | (nachhaltiger) Wettbewerbsvorteil | $\longrightarrow$ | (anhaltender) überlegener wirtschaftlicher Erfolg |

So identifizieren PRIEM und BUTLER zunächst den allgemein gültigen Anspruch
im ressourcenorientierten Ansatz:[273]

---

271 Porter (1979), S. 222.
272 Priem und Butler (2001a, b) sowie Barney (2001a).
273 Priem und Butler (2001a), S. 26 f.

„The RBV [resource-based view] clearly contains such [generalized]
statements: Proponents of the RBV assert that if a firm attribute is
rare and valuable, then that attribute is a resource that can give the
firm a competitive advantage. And if a resource that accords a firm
competitive advantage is hard to imitate and is not substitutable,
then that resource can provide the firm with sustainable competitive
advantage (Barney, 1991). Both of these statements, central to the
RBV, are generalized conditionals and meet Rudner's (1966) first
criterion for lawlike generalizations."

Damit ist Bedingung (1) erfüllt. Weiterhin bestätigt BARNEY die empirische
Ausrichtung als Antwort auf PRIEM und BUTLERs Vorwurf eines fehlenden
empirischen Gehalts im ressourcenorientierten Ansatz:[274]

„I examine the extend to which each of the components of the
resource-based theory are parameterized in ways that can generate
testable propositions."

Damit lässt sich im ressourcenorientierten Ansatz auch das Streben nach der
Erfüllung von Bedingung (2) identifizieren. Schließlich ist der ressourcenori-
entierte Ansatz ebenfalls auf die Erklärung eines überlegenen wirtschaftlichen
Erfolgs ausgerichtet. So stellen BARNEY und ARIKAN fest:[275]

„The resource-based view (RBV) has emerged as one of several important explanations of persistent firm performance differences in
the field of strategic management."

Der wirtschaftliche Erfolg wird dabei, wie in Tabelle 2.3 dargestellt, ebenfalls
anhand der üblichen Erfolgsmaße gemessen.[276] Somit ist hier auch Bedingung
(3) erfüllt, so dass auch im Fall des ressourcenorientierten Ansatzes das Abzielen
auf eine IST bestätigt werden kann.

---

[274] Barney (2001a), S. 42. Siehe hier auch S. 42 ff. zu Parametrisierungsansätzen der zen-
        tralen Variablen im ressourcenorientierten Ansatz.
[275] Vgl. Barney und Arikan (2001), S. 124.
[276] Vgl. auch King und Zeithaml (2001) sowie Miller und Shamsie (1996).

Insgesamt erfüllen also die beiden zentralen Perspektiven der strategischen Managementforschung die Bedingungen, die in dieser Arbeit die Grundlage zur Definition der IST bilden. Damit entfaltet die hier entwickelte Kritik an der IST ihre Gültigkeit auch auf die aktuelle Strategieforschung. Entsprechend der gegen die IST geführten Argumentation ist dann damit zu rechnen, dass sich die dabei identifizierten Probleme ebenfalls in den unterschiedlichen aktuellen Strategietheorien auffinden lassen. Zur Demonstration, dass dies tatsächlich der Fall ist, soll hier auf die in Abschnitt 3.2 aufgeführten Beiträge zurückgegriffen werden. Dabei gilt es zu zeigen, dass die dort jeweils für ein spezifisches Argument hervorgebrachte Kritik direkt aus den hier allgemein für die IST identifizierten Problemen der Widersprüchlichkeit oder Unvollständigkeit folgt.

3.3.4. Bezug zu spezifischen Problemfeldern in der aktuellen Diskussion

Im Einzelnen ergeben sich somit für die zuvor in der Literatur identifizierten Kritikpunkte an der Konzeption strategischer Managementansätze die folgenden Begründungen durch die hier geführte Argumentation.[277]

3.3.4.1. Unendlicher Regress

Die von COLLIS im ressourcenorientierten Ansatz identifizierte Tendenz zu einem unendlichen Regress in Form der wiederholten Einführung logisch übergeordneter Erklärungsebenen, die jeweils die Unterschiede auf der darunterliegenden Ebene erklären, folgt direkt aus der hier geäußerten Unvollständigkeitsthese.[278] Denn demnach ist die Erklärung für den überlegenen wirtschaftlichen Erfolg von Unternehmen auf jeder Betrachtungsebene (etwa auf Ebene der Ressourcen oder der Unternehmensfähigkeiten) unvollständig. Wird diese Unvollständigkeit auf einer Ebene erkannt, wird versucht, dieses Problem durch die Einführung einer höheren Erklärungsebene aufzulösen. Da auch die Erklärung auf dieser höheren Ebene selbst wieder unvollständig ist, entsteht der unendliche Regress.

---

277 Siehe Abschnitt 3.2.5.
278 Vgl. Abschnitt 3.2.3.1.

3.3.4.2. Tautologische Aussagen

Tautologische Aussagen basieren auf einer zu engen logischen Beziehung zwischen dem erklärenden und dem zu erklärenden Konzept in dem Sinne, dass die Wahrheit der Aussage nicht auf empirische Befunde angewiesen ist, sondern direkt aus der Struktur der Aussage folgt.[279] PRIEM und BUTLER begründen das Vorliegen einer tautologischen Argumentation in BARNEYs ressourcenorientiertem Bezugsrahmen damit, dass dort die erklärende Variable exogen bestimmt wird.[280] Wenn also eine Erklärung für den überlegenen wirtschaftlichen Erfolg von Unternehmen unvollständig ist, dann besteht konzeptionell eine Möglichkeit, diese Unvollständigkeit in der Erklärung zu umgehen und somit eine wahre Theorie zu präsentieren, darin, die erklärende Variable durch die zu erklärende Variable zu definieren. Dadurch wird die resultierende Aussage tautologisch. Im Beispiel von BARNEYs VRIO-Bezugsrahmen wird so der Wert einer Ressource in Bezug auf den Beitrag zur Erzielung eines Wettbewerbsvorteils definiert.[281] Damit umgeht BARNEY die Notwendigkeit zur Bestimmung des Ressourcenwertes durch den Absatzmarkt. Die in diesem Beispiel angedeutete Tendenz zur Formulierung tautologischer Aussagen ist somit eine direkte Folge der hier identifizierten Unvollständigkeit der Erklärung des überlegenen wirtschaftlichen Erfolgs von Unternehmen.

3.3.4.3. Exogene Determination

Eine exogene Determination der erklärenden Variable wurde hier an zwei Stellen identifiziert. Zum einen in Bezug auf die Voraussetzungen zur Besetzung einer geschützten Marktposition im industrieökonomischen Ansatz. Hier ist argumentiert worden, dass Unternehmen nur dann einen überlegenen wirtschaftlichen Erfolg aufgrund einer geschützten Marktposition erzielen können, wenn sie die dazu benötigten Ressourcen zu einem Preis erworben haben, der unter ihrem Wert liegt. Dies hängt jedoch von den Bedingungen auf dem Faktormarkt ab, der aber nicht Gegenstand der industrieökonomischen Analyse ist.[282] Zum anderen wurde für den ressourcenorientierten Ansatz darauf hingewiesen, dass

---

[279] Vgl. Abschnitt 3.1.2.1 sowie Carnap (1958).
[280] Priem und Butler (2001a), S. 29 ff.
[281] Vgl. Abschnitt 3.2.3.3.
[282] Vgl. Abschnitt 3.2.1.

der Wert einer Ressource durch den Absatzmarkt bestimmt wird, der jedoch nicht Gegenstand der ressourcenorientierten Analyse ist.[283] Das Problem der exogenen Determination in den beiden Perspektiven ist dabei eine unmittelbare Folge der Unvollständigkeit jeder Erklärung des überlegenen wirtschaftlichen Erfolgs von Unternehmen, die den an die IST gestellten Anforderungen genügt. Die Analyse der IST deutet hier weiter darauf hin, dass die gelegentlich in der Literatur vorgeschlagene Verbindung beider Perspektiven ebenfalls nicht das Problem der Unvollständigkeit des Erklärungsansatzes behebt.[284]

3.4. Perspektiven für die strategische Managementforschung

Wie in Kapitel 2 dargestellt, definiert sich die strategische Managementforschung wesentlich durch den Anspruch auf die Erklärung des überlegenen wirtschaftlichen Erfolgs von Unternehmen. Die Ausführungen des vorherigen Abschnitts haben somit weit reichende Konsequenzen für das Forschungsfeld, da hier die Möglichkeit ausgeschlossen wird, die Ursachen für den überlegenen wirtschaftlichen Erfolg von Unternehmen zu benennen. Die Erkenntnis, dass sich der zentrale Untersuchungsgegenstand einer den hier angeführten Mindestanforderungen genügenden Erklärung entzieht, muss zunächst zu einem grundsätzlichen Zweifel an der Sinnhaftigkeit der weiteren Auseinandersetzung mit diesem führen. Demgegenüber tritt POWELL im Anschluss an seine Feststellung, dass gegenwärtige Theorien über die Beziehung zwischen Wettbewerbsvorteilen und dem überlegenen wirtschaftlichen Erfolg von Unternehmen in einem analytischen Verhältnis zueinander stehen, für eine pragmatische Perspektive im strategischen Management ein:[285]

> „Theories of firm-specific competitive advantage may fail to satisfy conventional epistemological demands, but to the pragmatist they could be construed as a legitimate attempt to solve the central problem facing strategy research — *explaining sustained superior*

---

[283] Vgl. Abschnitt 3.2.3.3.
[284] Ein Beispiel hierfür ist etwa Spanos und Lioukas (2001).
[285] Siehe Powell (2001), S. 884 sowie Abschnitt 3.2.4. Zum Stellenwert analytischer Aussagen siehe Abschnitt 3.1.4.

performance — as well as the central problem facing managers —
creating sustained superior performance."

Die Befürwortung einer pragmatischen Epistemologie erscheint vor dem Hintergrund von POWELLs Kritik legitim, da diese sich zwar gegen den dominierenden, aber dennoch nur einen einzigen Begründungszusammenhang richtet. So lässt sich argumentieren, dass selbst wenn dieser nicht auf Basis empirischer Beobachtungen falsifizierbar ist, dennoch die Möglichkeit besteht, dass das darauf aufbauende Forschungsprogramm die Aufmerksamkeit auf lösbare Probleme lenkt und so Ursachen für den Erfolg von Unternehmen aufdeckt. Für diese Logik lassen sich in den Naturwissenschaften zahlreiche Beispiele angeben.[286] So liegt etwa DARWINs Theorie der natürlichen Auslese zum einen der Grundsatz des Überlebens der Angepasstesten zugrunde und zum anderen werden diejenigen, die sich im Evolutionsprozess durchsetzen konnten, als besonders angepasst bezeichnet.[287] Ein solcher Begründungszusammenhang ist eindeutig nicht empirisch zu falsifizieren. Dennoch lässt sich kaum bestreiten, dass das darwinistische Forschungsprogramm entscheidenden Einfluss auf den Erkenntnisgewinn in einer Vielzahl wissenschaftlicher Disziplinen genommen hat.

Die im Rahmen dieser Arbeit geäußerte Kritik wirft jedoch ein anderes Licht auf den Beitrag der aktuellen strategischen Managementforschung, da hier die Beantwortung der Kernfrage unabhängig vom gewählten Erklärungsansatz ausgeschlossen wird. Somit wirkt hier der angedeutete Rückgriff auf eine pragmatische Epistemologie weniger überzeugend. Vielmehr bietet sich in Bezug auf den zu erwartenden Erkenntnisfortschritt ein Vergleich mit der Diskussion in der Erkenntnistheorie selbst an. Indem sich dort der zentrale Untersuchungsgegenstand *Wahrheit* einem direkten Zugang entzieht und Annäherungsversuche an diesen sich ebenfalls entweder als widersprüchlich oder als unvollständig erweisen,[288] lässt sich eine direkte Parallele zum vorliegenden Problem iden-

---

[286] Siehe für eine umfangreiche Diskussion von Beispielen Kuhn (1977) sowie Kuhn (1996).
[287] Vgl. Popper (1995b), S. 243 ff.
[288] Siehe Bernstein (1983), S. 9: „When the objectivist claims to come up with clear and distinct criteria or foolproof transcendental arguments to support his or her claims, the relativist argues that close examination reveals that there is something fraudulent and ingenuous about such claims. But ever since Plato objectivists have argued that relativism, whenever it is clearly stated, is self-referentially inconsistent and paradoxical. For implicitly or explicitly, the relativist claims that his or her position is true, yet the

tifizieren. Der Blick auf den inhaltlichen Fortschritt in der erkenntnistheoretischen Diskussion seit der griechischen Antike gibt nun wenig Hoffnung für den zu erwartenden Erkenntnisgewinn in Bezug auf das strukturgleiche Problem des Auffindens der Quellen für den überlegenen wirtschaftlichen Erfolg von Unternehmen.[289] Es wird hier also argumentiert, dass wenn die Erklärung des zentralen Erkenntnisgegenstands aus logischen Erwägungen ausgeschlossen werden kann, auch vor dem Hintergrund pragmatischer Kriterien kein tatsächlicher Verständnisbeitrag in Bezug auf das Kernproblem zu erwarten ist.

Daher soll hier die Erklärung der unternehmensspezifischen Ursachen für Erfolgsunterschiede zwischen Unternehmen in den Hintergrund gerückt und statt dessen der Blick auf solche Aspekte im strategischen Management gerichtet werden, die nicht von der hier formulierten Kritik betroffen sind. Die Ausführungen in Kapitel 2 weisen hier auf verschiedene Fragestellungen. Ein Beispiel ist etwa die Strategieprozessforschung, die solange unberührt von der hier geführten Diskussion bleibt, wie sie Strategieprozesse nicht mit dem überlegenen wirtschaftlichen Erfolg von Unternehmen in Verbindung bringt.[290] Gegenstand dieser Arbeit ist jedoch das Thema des Strategieinhalts, so dass diese Frage hier nicht weiter verfolgt wird.[291] Weiter wird auch die Beantwortung der Frage nach der absoluten Verbesserung, etwa der operativen Effizienz, von Unternehmen nicht durch die Ausführungen hier eingeschränkt. Jedoch ist hier bereits argumentiert worden, dass diese Fokussierung nicht dem Selbstverständnis der strategischen Managementforschung entspricht, das sich wesentlich durch den Bezug auf Konkurrenten definiert.[292]

Relevanter und reichhaltiger erscheint da für die weitere Perspektive der strategischen Managementforschung der Aspekt der Stabilität von Erfolgsunterschieden. So ist von den beiden zentralen Fragestellungen der Strategieinhaltsforschung nach der Entstehung und der Erhaltung des überlegenen wirtschaftlichen Erfolgs von Unternehmen nur die Erste von der Kritik des vorherigen Abschnitts betroffen.[293] Liegt also bereits eine gegebene Verteilung des wirt-

---

relativist also insists that since truth is relative, what is taken as true may also be false. Consequently, relativism itself may be true *and* false."
[289] Siehe Bernstein (1983), S. 1 ff.
[290] Siehe Abschnitt 2.1.2.2.
[291] Siehe Abschnitt 2.1.2.1.
[292] Vgl. hierzu auch Porter (1996). Zum Fokus strategischen Managements siehe Abschnitt 2.1.1.
[293] Siehe Abschnitt 2.1.2.1.

schaftlichen Erfolgs zwischen Unternehmen vor, dann spricht die Argumentation dieses Kapitels nicht dagegen, die Stabilität von Erfolgsunterschieden auf Bedingungen wie Eintrittsbarrieren oder Isolationsmechanismen zurückzuführen. Empirisch lässt sich auch kaum bestreiten, dass Faktoren wie die Laufzeit von Patenten — etwa in der pharmazeutischen Industrie — Einfluss auf die Nachhaltigkeit einmal erzielter Wettbewerbsvorteile nehmen.[294] So wird durch die Argumentation des vorherigen Abschnitts zwar die Möglichkeit der Erklärung von Wettbewerbsvorteilen ausgeschlossen, dies bedeutet jedoch keineswegs, dass Unternehmen nicht über Wettbewerbsvorteile verfügen können. Die Analyse des nachfolgenden Kapitels für den Fall von Siegverteilungen deutet sogar klar auf die Existenz von Wettbewerbsvorteilen in den meisten Branchen hin. Darüber hinaus lassen sich neben der Stabilität eine Reihe weiterer Merkmale der jeweiligen Wettbewerbsvorteile, wie etwa deren Ausprägung und Verteilung, aus der Erfolgsverteilung in einer Branche ablesen, ohne dass dabei deren Ursprung benannt werden muss. Die Untersuchung dieser Merkmale, die nicht von der Kritik des vorherigen Abschnitts betroffen sind, ist der zentrale Ansatzpunkt für die nachfolgenden Ausführungen.

---

[294] Dies zeigt sich auch in den Ergebnissen empirischer Arbeiten in Abschnitt 2.3.2, die für die Nachhaltigkeit von Erfolgsunterschieden einen wesentlich deutlicheren Konsens zeigen als für deren Quellen.

4. Auf dem Weg zu einer neutralen Theorie strategischen Managements

Strategy is about winning.

ROBERT GRANT (2002)

Die Akzeptanz der Ausführungen des letzten Kapitels muss zu einem grundsätzlichen Zweifel an dem gegenwärtig dominierenden Paradigma in der strategischen Managementforschung führen. Denn ein Erfolg bei der Suche nach den unternehmensspezifischen Quellen von (nachhaltigen) Wettbewerbsvorteilen, die dann einen anhaltenden überlegenen wirtschaftlichen Erfolg begründen, wird dort aufgrund logischer Erwägungen ausgeschlossen. Das bedeutet aber weder, dass es keine wettbewerbsrelevanten Unterschiede zwischen Unternehmen geben kann, noch, dass bestimmte im aktuellen Diskurs thematisierten Konzepte wie Markteintrittsbarrieren oder Isolationsmechanismen ohne Bedeutung für Wettbewerbssituationen sind. Tatsächlich bestätigen die folgenden empirischen Befunde sogar mitunter die Existenz von Wettbewerbsvorteilen. Ausgeschlossen wurde im letzten Kapitel lediglich die Möglichkeit, diese sinnvoll zu benennen.

In einem aktuellen Beitrag unterscheiden POWELL und LLOYD zwei prinzipielle Herangehensweisen zur Erklärung der Erfolgsunterschiede zwischen Unternehmen:[1]

- Unterschiede im wirtschaftlichen Erfolg zwischen Unternehmen werden durch die Fokussierung auf unternehmensspezifische Merkmale erklärt.

---

[1] Powell und Lloyd (2005), S. 388 f.

• Unterschiede im wirtschaftlichen Erfolg zwischen Unternehmen werden
  durch die Fokussierung auf Prozesse erklärt, die empirische Erfolgsverteilungen erzeugen.

Die erste dieser beiden Alternativen entspricht dem gegenwärtigen Paradigma
im strategischen Management. Der zweite Ansatz bedeutet hingegen eine Abkehr von der Suche nach den Quellen von Wettbewerbsvorteilen. Statt dessen
gilt hier die Aufmerksamkeit der Identifikation begründeter Wettbewerbsprozesse, die tatsächlich beobachtbare Erfolgsverteilungen hervorbringen.[2] Diese
Betrachtung der zugrunde liegenden Mechanismen läuft hier auf eine neutrale
Theorie zur Erklärung von Erfolgsunterschieden zwischen Unternehmen hinaus.
Grob gesprochen bedeutet Neutralität in diesem Zusammenhang, dass unternehmensspezifische Merkmale bei der Erklärung von Erfolgsverteilungen nicht
berücksichtigt werden, sondern vielmehr alle Unternehmen den gleichen Regeln
unterliegen. Die Fokussierung auf eine neutrale Theorie bildet somit eine konsequente Antwort auf die Kritik des letzten Kapitels gegenüber der Erklärung
von Erfolgsunterschieden zwischen Unternehmen auf Basis unternehmensspezifischer Merkmale.

Die Entwicklung eines neutralen Ansatzes zur Erklärung der Erfolgsunterschiede zwischen Unternehmen lässt sich gegenwärtig in der strategischen Managementforschung nicht erkennen.[3] Hingegen sind neutrale Theorien in anderen
wissenschaftlichen Feldern weit verbreitet. Beispielsweise wird auf Basis neutraler Erklärungsansätze in der Biologie die relative Artenvielfalt in unterschiedlichen Populationen modelliert. Hier treten diese gegen Erklärungskonzepte an,
die auf der etablierten These basieren, dass die Verbreitung einzelner Arten auf
deren Anpassung an ihre Umwelt zurückzuführen ist.[4] Dem liegt das einfache
Argument zugrunde, dass sich erfolgreiche Arten durch spezielle Vorteile wie
etwa eine hohe Reproduktionsrate auszeichnen. Die Analogie zwischen dem hier
skizzierten Gegensatz und der Beziehung zwischen einer neutralen Theorie der

---

2 Als Wettbewerbsprozess wird hier in Abweichung vom Verständnis in der Strategieprozessforschung (siehe Abschnitt 2.1.2.2) die nachfolgend genauer spezifizierte Dynamik
   der Verteilung des wirtschaftlichen Erfolgs zwischen Unternehmen verstanden.

3 Neben den Überlegungen in Powell (2003b), die hier die Grundlage für die weiteren
   Ausführungen bilden (siehe auch Abschnitt 4.2.2.1), lässt sich weiterhin in Denrell (2004)
   eine Ausnahme erkennen.

4 Zur Kontroverse in der Populationsökologie siehe McGill (2003) sowie Abrams (2001),
   Clark (2002), de Mazancourt (2001), Enquist et al. (2002), Levine (2002), Terborgh et al.
   (1996), Yu et al. (1998) sowie auch Abschnitt 4.2.1.

Wettbewerbsdominanz und dem in Kapitel 2 dargestellen aktuellen Paradigma in der strategischen Managementforschung ist offensichtlich.

An verwandterer Stelle zum strategischen Management finden sich weitere Beispiele für neutrale Argumentationslinien, auch wenn diese dort nicht explizit so bezeichnet werden. So hat in der Volkswirtschaftslehre die Analyse von Größenverteilungen — vor allem von Unternehmen und Städten — eine lange Tradition und erfreut sich auch gegenwärtig einer regen Diskussion, die vor allem durch eine nachhaltige mathematische Durchdringung sowie umfangreiche empirische Tests vorangetrieben wird.[5] Ein bekanntes Phänomen betrifft dabei die folgende Beobachtung.[6] Stellt man die Unternehmen eines Landes sortiert nach ihrer Größe in einem Graphen dar, der auf der x-Achse den logarithmierten Rang (in Bezug auf die Größe) eines Unternehmens und auf der y-Achse dessen logarithmierte Größe (hier gemessen anhand des Umsatzes) aufträgt, dann zeigt sich eine nahezu perfekte gerade Linie. Abbildung 4.1 zeigt das Beispiel der Größenverteilung der 100 größten US-amerikanischen Unternehmen im Jahr 2004.

Die Anpassung zwischen der Regressionsgeraden und der empirischen Verteilung ist erstaunlich gut. So zeigt die Regressionsanalyse ein R^2 von 0,972.[7] Dieser ausgeprägte Zusammenhang ist keineswegs selbstverständlich oder tautologisch in dem Sinne, dass Daten nach den hier durchgeführten Transformationen stets eine Gerade bilden.[8] Vielmehr entsteht dieser dadurch, dass die Verteilung von Unternehmensgrößen in ihrem oberen Ende einer Pareto-Verteilung folgt.[9] Diese lässt sich in Bezug auf das Verhältnis zwischen Rang und Größe (hier von Unternehmen) allgemein in der Form

$$S = cr^{-\alpha} \tag{4.1}$$

schreiben. Dabei steht S für die Größe und r für den Rang der nach Größe sortierten Unternehmen. Weiterhin ist c eine Konstante, die in etwa der Größe des größten Unternehmens entspricht, und α bestimmt die Form der Verteilung.

---

[5]   Vgl. etwa Eeckhout (2004).
[6]   Vgl. etwa Gabaix (1999).
[7]   Die Anpassung erfolgt hier durch Minimierung der quadratischen Abweichung, nicht der quadratischen logarithmierten Abweichung.
[8]   Vgl. Gabaix (1999), S. 739 f. Siehe hierzu auch die Beispiele im folgenden Abschnitt.
[9]   Siehe hierzu Abschnitt 4.3.

Abbildung 4.1: Größenverteilung der 100 größten US-amerikanischen Unternehmen im Jahr 2004

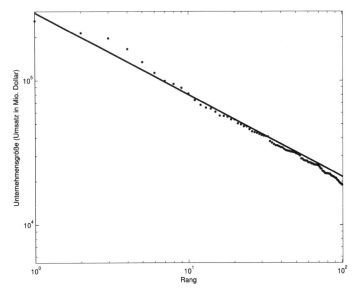

Datenquelle: *Fortune 500*.

Im dargestellten doppel-logarithmischen Diagramm ist α die Steigung der Geraden. Nimmt man nun in Gleichung 4.1 den Logarithmus auf beiden Seiten, dann zeigt sich der angedeutete lineare Zusammenhang:

$$\log(S) = \log(c) - \alpha \log(r) \, .$$

Interessant wird dieser Befund durch die Tatsache, dass die Pareto-Verteilung verträglich ist mit dem sehr plausiblen Gibrat-Prozess. Grob gesprochen bedeutet dies, dass wenn in einer Population von Unternehmen das absolute Wachstum der Unternehmen jeweils proportional zu ihrer Größe ist, dass dann die resultierende Größenverteilung langfristig — zumindest in ihrem oberen Ende — einer Pareto-Verteilung folgt.[10]

---

[10]   Vgl. Sutton (1997), S. 40 ff. sowie Gabaix (1999), 739 ff. Für vollständige Größenver-

Dieses Beispiel soll andeuten, dass empirisch beobachtete Verteilungen — hier der Größe von Unternehmen, im strategischen Management des wirtschaftlichen Erfolgs von Unternehmen — begründete Rückschlüsse auf die zugrunde liegende Dynamik zulassen, die die vorliegende Verteilung erzeugen. Die in diesem Kapitel zu entwickelnde Perspektive basiert auf der Vorstellung, dass sich Erfolgsunterschiede zwischen Unternehmen entsprechend der Beziehung zwischen Pareto-Verteilung und Gibrat-Prozess durch die Dynamik zugrunde liegender Prozesse erklären lassen. Der Fokus liegt bei dieser Analyse nicht darauf, den Erfolg einzelner Unternehmen vorherzusagen, sondern eine Aussage über die gesamte Erfolgsverteilung in einer Gruppe von Unternehmen, etwa einer Branche, zu treffen, die unabhängig von den besonderen Merkmalen einzelner Unternehmen ist.

In der strategischen Managementliteratur sind Arbeiten, in denen Prozesse zur Erklärung von Erfolgsverteilungen zwischen Unternehmen thematisiert werden, selten. Neben dem angesprochenen Beitrag von POWELL und LLOYD bildet eine Arbeit von DENRELL eine weitere Ausnahme.[11] Darin zeigt er am Beispiel eines einfachen Cournot-Modells, dass es für die Entstehung anhaltender Erfolgsunterschiede ausreicht, wenn die Kostenfunktionen von Wettbewerbern einem Random-Walk-Prozess folgen. Da zu Beginn des Random-Walks alle Unternehmen als gleich angenommen werden, argumentiert DENRELL weiter, dass entgegen der ressourcenorientierten Logik anhaltende Erfolgsunterschiede auch ohne das Vorhandensein von *a priori* gegebenen Wettbewerbsvorteilen auftreten.[12]

Ausgangspunkt der nachfolgenden Überlegungen, insbesondere der Ausführungen in Abschnitt 4.4, ist hingegen vor allem POWELLs Arbeit über Siegverteilungen in Branchen.[13] Siegen bedeutet dabei das Anführen einer Branche in einer Periode in Bezug auf eine zugrunde gelegte Finanzkennzahl. Aufsummieren dieser Siege über einen bestimmten Zeitraum — 20 Jahre bei POWELL und 25 Jahre in dieser Arbeit — liefert dann die Siegverteilung in einer Branche. Dieses Erfolgsmaß erlaubt einerseits einen leichten Zugang zu bekannten Verteilungsfunktionen, wie etwa der bereits angesprochenen Pareto–Verteilung, und

---

teilungen, etwa aller Städte eines Landes, wird hingegen argumentiert, dass der Gibrat-Prozess zu einer Lognormalverteilung führt. Vgl. Eeckhout (2004).

[11] Denrell (2004).
[12] Siehe Denrell (2004), S. 922.
[13] Powell (2003b).

bietet damit die Möglichkeit zu einer theoretischen Begründung empirischer Erfolgsverteilungen. Andererseits eröffnet dieses Erfolgsmaß den Vergleich mit einer Vielzahl von Wettbewerbssituationen in anderen Bereichen wie Sport, Politik oder Schönheitswettbewerben. Dabei zeigt sich, dass Erfolgsverteilungen zwischen Unternehmen — zumindest in Bezug auf das hier zugrunde gelegte Erfolgsmaß *Anzahl der Siege* — von denen in anderen Wettbewerbssituationen nicht zu unterscheiden sind.[14] Dies legt unter anderem die Vermutung nahe, dass Wettbewerb und die daraus resultierenden Erfolgsverteilungen allgemeineren Gesetzmäßigkeiten folgen, deren Analyse somit nicht auf den Kontext des strategischen Managements zu beschränken ist.

Vor dem Hintergrund der in Kapitel 2 genannten Motivation für die wissenschaftliche Auseinandersetzung mit dem Gegenstandsbereich des strategischen Managements aus dessen praktischer Notwendigkeit bedarf die Klärung der Frage nach der Nützlichkeit einer Auseinandersetzung mit der Gestalt von Erfolgsverteilungen einer besonderen Aufmerksamkeit. So lässt sich beispielsweise der hier angedeuteten Kontroverse, ob die Verteilung von Unternehmensgrößen in ihrem oberen Ende einer Pareto- oder Lognormalverteilung folgt, durchaus ein gewisser rein akademischer Charakter unterstellen. Der Untersuchung von Erfolgsverteilungen zwischen Unternehmen soll daher die folgende Argumentation als praktische Motivation zugrunde gelegt werden.

Wenn sich zeigen lässt, dass Erfolgsverteilungen zwischen Unternehmen gewissen Regelmäßigkeiten folgen, dann gibt das Aufdecken dieser Regelmäßigkeiten Aufschluss über die diesen zugrunde liegende Dynamik. Vergleichbar mit der Beziehung zwischen Pareto-Verteilung und Gibrat-Prozess im obigen Beispiel lassen sich dann Prozesse identifizieren, durch die sich die beobachteten Erfolgsverteilungen erklären lassen. Die Kenntnis der Dynamik und vor allem der Einflussfaktoren auf diese Prozesse ist dann von direktem praktischen Interesse. So ist zu vermuten, dass sich über diese Treiber auch auf den Wettbewerbsprozess einwirken lässt. Im Beispiel der Nachhaltigkeit von Erfolgsunterschieden gilt es so, Einflussfaktoren auf die Erfolgsstabilität zu bestimmen.[15] Hier verspricht die Analyse von Erfolgsverteilungen im Vergleich zu bisherigen Ansätzen einen direkteren Zugang zur Beziehung zwischen den Einflussfaktoren und der

---

[14]   Siehe Powell (2003b), S. 75 ff.
[15]   Die Analyse der Nachhaltigkeit von Erfolgsunterschieden ist Gegenstand von Abschnitt 4.4.

Nachhaltigkeit von Erfolgsunterschieden.

So zeichnet sich die hier eingeschlagene Untersuchung von Erfolgsverteilungen anstelle von Unternehmensmerkmalen dadurch aus, dass diese insbesondere auch eine Aussage über Erfolgsunterschiede zwischen erfolgreichen Unternehmen zulässt. Rückblickend auf die Entwicklung im strategischen Management hat gerade die mangelnde Eignung des Structure-Conduct-Performance-Modells zur Erklärung von Erfolgsunterschieden innerhalb von Branchen zum Aufkommen des Konzeptes strategischer Gruppen geführt und so weiterhin die Verbreitung des ressourcenorientierten Ansatzes begünstigt. Letzterer erklärt zwar Erfolgsunterschiede zwischen Unternehmen, dies aber zu dem Preis, *a priori* entsprechende Unterschiede in der Ressourcenausstattung bereits voraussetzen zu müssen. Vor diesem Hintergrund hat der hier vorgeschlagene Ansatz zum einen das Potential für eine wesentlich einfachere Erklärung von Erfolgsunterschieden zwischen Unternehmen. Zum anderen liefert dieser aber auch eine tatsächlich endogene Begründung für Erfolgsunterschiede zwischen Unternehmen, die direkt aus der zugrunde liegenden Wettbewerbsdynamik folgt.

Die Entwicklung einer neutralen Theorie der Wettbewerbsdominanz in diesem Kapitel folgt dieser Struktur: Zunächst wird in Abschnitt 4.1 zur empirischen Rechtfertigung der folgenden Analyse eine Reihe stilisierter Fakten dargestellt, die einen Eindruck von der Gestalt tatsächlicher Erfolgsverteilungen geben sollen. In Abschnitt 4.2 werden dann die zentralen Begriffe einer neutralen Theorie der Wettbewerbsdominanz eingeführt. Anschließend gilt es in Abschnitt 4.3, eine mathematische Fundierung für die weitere Analyse in Form typischer Verteilungsfunktionen bereitzustellen. Darauf aufbauend soll in Abschnitt 4.4 am Beispiel der Untersuchung von Siegverteilungen innerhalb von Branchen ein Eindruck von der Art des Analyseansatzes und den zu erwartenden Ergebnissen vermittelt werden. Dieser dient dann in Abschnitt 4.5 als Ausgangspunkt für die tatsächliche Entwicklung eines neutralen Bezugsrahmens im strategischen Management. Das Kapitel schließt in Abschnitt 4.6 mit einem Plädoyer für eine neutrale Perspektive in der strategischen Managementforschung.

4.1. Datenbasis und stilisierte Fakten

Der Darstellung stilisierter Fakten ist hier eine kurze Charakterisierung der in diesem Kapitel zugrunde gelegten Datenbasis vorangestellt.

4.1.1. Datenbasis

Die Datenbasis für die empirischen Analyse in dieser Arbeit ist die *Fortune 500*-Datenbank über die Jahre 1955 bis 2005.[16] Diese umfasst die jeweils 500 größten US-amerikanischen Unternehmen eines Jahres und stellt für den gesamten Zeitraum Angaben zu Umsatz, Gesamtkapital, Eigenkapital und Gewinn der jeweils vertretenen Unternehmen bereit. Eine Klassifikation in unterschiedliche Branchen ist in der vorliegenden Arbeit für den 25-jährigen Zeitraum 1980 bis 2004 verfügbar. Die *Fortune 500*-Datenbank zeichnet sich im Hinblick auf die hier anstehende Untersuchung von Erfolgsverteilungen zum einen durch den langen Zeitraum aus, über den Daten vorliegen.[17] Zum anderen sichert die Fokussierung auf die größten US-amerikanischen Unternehmen eine möglichst geringe Fluktuation unter den beobachteten Unternehmen. Ein- und Austritte finden vor allem in den unteren Rängen statt, so dass innerhalb der untersuchten Branchen ein Kern derselben Unternehmen über längere Zeiträume erhalten bleibt. Mit Blick auf die anstehende Untersuchung der Erfolgsunterschiede zwischen konkurrierenden Unternehmen ist dies eine wichtige Eigenschaft des vorliegenden Datensatzes. Dennoch unterliegen die *Fortune 500* einer gewissen Fluktuation, so dass der Datensatz insgesamt rund 1.800 Unternehmen umfasst.

Die Einteilung von Unternehmen in Branchen für die Analyse in Abschnitt 4.4 orientiert sich im Wesentlichen an der Klassifizierung in den *Fortune 500* aus dem Jahr 1980. In diesem Jahr lag eine Unterscheidung in 26 verschiedene Branchen vor, die bis 2004 durch eine weitere Differenzierung der ursprünglichen Branchen sowie die Aufnahme weiterer Branchen auf 72 angestiegen ist. So umfassten die *Fortune 500* ursprünglich lediglich Industrieunternehmen, bis

---

16   Die Kennzahlen beziehen sich dabei jeweils auf das Vorjahr. Insgesamt werden hier die Geschäftsjahre 1954 – 2004 zugrunde gelegt. Für die weiteren Ausführungen soll aber die Konvention gelten, dass sich Jahresangaben stets auf das Veröffentlichungsjahr in den *Fortune 500* beziehen.

17   Untersuchungen etwa auf Basis der COMPUSTAT-Datenbank berücksichtigen in der Regel wesentlich kürzere Zeiträume. Siehe etwa McGahan und Porter (2003).

ab 1995 auch Dienstleistungsunternehmen berücksichtigt wurden. Zur Untersuchung der Erfolgsverteilungen in Branchen über den Zeitraum von 1980 bis 2004 werden hier aber nur solchen Branchen berücksichtigt, die über den gesamten Zeitraum in den *Fortune 500* vertreten sind. Der Ausschluss von Branchen, die erst nach 1980 aufgenommen wurden (etwa Dienstleistungsunternehmen) oder die im Zeitverlauf alle Vertreter in den *Fortune 500* verloren haben (etwa Lederverarbeitung) sowie die Zusammenlegung sehr verwandter Branchen (etwa elektronische Geräte und Kommunikationstechnik) liefert die in Tabelle 4.1 dargestellten Branchen.[18] Die Tabelle zeigt weiterhin die durchschnittliche Anzahl von Unternehmen in einer Branche sowie die Gesamtzahl unterschiedlicher Unternehmen, die mindestens einmal im Untersuchungszeitraum in der jeweiligen Branchen vorkommen. Die Kennzahl in der letzten Spalte (Verhältnis von Spalte 2 zu Spalte 3) gibt einen Eindruck von der Fluktuation der Unternehmen in einer Branche.

4.1.2. Entwicklung und Verteilung von Umsatz, Gewinn und Erfolgskennzahlen

Der eigentlichen Untersuchung von Erfolgsverteilungen sollen hier einige stilisierte Fakten über die Entwicklung und Verteilung von Erfolgskennzahlen vorangestellt werden. Ziel ist dabei zu verdeutlichen, dass in der Empirie Erfolgsunterschiede tatsächlich bestimmte beschreibbare Formen annehmen. Darauf aufbauend gilt es weiterhin, die Besonderheiten von Erfolgsverteilungen etwa im Vergleich zu den in volkswirtschaftlichen Arbeiten vielfach thematisierten Verteilungen von Unternehmensgrößen herauszustellen.

So zeigt sich mit Blick auf die Abbildungen 4.2 und 4.3, dass Unternehmen im Zeitverlauf zwar in Bezug auf Umsatz und Gewinn wachsen.[19] Für die Entwicklung der Kennzahlen (Abbildung 4.4), die hier als Maß für den wirtschaftlichen Erfolg von Unternehmen eingeführt worden sind, lässt sich ein solcher

---

[18] Die Bezeichnungen der Branchen entsprechen im Wesentlichen den Bezeichnungen der Zeitschrift *Fortune* und werden im Rahmen dieser Arbeit nicht übersetzt.

[19] Dies lässt sich ebenfalls für weitere Maße bestätigen, die in enger Verbindung zur Größe von Unternehmen stehen. Beispiele sind etwa Gesamt- und Eigenkapital sowie die Gesamtkosten. Es lässt sich sogar in der hier vorliegenden Durchschnittsbetrachtung eine Rechtfertigung für die Vermutung eines zugrunde liegenden Gibrat-Prozesses erkennen. Siehe hierzu Abschnitt 4.3.

Tabelle 4.1: Untersuchte Branchen

Branche	Gesamtanzahl verschiedener Unternehmen	Durch- schnittliche Anzahl von Unternehmen	Verhältnis
Aerospace	38	14	2,71
Apparel	25	8	3,13
Beverages	20	8	2,50
Chemicals	100	33	3,03
Computers	47	17	2,76
Electronics	106	31	3,42
Food	100	39	2,56
Forest and Paper Products	58	24	2,42
Furniture	14	4	3,50
Industrial and Farm Equipment	100	27	3,70
Metals	71	20	3,55
Mining, Crude-Oil Production	41	9	4,56
Motor Vehicles and Parts	57	17	3,35
Petroleum Refining	58	26	2,23
Pharmaceuticals	31	14	2,21
Publishing, Printing	32	14	2,29
Scientific and Photographic Equipment	41	12	3,42
Textiles	27	8	3,38
Tobacco	13	4	3,25
Transportation Equipment	25	4	6,25
Summe / Durchschnitt	1004	333	3,02

Datengrundlage: *Fortune 500.*

Wachstumstrend hingegen nicht identifizieren.[20] Wollte man in die vorliegen-

---

[20]   In den drei Jahren mit einem besonders niedrigen durchschnittlichen wirtschaftlichen Erfolg ist dies vor alle auf hohe Abschreibungen einzelner Unternehmen zurückzuführen. In 1993 ist dies *General Motors* mit einem Gesamtverlust von 23,5 Milliarden Dollar, 2002 ist dies *JDS Uniphase* mit einem Verlust von 56,1 Milliarden Dollar und 2003 Time

Abbildung 4.2: Durchschnittsumsätze der *Fortune 500* von 1955 bis 2005

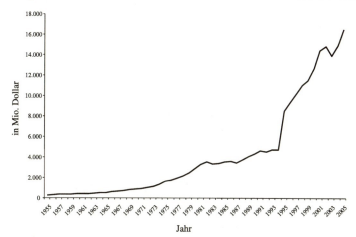

Datengrundlage: *Fortune 500*.

den Kurven eine Entwicklung hineininterpretieren, dann sollte diese treffender — vor allem mit Blick auf den ROS und den ROA — als rückläufig beschrieben werden. Dieser Befund unterstützt somit empirisch die in den letzten beiden Kapiteln entwickelte und anschließend kritisierte Fokussierung des strategischen Managements auf den relativen Erfolg von Unternehmen. Denn Wettbewerb und dessen Ergebnis in Form unterschiedlich erfolgreicher Unternehmen folgen hier der Logik eines Nullsummen-Spiels, in dem eine mehr oder weniger fixe Menge wirtschaftlichen Erfolgs unter Unternehmen aufzuteilen ist. Dabei gewinnt ein Wettbewerber stets auf Kosten eines anderen. Die vorliegenden empirischen Daten stützen dieses Verständnis dahingehend, dass der durchschnittliche wirtschaftliche Erfolg über alle Unternehmen im Zeitablauf im Wesentlichen konstant bleibt und somit die wirtschaftliche Verbesserung eines Wettbewerbers allgemein mit der wirtschaftlichen Verschlechterung anderer Unternehmen einhergeht.

Trotz der im Vergleich zu Umsatz und Gewinn deutlich weniger klar einzu-

---

Warner mit 98,7 sowie *Qwest* mit 35,9 Milliarden Dollar. Um diese Ausreißer bereinigt, fügen sich die betroffenen Jahre in den allgemeinen Trend ein.

Abbildung 4.3: Durchschnittsgewinne der *Fortune 500* von 1955 bis 2005

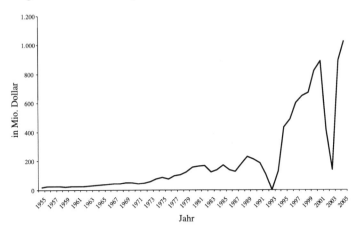

Datengrundlage: *Fortune 500*.

ordnenden Entwicklung der gemittelten Erfolgskennzahlen im Zeitverlauf zeigt
der Vergleich von Abbildung 4.7 mit den beiden Abbildungen 4.5 und 4.6 am
Beispiel des Jahres 2004, dass Umsatz, Gewinn und Erfolgskennzahlen innerhalb eines Jahres vergleichbaren Verteilungen folgen.[21] Neben der in der Literatur — wie angedeutet — vielfach thematisierten Verteilung von Unter-
nehmensumsätzen findet sich weiterhin eine wesentlich dünnere Debatte über
die Verteilung von Unternehmensgewinnen. So argumentieren etwa FARJOUN
und MACHOVER, dass Unternehmensgewinne innerhalb von Volkswirtschaften
gemäß einer Gamma-Verteilung verteilt sind.[22] WRIGHT hält dem jedoch später
entgegen, dass empirische Gewinnverteilungen nicht besonders gut durch eine
Gamma-Verteilung charakterisiert werden.[23]

Eine systematische Untersuchung der Verteilung von Erfolgskennzahlen lässt
sich hingegen in der Literatur bisher nicht identifizieren. Auch liegt eine di-

---

[21] Da sowohl die Gewinne als auch die Erfolgskennzahlen negative Werte annehmen können,
ist für diese eine Darstellung im doppelt-logarithmischen Diagramm (vgl. Abbildung 4.1)
nicht möglich. Zur Gewährleistung der Vergleichbarkeit der Darstellungen sind hier daher
alle drei Graphen im nicht-logarithmischen Koordinatensystem dargestellt.
[22] Siehe Farjoun und Machover (1983).
[23] Siehe Wright (2004).

Abbildung 4.4: Durchschnittlicher wirtschaftlicher Erfolg der *Fortune 500* von 1955 bis 2005

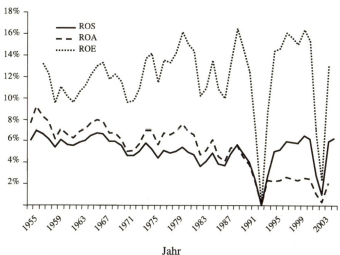

Datengrundlage: *Fortune 500*.

rekte mathematische Herleitung der Verteilung von Erfolgskennzahlen, die in der Regel auf die einfache Quotientenbildung aus Unternehmensgewinn und einem Maß für die Unternehmensgröße (hier Umsatz, Gesamt- oder Eigenkapital) zurückzuführen sind,[24] nicht direkt auf der Hand. So lassen sich im Allgemeinen die Verteilungsfunktionen eines Quotienten nur unter besonderen Voraussetzungen --- meist wird dabei die Unabhängigkeit gefordert --- an die gemeinsame Verteilung von Zähler und Nenner angeben.[25] Hingegen sind Unternehmensgröße und Unternehmensgewinn empirisch keineswegs unabhängig verteilt.[26] Vielmehr hängt sogar die Art des Zusammenhangs stark vom gegebenen Kontext, etwa der untersuchten Branche, ab, so dass ein allgemeines Herleiten der Verteilung von Erfolgskennzahlen sich nicht direkt anbietet. Vor diesem Hintergrund rechtfertigt sich hier die eigenständige Untersuchung der

---

[24] Zur Erfolgsmessung siehe Abschnitt 2.1.4.

[25] Beispielsweise ist der Quotient aus zwei lognormalverteilten Zufallsvariablen ebenfalls lognormalverteilt, wenn Zähler und Nenner unabhängig sind.

[26] Vgl. etwa Bain (1956a) oder Hall und Weiss (1967).

Abbildung 4.5: Umsatzverteilung innerhalb der *Fortune 500* im Jahr 2004

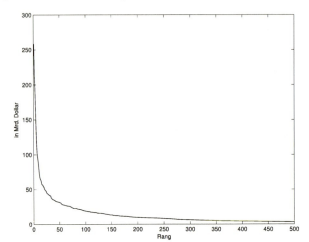

Datengrundlage: *Fortune 500*.

Verteilung von Erfolgskennzahlen.

Insgesamt sollen die hier vorgelegten Beobachtungen auf gesamtwirtschaftlicher Ebene als motivatorischer Ausgangspunkt zunächst genügen. Für die genauere Untersuchung der Erfolgsverteilungen unter Wettbewerb bietet sich im weiteren Verlauf die Fokussierung auf die Branchenebene an.

4.1.3. Erfolgsverteilungen in Branchen

Ziel der bisherigen Ausführungen in diesem Abschnitt war die Gewinnung eines ersten Eindrucks von der Empirie der hier zu untersuchenden Erfolgsverteilungen. In Bezug auf die gesamten *Fortune 500* zeigt sich dabei, dass Erfolgsverteilungen tatsächlich typische stabile Formen annehmen, die sich aber insbesondere in ihrer Entwicklung prinzipiell von der von Unternehmensgrößen oder -gewinnen unterscheiden. Zur Untersuchung der Charakteristika der Erfolgsverteilungen zwischen Unternehmen unter direktem Wettbewerb sind hier

Abbildung 4.6: Gewinnverteilung innerhalb der *Fortune 500* im Jahr 2004

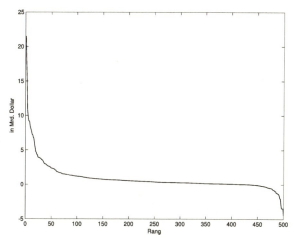

Datengrundlage: *Fortune 500*.

zwei Grundfragen von Interesse. Zum einen lassen sich die Gestalt von Erfolgs-verteilungen in einer Branche innerhalb eines Jahres sowie potentielle Einfluss-faktoren auf diese untersuchen. Zum anderen gilt das Interesse dem Aspekt der Nachhaltigkeit von Erfolgsunterschieden. Untersuchungsgegenstand sind dann die über längere Zeiträume aggregierten Erfolgsverteilungen.

Die erste Frage zielt auf die Identifikation passender Verteilungsfunktionen zur Charakterisierung der in Abbildung 4.8 beispielhaft dargestellten Graphen ab. Hier werden als Beispiel für die Erfolgsmaße ROS, ROA und ROE die Erfolgs-verteilungen — jeweils in Bezug auf die nach Erfolg sortierten Unternehmen — in vier Branchen für das Jahr 2004 dargestellt. Insgesamt zeigen sich zwar Unterschiede zwischen den Verteilungen in den verschiedenen Branchen, jedoch auch gewisse gemeinsame Charakteristika, wie das Auftreten extremer Ausrei-ßer an den Enden sowie ein im Wesentlichen gleichmäßiger (linearer) Verlauf im Mittelbereich. Das Auftreten von extremen Werten lässt sich dabei naturgemäß vor allem für das Erfolgsmaß ROE beobachten.

Für die Analyse dieser Erfolgsverteilungen drängt sich eine Reihe direkter An-

Abbildung 4.7: Erfolgsverteilungen innerhalb der *Fortune 500* im Jahr 2004

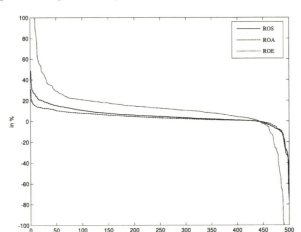

Datengrundlage: *Fortune 500.*

satzpunkte auf. Nach der Identifikation charakteristischer Formen der vorliegenden empirischen Verteilungen — etwa einer Pareto-Verteilung wie im einleiten-
den Beispiel — besteht ein natürliches Interesse an der Entdeckung zugrunde
liegender Prozesse, durch die sich die resultierenden Verteilungen erklären lassen. Für das strategische Management sind dann beispielsweise die folgenden
Fragen von Interesse: In welcher Beziehung steht eine vorliegende Erfolgsverteilung zur Wettbewerbsintensität innerhalb der Branche? Wie ausgeprägt sind
Unterschiede in der Wettbewerbsfähigkeit konkurrierender Unternehmen? Welcher Dynamik unterliegen Erfolgsverteilungen im Zeitverlauf?

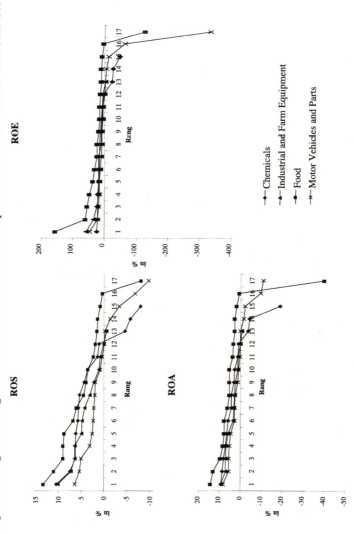

Abbildung 4.8: Erfolgsverteilungen innerhalb eines Jahres am Beispiel von vier Branchen aus dem Jahr 2004

Datengrundlage: *Fortune 500.*

Die tatsächliche Untersuchung von Erfolgsverteilungen innerhalb eines Jahres soll jedoch in dieser Arbeit nicht weiter thematisiert werden. Der Analyseansatz in den nachfolgenden Untersuchungen deutet jedoch darauf hin, dass die hier entwickelte neutrale Perspektive auch einen geeigneten Analyserahmen zur Beantwortung dieser Fragen bereitstellt. In den weiteren Ausführungen soll hingegen die Analyse der Nachhaltigkeit von Erfolgsunterschieden als Beispiel für einen neutralen Analyseansatz im Vordergrund stehen.

Für Unternehmen ergibt sich die Relevanz der Nachhaltigkeit von Erfolgsunterschieden aus der Frage, inwiefern die Fortsetzung eines aktuellen Erfolgs in die Zukunft zu erwarten ist, bzw. inwiefern eine bestehende Erfolglosigkeit zu überwinden ist. Die Untersuchung der Nachhaltigkeit von Erfolgsunterschieden basiert auf der Identifikation der intertemporalen Zusammenhänge des wirtschaftlichen Erfolgs von Unternehmen.[27] Der Untersuchung der Nachhaltigkeit von Erfolgsunterschieden innerhalb von Branchen in dieser Arbeit soll das von POWELL eingeführte Erfolgsmaß *Anzahl der Siege* zugrunde gelegt werden.[28] Dabei wird für eine Branche über ein bestimmtes Zeitintervall gezählt, wie oft es den unterschiedlichen Unternehmen in der Branche gelungen ist, diese in Bezug auf ein zugrunde gelegtes Erfolgsmaß anzuführen.

Abbildung 4.9: Siegverteilungen in der Branche *Aerospace* im Zeitintervall von 1980 bis 2004

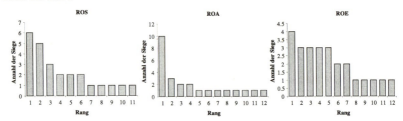

Datengrundlage: *Fortune 500.*

Abbildung 4.9 zeigt für die Branche *Aerospace* beispielhaft die Siegverteilungen für das 25-jährige Zeitintervall von 1980 bis 2004 auf Basis der Erfolgskennzah-

---

[27]   Vgl. etwa McGahan und Porter (2003) sowie weiterhin die Darstellung in Abschnitt 2.3.2.

[28]   Siehe Powell (2003b) sowie Abschnitt 2.1.4.

len ROS, ROA und ROE.[29] Im ersten Graphen, der die Siegverteilung basierend
auf dem ROS als zugrunde liegender Erfolgskennzahl zeigt, führte *General Dynamics* die Branche in sechs Jahren an, während *Sunderstrand* mit fünf und
Fairchild Industries mit drei Siegen folgen. In Bezug auf den ROA siegte *General Dynamics* in zehn Jahren und *Fairchild Industries* erzielte in drei Jahren
den höchsten ROE. Da einzelne Siegverteilungen durch eine gewissen Streuung geprägt sind, lässt sich die typische Form von Siegverteilungen deutlicher
bei der Betrachtung von Durchschnitten über alle Branchen erkennen. So zeigt
Abbildung 4.10 jeweils für die drei Erfolgsmaße die durchschnittliche Siegverteilung über die betrachteten 20 Branchen im Zeitraum von 1980 bis 2004.

Abbildung 4.10: Durchschnittliche Siegverteilungen in den 20 untersuchten
Branchen

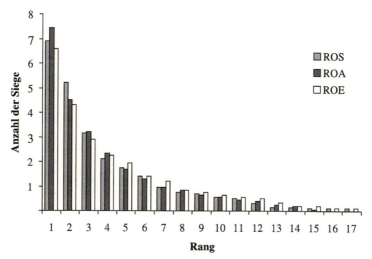

Datengrundlage: *Fortune 500*.

Die Fokussierung auf Siegverteilungen bringt neben dem von POWELL genannten Aspekt der Vergleichbarkeit mit Wettbewerbssituationen in anderen Bereichen hier zwei weitere Vorzüge mit sich.[30] Zum einen erlaubt dieses Erfolgsmaß

---

[29]   Siehe Anhang A für eine vollständige Darstellung der in dieser Arbeit zugrunde gelegten
       Siegverteilungen.
[30]   Siehe Powell (2003b), S. 63 f.

eine einfache Aggregation des wirtschaftlichen Erfolgs von Unternehmen aus unterschiedlichen Jahren. Zum anderen bietet dieses sehr vereinfachende Erfolgsmaß einen geeigneten Einstieg in die nachfolgend zu entwickelnde modellbasierte Beschreibung von Erfolgsverteilungen. Mit Blick auf GRANTs Eröffnung seines Lehrbuchs mit dem Ausruf „Strategy is about winning" lässt sich schließlich auch argumentieren, dass die Fokussierung auf besonders erfolgreiche Unternehmen durchaus den Kern der strategischen Managementforschung trifft.[31]

4.2. Grundlagen einer neutralen Theorie der Wettbewerbsdominanz

Die Entwicklung einer neutralen Theorie der Wettbewerbsdominanz basiert im Wesentlichen auf zwei Konzepten, die in der bisherigen strategischen Managementforschung keine Rolle spielen und hier somit eine einführende Klärung erfordern. Dies ist zum einen der Ansatz einer neutralen Theorie und zum anderen der Begriff der Wettbewerbsdominanz.

4.2.1. Der Ansatz einer neutralen Theorie in der strategischen Managementforschung

Speziell das Konzept der Neutralität bedarf im Kontext des strategischen Managements einer genauen Erläuterung, da hier traditionell — wie in Kapitel 2 umfassend dargestellt — Erfolgsunterschiede auf unternehmensspezifische Merkmale zurückgeführt werden. Der Grundansatz einer neutralen Theorie besteht hingegen in der Erklärung von Erfolgsunterschieden ausgehend von der Vernachlässigung der spezifischen Merkmale einzelner Akteure. Das Ziel einer solchen Analyse ist dann nicht die Verbindung bestimmter Unternehmensmerkmale mit einem bestimmten Ergebnis im Wettbewerb, sondern vielmehr die Identifikation typischer Charakteristika von Erfolgsverteilungen und möglicher Einflussfaktoren auf diese Verteilungen. Der Untersuchungsanspruch besteht also nicht in der Erklärung, weshalb im obigen Beispiel (Abbildung 4.9) *General*

---

[31]   Siehe Grant (1998), S. 4.

Dynamics die meisten Siege in Bezug auf das Erfolgsmaß ROS erzielen konnte, sondern durch welche Wettbewerbsdynamik die vorliegende Erfolgsverteilung erzeugt wurde, in der unter anderem ein Unternehmen sechs aus 25 Siegen erzielte. Es wird also nicht erklärt, welche Unternehmen erfolgreich sind, sondern dass sich Erfolg in einer bestimmten Weise auf Unternehmen verteilt. Unter der Wettbewerbsdynamik soll dabei hier der Prozess der Verteilung von Erfolg zwischen Unternehmen verstanden werden. Ein Beispiel für den Fall der Siegverteilungen ist etwa der nachfolgend diskutierte Fisher-Prozess.[32]

Neutrale Theorien finden ihren Ursprung in den Naturwissenschaften. So entwickelte der Populationsgenetiker KIMURA in den 1960ern einen inzwischen etabliierten neutralen Ansatz zur Beschreibung evolutorischer Prozesse auf molekularer Ebene, in dem Veränderungen in Proteinen nicht auf Selektion, sondern auf Zufallsprozesse zurückgeführt werden.[33] Aktuell löste der Populationsökologe HUBBELL durch die Veröffentlichung einer neutralen Theorie der Artenvielfalt eine erhitzt geführte Debatte aus.[34] Dabei zeichnet sich sein Ansatz dadurch aus, dass er die relativen Häufigkeiten verschiedener Arten nicht auf die üblichen Erklärungen wie etwa das Überleben der Bestangepassten zurückführt, sondern diese durch einen neutralen Prozess erzeugt werden, der artenspezifische Merkmale ignoriert.[35] Dabei legt er seinem neutralen Ansatz die folgende Definition zugrunde:[36]

„[T]he essential defining characteristic of a neutral theory in ecology is not the simplicity of its ecological interaction rules, but rather the complete identity of the ecological interaction rules affecting all organisms on a per capita basis."

Die hierdurch angeregte Kontroverse zwischen dem etablierten Ansatz, die Verbreitung einzelner Arten auf deren spezifische Merkmale und Überlebensstrategien zurückzuführen, und der Ansatzweise von HUBBELL erfährt eine nachhaltige Aufmerksamkeit in hochangesehenen Zeitschriften wie *Nature* und *Science*.[37]

---

[32] Siehe Abschnitt 4.3.2.
[33] Vgl. Kimura (1968), Kimura (1983) sowie King und Jukes (1969).
[34] Siehe Hubbell (2001).
[35] Vgl. hierzu auch Abschnitt 4.3.
[36] Siehe Hubbell (2001), S. 7.
[37] Zur Kontroverse in der Populationsökologie siehe McGill (2003) sowie Terborgh et al. (1996), Yu et al. (1998), Abrams (2001), de Mazancourt (2001), Clark (2002), Enquist et al. (2002), Levine (2002) und Volkov et al. (2003).

Dabei konzentriert sich die führende Kontroverse vor allem auf die empirische Eignung beider Ansätze zur Beschreibung der relativen Artenvielfalt in Ökosystemen.[38] Hier zeigt sich, dass der neutrale Ansatz auf Basis zumeist einfacherer Modelle zu vergleichbaren Anpassungen führt wie die auf artenspezifischen Merkmalen basierenden Modellierungen.[39] Dies soll hier als Beleg für die Relevanz und empirische Belastbarkeit eines neutralen Ansatzes zur Erklärung von Erfolgsverteilungen zwischen rivalisierenden Entitäten im Beispiel der relativen Artenvielfalt gelten. Eine tiefere Auseinandersetzung mit den ideologischen oder metaphysischen Konsequenzen eines neutralen Ansatzes im Kontext der Artenvielfalt ist hier nicht anzustreben, da hier der Anknüpfungspunkt zum strategischen Management vor allem modell- und konzeptionsgetrieben ist. So basiert in dieser Arbeit die Übertragung der Grundkonzeption einer neutralen Theorie auf den Gegenstandsbereich der strategischen Managementforschung auf der Analogie zwischen der Rivalität unter Arten und dem Wettbewerb von Unternehmen. Arten rivalisieren bei einer im Wesentlichen fixen Menge an verfügbaren Ressourcen (etwa Platz) um ihre Verbreitung, während Unternehmen — wie in Kapitel 2 dargestellt — um einen überlegenen wirtschaftlichen Erfolg konkurrieren.

Wenn sich nun zeigen lässt, dass der Wettbewerb in beiden Kontexten vergleichbare Erfolgsverteilungen hervorbringt, dann ist auch zu erwarten, dass die Erfolgsverteilungen in beiden Kontexten auf gleiche Gesetzmäßigkeiten zurückzuführen sind und somit Erfolgsunterschiede zwischen Unternehmen durch ähnliche Modellierungsansätze wie im Fall der relativen Artenvielfalt beschrieben werden können. Dabei gibt POWELL auf die Frage nach der Ähnlichkeit von Erfolgsverteilungen zwischen Unternehmen und Erfolgsverteilungen in anderen Wettbewerbskontexten bereits eine positive Antwort,[40] so dass sich die Übernahme gewisser Konzepte und Methodiken anbietet.

In Anlehnung an HUBBELLs Grundverständnis einer neutralen Theorie soll hier deshalb für den Kontext des strategischen Managements das folgende Verständnis zugrunde gelegt werden:

Im Rahmen einer neutralen Theorie im strategischen Management

---

[38]   Vgl. Alonso et al. (2006), S. 451 ff.

[39]   Vgl. etwa Volkov et al. (2005), Chave et al. (2006) und Volkov et al. (2006).

[40]   Siehe Powell (2003b), S. 75 ff. Hier werden Erfolgsunterschiede innerhalb von Branchen mit Erfolgsunterschieden in Sportveranstaltungen, Wahlkämpfen usw. verglichen.

unterliegen alle Unternehmen in derselben Situation denselben Gesetzmäßigkeiten. Somit fließen unternehmensspezifische Merkmale nicht mit in die Analyse ein.

Es wird hier also keineswegs zu jeder Zeit eine gleiche Erfolgsaussicht aller Unternehmen unterstellt. Unterschiedliche Erfolgswahrscheinlichkeiten verschiedener Unternehmen zu einem gegebenen Zeitpunkt sind demnach durchaus mit dem Verständnis einer neutralen Theorie vereinbar. In den in Abschnitt 4.4 analysierten Modellen hängt beispielsweise die zukünftige Erfolgswahrscheinlichkeit von Erfolgen in der Vergangenheit ab. Die Voraussetzung einer neutralen Theorie, dass alle Unternehmen in derselben Situation denselben Regeln unterliegen, setzt in diesem Beispiel also lediglich voraus, dass jedes Unternehmen mit einer bestimmten Erfolgshistorie nun auch über dieselbe Erfolgswahrscheinlichkeit verfügt.

Die im Rahmen einer neutralen Erklärung von Erfolgsverteilungen zugrunde gelegten Einflussfaktoren auf den Erfolg von Unternehmen unterscheiden sich also dahingehend von solchen in traditionellen Begründungszusammenhängen, dass hier nicht *a priori* bestimmte Unternehmensmerkmale als mögliche Ursachen für den Erfolg von Unternehmen vorgegeben werden. Die Verteilung der Erfolgschancen der unterschiedlichen Unternehmen folgt hier vielmehr endogen aus dem neutralen Erklärungsansatz. Von Interesse ist demnach weniger der Zusammenhang zwischen Einflussfaktoren und dem Erfolg einzelner Unternehmen, sondern der Zusammenhang zwischen der zugrunde liegenden Dynamik und der daraus resultierenden Erfolgsverteilung zwischen den Unternehmen.

Während im biologischen Kontext auch von dessen Befürwortern der Rückgriff auf einen neutralen Erklärungsansatz mit dem Hinweis auf die genauen Vorhersagen, die sich trotz der Vernachlässigung artenspezifischer Merkmale erzielen lassen, motiviert wird,[41] lässt sich hier eine wesentlich grundlegendere Motivation anführen. So ist in Kapitel 3 gezeigt worden, dass eine elementaren theoretischen Anforderungen genügende Begründung des Zusammenhangs zwischen unternehmensspezifischen Merkmalen und dem Erfolg von Unternehmen nicht möglich ist. Fällt die Möglichkeit zur Erklärung von Erfolgsunterschieden auf

---

[41] Siehe Volkov et al. (2003), S. 1035 sowie weiter Diamond und Case (1986), Tilman (1988) und Weiher und Keddy (1999).

Basis unternehmensspezifischer Merkmale aus, dann bleibt nur die Alternative des hier eingeführten neutralen Theorieansatzes.

4.2.2. Das Konzept der Wettbewerbsdominanz

Der Begriff der Wettbewerbsdominanz[42] geht auf einen aktuellen Beitrag von POWELL zurück, in dem über einen Zeitraum von 20 Jahren Erfolgsverteilungen in unterschiedlichen Branchen sowie anderen Wettbewerbskontexten untersucht wurden.[43] Wettbewerbsdominanz wird dort mit einer höher als erwarteten Heterogenität im Erfolg von Unternehmen in Verbindung gebracht.[44] Demnach hängt die Entscheidung, ob in einer Branche das Bestehen von Wettbewerbsdominanz identifiziert wird, von der Erwartung ab, was als normale Erfolgsverteilung aufgefasst wird. Wenn nun in den bisherigen Erklärungsansätzen Erfolgsunterschiede auf unternehmensspezifische Merkmale zurückgeführt werden, dann liegt diesem Vorgehen — zumindest implizit — die Annahme zugrunde, dass die observierten Erfolgsverteilungen tatsächlich besonders sind und einer Erklärung bedürfen.

Zur Verdeutlichung dieser Argumentation soll das folgende einfache Beispiel dienen.[45] Ein (hypothetischer) dreiseitiger Würfel mit den Seiten A, B und C wird sechsmal geworfen.[46] Anschließend wird gezählt, wie oft jeweils die drei Seiten angezeigt werden. Wenn nun für alle drei Seiten die Wahrscheinlichkeit, gewürfelt zu werden, mit $p = \frac{1}{3}$ gleich ist, dann ist $(3, 2, 1)$ mit einer Wahrscheinlichkeit von 49,4% das mit Abstand wahrscheinlichste Ergebnis. Das bedeutet, eine Seite wird dreimal, eine zweimal und eine einmal gewürfelt, wobei vernachlässigt wird, ob A, B oder C dreimal gewürfelt wird usw. Zum Vergleich hat das Ergebnis $(2, 2, 2)$ nur eine Wahrscheinlichkeit 12,4%. Obwohl in diesem Experiment bei Vorliegen des Ergebnisses $(3, 2, 1)$ eine Würfelseite dreimal so „erfolgreich" ist wie eine der beiden anderen, lässt sich in dieser Situation der Rückschluss auf das Vorliegen eines Wettbewerbsvorteils kaum begründen.

---

[42]   Im Englischen: *competitive dominance.*
[43]   Powell (2003b).
[44]   Siehe Powell (2003b), S. 62.
[45]   Vgl. Powell und Lloyd (2005), S. 386 ff.
[46]   Ein dreiseitiger Würfel lässt sich simulieren, indem für einen gewöhnlichen sechsseitigen Würfel jeweils zwei Seiten denselben Buchstaben zeigen.

Bezogen auf das strategische Management bedeutet dies, dass sich die Begründung von Erfolgsunterschieden erst dann rechtfertigt, wenn empirische Erfolgsunterschiede nicht mit erwarteten Null-Modellen wie etwa einer Gleichverteilung im obigen Beispiel zu vereinbaren sind. Die Suche nach Wettbewerbsvorteilen einer der drei Seiten rechtfertigt sich nach sechsmaligem Würfeln demnach erst, wenn sich das Resultat signifikant von der Erwartung bei Anlegen einer Gleichverteilung unterscheidet; beispielsweise, wenn eine Seite fünf- oder sechsmal gewürfelt wird. POWELL diskutiert neben dem bereits angedeuteten Null-Modell noch drei weitere Kandidaten. Diese gilt es nun zunächst vorzustellen. Auf dieser Basis erfolgt anschließend die den nachfolgenden Überlegungen zugrunde gelegte Definition des Begriffs der Wettbewerbsdominanz. Weiterhin wird hier auf Möglichkeiten zur Messung der Wettbewerbsdominanz eingegangen.

4.2.2.1. Null-Modelle für Erfolgsverteilungen

Die nachfolgend dargestellten Null-Modelle beziehen sich auf das von POWELL eingeführte Erfolgsmaß *Anzahl der Siege*.[47] Sei dazu eine idealisierte Branche mit N Unternehmen angenommen, in der keine Marktein- und -austritte erfolgen und die für einen Zeitraum von T Perioden betrachtet wird.[48]

Perfekte Parität

Hierunter ist eine Erfolgsverteilung zu verstehen, bei der alle Unternehmen gleich viele Siege erzielen. Falls T/N keine natürliche Zahl ist, so ist die Anzahl der erwarteten Siege je Unternehmen unter Beachtung der Gesamtzahl der Siege entsprechend zu runden. Für $T = 20$ bedeutet dies beispielsweise bei $N = 10$ eine Verteilung mit zwei Siegen je Unternehmen und bei $N = 12$ eine Verteilung, bei der acht Unternehmen zweimal und vier Unternehmen einmal siegen. POWELL bezeichnet dieses Null-Modell als einen Strohmann, da davon auszugehen ist, dass es abgelehnt wird.[49] Denn die absolute Gleichheit des Erfolgs aller

---

[47] Siehe Powell (2003b), S. 63 f. Siehe auch die Einleitung zu diesem Kapitel.
[48] POWELLs Studie liegt ein Zeitraum von $T = 20$ zugrunde. Daher wird in diesem Abschnitt in allen Beispielen ebenfalls mit $T = 20$ gerechnet.
[49] Siehe Powell (2003b), S. 69.

Unternehmen in einer Branche ist kaum zu erwarten, wie das obige Würfelbeispiel bereits andeutet. Wird dieses Modell einer Untersuchung zugrunde gelegt, dann lassen sich hierdurch aufgrund der zu erwartenden Abweichungen empirischer Ergebnisse umfangreiche Erklärungsansätze für die Überlegenheit einzelner Unternehmen rechtfertigen. Beispielsweise lässt sich durch die Annahme vollkommenen Wettbewerbs die Erwartung einer perfekten Parität rechtfertigen, um anschließend Abweichungen in empirischen Untersuchungen etwa durch das Vorliegen von Monopolmacht zu erklären.[50]

Stochastische Parität

Hierunter sind Erfolgsverteilungen zwischen Unternehmen zu verstehen, die wie im obigen Würfelbeispiel verträglich mit einer reinen Zufallsverteilung sind, in der jedes der N Unternehmen in allen T Perioden dieselbe Siegwahrscheinlichkeit von $1/N$ besitzt.[51]

Abbildung 4.11: Durchschnittliche Siegverteilung unter stochastischer Parität mit N=5 und T=20

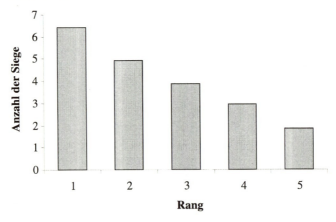

Abbildung 4.11 zeigt als Beispiel die auf Basis von 10.000 Simulationsläufen

---

[50]   Siehe Powell (2003b), S. 75.
[51]   Vgl. Powell (2003b), S. 64 ff.

ermittelte durchschnittliche Siegverteilung in einer beispielhaften Branche mit $N = 5$ Unternehmen, die über einen Zeitraum von $T = 20$ Perioden in Wettbewerb zueinander stehen. Das heißt, das in einem Simulationslauf erfolgreichste Unternehmen weist demnach im Durchschnitt 6,4 Siege auf, das zweitplatzierte Unternehmen 4,9 usw. Insgesamt zeigt dieses Beispiel, dass unter stochastischer Parität bereits ein gewisses Ausmaß an Unterschiedlichkeit im Erfolg von Unternehmen zu erwarten ist. Insbesondere weicht dieses Modell bereits deutlich vom vorherigen der perfekten Parität ab.

Vor dem Hintergrund dieser beiden Null-Modelle stellt POWELL als Begründung für die Einführung zweier weiterer Null Modelle für Erfolgsverteilungen von Unternehmen das folgende Zitat von STARBUCK voraus:[52]

„Very often social scientists 'test' their theories against ritualistic null hypotheses (a) that the scientists can always reject by collecting sufficient data and (b) that the scientists would not believe no matter what they collected and analyzed. As proofs of knowledge, such tests look ridiculous."

Die Berücksichtigung der beiden nachfolgenden Modelle basiert auf dem Vergleich von Erfolgsverteilungen mit Verteilungen in anderen Bereichen. Motiviert wird dies durch die folgende Argumentation: Sind Wissenschaftler bereit, Erfolgsverteilungen als normal zu akzeptieren, wenn diese mit Verteilungen übereinstimmen, die regelmäßig in einer Vielzahl anderer Phänomene auftreten, dann bedürfen Erfolgsverteilungen bei einer tatsächlichen Übereinstimmung mit diesen keiner besonderen Erklärung für den Erfolg einzelner Unternehmen.

Pareto-Parität

Das erste Null-Modell basiert auf der in der Einleitung dieses Kapitels bereits erwähnten Pareto-Verteilung.[53] Diese zeigt sich wie bereits angedeutet in einer Vielzahl von Phänomenen wie der Verteilung von Einkommenshöhen, Unternehmensgrößen oder Publikationszahlen von Wissenschaftlern.[54] Die Vermu-

---

[52] Siehe Powell (2003b), S. 66 sowie im Original Starbuck (1994), S. 215.
[53] Vgl. Powell (2003b), S. 66 ff.
[54] Siehe Powell (2003b), S. 66 f. für einen Überblick.

tung, dass die Verteilung des wirtschaftlichen Erfolgs von Unternehmen vergleichbaren Gesetzmäßigkeiten unterliegt, führt somit zu der Erwartung einer Pareto-Verteilung.

Abbildung 4.12: Siegverteilung unter Pareto-Parität mit N=5 und T=20

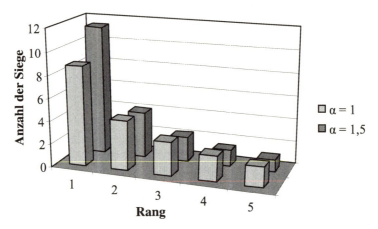

Abbildung 4.12 zeigt zwei Beispiele für die erwartete Siegverteilung in einer Branche mit fünf Unternehmen, die über 20 Jahre in Wettbewerb zueinander stehen. Grundlage für die Verteilung der Siege ist dabei die folgende Rechnung: Gemäß der Darstellung der Pareto-Verteilung für die nach der Größe sortierten Größenverteilung erfolgt die Verteilung der Siege nach der Vorschrift $S = cr^{-\alpha}$. Dabei steht S für die Anzahl der Siege eines Unternehmens, r für dessen Rang und c ist eine Konstante, die der Anzahl der Siege des erfolgreichsten Unternehmens entspricht. Der Parameter α bestimmt die Form der Pareto-Verteilung. Für gegebenes α (hier $\alpha = 1$ sowie $\alpha = 1,5$) bestimmt sich c im Beispiel durch die Gleichung $\sum_{r=1}^{5} cr^{-\alpha} = 20$ und man erhält $c_{\alpha=1} = 8,76$ sowie $c_{\alpha=1,5} = 11,37$.

Das Beispiel zeigt, dass zum einen eine Erhöhung von α zu einer Zunahme der Erfolgsheterogenität führt. Zum anderen zeigt sich hier aber auch, dass Wissenschaftler, die Pareto-verteilte Erfolgsunterschiede erwarten, ein hohes Maß an Heterogenität als normal empfinden werden und somit nur in sehr extremen Fällen zusätzliche Erklärungen für den Erfolg bestimmter Unternehmen benötigen.

Natürliche Parität

Das letzte Null-Modell basiert auf dem Vergleich von Siegverteilungen zwischen Unternehmen in Branchen mit Siegverteilungen in anderen Wettbewerbssituationen wie Sportwettkämpfen, Wahlen oder Preisverleihungen.[55] Dieser Vergleich eröffnet die Möglichkeit zu einer Reihe interessanter Erkenntnisse über die Verteilung von Siegen im Unternehmenskontext. So stehen in einer Vielzahl von Wettbewerbssituationen die resultierenden Siegverteilungen in direktem Bezug zu den jeweiligen Regeln des Spiels. Beispielsweise ist es bei Schönheitswettbewerben in der Regel Gewinnerinnen nicht gestattet, erneut an dem Wettbewerb teilzunehmen, so dass unabhängig von kandidatinnenspezifischen Merkmalen durch das Reglement eine perfekte Parität erzwungen wird. Weiterhin werden in einer Reihe von Sportarten wie Baseball, Football oder auch Formel 1 regelmäßig Regeln eingeführt, die darauf abzielen, eine übermäßige Dominanz einzelner Akteure zu verhindern.[56] Ein Beispiel hierfür ist das in vielen amerikanischen Sportligen übliche Verfahren, dass zuvor erfolglose Mannschaften zuerst aus dem Pool neuer Spieler auswählen dürfen. Motiviert werden diese Eingriffe mit dem Wunsch, durch den Ausgleich der Kräfteverhältnisse zwischen konkurrierenden Mannschaften das Aufkommen von Dynastien, in denen über lange Zeiträume eine Mannschaft dominiert, zu verhindern und so die Attraktivität des Sports zu erhöhen.[57]

In anderen Fällen lassen sich hingegen Regeln identifizieren, welche die Dominanz momentan erfolgreicher Akteure stützen. Beispielsweise stehen in europäischen Fußballligen erfolgreichen Vereinen durch die Teilnahme an internationalen Wettbewerben wesentlich umfangreichere finanzielle Mittel zur Verfügung als weniger erfolgreichen Mannschaften. Darüber hinaus haben hier die einzelnen Verbände weniger Anreize für einen Ausgleich innerhalb der Liga zu sorgen als amerikanische Sportligen, die nicht im internationalen Wettbewerb etwa um Plätze in der *Champions League* konkurrieren. So zeigen sich — wie

---

[55] Siehe Powell (2003b), S. 68 f.
[56] Vgl. Powell (2003b), S. 68.
[57] Vgl. hierzu und zu weiteren Beispielen Demmert (1973), Davis (1974), Canes (1974), Noll (1974), Quirk und Fort (1992) und Fort und Quirk (1995).

zu erwarten ist — auch empirisch deutlich ausgeprägtere Erfolgsunterschiede in europäischen Fußballligen als in amerikanischen Sportligen.[58]

Der Vergleich von Erfolgsverteilungen zwischen Unternehmen mit Erfolgsverteilungen in den hier angedeuteten Wettbewerbskontexten liefert so mögliche Einblicke in die Mechanismen, die in Branchen vorliegende Erfolgsverteilungen erzeugen.

4.2.2.2. Empirie der Null-Modelle

Zur Überprüfung der empirischen Relevanz der vier vorgestellten Null-Modelle vergleicht POWELL die mit diesen vereinbare Ungleichheit mit der Ungleichheit in Siegverteilungen in 21 Branchen anhand von jeweils fünf zugrunde gelegten Erfolgsmaßen.[59] Die Grundlage für den Vergleich der Heterogenität in den einzelnen Szenarien bildet dabei der Gini-Koeffizient.[60] Dieser nimmt Werte zwischen 0 und 1 an, wobei ein Wert von 0 absolute Gleichheit der Erfolgsverteilung (perfekte Parität) und ein Wert von 1 die vollständige Konzentration des Erfolgs bei einem Akteur impliziert.

Insgesamt zeigt sich, dass von den vier Modellen lediglich im Fall der perfekten Parität empirische Erfolgsheterogenitäten signifikant von der Vorhersage abweichen. Das Modell auf Basis stochastischer Parität hingegen führt zwar systematisch zu weniger Ungleichheit als im tatsächlichen Wettbewerb zwischen Unternehmen. Jedoch sind diese Abweichungen in den meisten Fällen nicht signifikant.[61] Die beiden Varianten der Pareto-Parität mit $\alpha = 1$ sowie $\alpha = 1,5$ erzeugen im Durchschnitt vergleichbare Erfolgsunterschiede wie empirische Siegverteilungen in Branchen. Ebenfalls zeigt sich im Vergleich der 105

---

[58] In Bezug auf die Verteilung der Siege lässt sich dies mit Hilfe des Herfindahl-Indexes (siehe hierzu Abschnitt 4.2.2.3) belegen. So ergeben sich für die Verteilungen der Siege im Zeitraum von 1979 – 1998 bei jeweils vergleichbarer Anzahl von Konkurrenten die folgenden Werte: Bundesliga (Deutschland): 0,27; Premier League (England): 0,23; Primera División (Spanien): 0,35; Serie A (Italien): 0,24; Super Bowl (Football, USA): 0,14; World Series (Baseball, USA): 0,07; NBA Championship (Basketball, USA): 0,2.

[59] Vgl. Powell (2003b), S. 69 ff. Hier werden die Erfolgsmaße Profit, ROS, ROE, Ertrag für Investoren (einjährig und zehnjährig) zugrunde gelegt.

[60] Der Gini-Koeffizient berechnet sich durch $G = \frac{(n+1)-2(\sum_{i=1}^{n} i q_i)}{n-1}$. Dabei steht n für die Anzahl der Wettbewerber und q_i für den Anteil des i-platzierten Wettbewerbers an der Gesamtzahl der Siege. Vgl. Powell und Lloyd (2005), S. 391.

[61] Vgl. hierzu auch Powell und Lloyd (2005), S. 388.

(= 21 · 5) Siegverteilungen im Unternehmenskontext mit 107 Siegverteilungen in anderen Wettbewerbssituationen, dass zwischen beiden Fällen kein signifikanter Unterschied besteht.[62] Insgesamt stellen POWELL und LLOYD später fest, dass empirische Siegverteilungen am treffendsten durch das Modell der Pareto-Parität beschrieben werden.[63]

4.2.2.3. Messung der Wettbewerbsdominanz

Der skizzierte Beitrag bereitet wesentlich den Weg für die hier zu entwickelnde neutrale Theorie der Wettbewerbsdominanz. Zwei Problemfelder sind jedoch im Zusammenhang mit den Ausführungen anzusprechen, die Ansatzpunkte für das weitere Vorgehen liefern. Das eine ist methodischer Art und betrifft die Frage nach der geeigneten Messung von Erfolgsheterogenität, während das andere konzeptioneller Natur ist und auf die Identifikation von Wettbewerbsdominanz abzielt.

So weist die Verwendung des Gini-Koeffizienten zur Bestimmung der Erfolgsungleichheit in Branchen einige Schwächen auf. Beispielsweise argumentieren IJIRI und SIMON:[64]

„[T]he Gini index [...] [does] not have any clear theoretical foundation. It would seem more defensible to measure concentration by a parameter of the stochastic process that is being used to explain the data — for example the slope of the Pareto curve."

Dabei lässt der Gini-Koeffizient insbesondere keine Aussage über die Form einer Siegverteilung zu. Wie jedoch die nachfolgenden Ausführungen zeigen werden, lässt sich auf Basis der Form empirischer Siegverteilungen eine Aussage über die zugrunde liegenden Mechanismen der Erfolgsverteilung gewinnen. Zur Lösung dieser Probleme schlagen POWELL und LLOYD alternative Maße zur Bestimmung der Erfolgsheterogenität vor, die in enger Beziehung zu den vorgestellten Null-Modellen — insbesondere dem der stochastischen Parität — stehen.[65]

---

[62]   Siehe Powell (2003b), S. 75 ff.
[63]   Siehe Powell und Lloyd (2005), S. 389.
[64]   Ijiri und Simon (1977), S. 13.
[65]   Siehe Powell und Lloyd (2005), S 389 ff.

Ein Beispiel hierfür ist die Likelihood-Verhältnis-Teststatistik:

$$L = 2w \left(\sum_{i=1}^{n} q_i \ln(nq_i) \right) . \qquad (4.2)$$

Hierin steht n für die Anzahl der Unternehmen (in einer Branche), w für die Gesamtzahl der von diesen erzielten Siege, was der Anzahl der zugrunde gelegten Perioden entspricht, und q_i ist der Anteil des nach Größe sortierten i-ten Unternehmens an der Gesamtzahl der Siege. Die Teststatistik L basiert hier auf dem Quotienten aus dem Maximum der Likelihood-Funktion bei Annahme stochastischer Parität (im Nenner) und dem Maximum der Likelihood-Funktion ohne Festlegung der Verteilungsparameter (im Zähler).[66] Damit ist L ein Maß für die Wettbewerbsdominanz unter der Annahme stochastischer Parität, wobei L Werte zwischen 0 (perfekte Parität) und $2w(\ln n)$ (vollständige Dominanz durch ein Unternehmen) annimmt.

In enger Verbindung zur Likelihood-Verhältnis-Teststatistik steht die Pearson-Teststatistik:[67]

$$P = wn \sum_{i=1}^{n} \left(q_i - \frac{1}{n} \right)^2 . \qquad (4.3)$$

Diese ist bei gleicher Bedeutung der Variablen wie im vorherigen Fall ebenfalls ein Maß für die Wettbewerbsdominanz innerhalb von Branchen. Dabei nimmt P Werte zwischen 0 (perfekte Parität) und $w(n-1)$ (vollständige Dominanz) an. Beide Teststatistiken zeichnen sich dadurch aus, dass sie für den Fall stochastischer Parität approximativ einer Chi-Quadrat-Verteilung mit $n-1$ Freiheitsgraden folgen. Dadurch lässt sich für eine gegebene empirische Sieg-

---

[66]   Im Zahlenbeispiel aus Abschnitt 4.2.2, in dem drei Spieler über sechs Perioden jeweils um den Sieg ringen, ergibt sich für das Likelihood-Verhältnis die folgende Überlegung: Angenommen, nach den sechs Perioden hat ein Spieler drei, ein Spieler zwei und ein Spieler einen Sieg erzielt. Dann beträgt unter der Annahme stochastischer Parität, also $p_A = p_B = p_C = 1/3$, die Wahrscheinlichkeit für dieses Ereignis 49,8%. Diese Wahrscheinlichkeit wird dann verglichen mit der maximalen Wahrscheinlichkeit für die vorliegende Siegverteilung unter alternativen Siegwahrscheinlichkeiten für die Spieler, etwa $p_A = 1/2$, $p_B = 1/3$ und $p_C = 1/6$. Für die Statistik L ergibt sich in dieser Situation nach Gleichung 4.2 ein Wert von $L = 1,05$. Vgl. Powell und Lloyd (2005), S. 387 f.

[67]   Vgl. Powell und Lloyd (2005), S. 388.

verteilung leicht erkennen, ob diese signifikant von dem Modell stochastischer Parität abweicht.

Diese beiden Teststatistiken weisen jedoch ein Problem bei der Untersuchung empirischer Siegverteilungen auf. Dieses besteht in der Notwendigkeit zur Identifikation der Anzahl der Wettbewerber in einer Branche. Insbesondere liegt diesen die Annahme zugrunde, dass jeweils dieselben n Unternehmen über den gesamten Zeitraum in Wettbewerb zueinander stehen. Tatsächlich unterliegt die Zugehörigkeit von Unternehmen zu Branchen aber einer gewissen Dynamik. So ist im Allgemeinen die Anzahl unterschiedlicher Unternehmen, die während eines gewissen Zeitraums in einer Branche vertreten sind, wesentlich höher als die durchschnittliche Branchengröße (vgl. Tabelle 4.1). Die geeignete Benennung der Branchengröße, etwa in Form der durchschnittlichen Branchengröße, oder der Gesamtzahl unterschiedlicher Unternehmen, die mindestens einmal in der Zeitperiode in der Branche vertreten sind, ist daher kaum möglich. Daher bieten sich zur Identifikation der Erfolgsheterogenität zwei weitere Teststatistiken an, deren Ermittlung unabhängig von der Wahl einer Branchengröße erfolgen kann und die in direkter Beziehung zu der Likelihood-Verhältnis- bzw. der Pearson-Teststatistik stehen.[68]

So verbindet das Entropie-Maß

$$E = -\sum_{i=1}^{n} q_i \ln q_i \qquad (4.4)$$

die Beziehung $L = 2w(\ln n - E)$ mit der Likelihood-Verhältnis-Teststatistik. Dabei nimmt E Werte zwischen $\ln n$ (perfekte Parität) und 0 (vollständige Dominanz) an. Im gleichen Sinne steht der Herfindahl-Index

$$H = \sum_{i=1}^{n} q_i^2 \qquad (4.5)$$

durch die Gleichung $P = w(nH - 1)$ in Beziehung zur Pearson-Teststatistik. Da beide Kenngrößen für die Wettbewerbsdominanz in Branchen unabhängig von der Branchengröße zu bestimmen sind, lassen diese nicht nur durch den

---

[68] Vgl. Powell und Lloyd (2005), S. 392.

Vergleich mit der Chi-Quadrat-Verteilung eine Aussage über die Erfolgsheterogenität in Branchen zu. Vielmehr ist es auf Basis dieser auch möglich, die Erfolgsungleichheit in Branchen mit Simulationsergebnissen unter der Annahme stochastischer Parität zu vergleichen, bei denen die tatsächliche Dynamik in der Branchenzugehörigkeit von Unternehmen berücksichtigt wird.[69]

4.2.2.4. Definition der Wettbewerbsdominanz

Die Identifikation der Dominanz in Wettbewerbssituationen — etwa in Branchen — soll hier in Abgrenzung zur erwarteten Erfolgsungleichheit bei Zugrundelegung eines Null-Modells erfolgen. Genauer wird hier Wettbewerbsdominanz in solchen Situationen erkannt, die signifikant von der Erwartung unter Wettbewerbsparität abweichen. Das heißt, dass die Charakterisierung einer Wettbewerbssituation als dominiert davon abhängt, welches Ausmaß an Ungleichheit erwartet wird. Erwartet jemand perfekte Parität, dann wird dieser nahezu immer Wettbewerbsdominanz vorfinden. Demgegenüber wird nach diesem Verständnis jemand, der einen Vergleich zur Pareto-Parität oder zur natürlichen Parität anlegt, selbst im Fall einer sehr ausgeprägten Ungleichheit in einer Erfolgsverteilung keine Wettbewerbsdominanz erkennen. Es gilt also, für die Abgrenzung zwischen Wettbewerbsparität und Wettbewerbsdominanz ein geeignetes Null-Modell zu identifizieren.

Der Pareto-Parität ebenso wie der natürlichen Parität liegen bereits spezielle Erfolgsabhängigkeiten einzelner Akteure zugrunde, so dass diese durchaus ein deutliches Maß an Dominanz hervorbringen können. Beispielsweise impliziert der hier in Verbindung mit der Pareto-Parität genannte Gibrat-Prozess, dass die Wahrscheinlichkeit für einen zukünftigen Erfolg proportional von vergangenen Erfolgen abhängt. Diese Dynamik im Wettbewerb lässt sich sehr wohl als dominanzfördernd charakterisieren. Eine vergleichbare Begründung lässt sich für den Fall der natürlichen Parität anbringen, da hier der Vergleich mit Wettbewerbssituationen zugrunde gelegt wird, die sehr wohl durch Wettbewerbsdominanz geprägt sind.

Vor diesem Hintergrund soll den weiteren Ausführungen die folgende Definition von Wettbewerbsparität und Wettbewerbsdominanz zugrunde gelegt werden:

---

[69]   Siehe hierzu das Vorgehen in Abschnitt 4.4.1.

In einer Gruppe von Unternehmen (etwa einer Branche) besteht dann *Wettbewerbsparität*, wenn die Erfolgsverteilung in dieser Gruppe mit dem zugrunde gelegten Null-Modell einer perfekten oder stochastischen Parität verträglich ist. Übersteigt jedoch die Erfolgsungleichheit signifikant die so charakterisierte Wettbewerbsparität, dann liegt *Wettbewerbsdominanz* vor.

Im weiteren Verlauf der Arbeit liegt der Fokus auf solchen Fällen, die durch Wettbewerbsdominanz gekennzeichnet sind. Diese lassen sich auf Basis der im vorherigen Abschnitt vorgestellten Dominanzmaße identifizieren. Die Erklärung dieser Fälle mithilfe der Pareto-Verteilung dient dabei als Ausgangspunkt der Untersuchung. Jedoch zeigt sich, dass sowohl empirisch als auch konzeptionell passendere Erklärungen existieren.

4.3. Verteilungen und zugrunde liegende Prozesse

Gegenstand der hier zu entwickelnden neutralen Theorie der Wettbewerbsdominanz ist die Beschreibung von Erfolgsverteilungen mit dem Ziel, die unterschiedlichen Wettbewerbssituationen zugrunde liegenden Mechanismen der Erfolgsverteilung zwischen Unternehmen aufzudecken. In diesem Abschnitt gilt es, auf zwei Typen von Verteilungen genauer einzugehen. Dies ist einerseits die in diesem Zusammenhang von POWELL eingeführte Pareto-Verteilung und andererseits Fishers logarithmische Verteilung[70]. Der für die weiteren Ausführungen wichtige Unterschied zwischen beiden begründet sich darin, dass im vorliegenden Kontext die Pareto-Verteilung mit wachsenden Systemen in Verbindung steht, während sich Fishers logarithmische Verteilung in Systemen zeigt, deren Gesamtgröße fix ist.[71] Für beide Typen soll hier knapp der Zusammenhang zwischen zugrunde liegendem Prozess und resultierender Verteilung skizziert werden. Die anschließende Analyse von Siegverteilungen in unterschiedlichen Branchen basiert zwar auf Simulationen,[72] für deren Verständnis bedarf es je-

---

[70] Im Englischen: *Fisher's log-series distribution.*
[71] Vgl. Ijiri und Simon (1977), S. 16 f.
[72] Die Analyse von Siegverteilungen im nächsten Abschnitt basiert auf Simulationen. Dies hat den Vorteil, dass sich sehr einfach unterschiedliche Variationen der hier vorgestellten Grundmodelle abbilden lassen, während eine analytische Bestimmung der zu erwartenden Siegverteilungen im Allgemeinen aufwändig ist.

doch einer Orientierung für die Beziehung zwischen der Dynamik der betrachteten Prozesse und den Verteilungen, die diese erzeugen.

4.3.1. Pareto-Verteilung und Gibrats Gesetz

Die Bedeutung der Pareto-Verteilung begründet sich vor allem durch ihr verbreitetes Auftreten bei einer Vielzahl unterschiedlicher Phänomene.[73] Ein Beispiel lieferte bereits die Einleitung zu diesem Kapitel mit der Größenverteilung der 100 umsatzstärksten Unternehmen der *Fortune 500*. Das verbreitete Auftreten der Pareto-Verteilung ist damit zu begründen, dass sich eine Reihe von Verteilungen in ihrem oberen Ende an diese annähert. Beispiele sind etwa die bereits angesprochene Lognormalverteilung sowie die Yule-Verteilung, die vor allem von SIMON umfangreich analysiert und zur Beschreibung von Größenverteilungen von Unternehmen verwendet wurde.[74] Dabei argumentieren IJIRI und SIMON, dass eine Unterscheidung zwischen diesen drei Verteilungen in ihrem oberen Ende wenig hilfreich ist, da sich diese dort zum einen sehr ähneln und zum anderen in Bezug auf reale Phänomene alle drei auf vereinfachenden Annahmen beruhen und somit zu erwarten ist, dass auf Basis umfangreicher empirischer Daten alle drei immer abgelehnt werden.[75] So soll auch hier der Fokus nicht auf der Unterscheidung zwischen diesen Verteilungen liegen, sondern vielmehr die Pareto-Verteilung als deren Vertreter analysiert werden.

Die Pareto-Verteilung wird meist in der Form

$$P(X \geq x) = \left(\frac{x}{x_0} \right)^{-\beta}$$

für $\beta > 0$ und $x \geq x_0 > 0$ angegeben. Dabei ist x_0 die minimale Größe, z.B. von Unternehmen oder von Städten.[76] Für den hier im Vordergrund stehenden Fall einer diskret verteilten Zufallsvariablen X ist dann weiterhin die Dichtefunktion gegeben durch

---

[73]   Vgl. Abschnitt 4.2.2. Für Beispiele siehe Ijiri und Simon (1977), S. 39 ff. oder Newman (2006), S. 5 ff.
[74]   Siehe Simon (1955).
[75]   Vgl. Ijiri und Simon (1977), S. 4 f.
[76]   Vgl. Axtell (2001), S. 1818.

$$P_x = P(X = x) = Cx^{-\beta-1} .$$

Hierdurch wird für ganzzahlige Werte $x \geq x_0$ bei festem $x_0 \geq 1$ die Wahrscheinlichkeit angegeben, dass die Zufallsvariable X den Wert x annimmt, beispielsweise dass ein Unternehmen genau eine Größe von x aufweist oder dass ein Unternehmen im vorliegenden Kontext genau x Siege erzielt. Im Fall $x_0 = 1$ berechnet sich dann die Konstante C durch die Bedingung

$$1 = \sum_{x=1}^{\infty} P_x = C \sum_{x=1}^{\infty} x^{-\beta-1}$$

und mit $C = \frac{1}{\sum_{x=1}^{\infty} x^{-\beta-1}}$ folgt dann

$$P_x = \frac{1}{\sum_{x=1}^{\infty} x^{-\beta-1}} x^{-\beta-1} = \frac{1}{\zeta(\beta+1)} x^{-\beta-1} ,$$

wobei $\zeta(\alpha) = \sum_{x=1}^{\infty} x^{-\alpha}$ allgemein als Riemannsche ζ-Funktion bekannt ist.[77]

Pareto-Verteilungen werden durch eine Reihe von Prozessen erzeugt.[78] Hier soll am Beispiel des von SIMON zur Beschreibung der Verteilung von Unternehmensgrößen verwendeten Yule-Prozesses die mathematische Beziehung zwischen Prozess und Verteilung dargestellt werden.[79] Dabei bezieht sich die Darstellung des Modells auf den Fall von Siegverteilungen zwischen Unternehmen.

Hierzu sei eine hypothetische Branche mit beliebig vielen Unternehmen betrachtet, die in jeder Periode um den Sieg ringen, etwa in Form des höchsten Wertes einer zugrunde gelegten Finanzkennzahl. Bezeichne $f(i, k)$ die Anzahl der Unternehmen mit genau i Siegen aus den bisherigen k Perioden. Die Dynamik der Siegverteilung zwischen den Unternehmen wird nun durch die beiden folgenden Bedingungen gesteuert:

Bedingung 1: Die Wahrscheinlichkeit, dass der $(k + 1)$-te Sieg an ein Unternehmen geht, das in der Vergangenheit genau i Siege erzielt hat, ist pro-

---

[77] Der Wert der Riemannschen ζ-Funktion lässt sich für $\alpha > 1$ angeben. Damit ist dann für $x_0 > 1$ auch die Summe $\sum_{x=x_0}^{\infty} x^{-\beta-1}$ zu bestimmen.

[78] Vgl. etwa Newman (2006), S. 12 ff. für einen Überblick.

[79] Vgl. Simon (1955) sowie Newman (2006), S. 17 f.

portional zu $if(i,k)$. Dies ist die insgesamt erzielte Anzahl der Siege der Unternehmen mit i Siegen.

Bedingung 2: Mit einer konstanten Wahrscheinlichkeit ν erzielt ein bisher nicht erfolgreiches Unternehmen den $(k+1)$-ten Sieg.

Bedingung 1 ist schwächer als die Anforderung, dass für jedes Unternehmen mit i bisherigen Siegen die Wahrscheinlichkeit für den nächsten Sieg proportional zu $f(i,k)$ ist.[80] Insgesamt wird durch diese beiden Bedingungen ein stochastischer Prozess beschrieben, der im Gleichgewicht eine Verteilung der Siege auf Unternehmen gemäß der Yule-Verteilung erzeugt, die in ihrem oberen Ende der Pareto-Verteilung folgt. Ziel der nachfolgenden Ausführungen ist nicht die mathematisch exakte Herleitung der Beziehung zwischen dem hier skizzierten stochastischen Prozess und der resultierenden Gleichgewichtsverteilung, sondern lediglich die Andeutung der Argumentationsweise anhand der wesentlichen Eckpunkte.[81]

So führt Bedingung 1 für $i = 2, ..., k+1$ zu der folgenden Gleichung:

$$E(f(i, k+1)) - f(i,k) = U(k)((i-1)f(i-1,k) - if(i,k)) \,. \qquad (4.6)$$

Demnach hängt die Differenz zwischen der erwarteten Anzahl der Unternehmen mit i Siegen in Periode $k+1$ und der Anzahl der Unternehmen mit i Siegen in Periode k von der Differenz zwischen der Zunahme und der Abnahme von Unternehmen mit genau i Siegen ab. Dabei nimmt die Anzahl zu, wenn ein Unternehmen siegt, das in Periode k über $i-1$ verfügt, und entsprechend ab, wenn ein Unternehmen mit i Siegen siegt. Nach Bedingung 1 beträgt hierfür die Wahrscheinlichkeit im ersten Fall genau $(i-1)f(i-1,k)$ und im zweiten Fall $if(i,k)$. Der Faktor $U(k)$ dient hier zur Erzielung der Gleichheit auf beiden Seiten, da nach Bedingung 2 auch bisher erfolglose Unternehmen siegen können. Daher gilt weiter mit $0 < \nu < 1$ für die Veränderung in der Anzahl der Unternehmen mit genau einem Sieg:

$$E(f(1, k+1)) - f(1,k) = \nu - U(k)(1,k) \,. \qquad (4.7)$$

---

[80]   Diese schwächere Annahme ist für die nachfolgende Argumentation ausreichend. Vgl. Ijiri und Simon (1977), S. 29.

[81]   Für eine vollständigere Darstellung siehe Ijiri und Simon (1977), S. 28 ff.

Zur Bestimmung von $U(k)$ lässt sich ausnutzen, dass $U(k)if(i,k)$ genau die Wahrscheinlichkeit ist, dass der $(k+1)$-te Sieg an ein Unternehmen mit bis dahin i Siegen geht. Daher gilt:

$$\sum_{i=1}^{k} U(k)if(i,k) = U(k)\sum_{i=1}^{k} if(i,k) = 1 - \nu \ .$$

Dabei folgt die zweite Gleichheit, weil durch $U(k)\sum_{i=1}^{k} if(i,k)$ genau die Wahrscheinlichkeit angegeben wird, dass eins der bereits siegreichen Unternehmen siegt. Wegen $\sum_{i=1}^{k} if(i,k) = k$ folgt dann

$$U(k) = \frac{1-\nu}{k} \ .$$

Da das Ziel der hier durchgeführten Analyse die Beschreibung von Gleichgewichtsverteilungen von Siegen auf Unternehmen ist, die sich langfristig einstellen, lassen sich in den obigen Gleichungen die Erwartungswerte $E(f(.,.))$ durch die Häufigkeiten $f(.,.)$ ersetzen. Nach Einsetzen für $U(k)$ in 4.6 und 4.7 liegen dann die beiden zentralen Differenzengleichungen für die Dynamik des untersuchten Prozesses vor:

$$f(i,k+1) - f(i,k) \ = \ \frac{1-\nu}{k}((i-1)f(i-1,k) - if(i,k)) \qquad (4.8)$$

für $i = 2, ..., k+1$ sowie für $i = 1$:

$$f(1,k+1) - f(1,k) = \nu - \frac{1-\nu}{k}f(1,k) \ . \qquad (4.9)$$

Diese Differenzengleichungen lassen sich explizit lösen, auf eine Herleitung soll aber hier verzichtet werden.[82] Als Lösung erhält man für den Anteil $f(i)$ der

---

[82]   Siehe etwa Ijiri und Simon (1977), S. 30 f. oder Newman (2006), S. 17 für eine Beweisidee. Die Lösung in 4.10 lässt sich durch Einsetzen in Gleichung 4.8 leicht verifizieren. Die Gleichgewichtsverteilung ist dann unabhängig von k.

Unternehmen mit genau i Siegen für $i = 2, ..., k$ die Yule-Verteilung in der Darstellung

$$f(i) = (1 + \rho)B(i, 1 + \rho)f(1) . \tag{4.10}$$

Dabei gilt $\rho = \frac{1}{1-\nu}$ und $B(a, b)$ ist die Beta-Funktion.[83] Diese zeichnet sich dadurch aus, dass sie in ihrem oberen Ende der zuvor dargestellten Pareto-Verteilung folgt.[84] Damit folgt auch die Yule-Verteilung in ihrem oberen Ende der Pareto-Verteilung. Diese Gleichgewichtsverteilung ist nun dahingehend stabil, dass der zugrunde liegende Prozess Abweichungen von dieser langfristig ausgleicht. Ist also etwa die Anzahl der genau einmal siegreichen Unternehmen zwischenzeitlich zu hoch, dann wächst deren Anzahl anschließend mit einer geringeren Rate.[85]

Der hier skizzierte Prozess wird meist mit GIBRAT in Verbindung gebracht, der bereits in den 1930ern das Wachstum von Unternehmen analysierte.[86] Seine meist als *Gibrats Gesetz* bezeichnete Grundannahme ist,[87] dass das absolute Wachstum von Unternehmen proportional zu ihrer Größe ist.[88] Gibrats Gesetz findet sich hier — in abgeschwächter Form — in Bedingung 1 wieder.[89]

Die bisherigen Ausführungen in diesem Abschnitt haben sich auf die Darstellung in Form von Häufigkeitsverteilungen bezogen. Mit $f(i)$ wird dabei der

---

[83] Die Beta-Funktion ist gegeben durch $B(a, b) = \int_0^1 t^{a-1}(1 - t)^{b-1}dt$ für $a, b > 0$.

[84] Vgl. Newman (2006), S. 17.

[85] Vgl. Ijiri und Simon (1977), S. 32 f.

[86] Siehe Gibrat (1931).

[87] Im Englischen: *Gibrat's law*. Vgl. etwa Sutton (1997), S. 43.

[88] Vgl. Sutton (1997), S. 43. Äquivalent lässt sich Gibrats Gesetz so formulieren, dass die Wachstumsrate eines Unternehmens unabhängig von dessen Größe ist. Vgl. Ijiri und Simon (1977), S. 4.

[89] Unterliegt das Wachstum eines Unternehmen Gibrats Gesetz, dann lässt sich leicht nachvollziehen, dass dessen Größe langfristig einer Lognormalverteilung folgt. Bezeichne dazu x_t die Größe eines Unternehmens zum Zeitpunkt t, das jede Periode mit einer unabhängig normalverteilten Rate $\varepsilon_\tau \sim N(\mu, \sigma)$ wächst. Dann lässt sich die Unternehmensgröße zum Zeitpunkt t rekursiv durch $x_t = x_0(1 + \varepsilon_1)(1 + \varepsilon_2)...(1 + \varepsilon_t)$ angeben. Für kleine ε_τ gilt dann die Annäherung $\ln(1 + \varepsilon_\tau) \approx \varepsilon_\tau$. Logarithmieren der vorherigen Beziehung liefert dann $\ln(x_t) = \ln(x_0) + \varepsilon_1 + \varepsilon_2 + ... + \varepsilon_t$. Für $\mu > 0$ und $t \to \infty$ folgt dann $\ln(x_t)$ einer Normalverteilung, da dann x_0 klein gegenüber x_t ist. Somit folgt dann die Unternehmensgröße x_t einer Lognormalverteilung, die ebenfalls in ihrem oberen Ende der Pareto-Verteilung ähnelt. Vgl. hierzu Sutton (1997), S. 40 f. sowie Steindl (1965).

Anteil der Unternehmen mit genau i Siegen bezeichnet. Die vorherigen Darstellungen empirischer Siegverteilungen basieren jedoch auf der Gegenüberstellung zwischen dem Rang und der Anzahl der Siege eines Unternehmens. Für die Pareto-Verteilung besteht zwischen diesen beiden Darstellungen eine einfache Beziehung. Ist die diskrete Dichtefunktion $P_x = Cx^{-\beta-1}$ gegeben, dann folgt daraus wie bereits angedeutet: $P(X \geq x) \sim x^{-\beta}$. Austauschen der Variablen mit $x = cr^{-1/\beta}$ liefert dann $P(X_r \geq cr^{-1/\beta}) \sim r$, wobei r für den Rang der nach der Größe sortierten Zufallsvariablen X steht.[90] Das bedeutet, die Wahrscheinlichkeit, dass X größer oder gleich $cr^{-1/\beta}$ ist, hängt linear vom Rang r ab. Anders ausgedrückt wird erwartet, dass genau r Variablen größer oder gleich $cr^{-1/\beta}$ sind. Damit folgt für den Erwartungswert der (nach Größe sortierten) r-ten Zufallsvariablen:

$$E(X_r) = cr^{-1/\beta} \; . \tag{4.11}$$

Das heißt also, dass aus der Pareto-Verteilung der Dichtefunktion mit Exponent $-\beta - 1$ die Pareto-Verteilung in Bezug auf das Verhältnis zwischen Rang und Anzahl der Siege mit Exponent $-1/\beta$ folgt.[91]

Der hier dargestellten Analyse der Pareto-Verteilung wird damit ein Prozess zugrunde gelegt, der grundsätzlich ein Wachstum aller unterstellt. So argumentieren auch IJIRI und SIMON, dass sich die Analyse des Yule-Prozesses zur Erklärung der Größenverteilung von Unternehmen auf Volkswirtschaften bezieht, die insgesamt wachsen.[92] Zur Analyse von Größenverteilungen in Systemen mit einer fixen Gesamtgröße, in der also etwa das Wachstum eines Unternehmens stets auf Kosten anderer Unternehmen erfolgt, schlagen sie daher Fishers logarithmische Verteilung vor. Diese soll nun für den Fall von Siegverteilungen analysiert werden und in den weiteren Überlegungen im Mittelpunkt der Betrachtungen stehen. Dabei erfolgt diese Analyse aufgrund der hier für die Pareto-Verteilung geleisteten Vorarbeiten wesentlich knapper.

---

[90] Der Wert des Parameters c hängt hier von der Anzahl der gezogenen Zufallsvariablen ab.

[91] Im Vergleich zur Darstellung aus 4.1 gilt dann $S = E(X_r)$ sowie $\alpha = 1/\beta$.

[92] Siehe Ijiri und Simon (1977), S. 16 ff.

4.3.2. Fishers logarithmische Verteilung

Fishers logarithmische Verteilung geht zurück auf eine Arbeit von FISHER, CORBET und WILLIAMS aus dem Jahr 1943.[93] Darin untersuchten sie in Öko-systemen das Verhältnis zwischen der Anzahl unterschiedlicher Arten und der jeweiligen Anzahl von Exemplaren in zufällig gezogenen Stichproben. Zur ma-thematischen Beschreibung der Beziehung schlug FISHER dabei die folgende Beziehung vor:[94]

$$f(i) = \alpha \frac{x^i}{i} \, . \tag{4.12}$$

Hierbei bezeichnet $f(i)$ die Anzahl der Arten mit genau i Individuen in der Stichprobe. Der Parameter α entspricht in etwa der Anzahl der Arten, die nur mit einem Exemplar in der Stichprobe vertreten sind, und die Konstante x nimmt Werte zwischen 0 und 1 an.[95] In Bezug auf Siegverteilungen bezeichnet dann $f(i)$ dann die Anzahl der Unternehmen mit genau i Siegen und α ent-spricht der Anzahl der Unternehmen mit genau einem Sieg. Für eine vorliegende Siegverteilung lassen sich die Parameter von Fishers logarithmischer Verteilung numerisch dann leicht durch die beiden folgenden Gleichungen bestimmen:

$$
\begin{aligned}
S &= \sum_{n=1}^{\infty} \alpha \frac{x^n}{n} &= -\alpha \ln(1-x) \, , \\
T &= \sum_{n=1}^{\infty} \alpha x^n &= \frac{\alpha x}{1-x} \, .
\end{aligned}
\tag{4.13}
$$

Dabei ist S die Gesamtzahl der Unternehmen mit mindestens einem Sieg und T die Anzahl der betrachteten Perioden.

Die Bedeutung von Fishers logarithmischer Verteilung ergibt sich für den Kon-text von Siegverteilungen nun aus der folgenden Erweiterung von Gleichung

---

[93]   Siehe Fisher et al. (1943).
[94]   FISHER entwickelte die nach ihm benannte logarithmische Verteilung ursprüng-lich als Grenzfall aus (seiner Darstellung) der negativen Binomialverteilung $P(X = i) = \frac{(k+i-1)!}{(k-1)!\,i!} \cdot \frac{p^i}{(1+p)^{k+i}}$ für $k \to 0$. Dabei ist der Bruch $\frac{p}{p+1}$ durch x sowie der Ausdruck $(k-1)!$ durch α zu ersetzen. Vgl. Fisher et al. (1943), S. 54 ff. sowie etwa Quenouille (1949).
[95]   Genauer sind hier nur die Fälle $0 < x < 1$ von Interesse.

4.8:[96]

$$f(i, m+1) - f(i, m) = \tfrac{1-\nu}{k}((i-1)f(i-1, m) - if(i, m))$$
$$-\tfrac{1}{k}(if(i, m) - (i+1)f(i+1, m)) \,. \tag{4.14}$$

Diese unterscheidet sich von Gleichung 4.8 dahingehend, dass hier auch der Verlust von Siegen berücksichtigt wird. Der zweite Term auf der rechten Seite der Gleichung zeigt die Dynamik des Verlusts von Siegen. Dabei folgt diese hier ebenso wie das Erzielen eines Sieges Gibrats Gesetz, indem die Verlustwahrscheinlichkeit für Unternehmen proportional zu der aktuellen Anzahl der Siege ist. Somit lassen sich hierdurch Gleichgewichtsverteilungen für eine fixe Gesamtanzahl k von Siegen untersuchen. In Bezug auf die empirische Analyse bedeutet dies die Fokussierung auf Siegverteilungen in einem Zeitfenster mit einer fixen Anzahl von k Perioden. In der obigen Gleichung steht m für die Laufzeit des Prozesses, da hier k fix ist.

Es lässt sich nun zeigen, dass die Beziehung in 4.12 eine Lösung dieser Gleichung mit $x = 1 - \nu$ ist.[97] Ist also der Prozess der Verteilung von Siegen in Branchen tatsächlich durch die hier skizzierte Dynamik gekennzeichnet, dann ist langfristig eine Siegverteilung gemäß Fishers logarithmischer Verteilung zu erwarten.[98]

Wie im Fall der Pareto-Verteilung lässt sich auch Fishers logarithmische Verteilung auf unterschiedlichen Wegen begründen, etwa als Grenzfall der negativen Binomialverteilung oder durch den hier angedeuteten Prozess. Darüber hinaus lassen sich weitere Prozesse identifizieren, die zur hier dargestellten Verteilung

---

[96] Vgl. Ijiri und Simon (1977), S. 54.

[97] Für eine Herleitung der Beziehung siehe etwa Ijiri und Simon (1977), S. 54 f., Kendall (1948) oder Volkov et al. (2003), S. 1035 f. Der Faktor m taucht dabei in der Lösung nicht mehr auf, da diese langfristig unabhängig von m ist. Weiterhin erhält man den Parameter α über die Gleichungen in 4.13 mit $T = k$. Mit $f(i)$ wird hier die Anzahl der Unternehmen mit genau i Siegen bezeichnet.

[98] Eine Darstellung für Fishers logarithmische Verteilung in Bezug auf das Verhältnis zwischen dem Rang und der Anzahl der Siege eines Unternehmens liegt nicht vor. Siehe hierzu auch Hughes (1986). Im weiteren Verlauf wird diese Verteilung per Simulation erzeugt.

führen.[99] Diese stehen jedoch nicht in Verbindung zu der hier durchgeführten Analyse. Hingegen zeigen die nachfolgenden Ausführungen, dass sich der hier skizzierte Prozess in direkte Verbindung zu tatsächlichen Strategiekonzepten bringen lässt.

4.3.3. Stilisierter Vergleich der Verteilungen

Für einen naiven Vergleich bietet sich ein Blick auf die Form der beiden hier vorgestellten Verteilungen an. So zeigt Abbildung 4.13 in Teil (a) die Pareto-Verteilung (mit Parametern $C = 4,3$ bzw. $c = 10,1$ und $\beta = 0,725$) und Fishers logarithmische Verteilung (mit Parametern $\alpha = 4,5$ und $x = 0,85$) für die Häufigkeitsverteilung der Unternehmen mit i Siegen. Teil (b) der Abbildung zeigt für dieselben Daten jeweils die erwartete Anzahl der nach Erfolg sortierten Unternehmen. Der charakteristische Unterschied bei gleicher Disparität[100] zwischen beiden zeigt sich vor allem darin, dass die Pareto-Verteilung generell eine stärkere Dominanz des erfolgreichsten Unternehmens sowie ein leicht besseres Abschneiden der weniger erfolgreichen Unternehmen unterstellt, während Fishers logarithmische Verteilung einen im Verhältnis höheren Erfolg der mittleren Ränge (hier 2 bis 8) erzeugt.

Der Vergleich dieser beiden Verteilungen mit empirischen Siegverteilungen liefert einen Eindruck von der Eignung beider zur Beschreibung tatsächlicher Wettbewerbsprozesse. So lässt der Blick auf die gemittelten empirischen Siegverteilungen in Abbildung 4.10 bereits vermuten, dass die hier angedeutete charakteristische Form von Fishers logarithmischer Verteilung besser zu tatsächlichen Siegverteilungen passt. Daneben erweist sich diese aus zwei weiteren Gründen als besonders geeignet für die nachfolgende Untersuchung im Kontext des strategischen Managements. Zum einen entspricht die hierdurch implizierte fixe Gesamtmenge an Erfolg, die sich auf die Wettbewerber aufteilt, wesentlich stärker dem Wesen von Wettbewerbssituationen. Zum anderen wird die nachfolgende Analyse zeigen, dass sich die hier angedeutete Dynamik direkt im Rahmen bestehender Ansätze in der strategischen Managementforschung interpretieren lässt.

---

[99]   Vgl. etwa Watterson (1974) für einen Überblick.
[100]   Der Herfindahl-Index nimmt in beiden Verteilungen einen Wert von 0,2 an.

Abbildung 4.13: Stilisierter Vergleich von Pareto-Verteilung und Fishers logarithmischer Verteilung

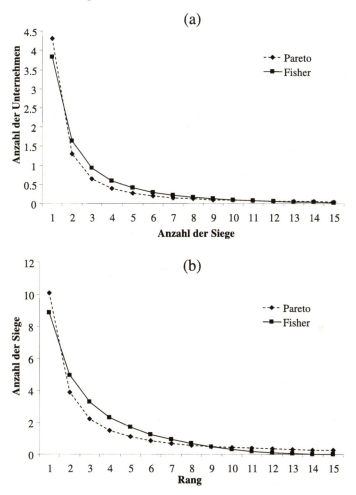

Vor dem Hintergrund der allgemeinen Vorstellung der hier untersuchten grundlegenden Typen von Wettbewerbsprozessen sowie der resultierenden Verteilungen gilt es nun, in die konkrete Analyse von Erfolgsverteilungen im Rahmen einer neutralen Theorie der Wettbewerbsdominanz einzusteigen. Dies soll hier am Beispiel von Siegverteilungen in Branchen erfolgen.

4.4. Das Beispiel der Siegverteilungen in Branchen

Mit der Analyse von Siegverteilungen in diesem Anschnitt wird vor allem das Ziel verfolgt aufzuzeigen, welche Ergebnisse von einer neutralen Analyse von Erfolgsverteilungen zu erwarten sind. Darüber hinaus dient dieses Beispiel zur Darstellung der generellen Vorgehensweise in dem hier vorgeschlagenen Ansatz. Damit bilden die Ausführungen den empirischen Ausgangspunkt für die Entwicklung eines Bezugsrahmens für eine neutrale Theorie der Wettbewerbsdominanz.

Im Einzelnen folgt die Analyse dem folgenden Aufbau: Zunächst wird der Nachweis erbracht, dass Siegverteilungen in den meisten hier betrachteten Branchen tatsächlich durch Wettbewerbsdominanz gekennzeichnet sind. Dieser Befund ist der notwendige Ausgangspunkt für die weiteren Untersuchungen. Anschließend wird aufgezeigt, dass die Pareto-Verteilung zwar im Allgemeinen eine gute Annäherung an Siegverteilungen in Branchen liefert, diese jedoch durch einen systematischen Fehler gekennzeichnet ist. Dies motiviert die Einführung eines einfachen Modells, das in direkter Beziehung zu Fishers logarithmischer Verteilung steht und eine genauere Beschreibung der empirischen Siegverteilungen in Branchen liefert. Darauf aufbauend wird eine weitere Variante dieses Modells betrachtet, in der die Auswirkungen eines kontinuierlichen zeitlichen Verfalls strategischer Ressourcen untersucht werden. Damit wird hier eine Möglichkeit für einen differenzierteren Einblick in die Dynamik der Beziehung zwischen strategischen Ressourcen und dem Erfolg von Unternehmen gegeben.

Die erwarteten Siegverteilungen unter der Annahme stochastischer Parität ebenso wie unter der Dynamik des Fisher-Prozesses sind für diese Analyse anders als im Fall der Pareto-Verteilung nicht analytisch ermittelt worden, sondern anhand von Computersimulationen. Die Methodik der durchgeführten Simulationen wird nachfolgend jeweils erläutert. Insbesondere wird in Anhang B auf die Simulation des erweiterten Fisher-Prozesses eingegangen.

4.4.1. Identifikation der Wettbewerbsdominanz in Branchen

Das Vorliegen von Wettbewerbsdominanz in einer Branche ist hier als eine signifikante Abweichung der Erfolgsverteilung von dem Modell der stochastischen Parität definiert worden.[101] Daher ist es zunächst erforderlich, die erwarteten Siegverteilungen in Branchen unter stochastischer Parität zu bestimmen. Das heißt also unter der Annahme, dass in jeder Periode jeweils alle Unternehmen einer Branche mit derselben Wahrscheinlichkeit den Sieg erzielen können. Die Ermittlung der erwarteten Siegverteilungen ist hier auf Basis von Simulationen und unter Berücksichtigung der tatsächlichen Anwesenheit der Unternehmen in einer Branche erfolgt. Das heißt, dass in der Simulation für jede Periode zwischen 1980 und 2004 der Sieg nur von den Unternehmen erzielt werden konnte, die während dieser Periode auch tatsächlich in den *Fortune 500* und der jeweiligen Branche vertreten waren.[102] Zur Ermittlung, in welchen Branchen Wettbewerbsdominanz vorliegt, sind für jede Branche jeweils 10.000 Simulationsläufe durchgeführt worden, die als Grundlage für die nachfolgende Analyse dienen.[103]

Abbildung 4.14 zeigt die im Durchschnitt über alle 20 Branchen erwartete Siegverteilung unter stochastischer Parität im Vergleich zu der gemittelten empirischen Siegverteilung auf Basis der drei Erfolgsmaße ROS, ROA und ROE in den 20 Branchen. Auf den ersten Blick lässt sich hier bereits erkennen, dass das Modell der stochastischen Parität zwar ein gewisses Maß an Unterschiedlichkeit im Erfolg von Unternehmen hervorbringt, dieses jedoch deutlich unter dem in der Empirie beobachteten liegt.[104] Eine Aussage über die Signifikanz dieser Abweichung lässt sich hier jedoch nicht gewinnen. Diese erfolgt nun auf Branchenebene.

Zur Messung der Wettbewerbsdominanz sind in Abschnitt 4.2.2.3 vier Teststa-

---

[101] Vgl. Abschnitt 4.2.2.1.

[102] Wenn also etwa ein Unternehmen tatsächlich in drei Perioden in den Fortune 500 vertreten war, in der ersten Periode mit 13, in der zweiten mit 17 und in der dritten mit 18 Wettbewerbern, dann hatte es in der Simulation für diese drei Perioden jeweils eine Siegwahrscheinlichkeit von 1/16, 1/18 und 1/19.

[103] Die Simulationen sind mithilfe von MATLAB in der hier skizzierten Form programmiert worden.

[104] Die Krümmung in der Kurve für das Modell der stochastischen Parität ist einerseits auf die Aggregation der einzelnen Kurven für die unterschiedlich großen Branchen und andererseits auf die Dynamik in der Branchenzugehörigkeit in den jeweiligen Branchen zurückzuführen.

Abbildung 4.14: Gemittelte empirische Siegverteilung im Vergleich zum Modell der stochastischen Parität

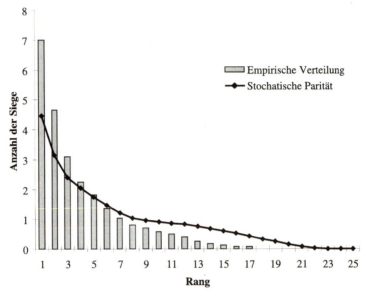

Datengrundlage: *Fortune 500*.

tistiken eingeführt worden. Von diesen lassen sich mit dem Herfindahl-Index sowie dem Entropie-Maß zwei auch bei einer dynamischen Veränderung der Zugehörigkeit von Unternehmen zu einer Branche sinnvoll angeben.[105] Tabelle 4.2 zeigt den Herfindahl-Index sowie das Entropie-Maß für die Siegverteilungen in den 20 untersuchten Branchen für die drei Erfolgsmaße ROS, ROA und ROE. Der Herfindahl-Index wird dabei gemäß Formel 4.5 gebildet. So ergibt sich beispielsweise für die Branche *Aerospace* in Bezug auf das Erfolgsmaß ROS bei der Siegverteilung[106] (6,5,3,2,2,2,1,1,1,1,1) ein Wert von $H = (\frac{6}{25})^2 + (\frac{5}{25})^2 + (\frac{3}{25})^2 + 3 \cdot (\frac{2}{25})^2 + 5 \cdot (\frac{1}{25})^2 = 0,14$. Entsprechend berechnet sich mit Formel 4.4 ein Entropie-Maß von $E = -[\frac{6}{25} \cdot \ln(\frac{6}{25}) + \frac{5}{25} \cdot \ln(\frac{5}{25}) + \frac{3}{25} \cdot$

---

[105]   Vgl. Abschnitt 4.2.2.3.
[106]   Die Darstellung $(a, b, c, ...)$ bedeutet, dass das erfolgreichste Unternehmen a Siege erzielt hat, das zweiterfolgreichste Unternehmen b Siege usw.

$\ln(\frac{3}{25}) + 3 \cdot \frac{2}{25} \cdot \ln(\frac{2}{25}) + 5 \cdot \frac{1}{25} \cdot \ln(\frac{1}{25})] = 2,17.$

Zum Vergleich der empirischen Siegverteilungen mit den Simulationsergebnissen unter stochastischer Parität sind hier für jede der 10.000 simulierten Siegverteilungen Herfindahl-Index und Entropie-Maß berechnet worden. Die p-Werte in Tabelle 4.2 geben für die drei Erfolgsmaße in den 20 Branchen an, welcher Anteil der simulierten Siegverteilungen unter stochastischer Parität eine mindestens so starke Ungleichheit hervorgebracht hat wie die entsprechende empirische Siegverteilung.[107] Dabei zeigt sich in Bezug auf die beiden Konzentrationsmaße, dass die empirischen Siegverteilungen bei einem Signifikanzniveau von 1% insgesamt in 81 von 120 Fällen eine signifikant größere Ungleichheit in der Verteilung der Siege aufweisen als unter stochastischer Parität. Rund zwei Drittel der Fälle sind somit durch das Vorliegen von Wettbewerbsdominanz gekennzeichnet, so dass hier eine weitere Untersuchung der Siegverteilungen in Branchen zu rechtfertigen ist.[108]

Damit gilt es als nächstes, die Anpassung der von POWELL vorgeschlagenen Pareto-Verteilung an empirische Siegverteilungen zu überprüfen.[109] Dabei ist eine bessere Anpassung an empirische Siegverteilungen als durch das Modell der stochastischen Parität zu erwarten, da die Pareto-Verteilung generell mit einer größeren Ungleichheit im Erfolg vereinbar ist.

---

[107] Zu p-Werten siehe etwa Freedman et al. (1998). Die p-Werte für den Herfindahl-Index sind stets größer oder gleich dem p-Wert für das Entropie-Maß, da unterschiedliche Siegverteilungen zum gleichen Herfindahl-Index, jedoch nicht zum gleichen Entropie-Maß führen können.

[108] Vgl. Abschnitt 4.2.2.4.

[109] Powell (2003b).

Tabelle 4.2: Bestimmung der Wettbewerbsdominanz: Herfindahl-Index und Entropie-Maß

Branche	Herfindahl-Index						Entropie-Maß					
	ROS	p-Wert	ROA	p-Wert	ROE	p-Wert	ROS	p-Wert	ROA	p-Wert	ROE	p-Wert
Aerospace	0,14	**0,0083**	0,20	**0,0003**	0,10	0,1714	2,17	**0,0080**	2,06	**0,0012**	2,36	0,0965
Apparel	0,22	**0,0012**	0,24	**0,0003**	0,18	0,0105	1,69	**0,0001**	1,47	**0,0001**	1,92	**0,0017**
Beverages	0,37	**0,0000**	0,44	**0,0000**	0,26	**0,0005**	1,18	**0,0000**	1,20	**0,0000**	1,60	**0,0001**
Chemicals	0,07	0,1009	0,10	**0,0014**	0,11	**0,0000**	2,75	0,0637	2,48	**0,0004**	2,38	**0,0000**
Computers	0,26	**0,0000**	0,20	**0,0000**	0,11	**0,0073**	1,51	**0,0000**	1,83	**0,0000**	2,31	**0,0018**
Electronics	0,11	**0,0012**	0,14	**0,0002**	0,20	**0,0000**	2,41	**0,0004**	2,24	**0,0000**	2,11	**0,0000**
Food	0,25	**0,0000**	0,15	**0,0000**	0,11	**0,0002**	1,75	**0,0000**	2,19	**0,0000**	2,49	**0,0005**
Forest and Paper Products	0,13	**0,0002**	0,16	**0,0001**	0,10	0,0125	2,19	**0,0000**	2,03	**0,0000**	2,38	**0,0030**
Furniture	0,20	0,5208	0,24	0,1625	0,32	**0,0057**	1,77	0,3511	1,61	0,0873	1,35	**0,0018**
Industrial and Farm Equip.	0,13	**0,0000**	0,31	**0,0000**	0,09	0,0176	2,25	**0,0000**	1,64	**0,0000**	2,57	0,0114
Metals	0,14	**0,0009**	0,08	0,1909	0,07	0,5127	2,17	**0,0003**	2,55	0,0931	2,73	0,5286
Mining, Crude-Oil Prod.	0,07	0,6614	0,16	**0,0002**	0,18	**0,0000**	2,73	0,7387	2,22	**0,0013**	2,04	**0,0000**
Motor Vehicles and Parts	0,14	**0,0009**	0,09	0,0694	0,08	0,2570	2,22	**0,0008**	2,55	0,0684	2,70	0,3532
Petroleum Refining	0,17	**0,0000**	0,12	**0,0005**	0,09	0,0123	1,96	**0,0000**	2,38	**0,0004**	2,45	**0,0028**
Pharmaceuticals	0,19	**0,0000**	0,16	**0,0017**	0,19	**0,0001**	1,81	**0,0000**	1,96	**0,0003**	1,79	**0,0000**
Publishing, Printing	0,18	**0,0006**	0,19	**0,0003**	0,17	**0,0013**	1,91	**0,0000**	1,98	**0,0004**	2,00	**0,0004**
Scientific and Photographic Equipment	0,13	0,0170	0,16	**0,0043**	0,15	**0,0050**	2,15	**0,0027**	2,00	**0,0004**	2,08	**0,0011**
Textiles	0,13	0,5191	0,15	0,2094	0,17	0,0430	2,19	0,3648	2,13	0,2019	1,98	0,0261
Tobacco	0,28	**0,0038**	0,22	0,0702	0,34	**0,0001**	1,39	**0,0007**	1,69	0,0543	1,22	**0,0000**
Transportation Equip.	0,18	0,6403	0,21	0,2967	0,21	0,2775	2,07	0,6185	1,75	0,0329	1,77	0,0400
Anzahl p-Werte ≤ 0,01		14		14		11		15		14		14

p-Werte ≤ 0,01 sind hervorgehoben.

Ein p-Wert von 0,0000 deutet an, dass keiner der 10.000 Simulationsläufe eine so große Ungleichheit hervorgebracht hat.

4.4.2. Anpassung der Pareto-Verteilung

In POWELLS Studie liegt der Fokus auf der Frage, inwiefern die Konzentration — gemessen durch den Gini-Koeffizienten — in empirischen Siegverteilungen mit der durch eine Pareto-Verteilung erzeugten vergleichbar ist.[110] Grundlage der Untersuchung ist dabei die hier in Gleichung 4.11 eingeführte Beziehung $S = cr^{-\alpha}$, wobei S für die Anzahl der Siege eines Unternehmens steht und r für dessen Rang.[111] Weiterhin ist c eine Konstante, die der erwarteten Anzahl der Siege des erfolgreichsten Unternehmens entspricht, und der Parameter α bestimmt die Form der Pareto-Verteilung, wobei höhere Werte mit einem steileren Verlauf im Anfangsbereich einhergehen. Für gegebenes α lässt sich c durch die Beziehung $\sum_{r=1}^{n} cr^{-\alpha} = T$ berechnen, wobei T für die Gesamtzahl der Siege im betrachteten Zeitintervall steht.[112] Der genaue Verlauf einer Siegverteilung gemäß der Pareto-Verteilung hängt dann von den jeweiligen Werten für die beiden Parameter α und n, der Anzahl der Unternehmen, unter denen die Siege aufgeteilt werden, ab. Zur Generierung von Pareto-Verteilungen legte POWELL in seiner Studie für α Werte von 1 und 1,5 und für n die Werte 2, 5, 10, 20 und 40 zugrunde.[113] Wie in Abschnitt 4.2.2.2 angedeutet, zeigen diese Pareto-Verteilungen vergleichbare Gini-Koeffizienten wie empirische Siegverteilungen.

Ein Problem in diesem Vergleich besteht darin, dass unterschiedliche Pareto-Verteilungen zum selben Gini-Koeffizienten führen können und somit dieser Analyseansatz keine genaue Aussage darüber zulässt, wie gut sich eine Pareto-Verteilung an empirische Siegverteilungen anpasst. Demgegenüber soll hier nun genau der Frage nach der Anpassung der Pareto-Verteilung an empirische Siegverteilungen nachgegangen werden. Das verspricht ein genaueres Bild von der Eignung dieses Modells.

---

[110] Siehe Powell (2003b), S. 73 ff.
[111] In Bezug auf die Darstellung in 4.11 gilt hier $\alpha = 1/\beta$.
[112] Vgl. hierzu auch das Beispiel in Abschnitt 4.2.2.1.
[113] Die Wahl der α-Werte lässt sich damit begründen, dass Pareto-Verteilungen in empirischen Untersuchungen meistens einen Exponenten im Bereich zwischen 1 und 1,5 aufweisen. So liegt für $\alpha = 1$ der Spezialfall der Zipf-Verteilung vor. Siehe Zipf (1949).

Tabelle 4.3: Anpassung der Pareto-Verteilung an empirische Siegverteilungen

Branche	ROS				ROA				ROE			
	SSE	c	α	R^2	SSE	c	α	R^2	SSE	c	α	R^2
Aerospace	7,02	6,80	0,93	0,89	3,19	9,79	1,35	0,97	10,76	4,84	0,72	0,73
Apparel	14,75	9,08	1,09	0,87	26,62	9,18	1,08	0,79	11,78	7,88	1,01	0,86
Beverages	23,01	12,92	1,40	0,89	2,71	15,90	2,04	0,99	3,23	11,26	1,34	0,98
Chemicals	5,44	3,39	0,56	0,69	6,89	4,92	0,74	0,81	4,69	6,07	0,89	0,90
Computers	17,74	10,08	1,16	0,87	8,70	8,78	1,09	0,91	8,72	5,55	0,81	0,81
Electronics	3,57	6,16	0,91	0,92	4,15	7,07	0,99	0,93	3,54	9,79	1,40	0,96
Food	2,00	11,03	1,38	0,98	9,99	6,91	0,95	0,85	3,03	6,00	0,91	0,93
Forest and Paper Products	6,36	6,59	0,91	0,89	13,13	7,06	0,93	0,82	9,62	4,79	0,72	0,75
Furniture	9,56	8,69	1,08	0,90	19,90	9,25	1,09	0,84	16,32	11,81	1,31	0,90
Industrial and Farm Equipment	6,54	6,65	0,93	0,89	3,12	12,83	1,69	0,98	5,32	4,59	0,72	0,82
Metals	7,02	6,80	0,93	0,89	8,81	3,97	0,63	0,68	5,00	3,67	0,60	0,75
Mining, Crude-Oil Production	5,00	3,67	0,60	0,75	2,53	8,08	1,12	0,96	2,57	9,04	1,20	0,97
Motor Vehicles and Parts	6,25	6,77	0,93	0,90	6,46	4,66	0,72	0,80	3,50	4,34	0,70	0,85
Petroleum Refining	8,38	7,77	1,00	0,89	3,79	6,41	0,93	0,92	12,19	4,15	0,64	0,64
Pharmaceuticals	15,54	8,16	1,01	0,84	12,71	6,95	0,92	0,82	14,35	8,03	1,01	0,84
Publishing, Printing	11,12	8,03	1,02	0,87	3,47	9,05	1,19	0,96	8,65	7,78	1,01	0,89
Scientific and Photographic Equipment	11,38	6,12	0,85	0,80	11,30	7,03	0,93	0,84	11,96	6,97	0,94	0,83
Textiles	6,36	6,59	0,91	0,89	4,89	7,40	1,00	0,93	5,14	8,25	1,08	0,94
Tobacco	25,14	10,32	1,16	0,83	14,75	9,08	1,09	0,87	12,21	12,62	1,40	0,93
Transportation Equipment	7,70	8,55	1,13	0,91	20,58	8,39	1,03	0,81	12,87	9,02	1,10	0,88
Durchschnitt	9,99	7,71	0,99	0,87	9,38	8,14	1,08	0,87	8,27	7,32	0,97	0,86
Standardabweichung	6,26	2,30	0,21	0,06	6,84	2,71	0,32	0,08	4,36	2,68	0,26	0,09

Die Anpassung der Pareto-Verteilung an die empirischen Siegverteilungen basiert hier auf der *Methode der kleinsten Quadrate*. Dazu werden in der Gleichung $S = cr^{-\alpha}$ Werte für die beiden Parameter c und α so bestimmt, dass die Summe der quadratischen Abweichungen zwischen Modell und tatsächlicher Siegverteilung ein Minimum annimmt. Die summierte quadratische Abweichung (SSE)[114] berechnet sich durch die Gleichung $SSE = \sum_{r=1}^{n}(E_r - P_r)^2$. Hierin bezeichnet E_r die beobachtete Anzahl der Siege des Unternehmens mit Rang r und $P_r = cr^{-\alpha}$ den entsprechenden Wert gemäß der Pareto-Verteilung.[115]

Tabelle 4.3 zeigt die Anpassung der Pareto-Verteilung an die empirischen Siegverteilungen für die drei Erfolgsmaße ROS, ROA und ROE. Dabei steht jeweils in der ersten Spalte die summierte quadratische Abweichung der besten Anpassung.[116] Weiterhin sind hier neben dem R^2 auch die Werte für die Parameter c und α der besten Anpassung aufgeführt. Durch den meist hohen Wert des Bestimmtheitsmaßes R^2 lässt sich erklären, weshalb die Pareto-Verteilung in der Studie von POWELL als geeignete Erklärung für die Verteilung von Siegen in Branchen identifiziert wurde. Insbesondere deutet die Nähe der gemittelten α-Werte zum Wert 1 auf den Spezialfall der Zipf-Verteilung hin.[117] Dabei lässt sich in jedem einzelnen Fall der Wert von α direkt als ein Maß für die Stärke der Dominanz interpretieren. So deutet ein hoher Wert auf eine starke Dominanz hin, da dann ein besonders ausgeprägtes Verhältnis zwischen den Anzahlen der Siege der einzelnen Unternehmen vorliegt. Dabei liegt es in der Natur der Sache, dass die Parameter c und α stark miteinander korrelieren. Darüber hinaus zeigt die Spalte SSE jedoch deutliche Unterschiede bei der Anpassung in

---

[114] Im Englischen: *sum of squares due to error.*

[115] n ist die Gesamtzahl der erzielbaren Siege, so dass maximal n Unternehmen einen Sieg erzielen können.

[116] Die quadratische Abweichung ist hier über die ersten 25 Ränge ermittelt worden, da in einer Branche maximal 25 verschiedene Unternehmen siegen können (perfekte Parität). Ein Problem bei der Anpassung der Pareto-Verteilung besteht darin, dass diese keine Vorhersage über die Anzahl der im Zeitintervall erfolgreichen Unternehmen trifft. Daher ist hier ein Wert für n vorzugeben. Dieser muss mindestens der tatsächlichen Anzahl erfolgreicher Unternehmen in einer Branche entsprechen und ist für $\alpha > 1$ nach oben unbeschränkt (vgl. Abschnitt 4.3.1). Demgegenüber liefern die weiteren hier auf Basis von Simulationen eingeführten Verteilungen der stochastischen Parität sowie des nachfolgend vorgestellten Fisher-Prozesses endogen einen höchsten Rang, bis zu dem die erwartete Anzahl der Siege über 0 liegt. Für die Pareto-Verteilung hat die Wahl des Wertes für n einen gewissen quantitativen Einfluss auf die Anpassung in dem Sinne, dass diese tendenziell für kleineres n besser wird. Jedoch zeigt sich auch bei Anlegen der Untergrenze für n insbesondere im anschließenden Vergleich, dass der Fisher-Prozess dennoch zu einer besseren Anpassung führt.

[117] Vgl. Powell (2003b), S. 66 ff. sowie auch Zipf (1949).

den verschiedenen Branchen. Ein Signifikanztest zur Überprüfung, ob die vorliegenden Siegverteilungen mit dem Modell der Pareto-Parität vereinbar sind, soll hier aber nicht angestrebt werden.[118] Vielmehr soll im weiteren Verlauf ein Vergleich in der Anpassung unterschiedlicher Modelle im Vordergrund stehen.

So zeigt Tabelle 4.4 den Vergleich zwischen der Pareto-Verteilung und dem im letzten Abschnitt diskutierten Modell der stochastischen Parität. Dabei zeigt sich in 46 von 60 betrachteten Fällen eine bessere Anpassung zugunsten der Pareto-Verteilung. Weiterhin weist diese auch im Durchschnitt die bessere Anpassung mit einem durchschnittlichen SSE von rund neun gegenüber 25 auf. Das allgemein bessere Abschneiden der Pareto-Verteilung überrascht hier nicht, da dieser zwei freie Parameter zugrunde liegen, für die die Anpassung optimiert worden ist. Jedoch zeigt die Pareto-Verteilung auch dann eine bessere Anpassung, wenn dieser fixe Parameter zugrunde gelegt werden. So liegt beispielsweise für $c = 8$ und $\alpha = 1$ in allen 60 Fällen der durchschnittliche Wert für den SSE bei 17.

Abbildung 4.15: Durchschnittliche Abweichungen zwischen der Pareto-Verteilung und empirischen Siegverteilungen

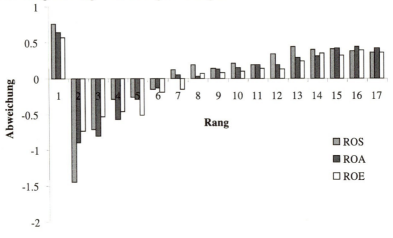

---

[118]   In seiner Studie über 20-jahrige Siegverteilungen kommt POWELL zu dem Ergebnis, dass die entsprechende Hypothese nicht verworfen werden kann. Siehe Powell (2003b), S. 79.

Tabelle 4.4: Anpassung des Modells der stochastischen Parität und der Pareto-Verteilung in einzelnen Branchen

Branche (SSE)	Stochastische Parität			Pareto-Verteilung		
	ROS	ROA	ROE	ROS	ROA	ROE
Aerospace	10,52	39,00	4,27	7,02	3,19	10,76
Apparel	29,97	42,51	16,74	14,75	26,62	11,78
Beverages	83,89	123,71	38,18	23,01	2,71	3,23
Chemicals	4,55	12,71	19,83	5,44	6,89	4,69
Computers	69,18	40,74	9,64	17,74	8,70	8,73
Electronics	16,71	26,66	57,65	3,57	4,15	3,54
Food	84,30	33,76	16,51	2,00	9,99	3,03
Forest and Paper Products	18,03	29,29	9,65	6,36	13,13	9,62
Furniture	3,98	6,72	18,45	9,56	19,90	16,32
Industrial and Farm Equipment	23,83	110,17	7,01	6,54	3,12	5,32
Metals	17,51	5,69	1,43	7,02	8,81	5,00
Mining, Crude-Oil Production	1,24	24,71	35,74	5,00	2,53	2,57
Motor Vehicles and Parts	18,19	4,26	1,34	6,25	6,46	3,50
Petroleum Refining	35,38	16,45	9,72	8,38	3,79	12,19
Pharmaceuticals	27,06	13,43	24,05	15,54	12,71	14,35
Publishing, Printing	21,20	26,22	17,27	11,12	3,47	8,65
Scientific and Photographic Equipment	12,38	18,19	19,15	11,38	11,30	11,96
Textiles	2,43	2,45	6,88	6,36	4,89	5,14
Tobacco	22,99	7,75	40,66	25,14	14,75	12,21
Transportation Equipment	11,47	30,65	19,82	7,70	20,58	12,87
Durchschnitt	25,74	30,75	18,70	9,99	9,38	8,27
Anzahl der besseren Anpassungen	5	5	4	15	15	16

Damit wird hier das Ergebnis von POWELL grundsätzlich bestätigt, dass die Pareto-Verteilung eine bessere Erklärung für Siegverteilungen in Branchen darstellt als die stochastische Parität.[119] Jedoch zeigt sich mit Blick auf Abbildung

---

[119] Vgl. Powell (2003b), S. 75 ff.

4.15 auch, dass der Anpassung der Pareto-Verteilung an empirische Siegverteilungen ein systematischer Fehler unterliegt.[120] So wird auf Basis der Pareto-Verteilung die Anzahl der Siege des erfolgreichsten Unternehmens in einer Branche systematisch überschätzt, während gleichzeitig die Anzahl der Siege der nachfolgenden Unternehmen (hier Rang 2 bis 6) systematisch unterschätzt und die Siege der hinteren Ränge wiederum überschätzt werden. Insgesamt ist also — insbesondere mit Blick auf das meist hohe R^2 — festzuhalten, dass die Pareto-Verteilung eine einigermaßen gute Erklärung für Siegverteilungen in Branchen liefert. Jedoch deutet der hier identifizierte systematische Fehler darauf hin, dass es auch Spielraum für bessere Erklärungen gibt. Durch diesen empirischen Befund motiviert sich die nachfolgende Untersuchung auf Basis der bereits in Abschnitt 4.3.2 eingeführten logarithmischen Verteilung von Fisher.

4.4.3. Der einfache Fisher-Prozess

In Anlehnung an die Überlegungen aus Abschnitt 4.3.2 zur Herleitung von Fishers logarithmischer Verteilung soll hier ein einfacher Prozess vorgestellt werden, durch den die Dynamik des Erzielens von Siegen in Branchen beschrieben wird. Dieser Prozess wird hier als Fisher-Prozess bezeichnet. Sei dazu zunächst eine hypothetische Branche betrachtet, in der Unternehmen Jahr für Jahr um den Sieg kämpfen, etwa in Bezug auf ein zugrunde liegendes Erfolgsmaß. Diese Siege werden über eine Periode von T Jahren (hier mit $T = 25$) nachgehalten und formen so eine Siegverteilung.

Die Verteilung der Siege zwischen den Unternehmen in der Branche wird durch die folgende Dynamik gesteuert, die auf der Vorstellung basiert, dass ein Zeitfenster mit einer Länge von T Perioden jährlich um eine Periode weiter geschoben wird (siehe Abbildung 4.16). Bei einer gegebenen Siegverteilung zwischen Unternehmen verliert dann jede Periode ein Unternehmen einen Sieg, während anschließend ein Unternehmen einen Sieg erzielt. Der Verlust eines Sieges erfolgt dabei naturgemäß am Ende des Zeitfensters. Im Beispiel verliert somit Unternehmen A, das vor $T = 25$ Perioden erfolgreich war, einen Sieg. Die anschließende Vergabe eines Sieges erfolgt dann nach der folgenden Regel: Für alle

---

[120]   Die Darstellung zeigt für jedes Erfolgsmaß die über alle Branchen aufsummierte Differenz zwischen der jeweils besten Anpassung einer Pareto-Verteilung und der empirischen Siegverteilung.

Abbildung 4.16: Zeitfenster mit $T = 25$

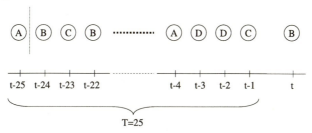

Unternehmen ist die Wahrscheinlichkeit, einen Sieg zu erzielen, proportional zu der Anzahl der bisherigen Siege im Zeitfenster (hier von $t-24$ bis $t-1$). Weiterhin besteht eine gewisse Wahrscheinlichkeit $0 \leq \nu \leq 1$, dass ein Unternehmen den Sieg erzielt, das bisher noch keinen Sieg innerhalb des Zeitfensters erzielt hat. Die nachfolgende Analyse wird zeigen, dass die Siegverteilung im Rahmen dieses Modells einzig und allein durch den Parameter ν gesteuert wird.

Sei also im vorliegenden Beispiel für die nach Erfolg sortierten Unternehmen angenommen, dass Unternehmen A 8 Siege im Zeitfenster $t - 25$ bis $t - 1$ erzielt hat, Unternehmen B 5 Siege, Unternehmen C 3 Siege und Unternehmen D 2, während sich die restlichen 7 Siege auf Unternehmen E bis H verteilen. Nach dem Verlust eines Sieges von Unternehmen A in Periode $t - 25$ lauten dann die Wahrscheinlichkeiten für das Erzielen des Sieges in Periode t für die Unternehmen A bis D: $P_A = (1 - \nu) \cdot \frac{7}{24}$, $P_B = (1 - \nu) \cdot \frac{5}{24}$, $P_C = (1 - \nu) \cdot \frac{3}{24}$ und $P_D = (1 - \nu) \cdot \frac{2}{24}$. Nimmt ν den Wert 0 an, dann kann nur eines der bereits erfolgreichen Unternehmen (hier A bis H) den Sieg in Periode t erzielen. Entsprechend ist bei $\nu = 1$ stets eines der Unternehmen ohne Siege im Zeitfenster erfolgreich.

Das Interesse gilt nun der Frage nach den zu erwartenden Siegverteilungen, die sich langfristig aus dieser Dynamik ergeben. Für die beiden Extremfälle $\nu = 0$ und $\nu = 1$ lässt sich hier eine einfache Antwort geben. So besteht bei mehr als zwei im Zeitfenster erfolgreichen Unternehmen für jedes dieser Unternehmen eine Wahrscheinlichkeit $P > 0$, langfristig alle Siege zu verlieren. Dies passiert, wenn es über einen gewissen Zeitraum weniger neue Siege erzielt als es verliert. Bei $\nu = 0$ erzielt auf der anderen Seite keines der bisher erfolglosen Unternehmen einen Sieg, so dass langfristig alle T Siege im Zeitfenster von einem Unternehmen gehalten werden. In Abhängigkeit von der Anfangsverteilung der Siege kann dies eine Weile dauern, die vollständige Dominanz durch ein Unternehmen stellt sich in diesem Fall langfristig jedoch stets ein. Entsprechend resultiert aus $\nu = 1$ eine Erfolgsverteilung gemäß der perfekten Parität, in der T unterschiedliche Unternehmen jeweils genau einen Sieg im Zeitfenster halten.[121] Diese Siegverteilung stellt sich unabhängig von der Anfangsverteilung nahezu unmittelbar (spätestens nach $T - 1$ Perioden) ein.

Für $0 < \nu < 1$ lassen sich die langfristig zu erwartenden Siegverteilungen nicht auf gleiche Weise direkt erkennen. Eine Orientierung liefert dabei die Nähe der hier beschriebenen Dynamik zu dem in Abschnitt 4.3.2 dargestellten Prozess, für den dort gezeigt wurde, dass er zu Fishers logarithmischer Verteilung führt. So unterscheiden sich beide Prozesse im Wesentlichen lediglich dahingehend, dass dort der Verlust eines Sieges ebenfalls stochastisch modelliert wurde mit einer Verlustwahrscheinlichkeit, die für alle Unternehmen proportional zur Anzahl ihrer Siege ist. Hier hingegen wird in jeder Periode der Verlust eines Sieges durch die Reihenfolge, in der die Siege erzielt worden sind, fest vorgegeben. In der vorliegenden Untersuchung liegt der Fokus jedoch auf der Bildung von Erwartungswerten über die jeweilige Anzahl der Siege der nach Erfolg sortierten Unternehmen. Dabei wird in beiden Fällen ein einmal erzielter Sieg im Durchschnitt nach T Perioden wieder verloren. Die erwartete Verlustrate ist daher in beiden Fällen gleich. Somit liegt die Vermutung nahe, dass auch beide Prozesse zu gleichen Siegverteilungen führen.[122]

Die erwarteten Siegverteilungen unter dem Modell des einfachen Fisher-Prozesses sind hier durch Computersimulationen in Abhängigkeit vom Parameter ν für Werte zwischen 0 und 1 in Schritten von 0,01 erzeugt worden. [123] Abbildung 4.17 zeigt anhand der Beispiele $\nu = 0,1$, $\nu = 0,2$ und $\nu = 0,3$ die Simulationsergebnisse. Auf der linken Seite finden sich die Häufigkeitsverteilungen. Diese geben jeweils die erwartete Anzahl der Unternehmen mit 1, 2, ... Siegen an. Dabei zeigt sich, dass die simulationsbasierte Häufigkeitsverteilung

---

[121] Vgl. zur perfekten Parität Abschnitt 4.2.2.1.
[122] Diese Vermutung bestätigt sich wie nachfolgend dargestellt durch den Vergleich von Fishers logarithmischer Verteilung mit der durch die Simulation des hier beschriebenen Prozesses erzeugten Siegverteilungen.
[123] Siehe Anhang B für eine Darstellung der Simulation. Der einfache Fisher-Prozess bildet dabei für $\gamma = 1$ einen Spezialfall des dort skizzierten allgemeineren Fisher-Prozesses.

Abbildung 4.17: Erwartete Siegverteilungen für unterschiedliche ν-Werte

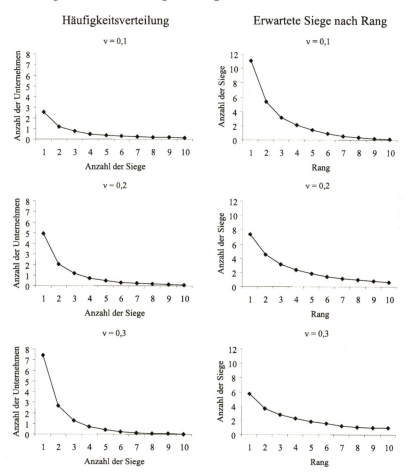

wie erwartet sehr genau Fishers logarithmischer Verteilung aus Gleichung 4.12 mit $x = 1 - \nu$ folgt.[124] Auf der rechten Seite sind jeweils die korrespondieren-

---

[124] Die durchschnittliche Abweichung zwischen Fishers logarithmischer Verteilung und der Verteilung auf Basis der Simulation des Fisher-Prozesses liegt bei etwa 0,03.

den Diagramme aufgeführt, die die erwartete Anzahl der Siege der nach Erfolg sortierten Unternehmen darstellen. Hier zeigt sich, dass — wie erwartet — ein niedriger Wert für ν mit einer hohen Dominanz einhergeht. Dies zeigt sich vor allem daran, dass jeweils ein hoher Anteil an den Gesamtsiegen auf sehr wenige Unternehmen entfällt.

Tabelle 4.5: Vergleich zwischen der Anpassung des Fisher-Prozesses und der Pareto-Verteilung

Branche (SSE)	Einfacher Fisher-Prozess			Pareto-Verteilung		
	ROS	ROA	ROE	ROS	ROA	ROE
Aerospace	2,02	8,96	5,66	7,02	3,19	10,76
Apparel	6,61	15,95	4,78	14,75	26,62	11,78
Beverages	14,30	7,54	0,97	23,01	2,71	3,23
Chemicals	2,91	2,39	2,56	5,44	6,89	4,69
Computers	8,33	2,86	3,68	17,74	8,70	8,72
Electronics	1,64	2,30	11,40	3,57	4,15	3,54
Food	3,24	5,82	2,24	2,00	9,99	3,03
Forest and Paper Products	1,56	6,22	5,19	6,36	13,13	9,62
Furniture	3,15	7,13	13,03	9,56	19,90	16,32
Industrial and Farm Equipment	2,86	9,59	1,57	6,54	3,12	5,32
Metals	2,02	5,23	1,90	7,02	8,81	5,00
Mining, Crude-Oil Production	1,90	4,22	3,79	5,00	2,53	2,57
Motor Vehicles and Parts	1,97	2,35	0,86	6,25	6,46	3,50
Petroleum Refining	2,40	2,04	7,55	8,38	3,79	12,19
Pharmaceuticals	6,98	6,12	6,77	15,54	12,71	14,35
Publishing, Printing	4,03	3,65	2,91	11,12	3,47	8,65
Scientific and Photographic Equipment	5,13	4,30	6,67	11,38	11,30	11,96
Textiles	1,56	1,34	2,23	6,36	4,89	5,14
Tobacco	14,34	6,61	5,25	25,14	14,75	12,21
Transportation Equipment	7,36	11,25	5,75	7,70	20,58	12,87
Durchschnitt	4,71	5,79	4,74	9,99	9,38	8,27
Anzahl der besseren Anpassungen	19	15	18	1	5	2

Der Vergleich der durch den einfachen Fisher-Prozess erzeugten Siegverteilungen mit der zuvor dargestellten Pareto-Verteilung wird in Tabelle 4.5 gezeigt. Die Grundlage hierfür ist wiederum die Minimierung der Summe der quadratischen Abweichungen zwischen Modell und empirischer Siegverteilung. Dabei ist hier für den Fisher-Prozess jeweils in Abhängigkeit von dem Parameter ν die Verteilung ausgewählt worden, welche die beste Anpassung an die empirischen Siegverteilungen liefert. Damit hängt hier die durch den Fisher-Prozess erzeugte Siegverteilung lediglich von einem freien Parameter ab, während die Pareto-Verteilung im vorherigen Abschnitt in Bezug auf zwei freie Parameter optimiert worden ist. Die Anpassung der jeweils erwarteten Siegverteilungen zeigt aber eine klare Tendenz zugunsten des Fisher-Prozesses. So zeigt dieser zum einen im Durchschnitt einen nur halb so großen quadratischen Fehler wie die Pareto-Verteilung und zum anderen liefert dieser in der deutlichen Mehrzahl der betrachteten Fälle (51 von 60) die bessere Anpassung. Darüber hinaus zeigt sich in Abbildung 4.18, dass der Fisher-Prozess im Durchschnitt über alle drei Erfolgsmaße einen deutlich weniger ausgeprägten systematischen Fehler in der Anpassung erzeugt als die Pareto-Verteilung.

Abbildung 4.18: Vergleich der gemittelten Abweichungen von Fisher-Prozess und Pareto-Verteilung gegenüber empirischen Siegverteilungen

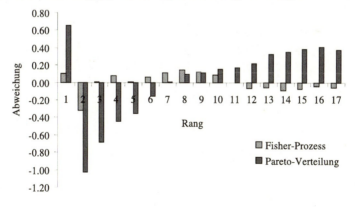

Neben der besseren Anpassung von Fishers logarithmischer Verteilung an empirische Siegverteilungen ist hier bereits die enge Verwandtschaft des Fisher-Prozesses zu dem Konzept der nachhaltigen Wettbewerbsvorteile angesprochen

worden. So lässt sich dieser wie folgt interpretieren: Indem Unternehmen siegen, bauen sie strategische Ressourcen auf, die ihre Erfolgsaussichten in Zukunft erhöhen. Dabei verhalten sich hier strategische Ressourcen additiv. Das bedeutet, dass die zukünftigen Erfolgschancen eines Unternehmens proportional mit dessen Erfolgen in den letzten T Perioden steigen. Das impliziert aber auch, dass hier strategische Ressourcen eine Wirkungsdauer von genau T Perioden haben, bevor sie verloren gehen.[125]

Die Bedeutung des Besitzes strategischer Ressourcen in einer Branche wird hier durch den Parameter ν bestimmt. Dieser gibt an, mit welcher Wahrscheinlichkeit Unternehmen ohne strategische Ressourcen einen Sieg erzielen können. Durch ν lässt sich somit ein Maß für die Nachhaltigkeit der Erfolgsunterschiede in einer Branche angeben. Da hier die erwartete Siegverteilung in einer Branche über den Zeitraum T durch ν eindeutig bestimmt wird, lässt die so vorgeschlagene Betrachtungsweise nicht nur eine Aussage über den Unterschied zwischen erfolgreichen und erfolglosen Unternehmen zu, sondern auch über den Unterschied zwischen den erfolgreichen Unternehmen. Insbesondere lässt der Wert von ν eine Aussage über die genaue Gestalt der gesamten Siegverteilung in einer Branche zu. Damit lässt sich der Parameter in direkte Beziehung zu den etablierten Konzepten zur Erklärung der Nachhaltigkeit von Erfolgsunterschieden wie Eintrittsbarrieren, Mobilitätsbarrieren oder Isolationsmechanismen setzen.[126]

In Tabelle 4.6 sind die Werte für ν aufgeführt, die jeweils die beste Anpassung an die empirischen Siegverteilungen liefern. Insgesamt zeigt sich in Bezug auf die drei zugrunde liegenden Erfolgsmaße eine ähnliche Verteilung der ν-Werte. So liegen zwei Drittel der Werte zwischen 0,1 und 0,3 und rund jeder Zweite ist kleiner als 0,2. Ausreißer sind selten bei einem Minimum von $\nu = 0,04$ und einer Gruppe hoher ν-Werte um 0,5. Im Rahmen des hier dargestellten Modells bedeutet ein ν von 0,2, dass im Durchschnitt alle 5 Jahre ein in den letzten 24 Jahren siegloses Unternehmen einen Sieg erzielt, so dass die hier erzielten Ergebnisse durchaus plausibel erscheinen. Die Korrelation zwischen den ν-Werten in Bezug auf die drei Erfolgsmaße ist dabei hier nicht besonders ausgeprägt, so dass in einer Branche, z. B. *Industrial and Farm Equipment,*

---

[125] Diese Annahme wird im nächsten Abschnitt durch die Einführung eines Diskontierungsfaktors variiert.

[126] In Abschnitt 4.5 wird genauer auf diese konzeptionelle Beziehung eingegangen.

Tabelle 4.6: ν-Werte beim einfachen Fisher-Prozess in einzelnen Branchen

Branche	ROS	ROA	ROE
Aerospace	0,25	0,14	0,36
Apparel	0,15	0,15	0,18
Beverages	0,08	0,04	0,10
Chemicals	0,53	0,36	0,32
Computers	0,13	0,16	0,32
Electronics	0,33	0,26	0,14
Food	0,11	0,23	0,35
Forest and Paper Products	0,25	0,23	0,36
Furniture	0,20	0,18	0,13
Industrial and Farm Equipment	0,26	0,07	0,40
Metals	0,25	0,43	0,52
Mining, Crude-Oil Production	0,52	0,21	0,17
Motor Vehicles and Parts	0,25	0,40	0,49
Petroleum Refining	0,20	0,30	0,39
Pharmaceuticals	0,18	0,23	0,18
Publishing, Printing	0,18	0,17	0,20
Scientific and Photographic Equipment	0,25	0,23	0,23
Textiles	0,25	0,23	0,19
Tobacco	0,12	0,15	0,08
Transportation Equipment	0,19	0,16	0,16
Durchschnitt	0,23	0,22	0,26
Standardabweichung	0,11	0,10	0,13
Minimum	0,08	0,04	0,08
Maximum	0,53	0,43	0,52

ν_{ROA} einen Wert von 0,07 annimmt, während gleichzeitig $\nu_{ROE} = 0,4$ gilt.[127]

Vor dem Hintergrund der hier dargestellten Ergebnisse liegt die Frage nach den Einflussfaktoren auf den Wettbewerb in einer Branche, durch die sich die

---

[127] Vgl. allgemeiner zum Zusammenhang zwischen unterschiedlichen Erfolgsmaßen Abschnitt 2.1.4.

ν-Werte erklären lassen, auf der Hand. Ebenfalls lässt sich hier untersuchen, ob es jeweils eine Erklärung für eine starke Abweichung zwischen Modellvorhersage und Empirie gibt. Denn bei den hier durch den Fisher-Prozess erzeugten Verteilungen handelt es sich um Gleichgewichte, so dass ein starkes Abweichen von diesen auf eine tatsächliche Störung des Wettbewerbs in einer Branche hindeuten kann. Im Rahmen dieser Arbeit soll aber der Fokus weiter auf der allgemeinen Modellentwicklung liegen. Daher soll hier zunächst der Einfluss eines Verfalls strategischer Ressourcen im Zeitverlauf auf Siegverteilungen untersucht werden.

4.4.4. Fisher-Prozess bei einem kontinuierlichen Verfall strategischer Ressourcen

Die Analyse der Bedeutung eines kontinuierlichen Verfalls strategischer Ressourcen erfolgt hier durch die Einführung eines Diskontierungsfaktors γ, durch den der Bestand an strategischen Ressourcen eines Unternehmens von einer Periode zur nächsten reduziert wird.[128] Diesem Ansatz liegt die Vorstellung zugrunde, dass die Bedeutung eines einmal erzielten Wettbewerbsvorteils im Zeitverlauf kontinuierlich abnimmt und dieser nicht wie im Ausgangsmodell über den gesamten Zeitraum konstant bleibt, bis er nach $T = 25$ Perioden vollständig seine Bedeutung verliert. Der Bestand an strategischen Ressourcen W_i von Unternehmen i berechnet sich dann durch die folgende Gleichung:

$$W_i = \gamma w_{i,-1} + \gamma^2 w_{i,-2} + ... + \gamma^{T-2} w_{i,-T+2} + \gamma^{T-1} w_{i,-T+1} \ . \qquad (4.15)$$

Darin nimmt $w_{i,t}$ den Wert 1 an, wenn Unternehmen i in Periode t einen Sieg erzielt hat, und ansonsten den Wert 0. Daneben nimmt der Diskontierungsfaktor γ Werte zwischen 0 und 1 an,[129] so dass hierdurch eine Abnahme der Bedeutung eines einmal erzielten Wettbewerbsvorteils von Periode zu Periode erfasst wird. Die Wahrscheinlichkeit, dass ein im Zeitfenster bereits erfolgreiches Unternehmen i den nächsten Sieg erzielt, ist dann proportional zu W_i.

---

[128]   Siehe hierzu auch Ijiri und Simon (1977), S. 195 ff. Hier wird ein ähnlicher Ansatz im Kontext des Wachstums von Unternehmen gewählt.

[129]   Ein Wert von $\gamma = 0$ wird hier so berücksichtigt, dass lediglich der in der letzten Periode erzielte Wettbewerbsvorteil noch eine Auswirkung auf die Siegchancen nimmt.

Darüber hinaus folgt diese Erweiterung der gleichen Dynamik wie der einfache Fisher-Prozess. Das heißt, mit einer Wahrscheinlichkeit ν erzielt eines der im Zeitfenster nicht erfolgreichen Unternehmen den nächsten Sieg. Die erwarteten Siegverteilungen unter dem hier beschriebenen Prozess sind erneut auf Basis von Simulationen erzeugt worden.[130] Dieses Modell ist somit eine Verallgemeinerung des einfachen Fisher-Prozesses, der hierin mit $\gamma = 1$ enthalten ist.

Abbildung 4.19: Erwartete Siegverteilungen für $\nu = 0,2$ bei unterschiedlichen γ-Werten

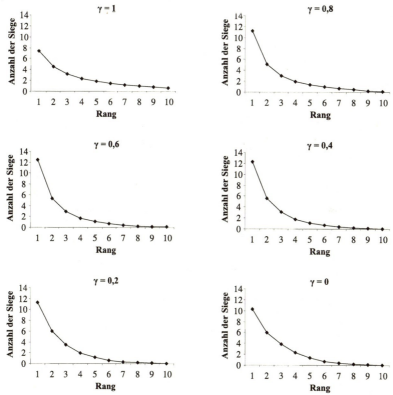

---

[130] Die Simulation der hier skizzierten Erweiterung des einfachen Fisher-Prozesses wird in Anhang B erläutert.

Abbildung 4.19 zeigt für $\nu = 0,2$ die Auswirkung einer Variation des Diskontierungsfaktors γ auf die Siegverteilung. Zu erkennen ist hier, dass mit sinkendem γ zunächst die Wettbewerbsdominanz zunimmt und ab einem Wert von $\gamma = 0,6$ wieder abnimmt.[131] Zur Charakterisierung dieser Entwicklung der Kurvenverläufe bedarf es zunächst einer Klärung der Bedeutung des Parameters γ für die Wettbewerbsdominanz in Branchen. Hier lassen sich zwei gegenläufige Effekte identifizieren. So führt ein schnellerer Verlust strategischer Ressourcen (niedrigeres γ) einerseits zu einer stärkeren Konzentration der Dominanz unter den aktuell erfolgreichen Unternehmen und in der Konsequenz zu einer stärkeren Erfolgsheterogenität zwischen diesen Unternehmen. Andererseits führt ein schnellerer Verlust strategischer Ressourcen zu einer kürzeren Verweildauer von Unternehmen in der Gruppe der Erfolgreichen, so dass dies über den gesamten Zeitraum T zu einer Abnahme der Wettbewerbsdominanz führt. Bei einer Abnahme von γ überwiegt zunächst der erste, anschließend der zweite Effekt. Daraus resultieren die anfängliche Zunahme sowie die anschließende Abnahme der Wettbewerbsdominanz in Abhängigkeit von γ.

Abbildung 4.20: Durchschnittliche Anpassung in Abhängigkeit von γ

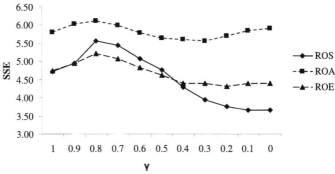

Tabelle 4.7 zeigt für γ-Werte zwischen 1 und 0 in Schritten von 0,1 jeweils die beste Anpassung in Bezug auf den ROS als zugrunde liegendes Erfolgsmaß.[132]

---

[131] So nimmt der Herfindahl-Index die Werte $H_{\gamma=1} = 0,17$, $H_{\gamma=0,6} = 0,32$ und $H_{\gamma=0} = 0,26$ an.

[132] Die entsprechenden Tabellen für den ROA sowie den ROE finden sich in Anhang C. Diese stützen die hier auf den ROS bezogenen generellen Aussagen.

Dabei ist hier die Anpassung wie im Fall des einfachen Fisher-Prozesses über den Parameter ν optimiert und anschließend anhand der durchschnittlichen Anpassung über alle Branchen auf Basis der aufsummierten quadratischen Abweichungen sowie anhand der Anzahl der Branchen verglichen worden, für die ein γ-Wert die beste Anpassung lieferte. Dabei zeigt sich für die Betrachtung der Durchschnitte, dass sich zunächst mit sinkendem γ die Anpassung verschlechtert und anschließend wieder verbessert. Die beste Anpassung in Bezug auf beide Kriterien liefern hier niedrige Werte für γ von 0,1 bzw. 0. Weiterhin wird die in Abbildung 4.19 angedeutete Zunahme der Wettbewerbsdominanz bei mittleren γ-Werten hier im Durchschnitt durch eine Zunahme des ν-Wertes der besten Anpassung ausgeglichen. Darüber hinaus nimmt mit sinkendem γ die Standardabweichung der besten Anpassungen zu, was darauf hindeutet, dass Siegverteilungen bei einem niedrigen γ-Wert in Abhängigkeit von ν stärker variieren und sich so jeweils besser an eine gegebene empirische Siegverteilung anpassen können.

Die Abhängigkeit der Anpassung vom Diskontierungsfaktor γ für die drei zugrunde gelegten Erfolgsmaße ROS, ROA und ROE lässt sich nun wie folgt zusammenfassen: Abbildung 4.20 zeigt die durchschnittliche aufsummierte quadratische Abweichung der besten Anpassungen und Tabelle 4.8 fasst die Anzahl der jeweils besten Anpassungen im Vergleich zu den anderen γ-Werten zusammen. Hier bestätigt sich die allgemein bessere Anpassung für niedrige Werte von γ (insbesondere 0,1 bzw 0).[133] Dies legt die Vermutung nahe, dass Wettbewerbsvorteile — wenn das hier vorgestellte Modell richtig ist — in den meisten Branchen sehr kurzlebig sind.

---

[133] Anzumerken ist hier, dass bei niedrigen γ-Werten die Mikrostruktur der Siegverteilungen zunehmend wichtiger wird. Für $\gamma = 0$ besitzt nur das in der letzten Periode erfolgreiche Unternehmen weiterhin strategische Ressourcen. Das heißt, dass mit einer Wahrscheinlichkeit von $1-\nu$ der Sieger der Vorperiode erneut erfolgreich ist, während ansonsten eines der anderen Unternehmen siegt. Durch diesen Prozess wird eine bestimmte Verteilung in der Abfolge von Siegen innerhalb der Zeitperiode T impliziert, mit der empirische Siegverteilungen nicht zwangsläufig verträglich sein müssen. Diese Analyse ist jedoch nicht mehr Gegenstand dieser Arbeit, da hier der Fokus lediglich auf der Analyse der gesamten Siegverteilung liegt.

Tabelle 4.7: Anpassung in Abhängigkeit vom Diskontierungsfaktor γ in einzelnen Branchen für den ROS

Branche (SSE)	1	0,9	0,8	0,7	0,6	0,5	0,4	0,3	0,2	0,1	0*
Aerospace	2,02	2,31	2,67	2,67	2,20	2,04	1,92	1,67	1,67	1,80	1,71
Apparel	6,61	7,35	8,52	8,48	7,65	6,82	5,85	5,01	4,49	3,85	4,20
Beverages	14,30	14,18	16,60	16,96	15,56	14,94	12,67	11,89	10,40	9,86	9,73
Chemicals	2,91	3,12	2,94	2,40	2,24	2,01	2,02	2,00	1,89	1,81	1,75
Computers	8,33	9,06	10,48	10,69	9,95	9,45	7,47	6,26	5,22	4,14	4,42
Electronics	1,64	1,47	1,37	1,49	1,56	1,77	1,91	2,04	2,44	2,90	2,99
Food	3,24	2,70	2,00	1,88	1,95	2,88	3,63	4,45	5,49	6,16	6,38
Forest and Paper Products	1,56	1,84	2,13	1,98	1,69	1,50	1,35	1,17	1,06	0,93	0,99
Furniture	3,15	3,34	4,01	3,77	3,53	3,13	2,89	2,52	2,43	2,22	2,09
Industrial and Farm Equipment	2,86	2,91	3,08	2,98	2,88	2,82	2,85	2,91	3,04	3,38	3,29
Metals	2,02	2,31	2,67	2,67	2,20	2,04	1,92	1,67	1,67	1,80	1,71
Mining, Crude-Oil Production	1,90	2,06	1,93	1,61	1,37	1,28	1,19	1,25	1,20	1,14	1,12
Motor Vehicles and Parts	1,97	2,09	2,33	2,27	2,08	2,06	1,99	1,92	2,06	2,51	2,43
Petroleum Refining	2,40	2,65	3,51	3,36	3,01	2,48	2,20	1,77	1,54	1,44	1,43
Pharmaceuticals	6,98	7,72	9,17	8,91	8,38	7,37	6,44	5,49	4,81	4,45	4,42
Publishing, Printing	4,03	4,33	5,61	5,22	4,97	4,16	3,66	3,19	2,92	2,77	2,82
Scientific and Photographic Equipment	5,13	5,74	6,43	5,89	5,53	4,94	4,51	4,01	3,64	2,85	3,00
Textiles	1,56	1,84	2,13	1,98	1,69	1,50	1,35	1,17	1,06	0,93	0,99
Tobacco	14,34	14,91	16,86	17,22	16,36	15,00	13,05	10,76	9,63	8,35	7,91
Transportation Equipment	7,36	6,86	6,68	6,42	6,67	6,92	7,07	7,69	8,62	9,89	9,87
Durchschnitt	4,71	4,94	5,56	5,44	5,07	4,76	4,30	3,94	3,76	3,66	3,66
Verteilung von ν											
Durchschnitt	0,23	0,31	0,37	0,42	0,42	0,43	0,43	0,43	0,42	0,40	0,40
Standardabweichung	0,12	0,13	0,13	0,14	0,14	0,15	0,15	0,16	0,17	0,18	0,18
Minimum	0,08	0,12	0,14	0,17	0,20	0,20	0,19	0,19	0,16	0,13	0,15
Maximum	0,53	0,62	0,68	0,74	0,76	0,80	0,77	0,81	0,84	0,84	0,81
Anzahl beste Anpassungen	0	0	1	2	0	0	0	1	2	6	7

* Diesem Fall liegt tatsächlich eine Simulation mit $\gamma = 0,02$ zugrunde, so dass jeweils nur der Sieg aus der Vorperiode Einfluss nimmt.

Abschließend zeigt Tabelle 4.9 die Korrelationen zwischen der Branchengröße in Bezug auf die durchschnittliche Anzahl sowie die Gesamtzahl verschiedener Unternehmen, dem Herfindahl-Index als Maß für das Bestehen von Wettbewerbsdominanz, den Parametern des Fisher-Prozesses mit kontinuierlichem Verfall strategischer Ressourcen sowie der dazugehörigen Modellanpassung. Dabei zeigt sich für alle drei zugrunde gelegten Erfolgsmaße ein ähnliches Ergebnis. Anzusprechen ist hier zunächst die negative Korrelation zwischen der Branchengröße und der Modellabweichung. Dies bedeutet, dass mit zunehmender Branchengröße auch mit einer Verbesserung der Anpassung zu rechnen ist. Bei sehr kleinen Branchen wie etwa *Furniture* besteht die Gefahr, dass die resultierende Siegverteilung wesentlich durch die Dynamik der Branchengröße bestimmt wird. Die negative Korrelation jedoch deutet an, dass die gute Anpassung des Fisher-Prozesses das Resultat der Wettbewerbsdynamik in einer Branche ist und weniger der Dynamik der Branchenzugehörigkeit. Denn in großen Branchen spielt die Dynamik in der Branchenzugehörigkeit eine geringere Rolle und hier zeigt sich auch die bessere Modellanpassung.

Tabelle 4.8: Anzahl bester Anpassungen in Abhängigkeit von γ

	γ										
	1	0,9	0,8	0,7	0,6	0,5	0,4	0,3	0,2	0,1	0
ROS	0	0	1	2	0	1	0	1	2	6	7
ROA	0	0	3	4	1	0	1	1	1	6	3
ROE	0	1	2	2	2	0	0	0	1	5	7
Summe	0	1	6	8	3	1	1	2	4	17	17

Weiterhin ist der leicht positive Zusammenhang zwischen der Branchengröße und dem Modellparameter ν nachvollziehbar, da es in einer größeren Branche auch mehr Unternehmen gibt, die einen Sieg erzielen können. Es ist hier aber auch darauf hinzuweisen, dass dieser Effekt ohne signifikanten Einfluss auf die Variation des ν-Wertes bleibt. Der ausgeprägte Zusammenhang zwischen dem Herfindahl-Index und dem ν-Wert ist darauf zurückzuführen, dass sich der Herfindahl-Index als Wahrscheinlichkeit dafür interpretieren lässt, dass ein Unternehmen in zwei aufeinander folgenden Jahren einen Sieg erzielt.[134]

Tabelle 4.9: Korrelationen

ROS		1	2	3	4	5	6	7
1	Anzahl der Unternehmen ($\varnothing$)	1,00						
2	Gesamtanzahl Unternehmen	0,94	1,00					
3	Herfindahl-Index	-0,30	-0,44	1,00				
4	p-Wert (Herfindahl-Index)	-0,49	-0,37	-0,21	1,00			
5	γ-Wert bei bester Anpassung	0,43	0,55	-0,11	-0,03	1,00		
6	ν-Wert bei bester Anpassung	0,25	0,41	-0,89	0,30	-0,04	1,00	
7	SSE*	-0,49	-0,49	0,80	-0,10	-0,10	-0,61	1,00

ROA		1	2	3	4	5	6	7
1	Anzahl der Unternehmen ($\varnothing$)	1,00						
2	Gesamtanzahl Unternehmen	0,94	1,00					
3	Herfindahl-Index	-0,38	-0,37	1,00				
4	p-Wert (Herfindahl-Index)	-0,46	-0,37	-0,01	1,00			
5	γ-Wert bei bester Anpassung	0,19	0,17	0,23	-0,42	1,00		
6	ν-Wert bei bester Anpassung	0,45	0,46	-0,86	0,03	-0,32	1,00	
7	SSE*	-0,21	-0,17	0,53	0,10	-0,16	-0,51	1,00

ROE		1	2	3	4	5	6	7
1	Anzahl der Unternehmen ($\varnothing$)	1,00						
2	Gesamtanzahl Unternehmen	0,94	1,00					
3	Herfindahl-Index	-0,65	-0,62	1,00				
4	p-Wert (Herfindahl-Index)	-0,11	0,01	-0,30	1,00			
5	γ-Wert bei bester Anpassung	0,26	0,30	-0,02	-0,11	1,00		
6	ν-Wert bei bester Anpassung	0,60	0,58	-0,92	0,42	-0,19	1,00	
7	SSE*	-0,11	-0,09	0,40	-0,21	-0,21	-0,39	1,00

* Dies bezieht sich auf den Fisher-Prozess bei kontinuierlichem Verfall strategischer Ressourcen.

4.4.5. Zusammenfassung und Interpretation der Ergebnisse

Die hier durchgeführte empirische Studie der Siegverteilungen in Branchen lässt sich anhand der folgenden Ergebnisse zusammenfassen:

---

[134] Vgl. Powell und Lloyd (2005), S. 391.

- Siegverteilungen in Branchen sind in rund 2/3 der betrachteten Fälle nicht mit dem Modell der stochastischen Parität zu vereinbaren. Das so identifizierte verbreitete Vorliegen von Wettbewerbsdominanz berechtigt die Auseinandersetzung mit möglichen Erklärungsansätzen.

- Die Pareto-Verteilung liefert gegenüber dem Modell der stochastischen Parität bereits eine deutliche Verbesserung in der Annäherung an empirische Siegverteilungen. Insbesondere gilt dies für die Fälle, in denen zuvor das Vorliegen von Wettbewerbsdominanz festgestellt worden ist.

- Jedoch weist die Pareto-Verteilung einen systematischen Fehler in der Anpassung auf, da die Anzahl der Siege des erfolgreichsten Unternehmens systematisch überschätzt und die Anzahl der Siege der nachfolgenden Unternehmen (hier Rang 2 bis 6) unterschätzt wird. Darüber hinaus fehlt für die Pareto-Verteilung im vorliegenden strategischen Kontext eine konzeptionelle Rechtfertigung.

- Der einfache Fisher-Prozess zeigt eine gegenüber der Pareto-Verteilung deutlich bessere Anpassung an empirische Siegverteilungen. Insbesondere zeigt sich hier kein ausgeprägter systematischer Fehler. Weiterhin lässt sich der zugrunde liegende Fisher-Prozess direkt in Verbindung zu einer Theorie der Nachhaltigkeit von Wettbewerbsvorteilen bringen.

- Die Erweiterung des Fisher-Prozesses um die Berücksichtigung eines kontinuierlichen Verfalls strategischer Ressourcen zeigt die beste Anpassung, wenn strategische Ressourcen nur sehr kurzlebig sind.

Die hier durchgeführte Analyse zeigt, dass der Fisher-Prozess eine wesentlich bessere Erklärung für empirische Siegverteilungen darstellt als die Pareto-Verteilung, die zuvor in der empirischen Studie von POWELL als passendste Verteilung identifiziert worden ist.[135] Das bedeutet jedoch nicht, dass Siegverteilungen tatsächlich der hier dargestellten Dynamik folgen müssen. Es existieren möglicherweise alternative Prozesse, die zur selben Verteilung führen,[136] oder andere Verteilungen, die sich besser an empirische Siegverteilungen anpassen. So liegt den hier vorgestellten Fisher-Prozessen die sehr spezielle Annahme zugrunde, dass der zukünftige Erfolg eines Unternehmens proportional

---

[135] Powell (2003b).
[136] Vgl. etwa Watterson (1974).

von dessen vorherigem Erfolg abhängt. Alternativ ist etwa eine Modellvariante denkbar, in der strategische Ressourcen einen nicht-additiven Charakter haben und alle zuvor siegreichen Unternehmen über dieselbe Siegwahrscheinlichkeit in der nächsten Periode verfügen.

Dennoch ist die ausgesprochen genaue Anpassung der hier auf Basis des Fisher-Prozesses erzeugten Siegverteilungen an empirische Daten durchaus bemerkenswert. Dies liegt zum einen daran, dass sich hier durch ein überaus einfaches Modell bereits eine sehr genaue Erwartung über Siegverteilungen in Branchen bilden lässt, während allgemein meist die Komplexität der Entstehung von Unternehmenserfolgen betont wird.[137] Zum anderen ist der hier gewählte Grundansatz prinzipiell mit der Vorstellung der Nachhaltigkeit von Wettbewerbsvorteilen verträglich, wie diese etwa im ressourcenorientierten Ansatz zugrunde gelegt wird.

Die hier durchgeführte Studie von Siegverteilungen in Branchen ist ein Einstieg in die allgemeine Analyse von Erfolgsverteilungen zwischen Unternehmen. Dabei werden hier Siegverteilungen zum einen deshalb zugrunde gelegt, um den Vergleich mit POWELLs vorherigen Ergebnissen zu ermöglichen.[138] Zum anderen eignen sich Siegverteilungen in besonderer Weise für die Einführung des Fisher-Prozesses zur Analyse von Erfolgsverteilungen. Hingegen lässt sich auch argumentieren, dass die Fokussierung auf Siegverteilungen nicht der tatsächlichen Erfolgsverteilung zwischen Unternehmen gerecht wird. So ist beispielsweise zu erwarten, dass *ceteris paribus* Unternehmen, die tendenziell riskantere Strategien verfolgen, häufiger siegen, da sie extremere finanzielle Ergebnisse erzielen. Ebenfalls wird durch das einfache Aufaddieren von Siegen aus den verschiedenen Perioden unterschlagen, dass Erfolgsunterschiede innerhalb einer Periode sehr unterschiedlich sein können. So kann der Sieg eines Unternehmens in einer Periode sehr knapp oder sehr deutlich ausfallen. Vor diesem Hintergrund gibt der nachfolgende Abschnitt einen Überblick über weitere Entwicklungsrichtungen für die Analyse von Erfolgsverteilungen zwischen Unternehmen. Darüber hinaus wird hier ein allgemeiner Bezugsrahmen für eine neutrale Theorie der Wettbewerbsdominanz vorgestellt.

---

[137] Siehe etwa March und Sutton (1997).
[138] Hier wird der Rückgriff auf Siegverteilungen vor allem mit der Vergleichbarkeit mit anderen Wettbewerbssituationen etwa in Sportwettkämpfen begründet. Siehe Powell (2003b), S. 63.

4.5. Bezugsrahmen für einen neutralen Ansatz in der Strategieforschung

Da sich das strategische Management, wie zu Beginn von Kapitel 2 dargestellt, vor allem durch seine praktische Nützlichkeit motiviert, ist die Frage nach der Relevanz des hier eingeschlagenen neutralen Ansatzes von zentraler Bedeutung. Dies gilt insbesondere deshalb, weil die Nützlichkeit eines neutralen Ansatzes im strategischen Management zunächst weniger klar ersichtlich ist als die traditioneller Erklärungsansätze, die bestimmte Unternehmensmerkmale in Verbindung mit dem überlegenen wirtschaftlichen Erfolg von Unternehmen bringen.

In diesem Abschnitt gilt es daher, einen allgemeinen Bezugsrahmen für die strategische Analyse vor dem Hintergrund einer neutralen Theorie vorzustellen, durch den auch der praktische Nutzen ersichtlich werden soll. Die Entwicklung folgt hier der generellen Struktur der in Abschnitt 2.4 zusammengefassten Strategieansätze des gegenwärtigen Paradigmas. Den Ausgangspunkt für einen Strategieansatz bildet dabei eine theoretische Kernaussage (siehe Tabelle 2.9), von deren empirischer Belastbarkeit die Nützlichkeit des darauf aufbauenden Bezugsrahmens wesentlich abhängt. So hängt die praktische Bedeutung von PORTERs Five-Forces-Bezugsrahmen davon ab, ob die Branchenstruktur tatsächlich Einfluss auf den wirtschaftlichen Erfolg nimmt.[139] Entsprechend bedarf BARNEYs VRIO-Bezugsrahmen der empirischen Bestätigung, dass die Ressourcenausstattung von Unternehmen tatsächlich ursächlich für deren wirtschaftlichen Erfolg ist.[140] Dabei ist in dieser Arbeit jedoch dargestellt worden, dass sich die empirische Bewertung beider theoretischer Kerne bestenfalls als uneinheitlich charakterisieren lässt.[141]

Der theoretische Kern in dem hier formulierten neutralen Ansatz besteht in der Grundposition, dass Erfolgsunterschiede zwischen Unternehmen bestimmten identifizierbaren Verteilungen folgen, die sich durch geeignete zugrunde liegende Prozesse erklären lassen.[142] Abbildung 4.21 stellt die beiden zentralen Argumentationsmuster des aktuell dominierenden Paradigmas (siehe Abschnitt

---

[139] Zu PORTERs Five-Forces-Bezugsrahmens siehe Abschnitt 2.2.2.3.
[140] Zum VRIO-Bezugsrahmen siehe Abschnitt 2.2.3.4.
[141] Siehe Abschnitt 2.3.2.
[142] Um dem möglichen Vorwurf einer tautologischen Argumentation in der hier entworfenen Theorie zuvorzukommen, bedarf es der Festlegung auf geeignete Wettbewerbsprozesse wie etwa den hier vorgestellten Fisher-Prozess.

Abbildung 4.21: Vergleich der Kernargumentation im aktuell dominierenden und im neutralen Ansatz

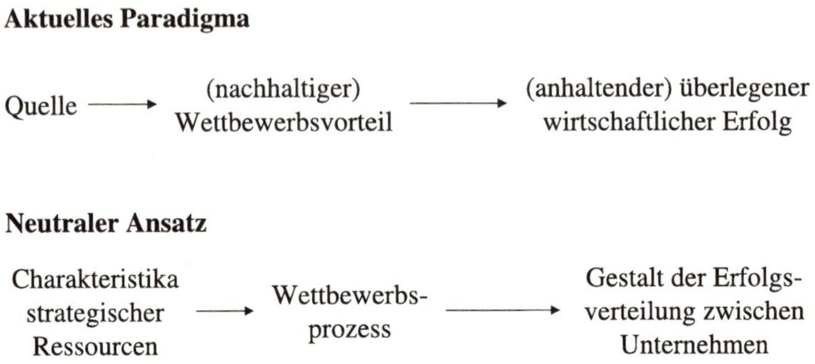

Aktuelles Paradigma

Quelle $\longrightarrow$ (nachhaltiger) Wettbewerbsvorteil $\longrightarrow$ (anhaltender) überlegener wirtschaftlicher Erfolg

Neutraler Ansatz

Charakteristika strategischer Ressourcen $\longrightarrow$ Wettbewerbsprozess $\longrightarrow$ Gestalt der Erfolgsverteilung zwischen Unternehmen

2.4) und des neutralen Ansatzes gegenüber. Die Analyse von Siegverteilungen im vorherigen Abschnitt stellt vor diesem Hintergrund einen ersten Schritt zur empirischen Bestätigung dieses theoretischen Kerns dar. Zur Erlangung eines differenzierteren Bildes des wirtschaftlichen Erfolgs in Branchen bedarf es jedoch der Berücksichtigung weiterer Erfolgsverteilungen. In den nachfolgenden Ausführungen werden hierfür Beispiele aufgeführt.

Die Voraussetzung für eine begründete Auseinandersetzung mit Erfolgsverteilungen ist — wie in Abschnitt 4.2.2 argumentiert — das Vorliegen von Wettbewerbsdominanz zwischen konkurrierenden Unternehmen. Diese ist in dieser Arbeit für den Fall von Siegverteilungen verbreitet nachgewiesen worden. Vor diesem Hintergrund zeigt Abbildung 4.22 den hier zu entwickelnden Bezugsrahmen für die strategische Analyse im Kontext einer neutralen Theorie der Wettbewerbsdominanz. Demnach sind Erfolgsverteilungen in Branchen das Ergebnis eines dynamischen Wettbewerbsprozesses, der durch die Charakteristika der strategischen Ressourcen in einer Branche bestimmt wird. Im Beispiel des hier diskutierten Fisher-Prozesses äußern sich diese Charakteristika in einem proportionalen Zusammenhang zwischen dem Bestand an strategischen Ressourcen und der Wahrscheinlichkeit für den nächsten Sieg sowie in der Siegwahrscheinlichkeit für bisher erfolglose Unternehmen.

Abbildung 4.22: Bezugsrahmen für eine neutrale Theorie der Wettbewerbsdominanz

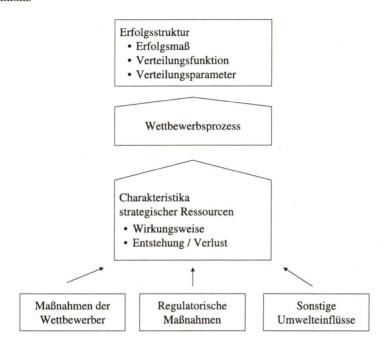

Die Charakteristika der strategischen Ressourcen hängen dann wiederum von unterschiedlichen Merkmalen des Wettbewerbsumfelds ab. Beispielsweise lassen sich diese in direkten Zusammenhang zu den im industrieökonomischen bzw. im ressourcenorientierten Ansatz diskutierten Konzepten der Eintritts- oder Mobilitätsbarrieren bzw. der Isolationsmechanismen bringen. Diese dienen dort zur Erklärung der Nachhaltigkeit von Erfolgsunterschieden. Der Parameter ν im Fisher-Prozess ist ein Maß für die Nachhaltigkeit, das hier nicht nur den Unterschied zwischen erfolgreichen und erfolglosen Unternehmen angibt, sondern darüber hinaus auch eine Aussage über die Unterschiede zwischen den erfolgreichen Unternehmen zulässt. Nachfolgend wird dargestellt, wie sich diese Konzepte unmittelbar in den Ansatz einer neutralen Theorie einbinden lassen und hier die Formulierung genauerer Vorhersagen als in ihrem ursprünglichen

Kontext ermöglichen.

Die Gestaltung von Erfolgsverteilungen lässt sich aus zwei Perspektiven betrachten. So liegt zum einen die Rolle regulatorischer Eingriffe in den Wettbewerbsprozess zur Erzeugung bestimmter erwünschter Erfolgsverteilungen auf der Hand. Beispielsweise werden durch die Gewährung langer Patentlaufzeiten einmal erzielte Vorteile stärker geschützt. Motiviert werden solche Eingriffe etwa durch den Wunsch nach einem effizienten oder fairen Wettbewerb. So verspricht ein neutraler Analyseansatz einen direkten Zugang zur Untersuchung der Einflüsse regulativer Eingriffe auf die Erfolgsverteilung zwischen Unternehmen. Zum anderen gilt es hier, die Rolle des strategischen Verhaltens von einzelnen Wettbewerbern im Rahmen einer neutralen Theorie zu diskutieren. Diese ist zunächst nicht direkt ersichtlich. Denn da hier Erfolgsverteilungen neutral, also ohne die Beachtung unternehmensspezifischer Merkmale, erklärt werden, lässt sich auch das strategische Verhalten einzelner Unternehmen nicht in direkte Verbindung zu ihrer Position innerhalb einer Erfolgsverteilung bringen. Vielmehr fließen hier die Handlungen von Wettbewerbern nur über ihren allgemeinen Einfluss auf die Charakteristika der strategischen Ressourcen in die Analyse mit ein. Dass dieser Ansatz tatsächlich verträglich mit regelmäßig in der Literatur diskutierten strategischen Maßnahmen von Unternehmen ist, wird hier anhand von Beispielen skizziert. Neben der Bedeutung regulatorischer Einflüsse sowie der Handlungen von Wettbewerbern liegt es auf der Hand, dass auch gewisse Umweltbedingungen relevant für die Wettbewerbsdynamik etwa in Branchen sind. Im Beispiel des Fisher-Prozesses ist etwa zu vermuten, dass ein schneller technologischer Wandel die Erfolgschancen bisher nicht erfolgreicher Unternehmen erhöht bzw. den Verfall einmal erzielter Wettbewerbsvorteile beschleunigt.

In den bisherigen Ausführungen in diesem Kapitel ist der Begriff der strategischen Ressource weitgehend naiv und im Sinne des ressourcenorientierten Ansatzes verwendet worden. Für die weiteren Überlegungen soll die folgende Präzisierung des Begriffs im Vordergrund stehen:

Als strategische Ressourcen werden hier alle Merkmale eines Unternehmens verstanden, die diesem in Bezug auf das zugrunde gelegte Erfolgsmaß einen Wettbewerbsvorteil in Form einer erhöhten Erfolgschance ermöglichen.

Wichtig ist bei diesem Verständnis die Abgrenzung zu dem des ressourcenorientierten Ansatzes. Der Unterschied begründet sich vor allem darin, dass hier die Benennung der strategischen Ressourcen nicht von Interesse ist. Es ist also unerheblich, ob diese etwa materiell oder immateriell sind, sich in Besitz eines Unternehmens befinden oder sich in dessen Beziehungen, Routinen oder Wissen begründen. Statt dessen liegt hier der Fokus auf der Identifikation der Charakteristika der strategischen Ressourcen, die bei erfolgreichen Unternehmen zur Erklärung der in einer Wettbewerbssituation vorliegenden Wettbewerbsdominanz angenommen werden. Damit trägt dieser Ansatz der Argumentation aus Kapitel 3 dahingehend Rechnung, dass inhaltlich keine Aussagen über die Beziehung zwischen einzelnen Unternehmensmerkmalen und dem Erfolg dieser Unternehmen impliziert werden, sondern lediglich über die Beziehung zwischen dem Vorhandensein strategischer Ressourcen und dem Erfolg von Unternehmen.

Nachfolgend gilt es, die einzelnen Elemente dieses allgemeinen Bezugsrahmens konkret anzusprechen.

4.5.1. Die Struktur von Erfolgsverteilungen

Ausgangspunkt für das Verständnis des Wettbewerbs zwischen konkurrierenden Unternehmen ist die Identifikation der daraus resultierenden Erfolgsverteilungen. Diese sind direkt beobachtbar und es gilt, die zugrunde liegenden Wettbewerbsprozesse[143] zu bestimmen, um so Einblicke in die Charakteristika der strategischen Ressourcen in einem gegebenen Wettbewerbskontext zu gewinnen. Die jeweiligen Parameterwerte in den einzelnen Wettbewerbskontexten geben Aufschluss über die besonderen Ausprägungen von Wettbewerbsvorteilen wie etwa deren Schutz durch Isolationsmechanismen.

4.5.1.1. Verteilungen und zugrunde liegende Wettbewerbsprozesse

In der empirischen Studie in dieser Arbeit ist am Beispiel der Siegverteilungen von Branchen auf Basis der Erfolgsmaße ROS, ROA und ROE der generel-

---

[143] Hierunter wird die Dynamik der Verteilung des wirtschaftlichen Erfolgs bzw. der strategischen Ressourcen in einem Wettbewerbskontext verstanden. Ein Beispiel für einen Wettbewerbsprozess ist etwa der Fisher-Prozess des letzten Abschnitts.

le Analyseansatz im Rahmen einer neutralen Theorie der Wettbewerbsdominanz dargestellt worden. Dabei ist hier mit dem einfachen Fisher-Prozess ein Wettbewerbsprozess untersucht worden, in dem zukünftige Erfolgschancen proportional von der Anzahl der Erfolge in den letzten T Vorperioden abhängen. Diesem Modell — ebenso wie der nachfolgenden Verallgemeinerung — liegt hier prinzipiell die Vorstellung zugrunde, dass die Basis eines Unternehmens an strategischen Ressourcen gleichzeitig mit dem Erzielen eines Erfolgs anwächst und nach einer gewissen Zeit wieder verloren geht. Darüber hinaus basiert der Fisher-Prozess auf der Annahme einer fixen Gesamtmenge strategischer Ressourcen in einer Branche. Dies ist jedoch nur eine Möglichkeit, Erfolgsverteilungen zwischen Unternehmen zu modellieren.

Für ein umfassendes Verständnis der Struktur der Erfolgsverteilung zwischen konkurrierenden Unternehmen ist eine Erweiterung des Analyserahmens anzustreben. Tabelle 4.10 zeigt Ansatzpunkte für mögliche Erweiterungen der hier durchgeführten Basisstudie. Neben der Berücksichtigung weiterer Erfolgsmaße (siehe Abschnitt 2.1.4) als Grundlage für die Bildung von Erfolgsverteilungen sind hier vor allem zwei Entwicklungsrichtungen von zentralem Interesse. Dies ist zum einen der Aspekt der Aggregation der wirtschaftlichen Erfolge in einzelnen Perioden zu einer gesamten Erfolgsverteilung über den zu untersuchenden Betrachtungshorizont. Zum anderen ist die Betrachtung alternativer Wettbewerbsprozesse zur Erklärung beobachteter Erfolgsverteilungen denkbar. Dabei wird in den Überlegungen in dieser Arbeit angenommen, dass die Wettbewerbsprozesse vollständig durch die Charakteristika der strategischen Ressourcen bestimmt werden.

Neben der ausschließlichen Fokussierung auf Siege lässt sich durch die Berücksichtigung weiterer Aggregationsmöglichkeiten ein vollständigeres Bild von der Struktur der Erfolgsverteilungen in Branchen gewinnen. So werden durch die Fokussierung auf den Sieger die restlichen Erfolgsunterschiede in einer Branche vernachlässigt. Insbesondere wird nicht zwischen Unternehmen unterschieden, die nicht siegreich sind. Ein Unternehmen, das regelmäßig den zweiten Rang innerhalb einer Periode belegt, gilt dabei also als erfolglos. Zur Erfassung dieser Unterschiede bieten sich unterschiedliche Ansätze an. So lässt sich Erfolg beispielsweise mit dem Erzielen eines überdurchschnittlichen Ergebnisses identifizieren. Dieses Kriterium wird in der Literatur häufig als Maßstab für

Tabelle 4.10: Ansatzpunkte für die Bestimmung der Erfolgsstruktur

Aggregationskriterium	• Anzahl der Siege • Anzahl der überdurchschnittlichen Ergebnisse • Berücksichtigung vollständiger Rangverteilungen • Berücksichtigung der Quantilzugehörigkeit • Kapitalwert der Gewinne
Charakteristika strategischer Ressourcen	Wirkungsweise • additive Erfolgswirkung • nicht-additive Erfolgswirkung Entstehung • in Verbindung mit wirtschaftlichem Erfolg • durch einen erfolgsunabhängigen Prozess Verlust • nach bestimmter Zeit • durch kontinuierlichen zeitlichen Verfall • jederzeit

die Überlegenheit eines wirtschaftlichen Erfolgs von Unternehmen angelegt.[144] Die Aggregation der so identifizierten Erfolge über einen bestimmten Zeitraum liefert dann ebenfalls eine Erfolgsverteilung, die auf Basis zugrunde liegender Wettbewerbsprozesse zu untersuchen ist.

Eine weitere Entwicklungsrichtung ausgehend von der Betrachtung von Siegverteilungen besteht in der Berücksichtigung vollständiger Rangordnungen innerhalb von Branchen. Auch lassen sich in dieser Rangordung Quantile mit dem Zweck identifizieren, für Unternehmen nachzuhalten, wie oft diese zu der Gruppe der führenden, der durchschnittlichen oder der unterdurchschnittlichen Unternehmen innerhalb einer Branche gehören. Darüber hinaus sind alternative Vorgehensweisen zur Aggregation der Erfolge verschiedener Perioden denkbar. So wird etwa bei dem hier zugrunde gelegten Aufaddieren von Siegen die Höhe

---

[144] Vgl. etwa Barney (1997), S. 33 oder Porter (1985), S. 11.

der Überlegenheit in einzelnen Perioden nicht weiter berücksichtigt. Alternativ ist eine Gewichtung der periodenbezogenen Erfolge, etwa anhand der jeweiligen Stärke der Überlegenheit, denkbar. Beispielsweise lassen sich die Gewinne aus den einzelnen Perioden auch durch die Bildung von Kapitalwerten aggregieren.

Die Berücksichtigung unterschiedlicher Erfolgsmaße und Aggregationsansätze ermöglicht die Erstellung von Erfolgsprofilen, die einen differenzierteren Einblick in die Wettbewerbsdynamik zwischen Unternehmen zulassen. So kann etwa die Siegverteilung in einer Branche durch eine hohe Fluktuation siegreicher Unternehmen geprägt sein, während hingegen die Gruppe der überdurchschnittlich erfolgreichen Unternehmen sehr stabil ist. In diesem Fall basieren die unterschiedlichen Erfolgsmaße auf unterschiedlichen Dynamiken, was auf unterschiedliche Ausprägungen der Charakteristika strategischer Ressourcen in Bezug auf die verschiedenen Erfolgsmaße schließen lässt.

Im Rahmen des hier verfolgten Modellierungsansatzes wird der übermäßige Erfolg einzelner Unternehmen auf den Besitz strategischer Ressourcen zurückgeführt, die diesen einen Wettbewerbsvorteil ermöglichen. Für die Art und Weise, wie die strategischen Ressourcen Einfluss auf die Verteilung wirtschaftlichen Erfolgs zwischen Unternehmen nehmen, sind unterschiedliche Mechanismen denkbar. Dabei lassen sich hier zwei prinzipielle Aspekte identifizieren, anhand derer diese zu unterscheiden sind.

Erstens ist für eine gegebene Verteilung strategischer Ressourcen die Frage nach deren Wirkungsweise für die Erzielung eines Erfolgs von Interesse. Im hier analysierten Fisher-Prozess wird angenommen, dass sich die Erfolgschancen eines Unternehmens proportional mit dem Bestand an strategischen Ressourcen erhöhen. Diese Annahme lässt sich einerseits mit Blick auf die daraus resultierende Siegverteilung gemäß Fishers logarithmischer Verteilung rechtfertigen und andererseits direkt in Verbindung mit dem allgemeinen konzeptionellen Grundverständnis im ressourcenorientierten Ansatz bringen.[145] Alternative Wirkungsweisen sind jedoch auch denkbar, etwa in der Form, dass alle Unternehmen, die über strategische Ressourcen verfügen, dieselbe Erfolgschance besitzen. Dem liegt die Vorstellung zugrunde, dass etwa in einer Branche eine für den Erfolg entscheidende Fähigkeit existiert, über die Unternehmen verfügen können, es darüber hinaus jedoch keine erfolgsrelevanten Unterschiede im Grad

---

[145] Vgl. Newbert (2007), S. 127.

der Beherrschung dieser Fähigkeit gibt.

Neben der Wirkungsweise strategischer Ressourcen ist zweitens die Frage nach deren Entstehung und Verlust von zentraler Bedeutung für den Wettbewerbsprozess. Hier ist bei der Entwicklung des einfachen Fisher-Prozesses zunächst angenommen worden, dass die Entstehung strategischer Ressourcen mit dem Erzielen eines Sieges zusammenfällt und dass der Verlust einer strategischen Ressource stets automatisch am Ende des Betrachtungszeitraums erfolgt. Anschließend ist das Modell um die Möglichkeit des zeitlichen Verfalls strategischer Ressourcen erweitert worden, in dem sich in jeder Periode der Bestand aller Unternehmen um einen gewissen Prozentsatz verringert. Dieser Erweiterung liegt die nahe liegende Vorstellung zugrunde, dass die Wirkung einmal erzielter Vorteile im Zeitverlauf abnimmt. Weitere Alternativen der Modellierung der Entstehung sowie des Verlusts strategischer Ressourcen umfassen etwa eine Loslösung des Prozesses der Ressourcenakkumulation von dem Prozess der Erzielung wirtschaftlicher Erfolge. So ist es etwa vorstellbar, dass sich der wirtschaftliche Erfolg aus dem Aufbau strategischer Ressourcen erst mit zeitlicher Verzögerung einstellt. Weiterhin ließe sich mit Blick auf das Phänomen des technologischen Wandels argumentieren, dass ein Zufallsprozess den Verlust strategischer Ressourcen in einer Branche steuert, der Unternehmen jederzeit treffen kann, wenn etwa dessen strategische Ressourcenbasis durch den technologischen Wandel obsolet wird.

Das Hauptaugenmerk in dieser Arbeit liegt auf der Untersuchung von Erfolgsverteilungen über einen bestimmten Zeitraum und der dadurch implizierten Frage nach der Nachhaltigkeit von Erfolgsunterschieden zwischen Unternehmen. Die Analyse der Erfolgsunterschiede innerhalb einer Periode ist hier nicht weiter thematisiert worden. Diese folgt jedoch prinzipiell derselben Logik. Es gilt demnach, zunächst eine vorliegende Erfolgsverteilung auf das Vorliegen von Wettbewerbsdominanz zu überprüfen — etwa durch den Vergleich mit erwarteten Verteilungen unter stochastischer Parität (vgl. Abschnitt 4.2.2) — und gegebenenfalls anschließend die Fälle von Wettbewerbsdominanz genauer zu erklären. Die Verbindung beider Perspektiven in Form einer gemeinsamen Erklärung für die Nachhaltigkeit von Erfolgsunterschieden über einen bestimmten Zeitraum sowie die Ausprägung der Erfolgsunterschiede innerhalb einzelner Perioden liegt auf der Hand.

Bei der Auswahl geeigneter Charakteristika strategischer Ressourcen für eine

Modellierung der Wettbewerbsdynamik zwischen Unternehmen ist eine gewisse Vorsicht geboten. So ist davon auszugehen, dass sich in einer empirischen Untersuchung einer Vielzahl alternativer Modelle einige davon als eine genauere Beschreibung tatsächlicher Erfolgsverteilungen erweisen als der hier diskutierte Fisher-Prozess. Insbesondere werden Modelle, die auf einer größeren Anzahl freier Parametern beruhen, nahezu immer eine bessere Anpassung zeigen. Wichtig ist daher, dass sich untersuchte Modelle auch konzeptionell begründen lassen, indem sie etwa auf etablierte Erklärungsansätze im strategischen Management zurückzuführen sind.

4.5.1.2. Parameter

Nach der Identifikation der prinzipiellen Charakteristika strategischer Ressourcen gilt das konkrete Interesse bei der Analyse des Wettbewerbs zwischen Unternehmen den jeweiligen Parameterausprägungen, die zur besten Anpassung an vorliegende Erfolgsverteilungen führen. Denn wenn der Wettbewerbsprozess geeignet durch das zugrunde gelegte Modell dargestellt wird, indem es eine genaue Anpassung an empirische Erfolgsverteilungen liefert sowie eine sinnvolle Interpretation im Kontext strategischer Managementtheorien zulässt, dann liefern die Parameterwerte einer Anpassung direkte Erkenntnisse über die jeweilige Ausprägung der strategischen Ressourcen in einem Wettbewerbskontext, etwa in einer Branche.

Im Fall des Fisher-Prozesses ist hier zunächst die Ausprägung des Parameters ν, also der Wahrscheinlichkeit, dass ein Unternehmen ohne strategische Ressourcen einen Sieg erzielt, untersucht worden. Dabei ist leicht zu erkennen, dass ν ein Maß für den Schutz strategischer Ressourcen und somit auch für die Nachhaltigkeit von Erfolgsunterschieden in einer Branche ist. In Branchen mit einem niedrigen ν-Wert verbleiben strategische Ressource länger bei Unternehmen, die bereits über Vorteile verfügen, während in Branchen mit einem hohen ν-Wert eine hohe Fluktuation unter den erfolgreichen Unternehmen vorherrscht. Weiterhin steht der erste Fall in Verbindung zu einer stärkeren Konzentration des Erfolgs auf wenige Unternehmen einer Branche. Die Erweiterung des Basismodells um die Möglichkeit des zeitlichen Verfalls — gemessen durch den Parameter γ — lässt hier darüber hinaus für den Fall von Siegverteilungen die Schlussfolgerung zu, dass in den meisten Branchen strategische Ressourcen tendenziell eher schnell an Wert verlieren.

Mit der Ausprägung des Schutzes sowie des zeitlichen Verfalls strategischer Ressourcen werden hier zwei Beispiele für zentrale Fragestellungen der strategischen Managementforschung gegeben, auf die sich im Rahmen einer neutralen Theorie der Wettbewerbsdominanz eine sehr genaue Antwort geben lässt. Eine vergleichbar einfache Erklärung der Beziehung zwischen den Erfolgsunterschieden in einer Branche und den Merkmalen strategischer Ressourcen hat beispielsweise der ressourcenorientierte Ansatz bisher nicht hervorgebracht.

Die Untersuchung von Erfolgsverteilungen in Branchen liefert somit ein Maß für die unterschiedlichen Merkmalsausprägungen der strategischen Ressourcen in einer Branche. Die strategische Analyse von Wettbewerbssituationen verlangt darüber hinaus jedoch weiterhin nach einer Erklärung der identifizierten Ausprägungen. Hier bietet sich in einem ersten Ansatz der Rückgriff auf die Vielzahl bekannter Konzepte des strategischen Managements an. So steht der ν-Wert in direkter Verbindung zu etablierten Konzepten wie den Eintritts- oder Mobilitätsbarrieren im industrieökonomischen sowie den Isolationsmechanismen im ressourcenorientierten Ansatz. Diese Verbindung gilt es nun genauer zu erläutern.

4.5.2. Einflussfaktoren auf den Wettbewerbsprozess

Die Identifikation von Bedingungen zur Sicherung der Nachhaltigkeit von Erfolgsunterschieden zwischen Unternehmen ist eines der zentralen Themen in der Strategieforschung. In Abschnitt 2.2.2.1 wurden allgemein diskutierte Eintrittsbarrieren genannt, in Abschnitt 2.2.2.2 Beispiele für Mobilitätsbarrieren dargestellt und in Abschnitt 2.2.3.4 erfolgte ein Überblick über Isolationsmechanismen. Konzeptionell gleichen sich diese dahingehend, dass durch sie erklärt werden soll, weshalb ein Ausgleich in den Merkmalen der erfolgreichen und der nicht erfolgreichen Unternehmen ausbleibt.[146]

Im hier entworfenen neutralen Ansatz findet sich ein entsprechender Mechanismus, durch den Unternehmen, die im Besitz strategischer Ressourcen sind, von den restlichen abgegrenzt werden. Dieser wird im Fall des Fisher-Prozesses

---

[146] Vgl. Rumelt (1984), S. 566.

für Siegverteilungen durch den Parameter ν gesteuert, der die Wahrscheinlichkeit für den Sieg eines Unternehmens ohne strategische Ressourcen angibt, da in diesem Beispiel die Entstehung strategischer Ressourcen mit dem Erzielen eines Sieges zusammenfällt. Allgemeiner werden hier Erfolgsverteilungen auf die Verteilung strategischer Ressourcen zwischen Unternehmen zurückgeführt. Da der Entstehung dieser Verteilung ein dynamisches Gleichgewichtskonzept zugrunde liegt, bedarf der Zugang zu strategischen Ressourcen eines gewissen Maßes an Offenheit gegenüber bisher nicht erfolgreichen Unternehmen, denn Unternehmen verlieren im Zeitverlauf strategische Ressourcen oder scheiden aus einer Branche aus. Empirisch beobachtete Erfolgsverteilungen sind dann nur erklärbar, wenn gleichzeitig auch bisher erfolglose Unternehmen strategische Ressourcen erlangen.[147] Das Ausmaß der Offenheit des Zugangs zu strategischen Ressourcen in einer Wettbewerbssituation lässt sich — wie hier am Beispiel des Fisher-Prozesses anhand des ν-Wertes gezeigt — aus der resultierenden Erfolgsverteilung ablesen.

Eine Begründung für die ermittelte Erfolgsverteilung ist damit jedoch noch nicht gegeben worden. Dazu bedarf es einer inhaltlichen Auseinandersetzung mit möglichen Faktoren, durch die die Wettbewerbsdynamik und die resultierende Erfolgsverteilung bestimmt werden. Allgemein gilt es dabei, strukturelle Ursachen für die Dynamik des Gewinns bzw. des Verlusts strategischer Ressourcen zu identifizieren. Im Gegensatz zur Logik etwa des ressourcenorientierten Ansatzes liegt hier der Fokus nicht auf unternehmensspezifischen Erklärungen, in denen der Gewinn oder Verlust der strategischen Ressourcen einzelner Unternehmen erklärt wird. Vielmehr gilt es hier, charakteristische Ursachen anzugeben, die typisch für den Gewinn und Verlust strategischer Ressourcen in einer Wettbewerbssituation sind. So kann etwa der Verlust auf einen Wandel in der Branchenumwelt zurückzuführen sein, durch den einmal erworbene strategische Ressourcen im Zeitablauf an Bedeutung verlieren. Ebenfalls ist es denkbar, dass einmal erworbene strategische Ressourcen durch ihre Ausnutzung oder durch Handlungen der Wettbewerber an Wert verlieren. Dies ist beispielsweise der Fall, wenn die Ausnutzung einer überlegenen Technologie Konkurrenten deren

---

[147] In Abschnitt 4.4.3 ist am Beispiel von Siegverteilungen argumentiert worden, dass ohne die Möglichkeit zum Erlangen strategischer Ressourcen für bisher erfolglose Unternehmen langfristig ein einziges Unternehmen den gesamten Erfolg in einer Branche auf sich vereint. Dies lässt sich jedoch nicht beobachten.

Imitation erleichtert.[148]

Beim Zugewinn strategischer Ressourcen ist zwischen Unternehmen zu unterscheiden, die bereits über strategische Ressourcen verfügen, und solchen, für die dies nicht der Fall ist. Für die erste Gruppe besteht der Gewinn in einem Ausbau der strategischen Ressourcenbasis. Dieser Mechanismus ist vereinbar mit den beiden grundsätzlichen Akkumulationsprozessen des ressourcenorientierten Ansatzes, der Fähigkeit zur Auswahl bzw. zum Aufbau strategischer Ressourcen.[149] Für die zweite Gruppe bedeutet der Gewinn den Eintritt in die Gruppe der Unternehmen mit Wettbewerbsvorteilen. Dieser wird begünstigt durch niedrige Barrieren, durch die die strategische Ressourcenbasis in einer Branche geschützt wird.

Abbildung 4.23: Potentielle Einflussfaktoren auf Erfolgsverteilungen

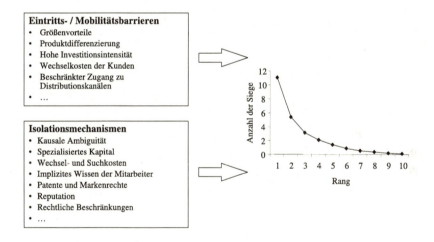

Merkmale zur Beschreibung der Schutzmechanismen für strategische Ressourcen gegen Angriffe bisher nicht erfolgreicher Unternehmen stellt die strategische Managementliteratur umfassend zur Verfügung. Abbildung 4.23 zeigt die bereits in Abschnitt 2.2 genannten Beispiele von Abgrenzungskriterien. Aufgrund

---

[148] Siehe etwa Pacheco-de Almeida und Zemsky (2006).
[149] Siehe S. 73 dieser Arbeit.

der inhaltlichen Verbindung sowohl zu den Konzepten der Eintritts- und Mobilitätsbarrieren als auch zu den Isolationsmechanismen ist hier zu erwarten, dass die dort identifizierten Merkmale in direktem Zusammenhang zu den hier identifizierten Erfolgsverteilungen stehen. Dies gilt insbesondere für die Beschreibung der Aufteilung der Erfolgschancen im zugrunde liegenden Prozess zwischen den Unternehmen, die im Besitz bzw. nicht im Besitz strategischer Ressourcen sind. Im Beispiel des hier diskutierten Fisher-Prozesses ist dies der Wert ν. Die genaue Analyse des hier angedeuteten Zusammenhangs ist ein logischer nächster Schritt in der Entwicklung einer neutralen Theorie der Wettbewerbsdominanz. Beispiele umfassen die Bedeutung des Vorliegens von Größenvorteilen in einer Branche oder das Bestehen kausaler Ambiguität in Bezug auf grundsätzliche Wirkungszusammenhänge für resultierende Erfolgsverteilungen. Für den Fisher-Prozess lässt sich beispielsweise vermuten, dass ausgeprägte Größenvorteile bzw. ein hoher Grad an kausaler Ambiguität einhergehen mit einem niedrigen ν-Wert in einer Branche.

Ein zentraler Vorteil in der hier verfolgten Analyse von Erfolgsverteilungen liegt dabei darin, dass auch Erfolgsunterschiede zwischen den erfolgreichen Unternehmen erklärt werden. Das Ausmaß der Heterogenität der strategischen Ressourcenausstattung sowie des wirtschaftlichen Erfolgs von Unternehmen ist hier also endogen. Im Vergleich hat im industrieökonomischen Ansatz das Unvermögen, Erfolgsunterschiede innerhalb einer Branche auf Basis von branchenbezogenen Merkmalen wie den Eintrittsbarrieren zu erklären, zur Fokussierung auf strategische Gruppen innerhalb einer Branche geführt, die durch Mobilitätsbarrieren getrennt sind. Entsprechend problematisch ist die Erklärung von Erfolgsunterschieden im ressourcenorientierten Ansatz, da hier das zu erklärende Ausmaß an Erfolgsheterogenität zuvor auf Ebene der Ressourcenausstattung angenommen wird. NEWBERT fasst dies folgendermaßen zusammen:[150]

> „Scholars employing a *resource heterogeneity approach* [...] quantify the amount of it possessed by a firm, and correlate this amount to some measure of competitive advantage or performance."

Vor diesem Hintergrund gilt es im nächsten Abschnitt, Ansatzpunkte für die Gestaltung von Erfolgsverteilungen zu identifizieren.

---

[150] Vgl. Newbert (2007), S. 127.

4.5.3. Zur Gestaltung von Erfolgsverteilungen

Mit Blick auf die Motivation zur Auseinandersetzung mit dem Gegenstandsbereich des strategischen Managements aufgrund der praktischen Notwendigkeit gilt es hier, die Nützlichkeit der Analyse von Erfolgsverteilungen zu begründen.[151] Im Gegensatz zum industrieökonomischen oder ressourcenorientierten Ansatz, die die spezifischen Merkmale von Unternehmen mit deren
wirtschaftlichen Erfolg in Verbindung bringen, ist hier der praktische Nutzen
für Unternehmer zunächst weniger offensichtlich. Dieser lässt sich aber durch
die folgende Überlegung begründen: Wenn Erfolgsverteilungen tatsächlich —
wie hier für das Beispiel von Siegverteilungen gezeigt — beschreibbare Formen
annehmen, die durch identifizierbare Wettbewerbsprozesse bestimmt werden,
dann muss durch den Eingriff auf den Wettbewerbsprozess auch die Möglichkeit zum Einwirken auf resultierende Erfolgsverteilungen bestehen. Genauer
bedeutet dies in der hier entwickelten Argumentationskette (siehe Abbildung
4.22), dass die Einflussfaktoren auf die Charakteristika strategischer Ressourcen
der Ansatzpunkt zum Einwirken auf Erfolgsverteilungen sind.

Die grundsätzliche Logik dieser Überlegungen soll hier für die beiden prinzipiellen Sichtweisen in Bezug auf das Einwirken auf Erfolgsverteilungen skizziert
werden. So sind aus regulatorischer Perspektive bestimmte Merkmale wie etwa die Fairness oder die Effizienz von Wettbewerbssituationen und den daraus
resultierenden Erfolgsverteilungen von Interesse.[152] Demgegenüber ist aus der
Perspektive eines einzelnen Unternehmens im Wettbewerb vor allem die Bedeutung des zugrunde liegenden Wettbewerbsprozesses für die eigene Position
im Wettbewerb von Interesse.

4.5.3.1. Regulatorische Perspektive

Die Gestaltung von Erfolgsverteilungen ist ein traditionelles Thema der wirt-
schaftspolitischen Diskussion, die sich sowohl in einer umfassenden Literatur als
auch einer Reihe von Eingriffen in den Wettbewerbsprozess niederschlägt.[153]

---

[151] Zum Selbstverständnis in der strategischen Managementforschung siehe S. 10 ff. dieser
Arbeit.

[152] Effizienz bezieht sich hierbei auf die Steigerung der gesamten Wertschöpfung etwa in
einer Branche. Verknappt also ein Monopolist künstlich sein Angebot, dann führt dies
— zumindest kurzfristig — zu Ineffizienzen. Vgl. Mas-Colell et al. (1995), S. 149 ff.

[153] Vgl. etwa Scherer (1980), insbesondere S. 491 ff.

Beispiele für solche Eingriffe umfassen etwa die Verhinderung von Kartellabsprachen, die Unterbindung der Ausnutzung von Marktmacht oder die Fusionskontrolle.[154] Das Bestreben zur Gestaltung von Erfolgsverteilungen lässt sich einerseits durch den Wunsch nach der Erzielung eines als fair empfundenen Grades an Unterschiedlichkeit im wirtschaftlichen Erfolg von Unternehmen zurückführen.[155] Andererseits werden Eingriffe durch eine umfassende volkswirtschaftliche Literatur begründet, aufgrund derer ein Bezug zwischen der Unterschiedlichkeit im wirtschaftlichen Erfolg von Wettbewerbern und der gesamtwirtschaftlichen Wohlfahrt hergestellt wird.[156] Dabei liegen unterschiedliche Interpretationen des wohlfahrtsmaximierenden Grades an Erfolgsheterogenität vor. In der traditionellen industrieökonomischen Perspektive gilt eine ausgeprägte Ungleichheit im wirtschaftlichen Erfolg von Unternehmen als Indiz für die Ausnutzung von Marktmacht.[157] Diese schlägt sich in Form einer künstlichen Angebotsverknappung zur Erzielung von Monopolrenten durch einige Unternehmen auf Kosten der Gesamtwohlfahrt nieder. Daher wird aus dieser Perspektive mit Blick auf die effiziente Ressourcenallokation ein niedriger Grad an Erfolgsheterogenität präferiert.[158] Demgegenüber ist aus Sicht der Österreichischen Schule ein gewisser Grad an Erfolgsheterogenität zwischen konkurrierenden Unternehmen durchaus erstrebenswert.[159] So fungiert hier der überlegene wirtschaftliche Erfolg eines Unternehmens als Belohnung für dessen erfolgreiches unternehmerisches Handeln.[160] Insbesondere wird hier argumentiert, dass die Möglichkeit zu einem überlegenen wirtschaftlichen Erfolg eine wichtige Motivation für die Innovationsbestrebungen von Unternehmen ist.

Eine neutrale Theorie der Wettbewerbsdominanz stellt an dieser Stelle zunächst einen natürlichen Bezugsrahmen zur Analyse des Einflusses regulatorischer Eingriffe auf resultierende Erfolgsverteilungen zur Verfügung. Denn genau dieser Zusammenhang zwischen den Einflüssen auf den Wettbewerbsprozess und der resultierenden Erfolgsverteilung wird hier thematisiert. Dieser Ansatz verspricht somit eine genauere Vorhersage der Auswirkungen bestimmter Eingriffe

---

[154] Vgl. Fritsch et al. (1999), S. 234 ff.
[155] Vgl. Kahneman et al. (1986a, b).
[156] Vgl. Scherer (1980), S. 3 f.
[157] Vgl. etwa Scherer (1980), S. 12 ff.
[158] Vgl. Scherer (1980), S. 3 ff.
[159] Siehe Abschnitt 2.2.4 sowie insbesondere Schumpeter (1934).
[160] Vergleichbare Argumentationsansätze zur Gestaltung von Anreizsystemen innerhalb von Organisationen finden sich im Kontext der Turniertheorie. Vgl. hierzu etwa Lazear und Rosen (1981) sowie Becker und Huselid (1992).

sowie eine Einschätzung der Realisierbarkeit regulatorischer Ziele in Bezug auf die Gestaltung von Erfolgsverteilungen. So ist vor dem Hintergrund der Analyse in Abschnitt 4.4 zu vermuten, dass etwa das Ziel einer perfekten Parität nur durch Sanktionierung zuvor erfolgreicher Unternehmen zu erreichen ist. Insbesondere zeigt sich, dass jemand, der eine Verteilung gemäß dem Modell der stochastischen Parität als fair empfindet, durchaus eine gewisse Ungleichheit in der Erfolgsverteilung zwischen Unternehmen akzeptieren muss. Schließlich ermöglicht die hier gewählte (neutrale) Darstellung von Erfolgsverteilungen den Vergleich sehr unterschiedlicher Wettbewerbssituationen, etwa in Sport, Politik, Biologie oder Wirtschaft. Vor allem das Studium vergleichbarer Wettbewerbssituationen verspricht dann die Bildung besserer Erwartungen über die Auswirkungen regulativer Eingriffe.

4.5.3.2. Unternehmensperspektive

Die Implikationen einer neutralen Theorie der Wettbewerbsdominanz für das strategische Management von Unternehmen sind weniger direkt als etwa im Fall einer ressourcenorientierten Analyse. So wird hier insbesondere nicht versucht, das strategische Verhalten eines Unternehmens mit dessen Erfolg in Verbindung zu bringen. Dabei wird keineswegs ausgeschlossen, dass die strategischen Maßnahmen von Unternehmen direkten Einfluss auf deren wirtschaftlichen Erfolg nehmen können. Die Analyse in Kapitel 3 deutet jedoch darauf hin, dass sich über diese Beziehung nicht sinnvoll sprechen lässt.

Hier richtet sich der Fokus auf die Analyse von Erfolgsverteilungen, die diese erzeugende Wettbewerbsdynamik sowie die zugrunde liegenden Einflussfaktoren. In Bezug auf den Beitrag für das strategische Management ergeben sich somit zwei Ansatzpunkte. Zum einen wird der hier entworfene Bezugsrahmen zur Analyse von Wettbewerbskontexten — etwa von Branchen — bereitgestellt. Damit lässt sich der hier verfolgte Ansatz in die Tradition von PORTERs Branchenstrukturanalyse einordnen.[161] Durch die Thematisierung des Zusammenhangs zwischen Wettbewerbsdynamik und der daraus resultierenden Erfolgsverteilung liefert der neutrale Ansatz einen Beitrag zu bisherigen Konzepten der Branchenstrukturanalyse. Zum anderen lassen sich aber auch im Rahmen

---

[161]   Zu PORTERs Ansatz siehe Abschnitt 2.2.2.3.

dieses Analyseansatzes die Auswirkungen strategischer Maßnahmen von Unternehmen auf Erfolgsverteilungen untersuchen. Während also ein neutraler Analyseansatz keine Aussage über die Beziehung zwischen der Strategie und dem wirtschaftlichem Erfolg eines Unternehmens vorsieht, ermöglicht dieser doch die Analyse der Beziehung zwischen Strategie und Erfolgsverteilung.

Dabei ergibt sich zunächst ein logisches Problem aus der Argumentationsweise des neutralen Erklärungsansatzes. Strategische Maßnahmen einzelner Unternehmen haben für den wirtschaftlichen Erfolg aller Wettbewerber die gleichen Konsequenzen. Im Rahmen der neutralen Analyse werden also nur solche unternehmerischen Maßnahmen thematisiert, die allgemein auf den Wettbewerb Einfluss nehmen. Die beiden nachfolgenden Beispiele sollen für den Fall der Nachhaltigkeit von Erfolgsunterschieden aufzeigen, dass tatsächlich allgemein diskutierte Begründungen der hier skizzierten Logik des neutralen Erklärungsansatzes folgen.

Ein in der Literatur regelmäßig thematisiertes Beispiel zur Sicherung der Nachhaltigkeit von bestehenden Erfolgsunterschieden ist der Aufbau von Überkapazitäten. So wird argumentiert, dass Unternehmen in einer profitablen Branche potentielle Wettbewerber dadurch abschrecken, dass sie übermäßige Kapazitäten vorhalten, um so bei einem neuen Markteintritt kurzfristig durch eine Angebotserhöhung den Preis soweit zu senken, dass ein profitabler Markteintritt nicht möglich ist.[162] Für die abschreckende Wirkung der Überkapazität spielt es dabei in diesem Beispiel keine Rolle, welches der Unternehmen diese aufbaut, da lediglich die Gesamtmenge relevant ist. Das bedeutet, dass in Bezug auf den Aufbau von Überkapazitäten die Maßnahmen einzelner Unternehmen für alle Wettbewerber die gleiche Konsequenz haben.[163]

Das zweite Beispiel bezieht sich auf das im Rahmen des ressourcenorientierten Ansatzes viel diskutierte Konstrukt der kausalen Ambiguität.[164] Dabei wird kausale Ambiguität definiert als ein unvollständiges Verständnis der Ursachen für den Erfolg von Unternehmen.[165] Essentiell für die Argumentation im strategischen Management ist dann, dass die Erfolgsursachen weder dem erfolg-

---

[162] Siehe Wenders (1971) sowie Spence (1977).
[163] Für die Koordination der Beiträge der einzelnen Unternehmen zum Aufbau der Überkapazität hält die Spieltheorie eine umfassende Literatur bereit. Siehe hierzu etwa Friedman (1971) oder Benoit und Krishna (1987).
[164] Siehe hierzu Abschnitt 2.2.3.6.
[165] Siehe hierzu Lippman und Rumelt (1982) sowie Abschnitt 2.2.3.6.

reichen Unternehmen bekannt sind noch dessen Wettbewerbern.[166] Denn ansonsten könnten sich die Wettbewerber etwa durch das Abwerben einzelner Mitarbeiter in Schlüsselpositionen den Zugang zu den jeweiligen Erfolgsquellen verschaffen. Das Bestehen von kausaler Ambiguität hängt demnach davon ab, dass niemand die Erfolgsursachen kennt. Das bedeutet also, dass in der Logik der allgemein geführten Diskussion zum Konzept der kausalen Ambiguität das Aufdecken der Erfolgsursachen durch ein einzelnes Unternehmen für alle Wettbewerber die gleiche Konsequenz hat.

Die beiden Beispiele deuten an, dass gegenwärtig im strategischen Management diskutierte Konzepte zur Erklärung der Nachhaltigkeit von Erfolgsunterschieden mit der Argumentationslogik des hier entworfenen Ansatzes einer neutralen Theorie der Wettbewerbsdominanz vereinbar sind. Die Motivation einzelner Unternehmen zur Einwirkung auf den Wettbewerbsprozess und damit die resultierende Erfolgsverteilung hängt dabei von ihrer aktuellen Erfolgsposition ab. Mit Blick auf den hier diskutierten Fisher-Prozess lässt sich einfach argumentieren, dass bisher erfolgreiche Unternehmen typischerweise auf eine stärkere Beschränkung des Zugangs zu strategischen Ressourcen — in Form eines niedrigen ν-Wertes — hinwirken, etwa durch den Aufbau von Überkapazitäten. Demgegenüber erhöhen bisher nicht erfolgreiche Unternehmen ihre zukünftigen Erfolgsaussichten, indem sie eine Überwindung bisheriger Zugangsbeschränkungen zu strategischen Ressourcen — etwa durch die Aufdeckung kausaler Ambiguitäten — anstreben. An dieser Stelle kann eine konzeptionelle Brücke zum traditionellen mikroökonomischen Rationalitätskalkül geschlagen werden, der in den bisherigen Ausführungen zur neutralen Theorie der Wettbewerbsdominanz nicht thematisiert worden ist.[167] So lässt sich etwa im Beispiel des Fisher-Prozesses in einem nächsten Analyseschritt die Wechselwirkung zwischen der Verteilung strategischer Ressourcen, dem Parameter ν und dem strategischen Verhalten von rational handelnden Wettbewerbern untersuchen.

---

[166] Vgl. Powell et al. (2006), S. 175.
[167] Dies unterscheidet den Ansatz hier grundsätzlich von den auf Markt- und Preistheorien basierenden Konzepten des industrieökonomischen bzw. ressourcenorientierten Ansatzes. Siehe hierzu auch die Ausführungen im nächsten Abschnitt.

4.6. Plädoyer für eine neutrale Theorie strategischen Managements

Ziel der strategischen Managementforschung ist die Erklärung der Erfolgsunterschiede zwischen Unternehmen. Dabei ist in Kapitel 3 gezeigt worden, dass aktuelle Argumentationsansätze bei der Verfolgung dieses Ziels an bestimmte logische Grenzen stoßen. Als ursächlich für das dort identifizierte Problem der exogenen Determination der Erfolgsunterschiede lässt sich mitunter das mikroökonomische Fundament gegenwärtiger Strategieansätze identifizieren. Dieses findet sich im industrieökonomischen Ansatz in der Fokussierung auf wettbewerbsbeschränkte Märkte und im ressourcenorientierten Ansatz in der Analyse unvollständiger Faktormärkte sowie preistheoretischer Überlegungen zur Bestimmung des Ressourcenwertes.[168]

Die Eignung der mikroökonomischen Fundierung einer Strategietheorie gestaltet sich deshalb schwierig, weil der dieser zugrunde gelegte *Homo oeconomicus* als rationaler und nutzenmaximierender Akteur endogen keine Erfolgsheterogenität zwischen konkurrierenden Unternehmen hervorbringt. Dieser löst lediglich reine Optimierungsprobleme, so dass sein strategisches Verhalten eine einfache Funktion der exogen vorgegebenen Rahmenbedingungen und Optimierungsziele ist. Konzipiert für die Identifikation von Gleichgewichten unter gegebenen Rahmenbedingungen ist der mikroökonomische Kalkül somit nicht ohne weiteres dazu bestimmt, die Heterogenität im wirtschaftlichen Erfolg konkurrierender Unternehmen zu erklären.

Versuchen einer mikroökonomischen Begründung der Unterschiedlichkeit im wirtschaftlichen Erfolg von Unternehmen geht daher im strategischen Management stets die Annahme einer vorgegebenen Unterschiedlichkeit in den Voraussetzungen für die Unternehmen voraus. So ist vor allem im gegenwärtig dominierenden ressourcenorientierten Ansatz die resultierende Erfolgsverteilung eine direkte Folge der zuvor angenommenen Verteilung der strategischen Ressourcen zwischen Unternehmen. Aus diesem Grund wird hier argumentiert, dass im Rahmen mikroökonomisch fundierter Analysen im strategischen Management die Erfolgsheterogenität nicht erklärt, sondern lediglich auf eine *a priori* gegebene Heterogenität zurückgeführt wird. Die resultierende Erfolgsverteilung

---

[168]   Vgl. Abschnitt 2.2.

hängt dann etwa direkt von der Verteilung der strategischen Ressourcen ab, die jedoch exogen für den Begründungszusammenhang bleibt. Der mikroökonomische Optimierungskalkül reicht diese Ressourcenverteilung gewissermaßen lediglich an die Erfolgsverteilung durch. Von einer Kerntheorie des strategischen Managements muss jedoch erwartet werden, dass diese die Heterogenität im Erfolg von Unternehmen selbst hervorbringt.

Genau dies leistet die hier entwickelte neutrale Theorie der Wettbewerbsdominanz, in der die Verteilung des wirtschaftlichen Erfolgs und der strategischen Ressourcen zwischen Unternehmen das Ergebnis der zugrunde liegenden Wettbewerbsdynamik sind und nicht exogen vorgegeben werden. Darüber hinaus unterliegt dieser Ansatz nicht der in Kapitel 3 formulierten Kritik, da hier aufgrund der Neutralität des Ansatzes nicht versucht wird, Erfolgsquellen für Unternehmen zu identifizieren. Vor dem Hintergrund dieser Kritik relativiert sich auch die vordergründig mangelnde Relevanz eines neutralen Ansatzes, der nicht auf die Identifikation unternehmensspezifischer Erfolgsmerkmale abzielt. Daher erscheint der neutrale Ansatz zur Erklärung von Erfolgsverteilungen zwischen konkurrierenden Unternehmen als ein viel versprechender Kandidat für eine Kerntheorie im strategischen Management. Demgegenüber scheiden etwa die beiden von WILLIAMSON angesprochenen Kandidaten — die Transaktionskostentheorie ebenso wie die Spieltheorie — aus den oben genannten Gründen aus, wenn sich die strategische Managementforschung der Erklärung von Erfolgsunterschieden zwischen Unternehmen verschrieben hat.[169]

Die Fokussierung auf eine neutrale Kerntheorie bedeutet aber keineswegs eine Abkehr von mikroökonomischen Argumentationsansätzen in der strategischen Managementforschung. Das mikroökonomische Instrumentarium stellt auch im Rahmen einer neutralen Kerntheorie weiterhin ein ausgesprochen nützliches Werkzeug für das strategische Management zur Verfügung. Darauf deuten die Überlegungen im letzten Abschnitt zum strategischen Verhalten von Wettbewerbern im Kontext des Fisher-Prozesses hin. Darüber hinaus liegt die Einbindung von weiteren der in Kapitel 2 dargestellten Ansätze aus der aktuellen Strategieforschung in eine neutrale Kerntheorie ebenfalls auf der Hand. So ist hier argumentiert worden, dass die Wettbewerbsdynamik und damit auch die resultierende Erfolgsverteilung wesentlich durch die jeweiligen Rahmenbedin-

---

[169] Zu WILLIAMSONs Kandidaten für eine Kerntheorie im strategischen Management siehe Abschnitt 2.2.5.1.

gungen etwa in einer Branche beeinflusst werden. Diese Rahmenbedingungen lassen sich z.B. im Kontext einer transaktionskostentheoretischen oder neo-institutionalistischen Analyse identifizieren. Die Bedeutung der vor dem Hintergrund des industrieökonomischen bzw. des ressourcenorientierten Ansatzes diskutierten Konzepte zur Erklärung der Nachhaltigkeit von Erfolgsunterschieden im Rahmen einer neutralen Theorie ist hier ebenfalls bereits angesprochen worden. Damit stellt die in dieser Arbeit entwickelte neutrale Theorie der Wettbewerbsdominanz einen allgemeinen Kontext bereit, in dem sich der mögliche Beitrag dieser unterschiedlichen Ansätze für die Analyse im strategischen Management bewerten lässt.

5. Schlussbemerkungen

> *Although I am fully convinced of the truth of the views given to this volume ..., I by no means expect to convince experienced naturalists whose minds are stocked with a multitude of facts all viewed, during a long course of years, from a point of view directly opposite to mine.*
>
> CHARLES DARWIN (1889)

Ausgangspunkt der in dieser Arbeit formulierten Überlegungen war eine fundamentale Kritik an der gegenwärtigen Argumentationslogik zur Erklärung des unterschiedlichen wirtschaftlichen Erfolgs von Unternehmen. Vor dem Hintergrund allgemein akzeptierter Anforderungen an die Theoriebildung in empirischen Wissenschaften ist dabei insbesondere argumentiert worden, dass die Erklärung des überlegenen wirtschaftlichen Erfolgs von Unternehmen auf Basis unternehmensspezifischer Merkmale nicht möglich ist.

Die anschließend entwickelte neutrale Theorie der Wettbewerbsdominanz stellt dann einen Gegenentwurf zum aktuell vorherrschenden Forschungsansatz im strategischen Management dar und zeigt einen Ausweg aus der gegen die aktuelle Argumentationslogik formulierten Kritik. Dabei erklärt diese Theorie nicht, weshalb bestimmte Unternehmen einen überlegenen wirtschaftlichen Erfolg erzielen, sondern dass sich Erfolg in einer bestimmten Art und Weise auf Unternehmen verteilt. Der neutrale Ansatz ist hier dadurch gekennzeichnet, dass dieser unternehmensspezifische Merkmale ignoriert und Erfolgsunterschiede zwischen Unternehmen rein auf Basis der dem Wettbewerb zugrunde liegenden Dynamik erklärt. Der Untersuchungsfokus verschiebt sich dadurch vom einzelnen Unternehmen, das insbesondere durch das Aufkommen des ressourcenorientierten Ansatzes zuletzt verstärkt in den Vordergrund gerückt worden ist, hin zu den Merkmalen von Wettbewerbssituationen. In dem zu Beginn von Abschnitt 2.2 dargestellten Bild eines schwingenden Pendels im Fokus der Strategieforschung lässt sich der neutrale Ansatz damit tendenziell als eine erneute Bewegung in Richtung der externen Perspektive interpretieren.

Zwei Ziele sind hier in Bezug auf die Entwicklung einer neutralen Theorie der Wettbewerbsdominanz in den Vordergrund gestellt worden. Zum einen soll die Argumentation in Kapitel 3 die Notwendigkeit einer neutralen Analyse unterstreichen, durch die eine auf unternehmensspezifischen Merkmalen basierende Begründung von Erfolgsunterschieden in enge logische Grenzen verwiesen wird. Zum anderen dienen die Ausführungen in Kapitel 4 als Ausgangspunkt für die Entwicklung eines neuen Forschungsprogramms im strategischen Management. Dadurch liegt im Rahmen dieser Arbeit der Fokus weniger auf der vollständigen Durchdringung aller aufgeführten Aspekte, sondern vielmehr in der Bereitstellung des allgemeinen Argumentationsrahmens sowie der Identifikation zentraler Entwicklungsrichtungen für die weitere Analyse. Zusammenfassend lassen sich daher für die weitere Entwicklung einer neutralen Theorie der Wettbewerbsdominanz die folgenden zentralen Themen benennen:

- Betrachtung weiterer Erfolgsverteilung neben den hier analysierten Siegverteilungen,

- Vergleich mit alternativen Erklärungsmodellen zum Fisher-Prozess für vorliegende Erfolgsverteilungen,

- Identifikation der Einflussfaktoren auf die Wettbewerbsdynamik in Branchen,

- Implikationen für Unternehmensstrategien vor dem Hintergrund einer identifizierten Wettbewerbsdynamik,

- Ermittlung der aus regulatorischer Sicht wünschenswerten Erfolgsverteilungen,

- Charakterisierung der Erfolgsverteilungen innerhalb einer Periode sowie des Zusammenhangs zu den über mehrere Perioden aggregierten Erfolgsverteilungen.

Nach THOMAS KUHN wird regelmäßig zwischen zwei Formen der wissenschaftlichen Arbeit unterschieden: der *normalen Wissenschaft*[1], dem Lösen von Problemen im Rahmen eines etablierten Paradigmas und der *Revolution*, dem Aufbau eines neuen Paradigmas.[2] Mit Blick auf die hier formulierte Kritik am aktuellen Forschungsansatz und die anschließende Entwicklung eines neutralen Bezugsrahmens lässt sich die vorliegende Arbeit der zweiten Form zuordnen. Inwiefern sich die hier vorgestellte neutrale Sichtweise im strategischen Management durchsetzen kann, ist nicht leicht abzuschätzen. Einerseits deuten die Ausführungen in dieser Arbeit das Potential dieser Perspektive als Kerntheorie der Strategieforschung nachdrücklich an. Insbesondere sind dabei die logische Konsistenz des Ansatzes sowie dessen hier nachgewiesene Eignung zur Beschreibung empirischer Daten zu nennen. Andererseits ist aber zu erwarten, dass es für die Akzeptanz des Neutralitätsbegriffs in der strategischen Managementforschung, die sich zuletzt vor allem auf die zentrale Bedeutung der Einzigartigkeit verständigt hat, gewisser Überzeugungsarbeiten bedarf.

---

[1] Im Englischen: *normal science.*
[2] Siehe Kuhn (1996).

A. Empirische Siegverteilungen

Abbildung A.1: Siegverteilung auf Basis der Umsatzrendite (ROS) in 20 Branchen im Zeitraum von 1980 bis 2004

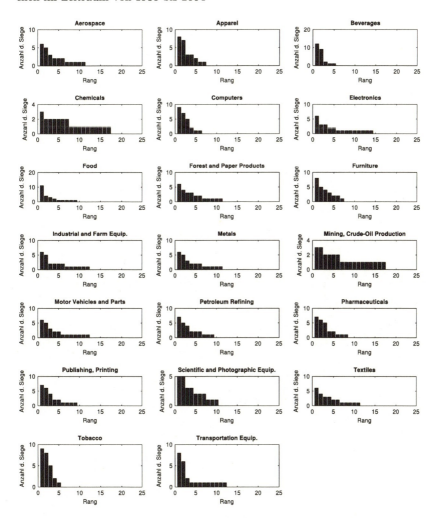

Datengrundlage: *Fortune 500.*

Abbildung A.2: Siegverteilung auf Basis der Gesamtkapitalrendite (ROA) in 20
Branchen im Zeitraum von 1980 bis 2004

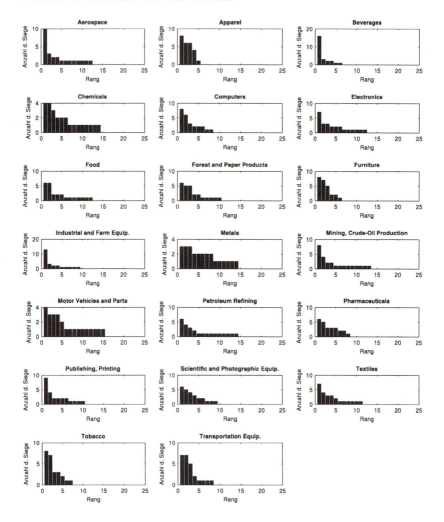

Datengrundlage: *Fortune 500.*

Abbildung A.3: Siegverteilung auf Basis der Eigenkapitalrendite (ROE) in 20
Branchen im Zeitraum von 1980 bis 2004

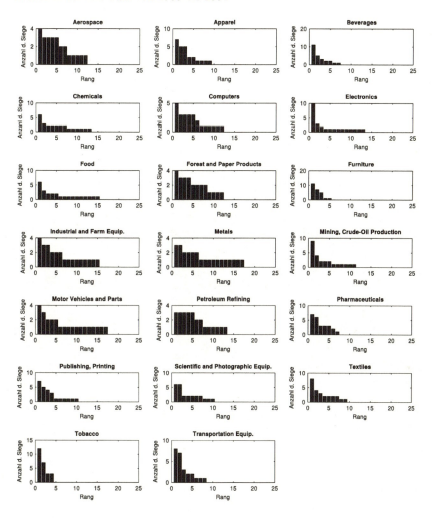

Datengrundlage: *Fortune 500.*

B. Simulation des Fisher-Prozesses

Die erwarteten Siegverteilungen unter der Dynamik des Fisher-Prozesses bei einem kontinuierlichen Verfall strategischer Ressourcen sind mithilfe von Computersimulationen in MATLAB ermittelt worden.

Die Grundlage für die Simulation bildete eine hypothetische Branche mit 50 Unternehmen. Dies entspricht dem Durchschnitt der in der empirischen Studie untersuchten Branchen (siehe Tabelle 4.1), wobei die Wahl der Branchengröße in einem gewissen Rahmen ohne nennenswerten Einfluss auf die resultierenden Siegverteilungen blieb. Die Historie der Siege in der hypothetischen Branche wurde durch die Variable $w_{i,t}$ aufgezeichnet, die den Wert 1 annahm, wenn Unternehmen i in Periode t den Sieg erzielte und ansonsten den Wert 0. Jeder Simulationslauf bestand dann aus zwei Phasen: der Generierung einer Anfangsverteilung der Siege auf die 50 Unternehmen der Branche und der anschließenden Umverteilung der Siege gemäß der Dynamik des Fisher-Prozesses.

Die Anfangsverteilung wurde in Phase 1 durch eine zufällige Verteilung von 25 Siegen auf die Unternehmen gemäß dem Modell der stochastischen Parität erzeugt, so dass $\sum_{i=1}^{50} \sum_{t=-25}^{-1} w_{i,t} = 25$ und $\sum_{i=1}^{50} w_{i,t} = 1$ für alle t zwischen -25 und -1 galt. Der Vorteil dieser Anfangsverteilung begründet sich darin, dass diese sehr schnell zu ermitteln ist und bereits in der Nähe der erwarteten Gleichgewichtsverteilung des Fisher-Prozesses liegt. Diese Eigenschaft ist wichtig, weil die Gleichgewichtsverteilung zwar unabhängig von der Anfangsverteilung ist, es jedoch in einer Simulation eine Weile dauern kann, bis diese erreicht wird.

Ausgehend von der so ermittelten Anfangsverteilung dauerte in Phase 2 jeder Simulationslauf 1.000 Perioden,[1] in denen jeweils zunächst der in Periode

---

[1] Der Vergleich in einzelnen Beispielen mit einer Laufzeit der Simulation von 10.000 Perioden zeigte, dass sich allgemein bereits nach 1.000 Perioden das langfristige Gleichgewicht einstellt.

$t = -25$ erzielte Sieg entfernt wurde und anschließend der Sieger in Periode $t = 0$ zu ermitteln war.[2] Der Sieg ging dabei entweder, mit einer Wahrscheinlichkeit von ν, an ein in den letzten 24 Perioden nicht siegreiches Unternehmen oder, mit einer Wahrscheinlichkeit von $1-\nu$, an ein im gleichen Zeitraum bereits erfolgreiches Unternehmen. Die Siegwahrscheinlichkeit für ein bereits erfolgreiches Unternehmen i war dann proportional zu dessen Bestand an strategischen Ressourcen W_i. Dieser berechnete sich für das Unternehmen in Abhängigkeit vom Diskontierungsfaktor γ auf Basis seiner vergangenen Siege durch:

$$W_i - \gamma w_{i,-1} + \gamma^2 w_{i,-2} + \quad + \gamma^{23} w_{i,-23} + \gamma^{24} w_{i,-24} \, .$$

Dies trägt der Modellannahme Rechnung, dass weiter zurückliegende Erfolge einen abnehmenden Einfluss auf den zukünftigen Erfolg haben. Insgesamt wurden so erwartete Siegverteilung für 1.111 Kombinationen der Parameter ν und γ erstellt, die jeweils als Durchschnitt über 1.000 Simulationsläufe gebildet wurden. Dabei durchlief der Parameter ν Werte von 0 bis 1 in Schritten von 0,01 und der Parameter γ Werte von 0 bis 1 in Schritten von 0,1. Der Fall $\gamma = 0$ entspricht dem Modell der stochastischen Parität, daher wurde hier statt dessen mit $\gamma = 0,02$ simuliert. In diesem Fall verfügt nur noch das zuletzt siegreiche Unternehmen über einen Wettbewerbsvorteil.

Da besonders für niedrige γ-Werte der Bestand an strategischen Ressourcen einiger Unternehmen sehr klein werden kann, ist in der Simulation ein Unternehmen, das aufgrund seiner Ressourcenausstattung nur über eine Siegwahrscheinlichkeit von unter 2% verfügte, wie ein Unternehmen ohne strategische Ressourcen behandelt worden. Dieser Wert entspricht bei einer Branchengröße von 50 der Siegwahrscheinlichkeit eines Unternehmens unter stochastischer Parität. Dabei zeigte sich die durchgeführte Simulation unempfindlich gegenüber geringfügigen Variationen dieses Wertes.

---

[2] Am Ende jeder Periode wurde das betrachtete Zeitfenster um eine Periode nach vorne verschoben, so dass für alle i zwischen 1 und 50 sowie alle t zwischen -24 und 0 die Werte von $w_{i,t}$ an $w_{i,t-1}$ übergeben wurden.

C. Anpassung des Fisher-Prozesses

297

Tabelle C.1: Anpassung in Abhängigkeit vom Diskontierungsfaktor γ in einzelner Branchen für den ROA

Branche (SSE)	γ										
	1	0,9	0,8	0,7	0,6	0,5	0,4	0,3	0,2	0,1	0*
Aerospace	8,96	8,31	6,81	6,70	7,60	8,64	9,22	11,16	12,29	14,74	14,64
Apparel	15,95	17,12	19,11	18,94	17,68	16,38	15,05	13,59	11,80	10,50	10,54
Beverages	7,54	7,76	5,97	5,15	5,79	6,47	8,08	9,22	10,26	11,08	11,06
Chemicals	2,39	2,77	2,89	2,52	2,17	2,04	1,93	1,76	1,71	1,66	1,69
Computers	2,86	3,34	3,80	3,91	3,48	2,99	2,62	2,26	2,32	2,29	2,27
Electronics	2,30	2,11	1,96	1,91	2,16	2,21	2,48	2,68	3,02	3,34	3,42
Food	5,82	5,75	6,13	6,22	5,85	5,90	5,70	5,73	5,92	6,55	6,46
Forest and Paper Products	6,22	6,68	7,48	7,30	6,54	6,17	5,70	5,08	4,77	4,63	4,68
Furniture	9,91	11,17	12,76	12,53	11,57	10,31	8,82	7,74	6,78	5,52	5,76
Industrial and Farm Equipment	9,59	9,57	7,35	7,32	7,73	8,64	10,48	11,88	14,43	14,61	15,45
Metals	5,23	5,78	5,63	5,16	4,71	4,32	4,24	3,90	3,63	3,35	3,33
Mining, Crude-Oil Production	4,22	3,61	3,06	3,33	3,51	4,13	4,71	5,39	6,80	7,83	7,88
Motor Vehicles and Parts	2,35	2,51	2,56	2,39	2,27	2,19	2,10	2,12	2,08	2,14	2,14
Petroleum Refining	2,04	1,73	1,69	1,81	1,95	2,05	2,35	2,58	2,98	3,64	3,58
Pharmaceuticals	6,12	6,75	7,40	6,92	6,55	6,09	5,38	4,85	4,13	3,22	3,30
Publishing, Printing	3,65	3,12	2,65	2,74	2,96	3,50	3,91	4,74	5,71	6,77	6,79
Scientific and Photographic Equipment	4,30	5,01	5,65	5,25	4,70	4,21	3,64	3,03	2,41	1,82	1,94
Textiles	1,34	1,45	1,52	1,32	1,31	1,35	1,35	1,38	1,52	1,84	1,84
Tobacco	6,61	7,35	8,52	8,48	7,65	6,82	5,85	5,01	4,49	3,85	4,20
Transportation Equipment	11,25	12,17	13,34	13,46	12,64	11,36	10,21	8,83	8,43	8,03	7,95
Durchschnitt	5,93	6,20	6,31	6,17	5,94	5,79	5,69	5,65	5,77	5,87	5,95
Verteilung von ν											
Durchschnitt	0,22	0,29	0,35	0,39	0,41	0,41	0,41	0,40	0,40	0,38	0,38
Standardabweichung	0,04	0,06	0,09	0,11	0,13	0,12	0,11	0,11	0,09	0,08	0,09
Minimum	0,43	0,52	0,61	0,64	0,66	0,68	0,71	0,69	0,69	0,69	0,71
Maximum	0,10	0,12	0,12	0,13	0,13	0,14	0,14	0,14	0,15	0,16	0,17
Anzahl beste Anpassungen	0	0	3	4	1	0	1	1	1	7	2

* Diesem Fall liegt tatsächlich eine Simulation mit $\gamma = 0,02$ zugrunde, so dass jeweils nur der Sieg aus der Vorperiode Einfluss nimmt.

Tabelle C.2: Anpassung in Abhängigkeit vom Diskontierungsfaktor γ in einzelnen Branchen für den ROE

Branche (SSE)	1	0,9	0,8	0,7	0,6	0,5	0,4	0,3	0,2	0,1	0*
Aerospace	5,66	6,33	6,45	5,94	5,26	5,06	4,74	4,47	3,92	3,50	3,52
Apparel	4,78	5,13	6,27	6,15	5,76	4,98	4,43	4,11	3,51	3,52	3,43
Beverages	0,97	0,82	0,94	0,82	0,86	0,95	1,24	1,67	2,08	2,30	2,58
Chemicals	2,56	2,40	2,45	2,41	2,39	2,49	2,60	2,68	2,90	2,93	2,97
Computers	3,68	4,20	4,38	4,09	3,85	3,45	3,24	3,10	2,75	2,52	2,59
Electronics	11,40	10,59	8,95	8,89	9,88	10,94	11,63	13,83	15,14	17,83	17,72
Food	2,24	1,88	1,69	2,02	2,20	2,54	2,81	2,94	3,47	4,13	3,97
Forest and Paper Products	5,19	5,80	5,94	5,41	4,80	4,63	4,35	4,11	3,63	3,20	3,17
Furniture	7,94	8,66	9,69	10,18	9,18	8,75	6,71	5,99	4,91	4,48	4,41
Industrial and Farm Equipment	1,57	1,82	1,76	1,51	1,35	1,23	1,13	1,10	1,06	1,05	0,99
Metals	1,90	2,06	1,93	1,61	1,37	1,28	1,19	1,25	1,20	1,14	1,12
Mining, Crude-Oil Production	3,79	3,03	2,48	2,67	2,89	3,57	4,08	4,91	6,02	7,36	7,29
Motor Vehicles and Parts	0,86	0,85	0,90	0,86	0,91	0,97	1,02	1,07	1,06	1,21	1,21
Petroleum Refining	7,55	8,14	8,24	7,49	6,86	6,42	6,06	5,82	5,34	4,96	4,86
Pharmaceuticals	6,77	7,44	8,42	8,16	7,61	6,84	6,17	5,44	4,94	3,95	3,97
Publishing, Printing	2,91	3,05	3,89	3,83	3,36	2,95	2,67	2,45	2,21	2,56	2,50
Scientific and Photographic Equipment	6,67	6,96	7,40	7,45	7,10	6,66	6,36	6,23	6,05	5,94	5,78
Textiles	2,23	2,31	2,28	2,27	2,23	2,37	2,43	2,63	3,00	3,06	3,19
Tobacco	5,25	5,73	6,92	7,22	6,71	5,71	4,72	4,49	3,60	3,39	3,19
Transportation Equipment	5,75	6,31	7,18	7,18	6,41	5,84	4,98	4,47	4,45	4,25	4,47
Durchschnitt	4,48	4,67	4,91	4,81	4,55	4,38	4,13	4,14	4,06	4,16	4,15
Verteilung von ν											
Durchschnitt	0,26	0,34	0,40	0,45	0,46	0,47	0,47	0,47	0,46	0,45	0,45
Standardabweichung	0,08	0,12	0,18	0,20	0,20	0,20	0,19	0,20	0,18	0,16	0,15
Minimum	0,52	0,59	0,66	0,72	0,74	0,76	0,77	0,79	0,80	0,78	0,81
Maximum	0,13	0,14	0,14	0,15	0,16	0,17	0,17	0,18	0,19	0,20	0,20
Anzahl beste Anpassungen	0	1	2	2	2	0	0	0	1	4	8

* Diesem Fall liegt tatsächlich eine Simulation mit $\gamma = 0,02$ zugrunde, so dass jeweils nur der Sieg aus der Vorperiode Einfluss nimmt.

Literaturverzeichnis

Aaker 1989

AAKER, David A.: Managing Assets and Skills - The Key to a Sustainable Competitive Advantage. In: *California Management Review* 31 (1989), Nr. 2, S. 91–106

Abrams 2001

ABRAMS, Peter A.: A World without Competition. In: *Nature* 412 (2001), S. 858–859

Acedo et al. 2006

ACEDO, Francisco J. ; BARROSO, Carmen ; GALAN, Jose L.: The Resource-Based Theory: Dissemination and Main Trends. In: *Strategic Management Journal* 27 (2006), Nr. 7, S. 621–636

Adorno et al. 1976

ADORNO, Theodor W. ; ALBERT, Hans ; DAHRENDORF, Ralf ; HABERMAS, Jürgen ; PILOT, Harald ; POPPER, Karl R.: *The Positivist Dispute in German Sociology*. London : Heinemann, 1976

Aharoni 1993

AHARONI, Yoav: In Search for the Unique - Can Firm-Specific Advantages Be Evaluated. In: *Journal of Management Studies* 30 (1993), Nr. 1, S. 31–49

Albert 1969

ALBERT, Hans: *Traktat über kritische Vernunft*. 2. Auflage. Tübingen : J. C. B. Mohr (Paul Siebeck), 1969

Albert 2000

ALBERT, Hans: *Kritischer Rationalismus*. Stuttgart : UTB, 2000

Alchian 1984

ALCHIAN, Armen A.: Specificity, Specialization, and Coalitions. In: *Journal of Institutional and Theoretical Economics* 140 (1984), S. 34–49

Pacheco-de Almeida und Zemsky 2006

ALMEIDA, Gonçalo Pacheco-de ; ZEMSKY, Peter: *The Timing of Resource Development and Sustainable Competitive Advantage.* 2006

Alonso et al. 2006

ALONSO, David ; ETIENNE, Rampal S. ; MCKANE, Alan J.: The merits of neutral theory. In: *Trends in Ecology and Evolution* 21 (2006), Nr. 8, S. 451–457

Altman 1968

ALTMAN, Edward I.: Financial Ratios, Discriminant Analysis and Prediction of Corporate Bankruptcy. In: *Journal of Finance* 23 (1968), Nr. 4, S. 589–609

Altman 1971

ALTMAN, Edward I.: *Corporate Bankruptcy in America.* Lexington, MA : Heath Lexington Books, 1971

Alvarez und Busenitz 2001

ALVAREZ, Sharon A. ; BUSENITZ, Lowell W.: The Entrepreneurship of Resource-Based Theory. In: *Journal of Management* 6 (2001), S. 755–775

Amit und Schoemaker 1993

AMIT, Raphael ; SCHOEMAKER, Paul J.: Strategic Assets and Organizational Rent. In: *Strategic Management Journal* 14 (1993), S. 33–46

Andrews 1971

ANDREWS, Kenneth R.: *The Concept of Corporate Strategy.* Homewood, IL : Dow Jones-Irwin, 1971

Ansoff 1965

ANSOFF, H. I.: *Corporate Strategy: An Analytic Approach to Business Policy for Growth and Expansion.* New York : McGraw-Hill, 1965

Arend 2003

AREND, Richard J.: Revisiting the Logical and Research Considerations of Competitive Advantage. In: *Strategic Management Journal* 24 (2003), Nr. 3, S. 279–284

Arthur et al. 1984

ARTHUR, W. B. ; ERMOLIEV, Yuri M. ; KANIOVSKI, Yuri M.: Strong Laws for a Class of Path-Dependent Stochastic Processes with Applications. In: ARKIN, V. I. (Hrsg.) ; SHIRYAYEV, Albert N. (Hrsg.) ; WETS, Roger J.-B. (Hrsg.): *Proceedings Conference on Stochastic Optimization.* Kiev, 1984, S. 87–93

Arthur et al. 1987

ARTHUR, W. B. ; ERMOLIEV, Yuri M. ; KANIOVSKI, Yuri M.: Path-Dependent Processes and the Emergence of Macro-Structure. In: *European journal of operational research* 30 (1987), Nr. 3, S. 294–303

Aune 1970

AUNE, Bruce: *Rationalism, Empiricism and Pragmatism: An Introduction.* New York : Random House, 1970

Axtell 2001

AXTELL, Robert L.: Zipf Distribution of U.S. Firm Sizes. In: *Science* 293 (2001), S. 1818–1820

Bacharach 1989

BACHARACH, Samuel B.: Organizational Theories - Some Criteria for Evaluation. In: *Academy of Management Review* 14 (1989), Nr. 4, S. 496–515

Bain 1951

BAIN, Joe S.: Relation of Profit Rate to Industry Concentration: American Manufacturing, 1936-1940. In: *Quarterly Journal of Economics* 65 (1951), Nr. 3, S. 293–324

Bain 1954

BAIN, Joe S.: Conditions of Entry and the Emergence of Monopoly. In: CHAMBERLIN, Edward H. (Hrsg.): *Monopoly and Competition and Their Regulation.* London : Macmillan, 1954, S. 215–241

Bain 1956a

BAIN, Joe S.: Advantages of the Large Firm - Production, Distribution, and Sales Promotion. In: *Journal of Marketing* 20 (1956), Nr. 4, S. 336–346

Bain 1956b

BAIN, Joe. S.: *Barriers to New Competition.* Cambridge : Harvard University Press, 1956

Bain 1968

BAIN, Joe S.: *Industrial Organization.* 2d. New York : Wiley, 1968

Barnard 1938

BARNARD, Chester I.: *The Functions of the Executive.* Cambridge, MA : Harvard University Press, 1938

Barney 1985

BARNEY, Jay B.:   Information Cost and the Governance of Economic Transactions. In: NACAMULLI, Raoul D. (Hrsg.) ; RUGIADINI, Andrea
(Hrsg.): *Organizations and Markets*. Milan : Societa Editrice it Milano,
1985, S. 347–372

Barney 1986a

BARNEY, Jay B.:   Organizational Culture: Can It Be a Source of
Sustained Competitive Advantage? In: *Academy of Management Review*
11 (1986), S. 656–665

Barney 1986b

BARNEY, Jay B.:   Strategic Factor Markets - Expectations, Luck,
and Business Strategy.   In: *Management Science* 32 (1986), Nr. 10,
S. 1230–1241

Barney 1991

BARNEY, Jay B.:   Firm Resources and Sustained Competitive Advantage. In: *Journal of Management* 17 (1991), Nr. 1, S. 99–120

Barney 1997

BARNEY, Jay B.:   *Gaining and Sustaining Competitive Advantage*.
Reading, MA : Addison-Wesley Pub. Co., 1997

Barney 2001a

BARNEY, Jay B.:   Is the Resource-Based 'View' a Useful Perspective for Strategic Management Research? Yes. In: *Academy of Management
Review* 26 (2001), Nr. 1, S. 41–56

Barney 2001b

BARNEY, Jay B.:   Resource-Based 'Theories' of Competitive Advantage: A Ten-Year Retrospective on the Resource-Based View. In: *Journal
of Management* 27 (2001), Nr. 6, S. 643–650

Barney und Arikan 2001

BARNEY, Jay B. ; ARIKAN, Asli M.:   The Resource-Based View:
Origins and Implications.   In: HITT, Michael A. (Hrsg.) ; FREEMAN,
R. E. (Hrsg.) ; HARRISON, Jeffrey S. (Hrsg.): *The Blackwell handbook
of strategic management*. Oxford, UK ; Malden, MA : Blackwell, 2001,
S. 124–188

Barney und Hoskisson 1990

BARNEY, Jay B. ; HOSKISSON, Robert E.:   Strategic Groups: Untes-
ted Assertions and Research Proposals.   In: *Managerial and Decision
Economics* 11 (1990), Nr. 11, S. 187–198

Barney und Tyler 1990

BARNEY, Jay B. ; TYLER, Beverly B.: The Attributes of Top Management Teams and Sustained Competitive Advantage. In: LAWLESS, Michael W. (Hrsg.) ; GOMEZ-MEJIA, Luis R. (Hrsg.): *Managing the High Technology Firm.* JAI Press, 1990

Barney et al. 2001

BARNEY, Jay B. ; WRIGHT, Patrick M. ; KETCHEN JR, David J.: The Resource-Based View of the Firm: Ten Years after 1991. In: *Journal of Management* 27 (2001), Nr. 6, S. 625–641

Baumol et al. 1988

BAUMOL, William J. ; PANZAR, John C. ; WILLIG, Robert D.: *Contestable Markets and the Theory of Industry Structure.* Revised. San Diego : Harcourt Brace Jovanovich, 1988

Becker und Huselid 1992

BECKER, Brian E. ; HUSELID, Mark A.: The Incentive Effects of Tournament Compensation Systems. In: *Administrative Science Quarterly* 37 (1992), Nr. 2, S. 336–350

Becker und Knudsen 2002

BECKER, Markus C. ; KNUDSEN, Thorbjorn: Schumpeter 1911: Farsighted Visions on Economic Development. In: *American Journal of Economics and Sociology* 61 (2002), Nr. 2, S. 387–403

Benoit und Krishna 1987

BENOIT, Jean-Pierre ; KRISHNA, Vijay: Dynamic Duopoly - Prices and Quantities. In: *Review of Economic Studies* 54 (1987), Nr. 1, S. 23–35

Bernstein 1983

BERNSTEIN, Richard J.: *Beyond Objectivism and Relativism: Science, Hermeneutics, and Praxis.* Philadelphia : University of Pennsylvania Press, 1983

Black und Boal 1994

BLACK, Janice A. ; BOAL, Kimberly B.: Strategic Resources: Traits, Configurations and Paths to Sustainable Competitive Advantage. In: *Strategic Management Journal* 15 (1994), Nr. 131-148

Born 1949

BORN, Max: *Natural Philosophy of Cause and Chance.* Oxford : Clarendon Press, 1949

Bowman und Ambrosini 2000

BOWMAN, Cliff ; AMBROSINI, Véronique: Value Creation versus Value Capture: Towards a Coherent Definition of Value in Strategy. In: *British Journal of Management* 11 (2000), Nr. 1, S. 1–15

Bowman und Ambrosini 2001

BOWMAN, Cliff ; AMBROSINI, Véronique: 'Value' in the Resource-Based View of the Firm: A Contribution to the Debate. In: *Academy of Management Review* 26 (2001), Nr. 4, S. 501–502

Bowman et al. 2002

BOWMAN, Edward H. ; SINGH, Harbir ; THOMAS, Howard: The Domain of Strategic Management: History and Evolution. In: PETTIGREW, Andrew (Hrsg.) ; THOMAS, Howard (Hrsg.) ; WHITTINGTON, Richard (Hrsg.): *Handbook of Strategy and Management.* London, Thousand Oaks, New Delhi : SAGE Publications, 2002, S. 31–51

Boyd 1991

BOYD, Richard: On the Current Status of Scientific Realism. In: BOYD, Richard (Hrsg.) ; GASPER, Philip (Hrsg.) ; TROUT, J. D. (Hrsg.): *The Philosophy of Science.* Cambridge, MA : MIT Press, 1991, S. 195–212

Boyd 1992

BOYD, Richard: Constructivism, Realism, and Philosophical Method. In: EARMAN, John (Hrsg.): *Inference, Explanation, and other Frustrations: Essays in the Philosophy of Science.* Berkeley, CA : University of California Press, 1992, S. 131–198

Bracker 1980

BRACKER, Jeffrey: The Historical Development of the Strategic Management Concept. In: *Academy of Management Review* 5 (1980), Nr. 2, S. 219–224

Brealey und Myers 1996

BREALEY, Richard A. ; MYERS, Stewart C.: *Principles of Corporate Finance.* 5th. New York : McGraw-Hill, 1996 (McGraw-Hill Series in Finance)

Bresser 1998

BRESSER, Rudi K. F.: Interne Umweltanalysen. In: BRESSER, Rudi K. F. (Hrsg.): *Strategisches Management.* Berlin, New York : Walter de Gruyter, 1998, S. 303–311

Bresser und Millonig 2003

BRESSER, Rudi K. F. ; MILLONIG, Klemens: Institutional Capital: Competitive Advantage in Light of the New Institutionalism in Organization Theory. In: *Schmalenbach Business Review* 55 (2003), S. 220–241

Bromiley und Fleming 2002

BROMILEY, Philip ; FLEMING, Lee: The Resource-Based View of Strategy: A Behaviorist Critique. In: AUGIER, Mie (Hrsg.) ; MARCH, James G. (Hrsg.): *The Economics of Choice, Change, and Organizations: Essays in Memory of Richard M. Cyert.* Chelterham : Edward Elgar Publishing, 2002, S. 319–336

Browder 1996

BROWDER, Andrew: *Mathematical Analysis: an Introduction.* New York : Springer, 1996 (Undergraduate Texts in Mathematics)

Brush et al. 1999

BRUSH, Thomas H. ; BROMILEY, Philip ; HENDRICKX, Margaretha: The Relative Influence of Industry and Corporation on Business Segment Performance: An Alternative Estimate. In: *Strategic Management Journal* 20 (1999), Nr. 6, S. 519–547

Bunge 1996

BUNGE, Mario A.: *Finding Philosophy in Social Science.* New Haven, CT : Yale University Press, 1996

Buzzell et al. 1975

BUZZELL, Robert D. ; GALE, Bradley T. ; SULTAN, Ralph G.: Market Share - a Key to Profitability. In: *Harvard Business Review* 53 (1975), Nr. 1, S. 97–106

Camerer 1991

CAMERER, Colin F.: Does Strategy Research Need Game-Theory. In: *Strategic Management Journal* 12 (1991), S. 137–152

Canes 1974

CANES, Michael E.: The Social Benefits of Restrictions on Team Quality. In: NOLL, Roger G. (Hrsg.): *Government and the Sports Business.* Washington, DC : Brookings, 1974, S. 81–113

Capon et al. 1990

CAPON, Noel ; FARLEY, John U. ; HOENIG, Scott: Determinants of Financial Performance: A Meta-Analysis. In: *Management Science* 36 (1990), Nr. 10, S. 1143–1159

Carnap 1958

CARNAP, Rudolf: *Introduction to Symbolic Logic and its Applications.* New York : Dover Publications, 1958

Castanias und Helfat 1991

CASTANIAS, Richard P. ; HELFAT, Constance E.: Managerial Resources and Rents. In: *Journal of Management* 17 (1991), Nr. 1, S. 155–171

Caves et al. 1977

CAVES, Richard E. ; GALE, Bradley T. ; PORTER, Michael E.: Interfirm Profitability Differences - Comment. In: *Quarterly Journal of Economics* 91 (1977), Nr. 4, S. 667–675

Caves und Porter 1977

CAVES, Richard E. ; PORTER, Michael E.: Entry Barriers to Mobility Barriers - Conjectural Decisions and Contrived Deterrence to New Competition. In: *Quarterly Journal of Economics* 91 (1977), Nr. 2, S. 241–261

Chakravarthy 1986

CHAKRAVARTHY, Balaji S.: Measuring Strategic Performance. In: *Strategic Management Journal* 7 (1986), Nr. 5, S. 437–458

Chakravarthy und Doz 1992

CHAKRAVARTHY, Balaji S. ; DOZ, Yves: Strategy Process Research: Focusing on Corporate Self-Renewal. In: *Strategic Management Journal* 13 (1992), S. 5–14

Chamberlin 1933

CHAMBERLIN, Edward H.: *The Theory of Monopolistic Competition.* Cambridge, MA : MIT Press, 1933

Chandler 1962

CHANDLER, Alfred D.: *Strategy and Structure: Chapters in the History of the Industrial Enterprise.* Cambridge : M.I.T. Press, 1962

Chave et al. 2006

CHAVE, Jerome ; ALONSO, David ; ETIENNE, Rampal S.: Theoretical Biology - Comparing Models of Species Abundance. In: *Nature* 441 (2006), Nr. 7089, S. E1–E1

Chen und MacMillan 1992

CHEN, Ming-Jer ; MACMILLAN, Ian C.: Nonresponse and Delayed Response to Competitive Moves: The Roles of Competitor Dependence and Action Irreversibility. In: *Academy of Management Journal* 35 (1992), Nr. 3, S. 539–570

Chen und Miller 1994

CHEN, Ming-Jer ; MILLER, David: Competitive Attack, Retaliation and Performance: An Expectancy-Valence Framework. In: *Strategic Management Journal* 15 (1994), Nr. 2, S. 85–102

Clark 2002

CLARK, Andrew: Macroecology Comes of Age. In: *Trends in Ecology and Evolution* 17 (2002), Nr. 8, S. 352–353

Clausewitz 2003

CLAUSEWITZ, Carl v.: *Vom Kriege*. München : Ullstein Verlag, 2003

Coase 1937

COASE, Ronald H.: The Nature of the Firm. In: *Econometrica* 4 (1937), S. 386–406

Coase 1960

COASE, Ronald H.: The Problem of Social Cost. In: *Journal of Law and Economics* 3 (1960), S. 1–44

Cohen und Levinthal 1990

COHEN, Wesley M. ; LEVINTHAL, Daniel A.: Absorptive Capacity: A New Perspective on Learning an Innovation. In: *Administrative Science Quarterly* 35 (1990), S. 128–152

Collis 1994

COLLIS, David J.: Research Note - How Valuable Are Organizational Capabilities. In: *Strategic Management Journal* 15 (1994), S. 143–152

Collis und Montgomery 1997

COLLIS, David J. ; MONTGOMERY, Cynthia A.: *Corporate Strategy: Resources and the Scope of the Firm*. Chicago : Irwin: McGraw-Hill, 1997

Conner 1991

CONNER, Kathleen R.: A Historical Comparison of Resource-Based Theory and 5 Schools of Thought within Industrial-Organization Economics - Do We Have a New Theory of the Firm. In: *Journal of Management* 17 (1991), Nr. 1, S. 121–154

Conner 1995

CONNER, Kathleen R.: Obtaining Strategic Advantage from Being Imitated - When Can Encouraging Clones Pay. In: *Management Science* 41 (1995), Nr. 2, S. 209–225

Conner und Prahalad 1996

CONNER, Kathleen R. ; PRAHALAD, Coimbatore K.: A Resource-Based Theory of the Firm: Knowledge versus Opportunism. In: *Organization Science* 7 (1996), Nr. 5, S. 477–501

Cyert und March 1963

CYERT, Richard M. ; MARCH, James G.: *A Behavioral Theory of the Firm.* Englewood Cliffs, NJ : Prentice-Hall, 1963

Dacin et al. 2002

DACIN, Tina ; GOODSTEIN, Jerry ; SCOTT, Richard: Institutional Theory and Institutional Change: Introduction to the Special Research Forum. In: *Academy of Management Journal* 45 (2002), S. 45–57

Das und Teng 2000

DAS, T. K. ; TENG, Bing-Sheng: A Resource-Based Theory of Strategic Alliances. In: *Journal of Management* 26 (2000), Nr. 1, S. 31–61

David 1985

DAVID, Paul A.: Clio and the Economics of QWERTY. In: *American Economic Review Proceedings* 75 (1985), S. 332–337

David und Han 2004

DAVID, Robert J. ; HAN, Shin-Kap: A Systematic Assessment of the Empirical Support for Transaction Cost Economics. In: *Strategic Management Journal* 25 (2004), Nr. 1, S. 39–58

Davis 1974

DAVIS, Lance E.: Self-Regulation in Baseball: 1909-1971. In: NOLL, Roger G. (Hrsg.): *Government and the Sports Business.* Washington, DC : Brookings, 1974, S. 349–386

Demmert 1973

DEMMERT, Henry G.: *The Economics of Professional Team Sports.* Lexington, MA : Lexington Books, 1973

Demsetz 1973

DEMSETZ, Harold: Industry Structure, Market Rivalry, and Public Policy. In: *Journal of Law and Economics* 16 (1973), Nr. 1, S. 1–9

Denrell 2004

DENRELL, Jerker: Random Walks and Sustained Competitive Advantage. In: *Management Science* 50 (2004), Nr. 7, S. 922–934

Descartes 1641

DESCARTES, Rene: *Meditations.* Cambridge : Cambridge University Press, 1988, 1641 (Descartes: Selected Philosophical Writings)

Diamond und Case 1986

DIAMOND, Jared M. ; CASE, Ted J.: *Community Ecology.* New York : Harper & Row, 1986

Dickstein 1998

DICKSTEIN, Morris: *The Revival of Pragmatism: New Essays on Social Thought, Law, and Culture.* Durham, NC : Duke University Press, 1998

Dierickx und Cool 1989

DIERICKX, Ingemar ; COOL, Karel: Asset Stock Accumulation and Sustainability of Competitive Advantage. In: *Management Science* 35 (1989), Nr. 12, S. 1504–1511

Dietl 1993

DIETL, Helmut: *Institutionen und Zeit.* Tübingen : Mohr, 1993

DiMaggio und Powell 1991

DIMAGGIO, Paul ; POWELL, Walter: Introduction. In: POWELL, Walter (Hrsg.) ; DIMAGGIO, Paul (Hrsg.): *The New Institutionalism in Organizational Analysis.* 1991, S. 1–38

Drucker 1954

DRUCKER, Peter F.: *The Practice of Management.* 1st. New York : Harper, 1954

Durand 2002

DURAND, Rodolphe: Competitive Advantages Exist: A Critique of Powell. In: *Strategic Management Journal* 23 (2002), Nr. 9, S. 867–872

Dussauge et al. 2000

DUSSAUGE, Pierre ; GARRETTE, Bernard ; MITCHELL, Will: Learning from Competing Partners: Outcomes and Durations of Scale and Link Alliances in Europe, North America and Asia. In: *Strategic Management Journal* 21 (2000), Nr. 2, S. 99–126

Dyer und Singh 1998

DYER, Jeffrey H. ; SINGH, Harbir: The Relational View: Cooperative Strategy and Sources of Interorganizational Competitive Advantage. In: *Academy of Management Review* 23 (1998), Nr. 4, S. 660–679

Ebers und Gotsch 1999

EBERS, Mark ; GOTSCH, Wilfried: Institutionenökonomische Theorien der Organisation. In: KIESER, Alfred (Hrsg.): *Organisationstheorien, 3. Auflage.* Stuttgart : Kohlhammer, 1999, S. 199–251

Eeckhout 2004

EECKHOUT, Jan: Gibrat's Laf for (All) Cities. In: *American Economic Review* 94 (2004), Nr. 5, S. 1429–1451

Eisenhardt 1989

EISENHARDT, Kathleen M.: Building Theories from Case-Study Research. In: *Academy of Management Review* 14 (1989), Nr. 4, S. 532–550

Eisenhardt und Martin 2000

EISENHARDT, Kathleen M. ; MARTIN, Jeffrey A.: Dynamic Capabilities: What Are They? In: *Strategic Management Journal* 21 (2000), S. 1105–1121

Enquist et al. 2002

ENQUIST, Brian J. ; SANDERSON, J. G. ; WEISER, Michael D.: Modeling Macroscopic Patterns in Ecology. In: *Science* 295 (2002), S. 1835–1837

Evered 1983

EVERED, Roger D.: So What Is Strategy? In: *Long Range Planning* 16 (1983), Nr. 3, S. 57–72

Farjoun und Machover 1983

FARJOUN, Emmanuel ; MACHOVER, Moshé: *Laws of Chaos: A Probabilistic Approach to Political Economy.* London : Verso, 1983

Farjoun 1998

FARJOUN, Moshe: The Independent and Joint Effects of the Skill and Physical Bases of Relatedness in Diversification. In: *Strategic Management Journal* 19 (1998), Nr. 7, S. 611–630

Fiegenbaum und Thomas 1995

FIEGENBAUM, Avi ; THOMAS, Howard: Strategic Groups as Referential Groups: Theory, Modeling and Empirical Examination of Industry and Competitive Strategy. In: *Strategic Management Journal* 16 (1995), Nr. 6

Fiol 1991

FIOL, C. M.: Managing Culture as a Competitive Resource: An Identity–Based View of Sustainable Competitive Advantage. In: *Ibar* 17 (1991), S. 1–17

Fischhoff 1975

FISCHHOFF, Baruch: Hindsight / Foresight: The Effect of Outcome Knowledge on Judgement Uncertainty. In: WALLSTEN, Thomas S. (Hrsg.): *Cognitive Processes in Choice and Decision Behavior.* Hillsdale, NJ : Erlbaum, 1975, S. 304–311

Fischhoff und Beyth 1975

FISCHHOFF, Baruch ; BEYTH, Ruth: 'I Knew it would Happen' — Remembered Probabilities of Once Future Things. In: *Organizational Behavior and Human Performance* 13 (1975), S. 1–16

Fisher 1989

FISHER, Franklin M.: Games Economists Play - A Noncooperative View. In: *Rand Journal of Economics* 20 (1989), Nr. 1, S. 113–124

Fisher und McGowan 1983

FISHER, Franklin M. ; MCGOWAN, John J.: On the Misuse of Accounting Rates of Return to Infer Monopoly Profits. In: *American Economic Review* 73 (1983), Nr. 1, S. 82–97

Fisher et al. 1943

FISHER, Ronald A. ; CORBET, A. S. ; WILLIAMS, Carrington B.: The Relation between the Number of Species and the Number of Individuals in a Random Sample of an Animal Population. In: *The Journal of Animal Ecology* 12 (1943), S. 42 – 58

Fort und Quirk 1995

FORT, Rodney D. ; QUIRK, James P.: Cross-Subsidization, Incentives, and Outcomes in Professional Team Sports Leagues. In: *Journal of Economic Literature* 33 (1995), Nr. 3, S. 1265–1299

Foss und Foss 2005

FOSS, Kirsten ; FOSS, Nicolai J.: Resources and transaction costs: How property rights economics furthers the resource-based view. In: *Strategic Management Journal* 26 (2005), Nr. 6, S. 541–553

Foss 2003

FOSS, Nicolai J.: The Strategic management and Transaction Cost Nexus: Past Debates, Central Questions, and Future Research Possibilities. In: *Strategic Organization* 1 (2003), Nr. 2, S. 139–169

Foss und Knudsen 2003

FOSS, Nicolai J. ; KNUDSEN, Thorbjorn: The Resource-Based Tangle: Towards a Sustainable Explanation of Competitive Advantage. In: *Managerial and Decision Economics* 24 (2003), Nr. 4, S. 291–307

Freedman et al. 1998

FREEDMAN, David ; PISANI, Robert ; PURVES, Roger: *Statistics.* 3rd. New York : W.W. Norton, 1998

Friedman 1971

FRIEDMAN, James W.: A Non-Cooperative Equilibrium for Supergames. In: *Review of Economic Studies* 38 (1971), Nr. 113, S. 1–12

Friedman 1953

FRIEDMAN, Milton: *Essays in Positive Economics.* Chicago : University of Chicago Press, 1953

Fritsch et al. 1999

FRITSCH, Michael ; WEIN, Thomas ; EWERS, Hans-Jürgen: *Marktversagen und Wirtschaftspolitik, 3. Auflage.* München : Vahlen, 1999

Gabaix 1999

GABAIX, Xavier: Zipf's Law for Cities: An Explanation. In: *The Quarterly Journal of Economics* 114 (1999), Nr. 3, S. 739–767

Ghemawat 1991

GHEMAWAT, Pankaj: *Commitment: The Dynamic of Strategy.* New York : Free Press, 1991

Ghemawat et al. 1999

GHEMAWAT, Pankaj ; COLLIS, David J. ; PISANO, Gary P. ; RIVKIN, Jan W.: *Strategy and the Business Landscape: Text and Cases.* Reading, MA : Addison-Wesley, 1999

Gibrat 1931

GIBRAT, Robert: *Les Inegalities Economiques.* Paris : Sirey, 1931

Gioia und Pitre 1990

GIOIA, Dennis ; PITRE, Evelyn: Multiparadigm Perspectives on Theory Building. In: *Academy of Management Review* 15 (1990), Nr. 4, S. 584–602

Godfrey und Hill 1995

GODFREY, Paul C. ; HILL, Charles W. L.: The Problem of Unobservables in Strategic Management Research. In: *Strategic Management Journal* 16 (1995), Nr. 7, S. 519–533

Grant 1996

GRANT, Robert M.: Toward a Knowledge-Based Theory of the Firm. In: *Strategic Management Journal* 17 (1996), S. 109–122

Grant 1998

GRANT, Robert M.: *Contemporary Strategy Analysis: Concepts, Techniques, Applications.* 3rd. Boston : Blackwell Publishers, 1998

Grant 2002

GRANT, Robert M.: *Contemporary Strategy Analysis: Concepts, Techniques, Applications.* 4th. Boston : Blackwell Publishers, 2002

Habermas 1971

HABERMAS, Jürgen: *Knowledge and Human Interest.* Boston : Beacon Press, 1971

Hahn und Doh 2006

HAHN, Eugene D. ; DOH, Jonathan P.: Using Bayesian Methods in Strategy Research: An Extension of Hansen et al. In: *Strategic Management Journal* 27 (2006), Nr. 8, S. 783–798

Hall und Saias 1980

HALL, David J. ; SAIAS, Maurice A.: Strategy Follows Structure. In: *Strategic Management Journal* 1 (1980), Nr. 2, S. 149–163

Hall und Weiss 1967

HALL, Marshall ; WEISS, Leonard: Firm Size and Profitability. In: *Review of Economics and Statistics* 49 (1967), Nr. 3, S. 319–331

Hambrick 1987

HAMBRICK, Donald C.: Top Management Teams: Key to Strategic Success. In: *California Management Review* 30 (1987), S. 88–108

Hannan und Freeman 1977

HANNAN, Michael T. ; FREEMAN, John: Population Ecology of Organizations. In: *American Journal of Sociology* 82 (1977), Nr. 5, S. 929–964

Hansen und Wernerfelt 1989

HANSEN, Gary S. ; WERNERFELT, Birger: Determinants of Firm Performance: The Relative Importance of Economic and Organizational Factors. In: *Strategic Management Journal* 10 (1989), Nr. 5, S. 399–411

Hansen et al. 2004

HANSEN, Mark H. ; PERRY, Lee T. ; REESE, C. S.: A Bayesian Operationalization of the Resource-Based View. In: *Strategic Management Journal* 25 (2004), Nr. 13, S. 1279–1295

Harrigan 1983

HARRIGAN, Kathryn R.: Research Methodologies for Contingency Approaches to Business Strategy. In: *Academy of Management Review* 8 (1983), Nr. 3, S. 398–405

Hart 1995

HART, Stuart L.: A Natural-Resource-Based View of the Firm. In: *Academy of Management Review* 20 (1995), S. 986–1014

Hatten 1974

HATTEN, Kenneth J.: *Strategic Models in the Brewing Industry.* Purdue University, 1974 (Unpublished Ph.D. dissertation)

Hatten und Schendel 1977

HATTEN, Kenneth J. ; SCHENDEL, Dan E.: Heterogeneity within an Industry: Firm Conduct in the US Brewing Industry, 1965-71. In: *Journal of Industrial Economics* 26 (1977), Nr. 2, S. 97–113

Hatten et al. 1978

HATTEN, Kenneth J. ; SCHENDEL, Dan E. ; COOPER, Arnold C.: A Strategic Model of the US Brewing Industry: 1952-1971. In: *Academy of Management Journal* 21 (1978), Nr. 4, S. 592–610

Hawawini et al. 2003

HAWAWINI, Gabriel ; SUBRAMANIAN, Venkat ; VERDIN, Paul: Is Performance Driven by Industry- or Firm-Specific Factors? A New Look at the Evidence. In: *Strategic Management Journal* 24 (2003), Nr. 1, S. 1–16

Hawawini et al. 2005

HAWAWINI, Gabriel ; SUBRAMANIAN, Venkat ; VERDIN, Paul: Is Performance Driven by Industry- or Firm-Specific Factors? A Reply to McNamara, Aime, and Vaaler. In: *Strategic Management Journal* 26 (2005), Nr. 11, S. 1083–1086

Hayek 1948

HAYEK, Friedrich A.: The Meaning of Competition. In: *Individualism and Economic Order.* Chicago : University of Chicago Press, 1948, S. 92–106

van Heijenoort 1972

HEIJENOORT, John van: Logical Paradoxes. In: EDWARDS, Paul (Hrsg.): *Encyclopedia of Philosophy.* New York : Macmillan, 1972, S. 45–51

Hempel 1965

HEMPEL, Carl G.: *Aspects of Scientific Explanation.* New York : Free Press, 1965

Henderson und Cockburn 1994

HENDERSON, Rebecca ; COCKBURN, Iain: Measuring Competence - Exploring Firm Effects in Pharmaceutical Research. In: *Strategic Management Journal* 15 (1994), S. 63–84

Hitt et al. 1999

HITT, Michael A. ; IRELAND, R. D. ; HOSKISSON, Robert E.: *Strategic Management: Competitiveness and Globalization.* Cincinati : South-Western College Publishing, 1999

Hofer und Schendel 1978

HOFER, Charles W. ; SCHENDEL, Dan: *Strategy Formulation: Analytical Concepts.* St. Paul, MN : West Publishing, 1978

Holmstrom und Tirole 1989

HOLMSTROM, Bengt R. ; TIROLE, Jean: The Theory of the Firm. In: SCHMALENSEE, Richard (Hrsg.) ; WILLING, Robert (Hrsg.): *Handbook of Industrial Organization.* Amsterdam : North Holland, 1989, S. 61–133

Hoskisson et al. 1999

HOSKISSON, Robert E. ; HITT, Michael A. ; WAN, William P. ; YIU, Daphne: Theory and Research in Strategic Management: Swings of a Pendulum. In: *Journal of Management* 25 (1999), Nr. 3, S. 417–45

Hrebiniak und Snow 1982

HREBINIAK, Lawrence G. ; SNOW, Charles C.: Top-Management Agreement and Organizational Performance. In: *Human Relations* 35 (1982), Nr. 12, S. 1139–1158

Hubbell 2001

HUBBELL, Stephen P.: *The Unified Neutral Theory of Biodiversity and Biogeography.* Princeton, NJ : Princeton University Press, 2001 (Monographs in population biology; 32)

Hughes 1986

HUGHES, R. G.: Theories and Models of Species Abundance. In: *American Naturalist* 128 (1986), Nr. 6, S. 879–899

Hunt 1972

HUNT, Michael S.: *Competition in the Major Home Appliance Industry, 1960-1970.* Harvard University, 1972 (Unpublished Ph.D. dissertation)

Hunt 1991

HUNT, Shelby D.: *Modern Marketing Theory: Critical Issues in the Philosophy of Marketing Science.* Cincinnati, OH : South-Western, 1991

Hunt und Morgan 1995

HUNT, Shelby D. ; MORGAN, Robert M.: The Competitive Advantage Theory of Competition. In: *Journal of Marketing* 59 (1995), S. 1–15

Ijiri und Simon 1977

IJIRI, Yuri ; SIMON, Herbert: *Skew Distributions and the Sizes of Business Firms.* Amsterdam : North-Holland Publishing, 1977

Isen und Baron 1991

ISEN, Alice M. ; BARON, Robert A.: Positive Affect as a Factor in Organizational Behavior. In: CUMMINGS, Larry L. (Hrsg.) ; STAW, Barry M. (Hrsg.): *Research in Organizational Behavior* Bd. 13. Greenwich, CT : JAI Press, 1991, S. 1–53

Jacobides und Winter 2005

JACOBIDES, Michael G. ; WINTER, Sidney G.: The Co-Evolution of Capabilities and Transaction Costs: Explaining the Institutional Structure of Production. In: *Strategic Management Journal* 26 (2005), Nr. 5, S. 395–413

Jacobsen 1988

JACOBSEN, Robert: The Persistence of Abnormal Returns. In: *Strategic Management Journal* 9 (1988), Nr. 5, S. 415–430

Jacobson 1992

JACOBSON, Robert: The Austrian School of Strategy. In: *Academy of Management Review* 17 (1992), Nr. 4, S. 782–807

Kahneman et al. 1986a

KAHNEMAN, Daniel ; KNETSCH, Jack L. ; THALER, Richard H.: Fairness and the Assumptions of Economics. In: *Journal of Business* 59 (1986), Nr. 4, S. S285–S300

Kahneman et al. 1986b

KAHNEMAN, Daniel ; KNETSCH, Jack L. ; THALER, Richard H.: Fairness as a Constraint on Profit Seeking - Entitlements in the Market. In: *American Economic Review* 76 (1986), Nr. 4, S. 728–741

Kaplan und Norton 1992

KAPLAN, Robert S. ; NORTON, David P.: The Balanced Scorecard - Measures That Drive Performance. In: *Harvard Business Review* 70 (1992), Nr. 1, S. 71–79

Kaplan und Norton 1993

KAPLAN, Robert S. ; NORTON, David P.: Putting the Balanced Scorecard to Work. In: *Harvard Business Review* 71 (1993), Nr. 5, S. 134–142

Kaplan und Norton 1996

KAPLAN, Robert S. ; NORTON, David P.: Using the Balanced Scorecard as a Strategic Management System. In: *Harvard Business Review* 74 (1996), Nr. 1, S. 75–85

Kaplan und Norton 2000

KAPLAN, Robert S. ; NORTON, David P.: Having Trouble with Your Strategy? Then Map It. In: *Harvard Business Review* 78 (2000), Nr. 5, S. 167–176

Karnani und Wernerfelt 1985

KARNANI, Aneel ; WERNERFELT, Birger: Multiple Point Competition. In: *Strategic Management Journal* 6 (1985), Nr. 1, S. 87–96

Karnoe 1995

KARNOE, Peter: Competence as Process and the Social Embeddedness of Competency Building. In: *Academy of Management Journal* (1995), S. 427–431

Kendall 1948

KENDALL, David G.: On Some Modes of Population Growth Leading to R. A. Fisher's Logarithmic Series Distribution. In: *Biometrika* 35 (1948), Nr. 1-2, S. 6–15

Ketchen et al. 2004

KETCHEN, David J. ; SNOW, Charles C. ; HOOVER, Vera L.: Research on Competitive Dynamics: Recent Accomplishments and Future Challenges. In: *Journal of Management* 30 (2004), Nr. 6, S. 779–804

Kimura 1968

KIMURA, Motoo: Evolutionary Rate at the Molecular Level. In: *Nature* 217 (1968), Nr. 5129, S. 624–626

Kimura 1983

KIMURA, Motoo: *The Neutral Theory of Molecular Evolution.* Cambridge [Cambridgeshire]; New York : Cambridge University Press, 1983

King 2007

KING, Adelaide W.: Disentangling Interfirm and Intrafirm Causal Ambiguity: A Conceptual Model of Causal Ambiguity and Sustainable Competitive Advantage. In: *Academy of Management Review* 32 (2007), Nr. 1, S. 156–178

King und Zeithaml 2001

KING, Adelaide W. ; ZEITHAML, Carl P.: Competencies and Firm Performance: Examining the Causal Ambiguity Paradox. In: *Strategic Management Journal* 22 (2001), Nr. 1, S. 75–99

King und Jukes 1969

KING, Jack L. ; JUKES, Thomas H.: Non-Darwinian Evolution. In: *Science* 164 (1969), Nr. 3881, S. 788–798

Klein et al. 1978

KLEIN, Benjamin ; CRAWFORD, Robert G. ; ALCHIAN, Armen A.: Vehicle Integration, Appropriable Rents, and the Competitive Contracting Process. In: *Journal of Law & Economics* 21 (1978), Nr. 2, S. 297–326

Klein und Leffler 1981

KLEIN, Benjamin ; LEFFLER, Keith B.: The Role of Price in Guaranteeing Quality. In: *Journal of Political Economy* 89 (1981), S. 615–641

Kogut und Zander 1992

KOGUT, Bruce ; ZANDER, Udo: Knowledge of the Firm, Combinative Capabilities, and the Replication of Technology. In: *Organization Science* 3 (1992), S. 383–397

Kreps und Wilson 1982

KREPS, David M. ; WILSON, Robert: Reputation and Imperfect Information. In: *Journal of Economic Theory* 27 (1982), Nr. 2, S. 253–279

Kuhn 1977

KUHN, Thomas S.: *The Essential Tension: Selected Studies in Scientific Tradition and Change.* Chicago, IL : University of Chicago Press, 1977

Kuhn 1996

KUHN, Thomas S.: *The Structure of Scientific Revolutions.* 3rd. Chicago, IL : University of Chicago Press, 1996

Kwan und Tsang 2001

KWAN, Kai-Man ; TSANG, Eric W. K.: Realism and Constructivism in Strategy Research: A Critical Realist Response to Mir and Watson. In: *Strategic Management Journal* 22 (2001), Nr. 12, S. 1163–1168

Lado et al. 2006

LADO, Augustine A. ; BOYD, Nancy G. ; WRIGHT, Peter ; KROLL, Mark: Paradox and Theorizing within the Resource-Based View. In: *Academy of Management Review* 31 (2006), Nr. 1, S. 115–131

Lado und Wilson 1994

LADO, Augustine A. ; WILSON, Mary C.: Human Resource Systems and Sustained Competitive Advantage: A Competency-Based Perspective. In: *Academy of Management Review* 19 (1994), S. 699–727

Lakatos 1970

LAKATOS, Imre: Falsification and the Methodology of Scientific Research Programmes. In: LAKATOS, Imre (Hrsg.) ; MUSGRAVE, Alan (Hrsg.): *Criticism and the Growth of Knowledge.* Cambridge [Eng.] : Cambridge University Press, 1970, S. 91–196

Lavie 2006

LAVIE, Dovev: The Competitive Advantage of Interconnected Firms: An Extension of the Resource-Based View. In: *Academy of Management Review* 31 (2006), Nr. 3, S. 638–658

Lawless et al. 1989

LAWLESS, Michael W. ; BERGH, Donald D. ; WILSTED, William D.: Performance Variations among Strategic Group Members - An Examination of Individual Firm Capability. In: *Journal of Management* 15 (1989), Nr. 4, S. 649–661

Lawrence 1999

LAWRENCE, Thomas: Institutional Strategy. In: *Journal of Management* 25 (1999), Nr. 2, S. 161–188

Lazear und Rosen 1981

LAZEAR, Edward P. ; ROSEN, Sherwin: Rank-Order Tournaments as Optimum Labor Contracts. In: *Journal of Political Economy* 89 (1981), Nr. 5, S. 841–864

Learned et al. 1969

LEARNED, Edmund P. ; CHRISTENSEN, C. R. ; ANDREWS, Kenneth R. ; GUTH, William D.: *Business Policy: Text and Cases.* Rev. Homewood, IL : R. D. Irwin, 1969

Leibniz 1704

LEIBNIZ, Gottfried W.: *New Essays on Human Understanding.* London : J.M. Dent & Sons, 1973, 1704 (Leibniz: Philosophical Writings)

Lepak et al. 2007

LEPAK, David P. ; SMITH, Ken G. ; TAYLOR, Susan M.: Value Creation and Value Capture: A Multilevel Perspective. In: *Academy of Management Review* 32 (2007), Nr. 1, S. 180–194

Levine 2002

LEVINE, Jonathan M.:   Species Diversity and Relative Abundance in Metacommunities. In: *Trends in Ecology and Evolution* 17 (2002), Nr. 2, S. 99–100

Levinthal 1995

LEVINTHAL, Daniel A.:   Strategic Management and Exploration of Diversity. In: MONTGOMERY, Cynthia A. (Hrsg.): *Resource-Based and Evolutionary Theories of the Firm: Towards a Synthesis*. Norwell, MA : Kluwer, 1995, S. 19–42

Levitt 1960

LEVITT, Theodore: Marketing Myopia. In: *Harvard Business Review* 82 (1960), Nr. 7/8, S. 138–149

Lieberman und Montgomery 1988

LIEBERMAN, Marvin B. ; MONTGOMERY, David B.:   1st-Mover Advantages. In: *Strategic Management Journal* 9 (1988), S. 41–58

Liebeskind 1996

LIEBESKIND, Julia P.:   Knowledge, Strategy, and the Theory of the Firm. In: *Strategic Management Journal* 17 (1996), S. 93–107

Lippman und Rumelt 1982

LIPPMAN, Steven A. ; RUMELT, Richard P.:   Uncertain Imitability - An Analysis of Interfirm Differences in Efficiency under Competition. In: *Bell Journal of Economics* 13 (1982), Nr. 2, S. 418–438

Lippman und Rumelt 2003a

LIPPMAN, Steven A. ; RUMELT, Richard P.:   A Bargaining Perspective on Resource Advantage. In: *Strategic Management Journal* 24 (2003), Nr. 11, S. 1069–1086

Lippman und Rumelt 2003b

LIPPMAN, Steven A. ; RUMELT, Richard P.: The Payments Perspective: Micro-Foundations of Resource Analysis. In: *Strategic Management Journal* 24 (2003), Nr. 10, S. 903–927

Lockett und Thompson 2001

LOCKETT, Andy ; THOMPSON, Steve: The Resource-Based View and Economics. In: *Journal of Management* 6 (2001), S. 723–754

Mackie 1965

MACKIE, John L.:   Causes and Conditions. In: *The American Philosophical Quarterly* 2 (1965), S. 245–264

Mahoney und Pandian 1992

MAHONEY, Joseph P. ; PANDIAN, Pajedran J.: The Resource-Based View within the Conversation of Strategic Management. In: *Strategic Management Journal* 13 (1992), S. 363–380

Makadok 2001a

MAKADOK, Richard: A Pointed Commentary on Priem and Butler. In: *Academy of Management Review* 26 (2001), Nr. 4, S. 498–499

Makadok 2001b

MAKADOK, Richard: Toward a Synthesis of the Resource-Based and Dynamic-Capability Views of Rent Creation. In: *Strategic Management Journal* 22 (2001), S. 387–401

Makino et al. 2004

MAKINO, Shige ; ISOBE, Takehiko ; CHAN, Christine M.: Does Country Matter? In: *Strategic Management Journal* 25 (2004), Nr. 10, S. 1027–1043

Mancke 1974

MANCKE, Richard B.: Causes of Interfirm Profitability Differences: A new Interpretation of the Evidence. In: *Quarterly Journal of Economics* 88 (1974), Nr. 2, S. 181–193

Mancke 1977

MANCKE, Richard B.: Interfirm Profitability Diferences: Reply. In: *Quarterly Journal of Economics* 91 (1977), Nr. 4, S. 677–680

Mansfield 1985

MANSFIELD, Edwin: How Rapidly Does New Industrial Technology Leak Out? In: *Journal of Industrial Economics* 34 (1985), Nr. 2, S. 217–223

March 1988

MARCH, James G.: Introduction: A Chronicle of Speculations about Decision-Making in Organizations. In: MARCH, James G. (Hrsg.): *Decisions and Organizations*. Oxford, U.K. : Blackwell, 1988, S. 1–21

March 1994

MARCH, James G.: *A Primer in Decision Making: How Decisions Happen*. New York : Free Press, 1994

March und Simon 1958

MARCH, James G. ; SIMON, Herbert A.: *Organizations*. New York : Wiley, 1958

March und Sutton 1997

MARCH, James G. ; SUTTON, Robert I.: Organizational Performance as a Dependent Variable. In: *Organization Science: A Journal of the Institute of Management Sciences* 8 (1997), Nr. 6, S. 698–710

Mas-Colell et al. 1995

MAS-COLELL, Andreu ; WHINSTON, Michael D. ; GREEN, Jerry R.: *Microeconomic Theory*. New York : Oxford University Press, 1995

Mascarenhas 1989

MASCARENHAS, Briance: Strategic Group Dynamics. In: *Strategic Management Journal* 32 (1989), Nr. 2, S. 333–352

Mason 1939

MASON, Edward S.: Price and Production Policies of Large-Scale Enterprise. In: *American Economic Review* 29 (1939), Nr. 1, S. 61–74

Mata et al. 1995

MATA, Francisco J. ; FUERST, William L. ; BARNEY, Jay B.: Information Technology and Sustained Competitive Advantage: A Resource–Based Analysis. In: *MIS Quarterly* 19 (1995), S. 487–505

Mauri und Michaels 1998

MAURI, Alfredo J. ; MICHAELS, Max P.: Firm and Industry Effects within Strategic Management: An Empirical Examination. In: *Strategic Management Journal* 19 (1998), Nr. 3, S. 211–219

de Mazancourt 2001

MAZANCOURT, Claire de: Consequences of Community Drift. In: *Science* 293 (2001), S. 1772

McEvily et al. 2000

MCEVILY, Susan K. ; DAS, Shobha ; MCCABE, Kevin: Avoiding Competence Substitution through Knowledge Sharing. In: *Academy of Management Review* 25 (2000), S. 295–311

McGahan und Porter 1997

MCGAHAN, Anita M. ; PORTER, Michael E.: How Much Does Industry Matter, Really? In: *Strategic Management Journal* 18 (1997), Nr. 6, S. 15–30

McGahan und Porter 1999

MCGAHAN, Anita M. ; PORTER, Michael E.: The Persistence of Shocks to Profitability: Comparing the Market-Structure and Chicago Views. In: *Review of Economics and Statistics* 81 (1999), Nr. 1, S. 43–53

McGahan und Porter 2002

MCGAHAN, Anita M. ; PORTER, Michael E.: What Do We Know about Variance in Accounting Profitability? In: *Management Science* 48 (2002), Nr. 7, S. 834–851

McGahan und Porter 2003

MCGAHAN, Anita M. ; PORTER, Michael E.: The Emergence and Sustainability of Abnormal Profits. In: *Strategic Organization* 1 (2003), Nr. 1, S. 79–108

McGahan und Porter 2005

MCGAHAN, Anita M. ; PORTER, Michael E.: Comment on 'Industry, Corporate and Business-Segment Effects and Business-Performance: A Non-Parametric Approach´ By Ruefli and Wiggins. In: *Strategic Management Journal* 26 (2005), Nr. 9, S. 873–880

McGee und Thomas 1986

MCGEE, John ; THOMAS, Howard: Strategic Groups: Theory, Research and Taxonomie. In: *Strategic Management Journal* 7 (1986), Nr. 2, S. 141–160

McGill 2003

MCGILL, Brian J.: A Test of the Unified Neutral Theory of Biodiversity. In: *Nature* 422 (2003)

McKelvey 1997

MCKELVEY, Bill: Quasi-Natural Organization Science. In: *Organization Science* 8 (1997), Nr. 4, S. 352–380

McNamara et al. 2005

MCNAMARA, Gerry ; AIME, Federico ; VAALER, Paul M.: Is Performance Driven by Industry- or Firm-Specific Factors? A Response to Hawawini, Subramanian, and Verdin. In: *Strategic Management Journal* 26 (2005), Nr. 11, S. 1075–1081

Meyer 1991

MEYER, Alan D.: Strategy's Distinctive Competence. In: *Journal of Management* 17 (1991), Nr. 4, S. 821–833

Meyer und Gupta 1994

MEYER, Marshall W. ; GUPTA, Vijay: The Performance Paradox. In: STAW, Barry M. (Hrsg.) ; CUMMINGS, L. L. (Hrsg.): *Research in Organizational Behavior*. Greenwich, CT : JAI Press., 1994, S. 309–369

Michalisin et al. 1997

MICHALISIN, Michael D. ; SMITH, Robert D. ; KLINE, David M.: In Search of Strategic Assets. In: *International Journal of Organizational Analysis* 39 (1997), S. 519–543

Miller und Shamsie 1996

MILLER, David ; SHAMSIE, Jamal: The Resource-Based View of the Firm in Two Environments: The Hollywood Film Studios from 1936 to 1965. In: *Academy of Management Journal* 39 (1996), Nr. 3, S. 519–543

Mintzberg 1978

MINTZBERG, Henry: Patterns in Strategy Formation.   In: *Management Science* 24 (1978), Nr. 9, S. 934–948

Mintzberg 1979a

MINTZBERG, Henry: Emerging Strategy of Direct Research.   In: *Administrative Science Quarterly* 24 (1979), Nr. 4, S. 582–589

Mintzberg 1979b

MINTZBERG, Henry: *The Structuring of Organizations: A Synthesis of the Research*. Englewood Cliffs, NJ : Prentice-Hall, 1979 (The Theory of Management Policy Series)

Mintzberg 1987

MINTZBERG, Henry: The Strategy Concept I: Five Ps for Strategy. In: *California Management Review* 30 (1987), Nr. 1, S. 11–24

Mintzberg 1999

MINTZBERG, Henry: *Strategie Safari: Eine Reise durch die Wildnis des strategischen Managements*. Wien : Ueberreuter, 1999

Mintzberg und Quinn 1996

MINTZBERG, Henry ; QUINN, James B.:   *The Strategy Process: Concepts, Contexts, Cases*. 3rd. Upper Saddle River, NJ : Prentice Hall, 1996

Mintzberg und Waters 1985

MINTZBERG, Henry ; WATERS, James A.:   Of Strategies, Deliberate and Emergent.   In: *Strategic Management Journal*   6 (1985), Nr. 3, S. 257–272

Mir und Watson 2000

MIR, Raza ; WATSON, Andrew: Strategic Management and the Philosophy of Science: The Case for a Constructivist Methodology. In: *Strategic Management Journal* 21 (2000), Nr. 9, S. 941–953

Mir und Watson 2001

MIR, Raza ; WATSON, Andrew: Critical Realism and Constructivism in Strategy Research: Toward a Synthesis. In: *Strategic Management Journal* 22 (2001), Nr. 12, S. 1169–1173

Misangyi et al. 2006

MISANGYI, Vilmos F. ; ELMS, Heather ; GRECKHAMER, Thomas: The New Perspective on a Fundamental Debate: A Multilevel Approach to Industry, Corporate, and Business Unit Effects. In: *Strategic Management Journal* 27 (2006), Nr. 6, S. 571–590

Montgomery et al. 1989

MONTGOMERY, Cynthia A. ; WERNERFELT, Birger ; BALAKRISHNAN, Srinivasan: Strategy Content and the Research Process: A Critique and Commentary. In: *Strategic Management Journal* 10 (1989), S. 189–197

Mueller 1986

MUELLER, Dennis C.: *Profits in the Long-Run*. Cambridge [Cambridgeshire]; New York : Cambridge University Press, 1986

Nagel 1961

NAGEL, Ernest: *The Structure of Science. Problems in the Logic of Scientific Explanation*. New York : Harcourt, Brace and World, 1961

Nelson und Winter 1982

NELSON, Richard R. ; WINTER, Sidney G.: *An Evolutionary Theory of Economic Change*. Cambridge, MA : Belknap Press, 1982

von Neumann 1928

NEUMANN, John von: Zur Theorie der Gesellschaftsspiele. In: *Mathematische Annalen* 100 (1928), S. 295–320

von Neumann und Morgenstern 1947

NEUMANN, John von ; MORGENSTERN, Oskar: *Theory of Games and Economic Behavior*. 2. Princeton : Princeton university press, 1947

von Neumann und Morgenstern 1967

NEUMANN, John von ; MORGENSTERN, Oskar: *Spieltheorie und wirtschaftliches Verhalten*. 2. Würzburg : Physica-Verlag, 1967

Newbert 2007

NEWBERT, Scott L.: Empirical Research on the Resource-Based View of the Firm: An Assessment and Suggestions for Future Research. In: *Strategic Management Journal* 28 (2007), S. 121–146

Newman 1973

NEWMAN, Howard H.: *Strategic Groups and the Structure-Performance Relationship.* Harvard University, 1973 (Unpublished Ph.D. dissertation)

Newman 1978

NEWMAN, Howard H.: Strategic Groups and the Structure-Performance Relationship. In: *Review of Economics and Statistics* 60 (1978), Nr. 3, S. 417–427

Newman 2006

NEWMAN, Marc E. J.: Pareto Laws, Pareto Disributions and Zipf's Law. (2006)

Noll 1974

NOLL, Roger G.: Alternatives in Sports Policy. In: NOLL, R. (Hrsg.): *Government and the Sports Business.* Washington, DC : Brookings, 1974, S. 411–428

Nonaka 1994

NONAKA, Ikujiro: A Dynamic Theory of Organizational Knowledge Creation. In: *Organization Science* 5 (1994), S. 14–37

Ohmae 1982

OHMAE, Kenichi: *The Mind of the Strategist: The Art of Japanese Business.* New York : McGraw-Hill, 1982

Oliver 1997

OLIVER, Christine: Sustainable Competitive Advantage: Combining Institutional and Resource-Based Views. In: *Strategic Management Journal* 18 (1997), S. 697–713

Oster 1982

OSTER, Sharon M.: Intraindustry Structure and the Ease of Strategic Change. In: *Review of Economics and Statistics* 64 (1982), Nr. 3, S. 376–384

Pearce et al. 1987

PEARCE, John A. ; FREEMAN, Elizabeth B. ; ROBINSON, Richard B.: The Tenuous Link between Formal Strategic Planning and Financial Performance. In: *Academy of Management Review* 12 (1987), S. 658–675

Peng 2001

PENG, Mike W.: The Resource-Based View and International Business. In: *Journal of Management* 6 (2001), S. 803–829

Penrose 1959

PENROSE, Edith T.: *The Theory of the Growth of the Firm.* Oxford : B. Blackwell, 1959

Peteraf 1993

PETERAF, Margaret A.: The Cornerstones of Competitive Advantage: A Resource-Based View. In: *Strategic Management Journal* 14 (1993), Nr. 3, S. 179–190

Peteraf und Barney 2003

PETERAF, Margaret A. ; BARNEY, Jay B.: Unraveling the Resource-Based Tangle. In: *Managerial and Decision Economics* 24 (2003), S. 309–323

Pisano 1994

PISANO, Gary P.: Knowledge, Integration, and the Locus of Learning: An Empirical Analysis of Process Development. In: *Strategic Management Journal* 15 (Special Issue) (1994), S. 85–100

Polanyi 1962

POLANYI, Michael: *Personal Knowledge.* Chicago : University of Chicago Press, 1962

Polanyi 1966

POLANYI, Michael: *The Tacit Dimension.* New York : Anchor Day, 1966

Poole und van de Ven 1989

POOLE, Marshall S. ; VEN, Andrew H. van de: Using Paradox to Build Management and Organization Theories. In: *Academy of Management Review* 14 (1989), Nr. 4, S. 562–578

Popper 1959

POPPER, Karl R.: *The Logic of Scientific Discovery.* London : Hutchinson, 1959

Popper 1962

POPPER, Karl R.: *Conjectures and Refutations.* New York : Basic Books, 1962

Popper 1995a

POPPER, Karl R.: *Ausgangspunkte: Meine intellektuelle Entwicklung.* Hamburg : Hoffmann und Campe, 1995

Popper 1995b

POPPER, Karl R.: *Lesebuch.* Tübingen : Mohr, 1995

Porter 1973

PORTER, Michael E.: *Retailer Power, Manufacturer Strategy, and Performance in Consumer Goods Industry.* Harvard University, 1973 (unveröffentlichte Dissertation)

Porter 1979

PORTER, Michael E.: Structure within Industries and Companies Performance. In: *Review of Economics and Statistics* 61 (1979), Nr. 2, S. 214–227

Porter 1980

PORTER, Michael E.: *Competitive Strategy: Techniques for Analyzing Industries and Competitors.* 1st Free Press. New York : Free Press, 1980

Porter 1981

PORTER, Michael E.: The Contributions of Industrial Organization to Strategic Management. In: *Academy of Management Review* 6 (1981), Nr. 4, S. 609–620

Porter 1985

PORTER, Michael E.: *Competitive Advantage: Creating and Sustaining Superior Performance.* New York, London : Free Press, 1985

Porter 1991

PORTER, Michael E.: Towards a Dynamic Theory of Strategy. In: *Strategic Management Journal* 12 (1991), S. 95–117

Porter 1996

PORTER, Michael E.: What Is Strategy? In: *Harvard Business Review* 74 (1996), Nr. 6, S. 61–78

Powell 1992

POWELL, Thomas C.: Strategic Planning as Competitive Advantage. In: *Strategic Management Journal* 13 (1992), S. 551–558

Powell 1995

POWELL, Thomas C.: Total Quality Management as Competitive Advantage: A Review and Empirical Study. In: *Strategic Management Journal* 16 (1995), Nr. 1, S. 15–37

Powell 1997

POWELL, Thomas C.: Information Technology as Copetitive Advantage: The Role of Human, Business, and Technology Resources. In: *Strategic Management Journal* 18 (1997), S. 375–405

Powell 2001

POWELL, Thomas C.: Competitive Advantage: Logical and Philosophical Considerations. In: *Strategic Management Journal* 22 (2001), Nr. 9, S. 875–888

Powell 2002

POWELL, Thomas C.: The Philosophy of Strategy. In: *Strategic Management Journal* 23 (2002), Nr. 9, S. 873–880

Powell 2003a

POWELL, Thomas C.: Strategy without Ontology. In: *Strategic Management Journal* 24 (2003), Nr. 3, S. 285–291

Powell 2003b

POWELL, Thomas C.: Varieties of Competitive Parity. In: *Strategic Management Journal* 24 (2003), Nr. 1, S. 61–86

Powell 2004

POWELL, Thomas C.: Strategy, Execution and Idle Rationality. In: *Journal of Management Research* 4 (2004), Nr. 2, S. 77–98

Powell und Lloyd 2005

POWELL, Thomas C. ; LLOYD, Chris J.: Toward a General Theory of Competitive Dominance: Comments and Extensions on Powell (2003). In: *Strategic Management Journal* 26 (2005), Nr. 4, S. 385–394

Powell et al. 2006

POWELL, Thomas C. ; LOVALLO, Dan ; CARINGAL, Carmina: Causal Ambiguity, Mangement Perception and Firm Performance. In: *Academy of Management Review* 31 (2006), Nr. 1, S. 175–196

Prahalad und Hamel 1990

PRAHALAD, Coimbatore K. ; HAMEL, Gary: The Core Competence of the Corporation. In: *Harvard Business Review* 68 (1990), Nr. 3, S. 79–91

Priem 2001

PRIEM, Richard L.: 'The' Business-Level RBV: Great Wall or Berlin Wall? In: *Academy of Management Review* 26 (2001), Nr. 4, S. 499–501

Priem und Butler 2001a

PRIEM, Richard L. ; BUTLER, John E.: Is the Resource-Based 'View" a Useful Perspective for Strategic Management Research? In: *Academy of Management Review* 26 (2001), Nr. 1, S. 22–40

Priem und Butler 2001b

PRIEM, Richard L. ; BUTLER, John E.: Tautology in the Resource-Based View and the Implications of Externally Determined Resource Value: Further Comments. In: *Academy of Management Review* 26 (2001), Nr. 1, S. 57–66

Quenouille 1949

QUENOUILLE, Maurice H.: A Relation Between the Logarithmic, Poisson, and Negative Binomial Series. In: *Biometrics* 5 (1949), Nr. 2, S. 162–164

Quirk und Fort 1992

QUIRK, James P. ; FORT, Rodney D.: *Pay Dirt: The Business of Professional Team Sports.* Princeton, NJ : Princeton University Press, 1992

Ramos-Rodriguez und Ruiz-Navaro 2004

RAMOS-RODRIGUEZ, Antonio-Rafael ; RUIZ-NAVARO, Jose: Changes in the Intellectual Structure of Strategic Management Research: A Bibliographic Study of the Strategic Management Journal, 1980–2000. In: *Strategic Management Journal* 25 (2004), Nr. 10, S. 981–1004

Reed und DeFillippi 1990

REED, Richard ; DEFILLIPPI, Robert J.: Causal Ambiguity, Barriers to Imitation, and Sustainable Competitive Advantage. In: *Academy of Management Review* 15 (1990), Nr. 1, S. 88–102

Reihlen und Ringberg 2006

REIHLEN, Markus ; RINGBERG, Torsten: *Ten Years After - A Critical Review of Spender's Knowledge-Based Theory of the Firm.* 2006

Rescher 1970

RESCHER, Nicholas: *Scientific Explanation.* New York : Free Press, 1970

Ricardo 1817

RICARDO, David: *On the Principles of Political Economy, and Taxation.* London : J. Murray, 1817

Robins 1992

ROBINS, James A.: Organizational Considerations in the Evaluation of Capital Assets: Toward a Resource-Based View of Strategic Investment by Firms. In: *Organization Science* 3 (1992), Nr. 522-536

Robins und Wiersema 1995

ROBINS, James A. ; WIERSEMA, Margarethe F.: A Resource-Based Approach to the Multibusiness Firm: Empirical Analysis of Portfolio Interrelationships and Corporate Financial Performance. In: *Strategic Management Journal* 16 (1995), S. 277–299

Robinson 1933

ROBINSON, Joan: *The Economics of Imperfect Competition.* London : Macmillan, 1933

Roquebert et al. 1996

ROQUEBERT, Jaime A. ; PHILLIPS, Robert L. ; WESTFALL, Peter A.: Markets vs. Management: What 'Drives' Profitability? In: *Strategic Management Journal* 17 (1996), Nr. 8, S. 653–664

Rosen 1994

ROSEN, Steven M.: *Science, Paradox, and the Moebius Principle: The Evolution of a „Transcultural" Approach to Wholeness.* Albany : State University of New York Press, 1994 (SUNY Series in Science, Technology, and Society)

Rubinstein 1982

RUBINSTEIN, Ariel: Perfect Equilibrium in a Bargaining Model. In: *Econometrica* 50 (1982), Nr. 1, S. 97–109

Rudner 1966

RUDNER, Richard S.: *Philosophy of Social Science.* Englewood Cliffs, NJ : Prentice-Hall, 1966 (Prentice-Hall Foundations of Philosophy Series)

Ruefli und Wiggins 2003

RUEFLI, Timothy W. ; WIGGINS, Robert R.: Industry, Corporate, and Segment Effects and Business Performance: A Non-Parametric Approach. In: *Strategic Management Journal* 24 (2003), Nr. 9, S. 861–879

Ruefli und Wiggins 2005

RUEFLI, Timothy W. ; WIGGINS, Robert R.: Response to McGahan and Porter's Commentary on 'Industry, Corporate and Business-Segment Effects and Business-Performance: A Non-Parametric Approach' By Ruefli and Wiggins. In: *Strategic Management Journal* 26 (2005), Nr. 9, S. 881–886

Rumelt 1984

RUMELT, Richard P.: Towards a Strategic Theory of the Firm. In: LAMB, Robert B. (Hrsg.): *Competitive Strategic Management.* Englewood Cliffs, NJ : Prentice-Hall, 1984, S. 556–570

Rumelt 1987

RUMELT, Richard. P.: Theory, Strategy, and Entrepreneurship. In: TEECE, David J. (Hrsg.): *The Competitive Challenge.* Cambridge, MA : Ballinger, 1987, S. 137–158

Rumelt 1991

RUMELT, Richard P.: How Much Does Industry Matter? In: *Strategic Management Journal* 12 (1991), Nr. 3, S. 167–185

Rumelt et al. 1991

RUMELT, Richard P. ; SCHENDEL, Dan ; TEECE, David J.: Strategic Management and Economics. In: *Strategic Management Journal* 12 (1991), Nr. Winter Special Issue, S. 5–29

Rumelt et al. 1994

RUMELT, Richard P. ; SCHENDEL, Dan ; TEECE, David J.: *Fundamental Issues in Strategy: A Research Agenda.* Boston, MA : Harvard Business School Press, 1994

Schankerman 1998

SCHANKERMAN, Mark: How Valuable is Patent Protection? Estimates by Technology Field. In: *The Rand Journal of Economics* 29 (1998), Nr. 1, S. 77–107

Schendel und Hatten 1972

SCHENDEL, Dan ; HATTEN, Kenneth J.: Business Policy or Strategic Management: A View for an Emerging Discipline. In: *Academy of Management Proceedings* (1972), S. 99–102

Schendel und Hofer 1979

SCHENDEL, Dan ; HOFER, Charles W.: *Strategic Management: A New View of Business Policy and Planning.* Boston : Little Brown, 1979

Scherer und Dowling 1995

SCHERER, Andreas G. ; DOWLING, Michael J.: Toward a Reconciliation of the Theory-Pluralism in Strategic Management: Incommensurability and the Constructivist Approach of the Erlangen School. In: SHRIVASTAVA, Paul (Hrsg.) ; STUBBART, Charles (Hrsg.): *Advances in Strategic Management.* Greenwich, CT : JAI Press, 1995, S. 195–248

Scherer 1980

SCHERER, Frederic M.: *Industrial Market Structure and Economic Performance.* 2d. Chicago : Rand McNally College Pub. Co., 1980

Schmalensee 1985

SCHMALENSEE, Richard: Do Markets Differ Much? In: *American Economic Review* 75 (1985), Nr. 3, S. 341–351

Schmalensee 1989

SCHMALENSEE, Richard: Inter-Industry Studies of Structure and Performance. In: SCHMALENSEE, Richard (Hrsg.) ; WILLIG, Robert D. (Hrsg.): *Handbook of Industrial Organization.* Oxford : North Holland, 1989, S. 951–1009

Schneider 1998

SCHNEIDER, Norbert: *Erkenntnistheorie im 20. Jahrhundert.* Stuttgart : Reclam, 1998

Schoeffler et al. 1974

SCHOEFFLER, Sidney ; BUZZELL, Robert D. ; HEANY, Donald F.: Impact of Strategic Planning on Profit Performance. In: *Harvard Business Review* 52 (1974), Nr. 2, S. 137–145

Schulze 1994

SCHULZE, William S.: The Two Schools of Thought in Resource-Based Theory: Definitions and Implications for Research. In: SHRIVASTAVA, Paul (Hrsg.) ; HUFF, Anne S. (Hrsg.) ; DUTTON, Jane E. (Hrsg.): *Advances in Strategic Management* Bd. 10A. Greenwich, CT : JAI Press, 1994, S. 127–151

Schumpeter 1934

SCHUMPETER, Joseph A.: *The Theory of Economic Development.* Cambridge, MA : Harvard University Press, 1934

Scott 1987

SCOTT, Richard: The Adolescence of Institutional Theory. In: *Administrative Science Quarterly* 32 (1987), S. 493–511

Scott und Meyer 1994

SCOTT, Richard ; MEYER, John: Developments in Institutional Theory. In: SCOTT, Richard (Hrsg.) ; MEYER, John (Hrsg.): *Institutional Environments and Organizations: Structural Complexity and Individualism.* 1994, S. 1–8

Searle 1971

SEARLE, Shayle R.: *Linear Models.* New York : Wiley, 1971 (A Wiley Publication in Mathematical Statistics)

Searle 1987

SEARLE, Shayle R.: *Linear Models for Unbalanced Data.* New York : Wiley, 1987 (Wiley Series in Probability and Mathematical Statistics)

Selznick 1957

SELZNICK, Philip: *Leadership in Administration: A Sociological Interpretation.* New York : Harper & Row, 1957

Seth und Zinkhan 1991

SETH, Anju ; ZINKHAN, George: Strategy and the Research Process: A Comment. In: *Strategic Management Journal* 12 (1991), S. 75–82

Shenkar und Li 1999

SHENKAR, Oded ; LI, Jiatao T.: Knowledge Search in International Cooperative Ventures. In: *Organization Science* 10 (1999), Nr. 2, S. 134–143

Simon 1947

SIMON, Herbert: *Administrative Behavior.* New York : Macmillan, 1947

Simon 1955

SIMON, Herbert: On a Class of Skew Distribution Functions. In: *Biometrika* 42 (1955), Nr. 3/4, S. 425–440

Sloan 1963

SLOAN, Alfred P.: *My Years with General Motors.* New York : Doubleday, 1963

Smith et al. 2001

SMITH, Ken G. ; FERRIER, Walter J. ; NDOFOR, Hermann: Competitive Dynamics Research: Critique and Future Directions. In: HITT, Michael A. (Hrsg.) ; FREEMAN, R. E. (Hrsg.) ; HARRISON, Jeffrey S. (Hrsg.): *The Blackwell Handbook of Strategic Management.* Oxford : Blackwell, 2001, S. 315–361

Spanos und Lioukas 2001

SPANOS, Yiannis E. ; LIOUKAS, Spyros: An Examination into the Causal Logic of Rent Generation: Contrasting Porter's Competitive Strategy Framework and the Resource-Based Perspective. In: *Strategic Management Journal* 22 (2001), Nr. 10, S. 907–934

Spence 1977

SPENCE, A. M.: Entry, Capacity, Investment and Oligopolistic Pricing. In: *Bell Journal of Economics* 8 (1977), Nr. 2, S. 534–544

Spender 1996

SPENDER, J.-C.: Making Knowledge the Basis of a Dynamic Theory of the Firm. In: *Strategic Management Journal* 17 (1996), S. 45–62

Spender und Grant 1996

SPENDER, J.-C. ; GRANT, Robert M.: Knowledge and the Firm: Overview. In: *Strategic Management Journal* 17 (1996), S. 5–9

Starbuck 1992

STARBUCK, William H.: Learning by Knowledge-Intensive Firms. In: *Journal of Management Studies* 29 (1992), Nr. 6, S. 713–740

Starbuck 1994

STARBUCK, William H.: On Behalf of Naivete. In: BAUM, Joel A. C. (Hrsg.) ; SINGH, Jitendra V. (Hrsg.): *Evolutionary Dynamics of Organizations*. New York : Oxford University Press, 1994, S. 205–220

Staw 1975

STAW, Barry M.: Attribution of the 'Causes' of Performance: An Alternative Interpretation of Cross-Sectional Research on Organizations. In: *Organizational Behavior and Human Performance* 13 (1975), S. 414–432

Steindl 1965

STEINDL, Joseph: *Random Processes and the Growth of Firms: A Study of the Pareto Law*. London : Griffin, 1965

Stigler 1968

STIGLER, George J.: *The Organization of Industry*. Homewood, IL : Richard D. Irwin, 1968

Stinchcombe 1965

STINCHCOMBE, Arthur L.: Social Structure and Organizations. In: MARCH, James G. (Hrsg.): *Handbook of Organizations*. Chicago : Rand-McNally, 1965, S. 142–193

Sunzi 1996

SUNZI: *Die Kunst des Krieges*. München : Droemer Knaur, 1996

Sutton 1997

SUTTON, John: Gibrat's Legacy. In: *Journal of Economic Literature* 35 (1997), Nr. 1, S. 40–59

Sutton und Callahan 1987

SUTTON, Robert I. ; CALLAHAN, Anita L.: The Stigma of Bankruptcy: Spoiled Organizational Image and Its Management. In: *Academy of Management Journal* 30 (1987), Nr. 3, S. 405–436

Taylor 1947

TAYLOR, Frederick W.: *Scientific Management.* New York : Harper, 1947

Teece 1986

TEECE, David J.: Firm Boundaries, Technological Innovation, and Strategic Management. In: THOMAS, Lacy G. (Hrsg.): *The Economics of Strategic Planning.* Lexington, MA : Lexington, 1986, S. 187–199

Teece et al. 1997

TEECE, David J. ; PISANO, Gary P. ; SHUEN, Amy: Dynamic Capabilities and Strategic Management. In: *Strategic Management Journal* 18 (1997), Nr. 7, S. 509–533

Terborgh et al. 1996

TERBORGH, John W. ; FOSTER, Robin B. ; NUNEZ, Percy V.: Tropical Tree Communities: A Test of the Nonequilibrium Hypothesis. In: *Ecology* 77 (1996), Nr. 2, S. 561–567

Tilman 1988

TILMAN, David: *Plant Strategies and the Dynamics and Structure of Plant Communities.* Princeton, NJ : Princeton University Press, 1988 (Monographs in Population Biology; 26)

Tsoukas 1996

TSOUKAS, Haridimos: The Firm as a Distributed Knowledge System: A Constructionist Approach. In: *Strategic Management Journal* 17 (Winter Special Issue) (1996), S. 11–25

Volkov et al. 2005

VOLKOV, Igor ; BANAVAR, Jayanth R. ; HE, Fangliang ; HUBBELL, Stephen P. ; MARITAN, Amos: Density Dependence Explains Tree Species Abundance and Diversity in Tropical Forests. In: *Nature* 438 (2005), Nr. 7068, S. 658–661

Volkov et al. 2006

VOLKOV, Igor ; BANAVAR, Jayanth R. ; HE, Fangliang ; HUBBELL, Stephen P. ; MARITAN, Amos: Theoretical Biology - Comparing Models of Species Abundance - Reply. In: *Nature* 441 (2006), Nr. 7089, S. E1–E2

Volkov et al. 2003

VOLKOV, Igor ; BANAVAR, Jayanth R. ; HUBBELL, Stephen P. ;
MARITAN, Amos: Neutral Theory and Relative Species Abundance in
Ecology. In: *Nature* 424 (2003), S. 1035 – 1037

Waring 1996

WARING, Geoff: Industry Differences in the Persistence of Firm-
Specific Returns. In: *American Economic Review* 86 (1996), Nr. 5,
S. 1253–1265

Watterson 1974

WATTERSON, Geoffrey A.: Models for Logarithmic Species Abundance Distributions. In: *Theoretical Population Biology* 6 (1974), Nr. 2,
S. 217–250

Weber 1922

WEBER, Max: *Wirtschaft und Gesellschaft. Grundriß der verste-
henden Soziologie.* Tübingen : Verlag von J. C. B. Mohr (Paul Siebeck),
1922

Weick 1976

WEICK, Karl E.: Educational Organizations as Loosely Coupled
Systems. In: *Administrative Science Quarterly* 21 (1976), S. 1–19

Weiher und Keddy 1999

WEIHER, Evan ; KEDDY, Paul A.: *Ecological Assembly Rules: Perspectives, Advances, Retreats.* Cambridge; New York : Cambridge
University Press, 1999

Wenders 1971

WENDERS, John T.: Excess Capacity as a Barrier to Entry. In:
Journal of Industrial Economics 20 (1971), Nr. 1, S. 14–19

Wernerfelt 1984

WERNERFELT, Birger: A Resource-Based View of the Firm. In:
Strategic Management Journal 5 (1984), Nr. 2, S. 171–180

Wernerfelt und Montgomery 1986

WERNERFELT, Birger ; MONTGOMERY, Cynthia A.: What Is an
Attractive Industry. In: *Management Science* 32 (1986), Nr. 10,
S. 1223–1230

Wernerfelt und Montgomery 1988

WERNERFELT, Birger ; MONTGOMERY, Cynthia A.: Tobin's q and
the Importance of Focus in Firm Performance. In: *American Economic
Review* 78 (1988), Nr. 1, S. 246–250

Wheelwright und Clark 1992

WHEELWRIGHT, Steven C. ; CLARK, Kim B.: *Revolutionizing Product Development: Quantum Leaps in Speed, Efficiency, and Quality.* New York : Free Press, 1992

Wiggins und Ruefli 1995

WIGGINS, Robert R. ; RUEFLI, Timothy W.: Necessary Conditions for the Predictive Validity of Strategic Groups: Analysis without Reliance on Clustering Techniques. In: *Academy of Management Journal* 38 (1995), Nr. 7, S. 1635–1656

Williams 1992

WILLIAMS, Jeffrey R.: How Sustainable Is Your Competitive Advantage. In: *California Management Review* 34 (1992), Nr. 3, S. 29–51

Williamson 1975

WILLIAMSON, Oliver E.: *Markets and Hierarchies.* New York : Free Press, 1975

Williamson 1979

WILLIAMSON, Oliver E.: Transaction-Cost Economics - Governance of Contractual Relations. In: *Journal of Law & Economics* 22 (1979), Nr. 2, S. 233–261

Williamson 1985

WILLIAMSON, Oliver E.: *The Economic Institutions of Capitalism.* New York : Free Press, 1985

Williamson 1991

WILLIAMSON, Oliver E.: Strategizing, Economizing, and Economic Organization. In: *Strategic Management Journal* 12 (1991), S. 75–94

Williamson 1996

WILLIAMSON, Oliver E.: *The Mechanisms of Governance.* Oxford : Oxford University Press, 1996

Williamson 1999

WILLIAMSON, Oliver E.: Strategy Research: Governance and Competence Perspectives. In: *Strategic Management Journal* 20 (1999), S. 1087–1108

Winter 1987

WINTER, Sidney G.: Knowledge and Competence as Strategic Assets. In: TEECE, David J. (Hrsg.): *The Competitive Challenge.* Berkeley, CA : Center for Research in Management, 1987, S. 159–184

Witt 1987

WITT, Ulrich: *Individualistische Grundlagen der evolutorischen Ökonomik.* Tübingen : Mohr Siebeck, 1987

Wright 2004

WRIGHT, Ian: *A Conjecture on the Distribution of Firm Profit.* 2004

Young 1988

YOUNG, Ruth C.: Is Population Ecology a Useful Paradigm for the Study of Organizations? In: *American Journal of Sociology* 94 (1988), Nr. 1, S. 1–24

Yu et al. 1998

YU, Douglas W. ; TERBORGH, John W. ; POTTS, Matthew D.: Can High Tree Species Richness be Explained by Hubbell's Null Model? In: *Ecology Letters* 1 (1998), Nr. 3, S. 193–199

Yukl 1989

YUKL, Gary A.: Managerial Leadership - A Review of Theory and Research. In: *Journal of Management* 15 (1989), Nr. 2, S. 251–289

Zander und Kogut 1995

ZANDER, Udo ; KOGUT, Bruce: Knowledge and the Speed of the Transfer and Imitation of Organizational Capabilities: An Empirical Test. In: *Organization Science* 6 (1995), S. 76–92

Zey-Ferrell 1981

ZEY-FERRELL, Mary: Criticisms of the Dominant Perspective on Organizations. In: *The Sociological Quarterly* 22 (1981), Nr. Spring, S. 181–205

Zipf 1949

ZIPF, George K.: *Human Behavior and the Principle of Least Effort.* Reading, MA : Addison-Wesley, 1949

Zou und Özsomer 1999

ZOU, Shaoming ; ÖZSOMER, Aysegül: Global Product R&D and the Firm's Global Strategic Position. In: *Journal of International Marketing* 7 (1999), Nr. 1, S. 57–76

Zucker 1977

ZUCKER, Lynne G.: The Role of Institutionalization in Cultural Persistence. In: *American Sociological Review* 421 (1977), Nr. 5, S. 726–743

KÖLNER WISSENSCHAFTSVERLAG

Reihe "Logistik und Unternehmensführung", hrsg. v. Werner Delfmann

Martin Gehring

Auswirkungen von Internettechnologie auf Wertschöpfungsstrukturen

Der Abwicklung von Geschäftstransaktionen auf elektronischem Wege über Internettechnologie werden allgemein transaktionskostensenkende Wirkungen zugesprochen, die in erheblichen Veränderungen von Wertschöpfungsstrukturen resultieren können. Martin Gehring untersucht diese Hypothese auf der Grundlage transaktionskostentheoretischer Überlegungen und kommt zu dem Ergebnis, dass es einer differenzierteren Betrachtung der Auswirkungen von Internettechnologie auf Wertschöpfungssysteme bedarf.

2004, Hardcover, 388 Seiten, Preis 39,80 Euro; ISBN 3-937404-00-7

Karsten Schwarz

Briefpoststrategien in Europa

Der europäische Briefmarkt befindet sich im Umbruch: Die Postmonopole weichen. Gleichzeitig sehen sich die Postgesellschaften mit einer zunehmenden Bedrohung durch elektronische Kommunikationsmedien konfrontiert. Karsten Schwarz zeigt detailliert auf, welche Bedrohungen, aber auch welche Chancen sich für die europäischen Postgesellschaften aus den gegenwärtig beobachtbaren Marktveränderungen ergeben. Dabei werden konkrete strategische Gestaltungsempfehlungen auf Basis des Konfigurationsansatzes entwickelt, sowie ein neues Modell des Übergangs zwischen diesen Konfigurationen.

2004, Hardcover, 428 Seiten, Preis 52,90 Euro; ISBN 3-937404-02-3

Sascha Albers

The Design of Alliance Governance Systems

Strategic alliances have emerged as an important element of firms' strategies, and research on alliances has blossomed. However, most contributions which address the alliance governance problem are yet rather vague and selective in their conception of alliance governance structures as well as the factors which influence their suitability. The aim of this book is to provide recommendations on the problem of alliance governance design. Following the configurational approach, a comprehensive model of alliance governance systems is developed.

2005, Hardcover, 350 Seiten, Preis 59,90 Euro; ISBN 3-937404-16-3

Benjamin Koch

Entwicklungsplanung für Flughafengesellschaften

Flughäfen sehen sich einer Vielzahl veränderter Rahmenbedingungen gegenüber. Betriebswirtschaftliche Fragestellungen stehen zunehmend im Fokus strategischer Entscheidungen. Fragen der Marktentwicklung, der technischen Notwendigkeiten sowie der finanzwirtschaftlichen Machbarkeit sind im Kontext jedweden Entwicklungsvorhabens zu erörtern. Benjamin Koch entwickelt hierzu ein Konzept zur Entscheidungsunterstützung von strategischen Entwicklungsvorhaben für Flughafengesellschaften und illustriert dessen Eignung anhand mehrerer Fallstudien.

2006, Hardcover, 476 Seiten, Preis 64,80 Euro; ISBN-13: 978-3-937404-26-4

Rowena Arzt

Wettbewerbsfähigkeit europäischer Messeveranstalter

Rowena Arzt widmet sich der Frage, wie die Wettbewerbsfähigkeit von Messeveranstaltern bestimmt und beeinflusst werden kann. Hierzu entwickelt sie einen multi-dimensionalen Bezugsrahmen, der sich auf 20 Faktoren stützt. Dieser Bezugsrahmen bildet den Ausgangspunkt für den empirischen Teil der Arbeit, in dem Konzept und Ergebnisse der ersten europaweiten Benchmark-Studie zur Wettbewerbsfähigkeit von Messeveranstaltern vorgestellt, erläutert und analysiert

2007, Hardcover, 408 Seiten, Preis 49,90 Euro; ISBN-13: 978-3-937404-22-6

www.koelnerwissenschaftsverlag.de   www.primescience.com